전근대 동아시아 국제관계와 대외무역

| 이 책은 동아시아역사연구소 총서 3권입니다. |

전근대 동아시아 국제관계와 대외무역

초판 1쇄 발행 2008년 1월 30일

저　자　하원수·박기수 외
펴낸이　윤관백
편　집　장인자
교정교열　김은혜·이수정
표　지　전돈효
펴낸곳　

등록　제5-77호(1998.11.4)
주소　서울시 마포구 마포동 324-1 곶마루빌딩 1층
전화　02)718-6252 / 6257
팩스　02)718-6253
E-mail　sunin72@chol.com

정가·25,000원
ISBN 978-89-5933-105-5 93900

·저자와 협의에 의해 인지 생략.
·잘못된 책은 바꿔 드립니다.

전근대 동아시아 국제관계와 대외무역

하원수·박기수 외

선인

서문

『전근대 동아시아 국제관계와 대외무역』을 발간하며

　성균관대학교 사학과 BK21 사업단(한·중·일역사분쟁연구전문인력양성사업단)에서는 '한·중·일 역사분쟁' 문제에 대한 체계적 연구를 추진하기 위하여 우선 전근대 동아시아의 정치와 경제 상황 전반을 포괄적으로 검토하고자 하였다. 이와 같은 장기적인 기획 아래 이루어진 공동작업의 성과 중의 하나가 바로 이 책이다. 여기에 실린 글들은 동아시아 전체를 시야에 넣고 한국·중국·일본의 정치사나 경제사를 연구해 온 필자들이 이러한 연구 방향에 공감하여 자신들의 논문을 새롭게 정리한 것이다. 그러므로 이 책은 한국 학계의 전근대 동아시아사에 대한 기존의 중요한 연구 성과들을 모았을 뿐만 아니라 앞으로 거시적인 시각에서 이 문제에 접근해 가는 하나의 의미 있는 출발점이 될 수 있으리라고 기대한다.

　이 책의 첫 번째 부분은 전근대 동아시아의 국제관계에 관한 내용이다. 여기에 포함된 글은 네 편인데, 그 내용은 대체로 다음과 같다.

　하원수 교수의 「唐後期 對外認識의 兩面－李德裕와 牛僧孺를 중심으로」는 9세기 중엽 失地의 회복과 回鶻遺民의 포섭에 소극적이던 牛僧孺와 이에 대하여 적극적이던 李德裕의 상이한 대외인식을 설명하고, 이것이 각각 황제와 관료·士人들의 입장을 반영한다고 주장한다. 이것은 종래 이 두 사람이 주도하였다고 여겨진 '牛李黨爭'의 성격을 국제관계라는 측면에서 재검토할 수 있는 가능성을 시사하며, 이를 통해 士大夫들이 주도한 宋代 이후 사회에서 內治를 강조하는 소극적 對外政策이 두드러진 까닭도 이해할 수 있다.

박종기 교수의 「11세기 고려의 대외관계와 정국운영」은 고려 顯宗 시기 이래 거란과의 관계를 둘러싼 두 가지 상이한 세력의 움직임을 분석한다. 즉 단교를 주장하는 강경론과 화친을 통해 민생을 안정시키자는 온건론이 병존하다가, 거란과의 외교 재개 이후 정국의 주도권은 온건론자들의 손으로 넘어간다는 것이다. 이들은 內治를 중시하는 文治主義的 성향을 보이는데, 이러한 정국 운영은 國王權의 대두와 연관된 현상이라고 한다.

김성규 교수의 「入宋高麗國使의 朝貢儀禮와 그 주변」은 宋에 파견된 高麗國使·副使의 황제 알현 의례를 기록한 「高麗國使副見辭儀」라는 글에 치밀한 주석을 달면서 그 내용을 철저히 해부한다. 이것은 일면 단순한 문헌고증 작업처럼 보이기도 하지만, 北宋 중기 11세기에 만들어진 『太常因革禮』에 실려 있는 이 글이 당시 송과 고려의 관계는 물론 동아시아의 전통적인 외교 의례를 자세히 보여주는 희귀한 자료임을 생각하면 이러한 연구의 의의는 결코 무시할 수 없다.

민덕기 교수의 「에도 막부의 동아시아 국제사회로의 진입노력-무로마치 막부와 비교하여」는 17세기 전반기에도 막부가 동아시아 국제사회에 대하여 어떤 의식을 가지고 있었으며, 스스로 이 사회와 어떤 관계를 맺고자 했는지를 그 이전 무로마치 막부 시기와 비교하며 설명한다. 여기에서 드러난 에도 막부의 조선의 권위에 대한 한층 높아진 평가는 한·일관계사의 전개를 이해하는 데 중요한 측면이다. 그리고 말미에 언급된 동아시아 각국들 사이의 표류민 송환체계의 차이는 당시 국제사회의 실상에 다가가는 새로운 인식 틀로서 주목된다.

전근대 동아시아에서 근대적인 '국제(international)'관계의 개념을 상정할 수 있는지는 의문의 여지가 있다. 그러나 위의 연구들처럼 복수의 정치집단 사이의 상호 관계를 다루고 있다면, 이를 넓은 의미의 국제관계사라는 범주에 넣어도 큰 무리가 없을 것이다. 물론 이렇게 국제관계의 개념을 확장할 때 이와 관련된 연구들은 매우 많지만, 여기에 실은 논문들은 다양한 문헌들의 면밀한 검토를 특징으로 한다. 우리가 이 글들을 한데 모은 까닭도 바로 여기에 있는데, 본 사업단의 한·중·일 역사분쟁의 연구는 이처럼 사료에 입각한 실증적 연구를 바탕으로 삼고자 하기 때문이다. 아울러 이 논문들의 다기로운 주제 역시 우리들의 연구 방향과 무관하지 않다. 국제관계를 단순히 정치사만으로 국한하지 않고, 이와 관련된 사상이나 의례 등으로 그 관심의 영역을 넓히고자 하는 것이다. 이 책의 내용은 아직 제한된 시기와 논제에 머물고 있으나, 이를 기반으로 하여 앞으로 더욱 폭넓고 깊이 있는 연구들이 생산되기를 기대한다.

　이 책의 두 번째 부분은 전근대 동아시아의 대외무역과 관련된 내용이다. 여기에도 모두 네 편의 글이 실려 있는데, 그 내용을 간단히 소개하면 다음과 같다.

　박옥걸 교수의 「10~13세기 宋商과 麗·宋 무역정책」은 전통적인 책봉조공체제가 당시의 급변하는 국제관계로 인하여 정상적으로 작동되지 못한 상황 속에서 오히려 양국 사이의 상인의 교역이 더욱 활발하였음에 주목하고 있다. 특히 고려에 온 宋商을 來航時期, 항로, 출신지역, 상단규모 등에 따라 구체적으로 밝혀 고려와 송과의 상인무역을 구체적으로 고찰하고 있다. 아울러 고려와 송의 무역정책을 분석하고 있는데 고려가 소극적 대외무역정책을 편 데 비해 송에서는 적극적인 보호·장려책을 시행하였음을 대비시키고 있다.

　박한남 박사의 「12세기 고려와 金의 경제교류에 대하여」는 종래 고려와 金의 무역관계가 역사적 의미가 별로 없는 것으로 치부되는 연구경향에 대해 무역을 통한 경제적 이익 추구에 의미를 두고 분석하고 있다. 무역규모에 있어서는 麗宋무역에 미치지는 못하지만 금과 고려는 사신무역을 중심으로 한 조공무역이 적극적으로 행해지고 있었고, 상인들의 민간무역도 활발히 행해지고 있었다. 금으로부터 金銀이나 비단, 생사가 도입되어 고려로서는 경제적으로 유리한 무역이었다고 결론짓고 있다.

김동철 교수의 「17세기 일본과의 교역·교역품에 관한 연구-밀무역을 중심으로-」는 17세기 조선과 일본 사이에 전개된 밀무역이 공무역이나 사무역과 연관하여 전개되었다는 입장에서 밀무역의 전모를 고찰한 글이다. 인삼·미곡·유황·무기 등 밀무역 품목, 역관·군관·상인·아문 등 밀무역 행위자의 신분과 직업, 일본인에 대한 조선인의 채무인 倭債 문제, 各房散入 금지책·밀무역 규제 約條·商賈定額制 등의 각종 밀무역 통제책을 검토하여 밀무역의 실상을 자세히 살피고 있다. 종래 등한시되어 왔던 밀무역의 실상을 사료에 근거하여 규명하려는 노력이 돋보인다.

박기수 교수의 「阿片戰爭 이전 廣東의 대외무역과 廣東 사회경제의 변화」는 종래 淸代 대외무역이 쇄국정책으로 인해 정체되었다는 견해를 비판하면서 18세기 중엽에 비해 아편전쟁 직전에는 무역액이 무려 4배 이상 증가하였고 그 액수도 7,000만 냥에 달하였을 것이라 추정하고 있다. 이러한 대외무역의 증가는 대외무역과 관련된 광동의 수공업을 발전시키고 광동의 상업을 번영시켰다고 논증하면서 상업의 번영에 따른 각종 유형의 상인이 출현하였음을 밝히고 있다. 대외무역이 초래한 사회경제의 변화를 심층적으로 그리려고 노력하였다.

이상의 연구들은 전근대 동아시아 각 국가 간의 교역을 탐구한 것으로 고려와 송, 고려와 금, 그리고 조선과 일본의 무역 동향을 고찰함으로써 한반도가 대륙이나 일본과 어떠한 경제적 교류를 진행하였는지를 보여주려 하였다. 아울러 중국을 중심으로 일본이나 동남아, 나아가 서양과의 교역도 살펴보고 있다. 한편 서세동점의 시기로 접어들면서 단순히 동아시아 내부만의 교역이 아니라 동방에 온 서구세력과의 경제적

서문

교류도 시야에 넣으려고 하였다. 동시에 국가들 사이의 정상적 무역만이 아니라 국가의 통제에서 벗어난 밀무역도 고찰하고 있는데, 이것은 무역의 실상에 더욱 가깝게 접근하려는 시도로 해석할 수 있다. 또한 단순히 국가 간의 무역에 그치는 것이 아니라 동아시아 국가들의 무역정책, 또는 무역에 의한 경제적 교류가 그 나라에 어떠한 사회경제적 파장을 일으켰는지도 검토함으로써 무역사에 그치지 않고 사회경제사로 판도를 넓히는 작업도 추진하였다. 이상 네 편의 글로써 본래의 목적을 충분히 달성하기에는 부족한 점이 많지만, 위와 같은 문제의식에 기초하여 보다 포괄적인 대외무역사, 경제교류사 연구를 지향하고, 나아가 그러한 기초 위에서 동아시아 국가 간의 정치적 교류나 문화 교류를 심층적으로 이해할 수 있는 바탕을 이룰 수 있다고 자부한다. 이러한 연구의 심화과정을 통해 '한·중·일 역사분쟁'에 관한 연구를 보다 수월하게 전개할 수 있는 기초와 조건을 만들어 나갈 수 있다고 우리는 믿는다.

마지막으로 이 책의 기획에 도움을 준 성균관대학교 동아시아역사연구소와 산학협력 차원에서 출판을 쾌히 승낙한 선인의 윤관백 사장께 감사한다. 특히 실무 작업에서 번거로운 일을 기꺼이 도맡아준 BK21사업단의 임송자 연구교수와 교정과 교열에 정성을 다한 선인의 편집진에게 고마운 마음을 전하고 싶다.

2008년 1월
필자들을 대표하여 박기수와 하원수가 삼가 쓰다

목차

5_『전근대 동아시아 국제관계와 대외무역』을 발간하며

【국제관계】

15 ‖ 河元洙 ‖ 唐後期 對外認識의 兩面
　　　　　－李德裕와 牛僧孺를 중심으로－

115 ‖ 朴宗基 ‖ 11세기 고려의 대외관계와 정국운영

141 ‖ 金成奎 ‖ 入宋高麗國使의 朝貢儀禮와 그 주변

173 ‖ 閔德基 ‖ 에도 막부의 동아시아 국제사회로의 진입 노력
　　　　　－무로마치 막부와 비교하여－

목차

【대외무역】

209 ‖朴玉杰‖ 10~13세기 宋商과 麗・宋 貿易政策

243 ‖朴漢男‖ 12세기 고려와 금의 경제교류에 대하여

285 ‖金東哲‖ 17세기 일본과의 교역・교역품에 관한 연구
　　　　　　 -밀무역을 중심으로-

329 ‖朴基水‖ 阿片戰爭 이전 廣東의 대외무역과
　　　　　　 廣東 사회경제의 변화

397_ 찾아보기

국제관계

唐後期 對外認識의 兩面
－李德裕와 牛僧孺를 중심으로－

河元洙

1. 牛李黨爭과 對外認識
2. 牛僧孺와 李德裕의 政策 對立
   1) 維州問題
   2) 回鶻遺民問題
   3) 對外認識의 差異
3. 李德裕의 對外認識과 皇帝의 立場
   1) 唐後半期 皇帝들의 對外認識
   2) 維州·回鶻遺民 問題와 唐朝의 狀況
   3) 李德裕와 皇帝의 關係
4. 牛僧孺의 對外認識과 官僚·士人의 態度
   1) 牛僧孺와 官僚·士人의 關係
   2) 維州·回鶻遺民 問題에 대한 官僚·士人의 輿論
   3) 文學作品에 反映된 唐後半期의 對外認識
5. 餘論

河元洙

1961년 대구에서 태어나 서울대학교 대학원 사학과에서 박사학위를 받았고, 현재 성균관대학교 사학과 교수로 재직하고 있다.

공저로 『講座 中國史』 Ⅲ(지식산업사, 1989), 『分裂과 統合─中國 中世의 諸相』(지식산업사, 1998) 등이 있고, 공역서로 『譯註唐律疏議-各則(下)』(한국법제연구원, 1998), 『역주 당육전(상, 중)』(신서원, 2003, 2005), 『사료로 읽는 중국 고대 사회경제사』(청어람미디어, 2005) 등이 있으며, 논문으로는 「應試者의 입장에서 본 唐代의 科擧─禮部試의 性格에 관한 一試論」(『歷史敎育』 96, 2005)와 「唐前期 制擧의 實狀─官人選拔制度에서 皇帝權의 限界」(『東洋史學硏究』 100, 2007.9.30) 외 다수가 있다.

唐後期 對外認識의 兩面
―李德裕와 牛僧孺를 중심으로―

1. 牛李黨爭과 對外認識

　　관료를 비롯한 다양한 정치 집단들 사이에서 형성된 朋黨 그리고 이들 간에 전개된 치열한 黨爭은 전근대 中國에서 무척 두드러지는 현상이다.[1] 그런데 이러한 양상이 春秋戰國時代 이래 中國史에서 상당히 일반화된 것이라고 하더라도, 그 가운데서도 科擧制度가 정착되어 가던 唐代 특히 唐後半期의 상황에 더욱 주의를 기울이지 않을 수 없다.[2] 새로운 형태의 관료 선발제도가 자리를 잡아가는 과정에서 관료집단 내부의 異質性이 뚜렷해졌을테고, 이것은 당연히 이 시기 관료들의 붕당

---

[1] 이에 대한 최근의 연구로서 朱子彦·陳生民, 『朋黨政治硏究』, 上海 : 華東師範大學出版社, 1992년과 徐洪興, 『朋黨與中國政治』, 香港 : 中華書局, 1992년이 있다. 전자는 이것을 '封建專制主義'에 초점을 맞추어 설명하고 있으며, 후자는 여기에 '官僚政治'란 개념도 덧보태고 있다.

[2] 주지하는 바 과거제도의 성립과 붕당의 성격 변화에 대한 內藤虎次郎의 선구적인 지적은(『支那近世史』, 『內藤湖南全集』 10, 東京 : 筑摩書房, 1969年, pp.354~355, 1947年 原刊) 당연히 그 과도기라고 할 唐後半期에 관심을 가지게 한다. 붕당이나 당쟁의 문제를 통시대적으로 개괄한 위의 책들도 唐代의 변화상을 강조하고(徐洪興, 『朋黨與中國政治』, pp.156~158), 唐後半期가 붕당정치의 전형적인 시기임을 지적하고 있다(朱子彦·陳生民, 『朋黨政治硏究』, pp.141~142).

과 당쟁 문제를 보다 심각하게 만들었으리라고 예상되기 때문이다.

실제로 唐後半期의 이러한 현실은 皇帝나[3] 관료들의[4] 계속된 붕당 비판들로부터 쉽게 엿볼 수가 있다. 물론 이 시기에 李絳은 소인들이 다른 이들을 모함하기 위해 붕당을 들먹일 뿐이라고 하였으나,[5] 이런 말을 하고 있는 자신이 進士科의 同年들과 관계가 긴밀하였으며[6] '私親'한 관료의 등용에 거부감을 갖고 있지 않았다면,[7] 이것은 당시 엄연히 존재하던 붕당 혹은 관료들의 私的 집단에 대한 변명이기가 쉽다.[8] 더욱이 憲宗朝(806~820) 이후 武宗 會昌5年(845)에 이르기까지 孔子의 제자 3,000명도 붕당이라고 주장하는 관료들조차 있었음[9]을 생각하면 더욱 그러하다. 그리고 붕당의 적극적인 옹호임이 분명한 이것이 빌고 있는 근거 곧 孔子와 그 문생의 관계가 당시 座主·門生의 비유로

---

[3] 文宗이 "去河北賊易, 去朝廷朋黨難."(『資治通鑑』 卷245 太和5年 11月下, 北京 : 中華書局, 1956年, p.7899)이라고 하였다는 유명한 일화가 이 시기의 현실을 단적으로 보여준다. 특히 황제의 입장에서 볼 때 붕당은 결코 용납될 수 없는 것이니, 憲宗의 "人臣當力爲善, 何乃好立朋黨! 朕甚惡之."(『資治通鑑』 卷240 元和13年 12月下, p.7756)란 말이 그 직설적인 표현이라고 하겠다. 따라서 穆宗과 武宗 등 황제들이 자주 관료들의 '比周'·'朋比'에 대하여 심각한 警戒를 표명한 것은 당연한 일이다(『唐大詔令集』 卷110, 「誡勵風俗詔」, 臺北 : 鼎文書局, 1978年 再版, pp.572~573 및 同上 卷56, 「杜悰右僕射崔鉉戶部尙書制」, p.297).

[4] 후술할 李德裕의 붕당 비난은 그 대표적인 것이고(『李文饒文集』 外集 卷3, 「朋黨論」, 四部叢刊本, pp.183~184), 韋處厚의 비판(『全唐文』 卷715, 韋處厚, 「請明察李逢吉朋黨疏」, 北京 : 中華書局, 1983年, pp.7앞~뒤 ; 『舊唐書』 卷159, 「韋處厚傳」, 北京 : 中華書局 校勘標點本, p.4184) 역시 마찬가지이다.

[5] 『全唐文』 卷645, 李絳, 「對憲宗論朋黨」, pp.4앞~5뒤 및 『資治通鑑』 卷239 元和8年 10月下, pp.7702~7703.

[6] 『資治通鑑』 卷238 元和7年 正月下, p.7688.

[7] 『資治通鑑』 卷239 元和7年 11月下, pp.7697~7698.

[8] 『册府元龜』 卷945, 「總錄部 附勢」, 北京 : 中華書局, 1960年, p.18앞에서는 附勢者들과 사적으로 결속한 憲宗 이후 재상의 사례들 중에 분명히 李絳을 들고 있다.

[9] 會昌5年 末의 글이라고 생각되는 李德裕의 「論侍講奏孔子門徒事狀」에서 "陛下謂臣等云, 侍講稱孔子其徒三千亦可謂之朋黨. 臣等自元和以來, 嘗聞此說."(『李文饒文集』 卷10, p.56 ; 『新唐書』 卷180, 「李德裕傳」, 北京 : 中華書局 校勘標點本, pp.5339~5340)이라고 하였다.

도 쓰이고 있었으므로,10) 漢代 劉向의 定論 이후 부정되어 온11) 이러한 논리의 재 등장에는 科擧制度를 매개로 관료들의 존재란 배경이 있었으리라는 추측이 어렵지 않다. 따라서 주지하는 바 宋初 이후 歐陽修를 비롯한 소위 '士大夫'들의 붕당 긍정론으로 이어질 듯한 이런 현상을 볼 때, 唐後半期 붕당과 당쟁의 존재 및 그 배경에 특별한 관심을 가지지 않을 수 없다.

사실 과거제도의 성립과 더불어 두드러지는 붕당과 당쟁 양상은 唐後半期 이른바 '牛李黨爭'을 중심으로 하여 익히 지적되어 왔다. 일찍이 이 당쟁에 주목한 陳寅恪씨가 牛僧孺(780~848)12) 중심의 '牛黨'과 李德裕(787~849)13)로 대표되는 '李黨'을 각각 진사과 出身인 '新興統治階級' 그리고 經學을 중시하는 '山東士族舊家'라고 특징지었던 것이다.14) 그리고 과거제도의 정착 과정에서 드러난 이와 같은 두 이질적인 관료집단의 상정은 中國의 학계15)는 물론 臺灣과 日本학계16)에도 폭넓게

---

10) 『樊川文集』 卷14, 「唐故尙書吏部侍郞贈吏部尙書沈公行狀」, 上海 : 上海古籍出版社, 1978年, p.212.
11) 『漢書』 卷36, 「楚元王傳」, 北京 : 中華書局 校勘標點本, p.1945. 『尙書』의 洪範에서 '無偏無黨'과 孔子의 '羣而不黨' 강조 이래 宋代에 이르기까지 儒家的인 '君子'를 붕당으로 옹호한 논리는 찾아보기 힘들다.
12) 牛僧孺의 生沒年은 기록에 따라 조금씩 다르나, 杜牧, 「唐故太子少師奇章郡開國公贈太尉牛公墓誌銘」, 『樊川文集』 卷7, p.117(이하 이 글은 「牛僧孺墓誌銘」으로 약칭함)이 믿을 만하다고 생각한다.
13) 李德裕의 사망 시기는 논란이 있으나, 傅璇琮, 『李德裕年譜』, 濟南 : 齊魯書社, 1984年, pp.670~671에 따른다. 본 고에서 李德裕 관련 사실의 시기 비정은 별도의 注記가 없는 한 이 책에 근거한 것이다.
14) 陳寅恪, 『唐代政治史述論稿』 中, 「政治革命及黨派分野」, 北京 : 三聯書店, 1957年 再版(1944年 原刊).
15) 물론 계급의 경제적 기반에 대한 분석이 없는 陳寅恪의 이러한 논리는 北京大學 歷史系三年級三班硏究小組, 「關於隋唐史硏究中的一個理論問題-評陳寅恪先生的 "宗族-文化論"觀点」, 『歷史硏究』, 1958-12에서 잘 알 수 있듯이 革命 이후 中國의 학계에서는 비판받았다. 그러나 韓國磐, 「唐朝的科擧制度與朋黨之爭」, 『隋唐五代史論集』, 北京 : 三聯書店, 1979年(1954年 原刊)과 「隋唐五代階級分析」, 同上(1965年 未刊稿)처럼 그의 논리에 '地主階級'이란 개념을 결합시키는 것이 불가능하지 않고, 이처럼 지주계급이란 개념 위에 陳寅恪의 논리를 수용하여 舊來

영향을 미쳐, 이 시기 여러 당쟁의 성격이 대체로 이러한 舊來의 支配勢力과 新興勢力 사이의 모순관계에 따른 것이었다는 견해가 통설화되었다고 보인다.

그러나 陳寅恪씨의 주장에 대한 異見 역시 일찍부터 없지 않았으니, 당쟁의 개시 시점 문제를 비롯하여 牛黨과 李黨의 성격에 대한 논란은 계속되어 왔다.17) 설사 牛黨 人士들의 문벌 自稱은 의심스러운 점이 많

의 지배층으로서 여전히 상당한 토지를 가지고 있는 '士族地主'와 비교적 新興勢力으로서 이와 구분되는 '庶族'地主 사이의 대립이란 시각으로부터 唐後半期의 여러 붕당과 당쟁을 정리한 연구들이 다수 나오게 되었다. 中國에서의 이러한 연구경향은 侯外廬 主編, 「唐代統治階級集團內部的分野和黨爭」, 『中國思想通史』卷4上, 北京:人民出版社, 1959年, pp.91~107에서 분명히 드러나는데, 李黨과 牛黨을 동일한 지주계급에 속하면서도 각각 門閥士族(豪族)과 庶族이라는 상이한 등급 혹은 계층의 이해관계를 반영하는 이질적 존재로 파악하는 것은 종래 상당히 보편적인 견해였다.

16) 臺靜農, 「論唐代士風與文學」, 『文史哲學報』14, 1965年 및 雷飛龍, 「家世地域與漢唐宋明的朋黨」, 『政大學報』14, 1966年 등 臺灣 학계의 연구들은 물론 일본인 宮崎市定의 舊版, 『科擧』, 大阪:秋田屋, 1946年, pp.223~224 역시 陳寅恪의 견해를 받아들이고 있다. 그리고 築山治三郎, 「牛李の朋黨」, 『唐代政治制度の硏究』, 大阪:創元社, 1967은 몇 가지 단서를 달고 있으나 기본적으로 陳寅恪의 견해와 동일하다.

17) 胡戟, 「簡論唐史研究」, 『Studies in Chinese History』2, 1992年, pp.145~146에 中國에서의 연구사가 간략히 정리되어 있다. 이러한 연구사의 논쟁적인 전개는 당쟁의 始點과 관련하여 분명히 드러난다. 즉 陳寅恪의 경우 憲宗 元和3年의 對策에서 牛僧孺·李宗閔의 時政 비판 대상이 李德裕의 父 李吉甫라고 보아 이것을 당쟁의 발단으로 삼았음에 반하여(『唐代政治史述論稿』, pp.97~104), 岑仲勉은 당시 牛僧孺 등이 李吉甫와 대립되는 붕당을 형성할 수 있는 상황이 아니었다고 비판하였는데(『隋唐史』, 「牛李之李指宗閔, 李德裕無黨」, 北京:中華書局, 1982年 訂正本, 1957年 原刊, p.419), '元和對策案'이라 불리는 이 사건은 상이한 내용의 사료들이 병존하는 상황에서 이후 학계의 큰 논란거리였던 것이다(馮承基, 「牛李黨爭始因質疑」, 『文史哲學報』8, 1958年;唐長孺, 「『舊唐書』中關于元和三年對策案的矛盾記載」, 『唐史學會論文集』, 西安:陝西人民出版社, 1986年 참조). 따라서 元和對策案을 牛李黨爭의 시발로 중시하는 연구들이 여전히 많이 있지만, 松井秀一, 「所謂牛李の黨爭の發端に關して」, 『佐久間重男敎授退休記念中國史陶磁史論集』, 東京:燎原, 1983年;何燦浩, 「元和對策案試探」, 『南開學報』, 1984-3 등의 비판 역시 만만하지 않고, 실제 이 문제에 대하여 王炎平, 「牛李黨爭始因辨析」, 『四川大學學報』, 1985-3의 元和10年 頃說과 周建國, 「關于唐代牛李黨爭的幾個問題」, 『復旦學報』, 1983-6의 소위 長慶覆試案이 일어난 때

다는 그의 견해를 받아들이더라도, 이른바 李黨 人士라고 생각되는 이들 중에도 진사과 출신이 있었을 뿐더러 실제 李黨의 대표자로 보통 지목되는 李德裕가 진사과란 제도 그 자체를 확실히 반대하였는지부터가 의문이기 때문이다.18) 이 문제는 뒤에서 좀 더 상세히 설명하겠지만, 단적인 예로『新唐書』의 選擧志에서 鄭覃이 진사과의 폐지를 주청하였던 것은 명백하나 李德裕의 경우 다만 진사과 출신자들의 행태를 비판하고 그 개혁을 주장하였을 뿐이다. 따라서 '宜罷進士科'라고 했던 鄭覃19)과 확실히 다른 李德裕를 보면, 진사과에 대한 태도만으로써 소위 牛黨과 李黨을 대비시키는 데는 주저하지 않을 수 없는 것이다.

그러므로 牛黨과 李黨의 구분 기준을 과거제도와의 관계가 아니라 藩鎭對策上 用兵의 적극성 여부로부터 찾아야 한다는 연구들도 나와,20) 당쟁의 성격에 관한 논의의 폭은 넓어졌다. 특히 胡如雷씨의 경우, 세습적인 節度使에 대해 고식적인 대응을 한 牛黨의 배경이 '地方豪

를 중시하는 長慶元年說 그리고 胡國然,「長慶元年覆試案淺析」,『重慶師院學報』, 1987-2처럼 이 당시에도 여전히 당쟁의 형성이 분명하지 않다는 견해 등 다양한 주장이 존재하는 것이다. 그 결과 牛李黨爭의 시기 문제는 점점 더 미궁에 빠지는 듯하니, 이것은 후술할 것처럼 당쟁의 세력 기반이나 쟁점 등이 모두 불분명한 상황에서 당연한 일이라고 하겠다.

18) 위의 岑仲勉,『隋唐史』, pp.421~424에서 牛黨 인사들 대부분이 문벌적인 배경을 가졌다고 하였지만, 이미 陳寅恪,『唐代政治史述論稿』, pp.89~91에서 설명한 것처럼 이 경우 믿을 수 없는 冒稱의 경우가 많으므로 그 家門의 성격을 쉽게 단정하기가 어렵다. 하지만 위의 책 p.425에서 지적한 바 당시 진사과의 선호에는 寒門과 舊族의 차이가 없었다는 주장에 주목하지 않을 수 없다. 岑仲勉과 유사한 논리는 최근 田廷柱,『隋唐士族』, 西安：三秦出版社, 1990년의 餘論에서도 되풀이되고 있다.
19)『舊唐書』卷173,「鄭覃傳」, p.4491.
20) 陳寅恪도 用兵問題上 적극적인 李黨과 그렇지 않은 牛黨이란 점에서 차이를 지적하였지만(『唐代政治史述論稿』, pp.97~100 등), 이후 이러한 政策의 차이를 당쟁의 본질적인 문제라고 강조한 연구로 대표적인 것은 章羣,『唐史』,「朋黨之爭」, 臺北：華岡出版有限公司, 1977年, pp.211~223(1958年 初版. 단 여기에서는 이것이 당쟁의 초기에 한하고 그 뒤 단순한 권력 다툼의 양상으로 바뀌었다고 하였다)과 礪波護,「中世貴族制の崩壞と辟召制」,『唐代政治社會史研究』, 京都：同朋舍, 1986年(1962年 原刊) 등이 있다.

强大地主階層'임에 반하여 李黨의 경우 '中小地主階層'과 결합하여 적극적인 抑藩策을 강구하는 중앙의 '公卿顯官集團'이라고 그 사회적 기반을 설명함으로써 牛李黨爭의 역사적 의미를 전면적으로 새롭게 조명하였다.[21] 이렇게 되면 당쟁의 본질은 新·舊 支配層 사이의 대립과 직접 관계가 없어지며, 본래 陳寅恪씨가 제기한 牛李黨爭의 성격과는 그 초점이 완전히 바뀌어져 버린다. 따라서 세부적인 논증의 문제점에도 불구하고,[22] 胡如雷씨의 글은 지금까지 암묵적으로 공유된 牛黨과 李黨의 배경 곧 新興階層과 舊支配層이 지닌 이질성이란 이해의 재검토를 요구하고 있다는 점에서 중요한 듯하다.

그런데 여기에서 주된 논점이 될 수밖에 없는 唐代 지주층의 성격 문제는 이른바 '士族'과 '庶族'이란 양 계층의 존재형태를 둘러싼 中國 학계에서의 열띤 논쟁과 맞물려 있다.[23] 물론 본 고가 이러한 논쟁에 직접 개입할 수도 없고 또 그럴 필요도 없겠지만, 唐代 특히 唐後半期에 관료로서 영달한 경우 士族과 庶族을 구분하지 않는 胡如雷씨의 전제는[24] 特記하지 않으면 안된다. 즉 南北朝 이래 舊勢力으로서의 士族이

---

21) 胡如雷, 「唐代牛李黨爭研究」, 『歷史研究』, 1979-6. 이와 같은 牛李黨爭의 이해는 이후 큰 영향을 미쳐 傅璇琮, 「李商隱研究中的一些問題」, 『文學評論』, 1982-3 ; 吳慧, 「中晚唐的社會矛盾和朋黨之爭的經濟基礎」, 『中國古代史論叢』, 1982-2이나 최근 烏廷玉의 개설서 『隋唐史話』, 北京 : 北京出版社, 1984年, pp.231~237 등은 기본적으로 이러한 입장에 따르고 있다.
22) 전게 周建國의 「關于唐代牛李黨爭的幾個問題」은 胡如雷의 논문을 조목조목 비판하였는데, 이 논문이 가진 기본적인 문제점에 대하여서는 뒤에서 다시 설명하겠다.
23) 閻守誠·趙和平 整理, 「唐代士族庶族問題討論會綜述」, 『歷史研究』, 1984-4에서 알 수 있듯이, 연구자들 사이에는 이것의 개념 자체부터 이견이 있다. 그리고 이후 더욱 다기로와진 이 지주계급 내부의 상이한 계층 문제는 中國唐史學會第四屆年會暨國際唐史學術討論會에서 발표된 鄧文寬, 「近十年唐代士庶問題硏究述評」(『中國唐史學會論文集(1991)』, 西安 : 陝西人民出版社, 1991年) ; 田廷柱, 「開拓性的研究, 豐碩的成果-九年來唐代士族問題硏究述評」에서 잘 알 수 있다.
24) 위의 胡如雷 논문은 士族이란 개념을 사용하지 않았을 뿐 이 점을 분명히 밝히지 않으나, 이미 「論武周的社會基礎」, 『歷史研究』, 1955-1에서 예견된 그의 이런 입장은 「門閥士族興衰的根本原因及士族在唐代的地位和作用」, 史念海 主編, 『唐史論叢』 3, 西安 : 陝西人民出版社, 1987年에서 확실히 드러난다. 따라서 牛黨과

갖는 독자적인 사회경제적 지위가 이 시기에 더 이상 문제가 되지 않는 다는 최근의 연구들25)은 분명 牛李黨爭에서 양당의 성격과 관련하여 새로운 시각을 요구하니, 특히 牛黨과 다른 李黨의 독자적인 정치세력 화 가능성 곧 그 세력기반에 대하여 의문을 품지 않을 수 없는 것이 다.26) 그러므로 唐後半期에 두드러진 붕당과 당쟁 양상 역시 어느 시대 에서나 있음직한 관료들의 단순한 사적 권력 다툼과 다를 바 없다는 견

구분되는 李黨의 존재를 그럼에도 불구하고 명확히 하기 위하여, 胡如雷는 '公卿 顯官集團'이란 애매한 개념을 사용할 수밖에 없는 것이다.
25) 전게 鄧文寬,「近十年唐代士庶問題研究述評」은 최근의 연구들을 잘 정리하였는 데, 唐代에도 士族가 강한 세력을 가진 존재였다고 보는 연구들(王仲犖, 田廷柱, 何燦浩, 孫永如와 같은 이들이 이러한 입장에 서 있다)이 소수이고 이와 달리 이 士族의 독자적인 세력화를 인정할 수 없다는 주장이 대부분이다. 애당초 唐初부 터 士庶의 구분이 없다는 연구자들(烏廷玉, 張澤咸)은 물론 唐後半期에 이런 구 분이 없어져 간다는 연구자들(侯力, 林立平)이나 士族이란 것이 단지 사회의 意 識 형태로만 존재한다고 보는 연구자들(吳宗國, 李光霽, 瞿林東, 鄧文寬, 劉學 沛) 모두가 늦어도 唐後半期에 庶族과 구분될 수 있는 士族의 사회경제적 역량과 그 정치세력화를 부정한다는 점에서 기본적으로는 마찬가지인 것이다. 이 시기 에 士庶란 구분을 아예 인정하지 않는 경우(張國剛, 葉振華)라면 더 말할 것도 없다. 사실 이와 같은 연구경향은 비단 中國학계에만 한정된 것이 아니다. 물론 唐代 이러한 계층의 존재를 인정하는 듯한 연구가 없지 않으나(D. Twitchett, "The Composition of T'ang Ruling Class", A. F. Wright & D. Twitchett ed., *Perspectives on the T'ang*, New Haven and London, Yale Univ. Pr., 1973 ; D. Johnson, *The Medieval Chinese Oligarchy*, Boulder Colorado : Westview Press, 1977), 毛漢光, 『中古社會史論』, 臺北 : 聯經出版事業公司, 1988年에 실린 여러 논문들이 착실한 논거 위에 강조하고 있는 士族의 文人化· 官僚化·中央化 등의 현상과 宋德熹,「唐代後半期門閥與官宦之關係」, 淡江大學 中文系 主編, 『晚唐的社會與文化』, 臺灣 : 學生書局, 1990年에서 실증한 晚唐 문 벌의 唐朝에의 의존적 성격 등은 이 시기 庶族과 다른 士族의 독자적인 정치세력 화 가능성을 극히 축소시키고 있기 때문이다. P. Ebrey, *The Aristocratic Families of Early Imperial China*, Cambridge : Cambridge University Press, 1978에서 구체적으로 분석한 바 博陵 崔氏의 경우도 唐代에 관료화되면 서 사실상 문벌로서는 의미를 잃어가고 있는 것이다.
26) 黃永年,「唐代政治史研究中的士族庶族問題」, 中國唐史學會第四屆年會暨國際唐 史學術討論會 發表論文, 1989年에서 잘 지적하고 있는 것처럼, 이 문제와 관련 하여 학계에 큰 영향을 미쳤던 陳寅恪의 논리는 전면적인 재검토가 필요한 것이 다. 실제로 전게 田廷柱, 『隋唐士族』은 당시 士族의 실체를 인정하면서도 陳寅 恪이 아니라 胡如雷의 논리를 대체로 따르고 있다.

해가 또다시 제기될 수 있고,27) 일찍이 '結黨營私'한 牛黨만 있을 뿐 李黨이란 것 자체가 없다고 하여 陳寅恪씨의 논리를 철저히 부정하였던 岑仲勉씨의 집요한 비판이28) 더욱 설득력을 가지는 것처럼도 보인다. 그러나 이러한 논리는 牛李黨爭을 唐代史의 큰 흐름 속에서 파악하여 많은 시사를 주었던 陳寅恪씨의 연구 성과, 唐後半期 붕당 및 당쟁의 역사적 의미를 半減시킬 가능성을 부정하기 어렵다.29) 그렇다면 왜 당시 이처럼 붕당과 당쟁이 盛行하여 특별히 문제가 되는가, 그 까닭을 이해하기가 어려워져버리는 것이다.

이와 같이 牛李黨爭의 연구사가 난항을 거듭한 결과 최근 소위 李黨의 주체가 정말 李德裕인지에 대한 의문이 제기되었고,30) 비교적 그 구

---

27) 宋代 范祖禹가 唐의 붕당을 "因私以害公 … 趨勢利, 勢窮利盡而止."(『唐鑑』 卷10, 「穆宗」, 上海：上海古籍出版社, 1984年, pp.276~277. 同上 卷11, 「宣宗」, p.304 참조)하였다고 본 견해는 일찍이 柳詒徵, 『中國文化史』 中, 臺北 : 正中書局, 1961年, p.224(1948年 原刊)에 의하여서 강조된 적이 있다. 최근의 M. T. Dalby, "Court politics in late T'ang times", D. Twitchett & J. K. Fairbank ed., *The Cambridge History of China 3, Sui and T'ang pt. 1*, Cambridge : Cambridge University Press, 1979, pp.639~654 및 王仲犖,『隋唐五代史』上, 上海：上海人民出版社, 1988年, pp.189~238 역시 당시 파별의 존재만 인정할 뿐 계급이나 정책의 차이를 부정함으로써 기본적으로 이런 견해와 다르지 않다.
28) 전게『隋唐史』, 「牛李之李指宗閔, 李德裕無黨」에 잘 정리되어 있는 岑仲勉의 이러한 주장은 이미 「論李德裕無黨及司馬光修唐紀之懷挾私見」, 『岑仲勉史學論文集』, 北京 : 中華書局, 1990年(1951年 未刊稿)에서 드러나며 『唐史餘瀋』, 「牛李問題」, 上海：上海古籍出版社, 1979年 新1版(1960年 初版) ; 『通鑑隋唐紀比事質疑』, 香港 : 中華書局, 1977年(1963年 原刊) 등에서도 되풀이되고 있다.
29) 대체로 岑仲勉의 견해를 따르고 있는 최근의 牛李黨爭 관련 몇몇 연구들(烏廷玉, 「唐朝傑出的政治家李德裕」, 『唐史硏究會論文集』, 西安 : 陝西人民出版社, 1983年 그리고 王炎平, 「辨牛李之爭與士庶鬪爭之關係」, 『四川大學學報』, 1987-2 ; 同, 「辨李德裕無黨及其與牛黨之關係」, 『四川大學學報』, 1992-2 등)이 기본적으로 士族과 庶族의 구분을 전제로 하지 않는 것은 그렇다고 하더라도, 이것들은 당시 붕당의 성격보다는 牛僧孺와 李德裕 등 개인의 인격·능력 평가에 매달림으로써 역사학적 접근으로서 분명한 한계가 있는 것처럼 보인다. 사실 牛黨의 '結黨'을 李德裕의 '持正'과 대비시켰던 岑仲勉의 연구로부터 비롯된 이와 같은 연구 경향은 기본적으로 牛李黨爭의 역사성을 무시함으로써 결국 이것을 개인의 문제로 회귀시켜버리는 결과를 낳았다.
30) 전술한 것처럼 李黨이란 것이 아예 없었다는 岑仲勉의 주장이 일찍부터 있었는

성원들의 관계가 긴밀하고 성격이 분명해 보이는 牛黨에서조차 牛僧孺의 주도적 역할이 의심스럽다는 주장도 나왔다.31) 물론 이러한 연구들은 아직 試論的인 단계에 있으나, 만약 이것이 사실이라면 종래의 李黨이나 牛黨이란 개념 자체까지 성립하기 어려울 수도 있다. 이 시기 牛李黨爭의 중요성을 인정하는 경우 기본시각의 설정에서 牛僧孺와 李德裕의 존재형태가 갖는 비중이 컸던 만큼, 이들이 양당에서 차지하는 중요성이 의문시될 때 이 시기 붕당과 당쟁의 배경은 물론 그 기본적인 주체까지 전면적으로 부정되어버릴 가능성도 있기 때문이다.

이상에서 살펴본 것처럼 반세기에 걸친 牛李黨爭의 연구가 결국 원점으로 되돌아간 듯한 昨今의 현실은 이것과 관련된 사료 자체의 성격으로부터 유래하는지도 모른다. 즉 당시의 實錄이란 원 사료가 양당 인물들의 기록에 따라 상이하고32) 그 결과 正史와 『資治通鑑』 같은 기본

데, 당시 士族의 독자적인 지위를 인정하는 何燦浩의 경우「試論牛李二黨內部關係的不同特點」,『寧波師專學報』, 1983-4에서 兩黨의 結束關係를 분석한 결과 牛黨과 대립하는 李黨은 존재하지만 그 안에서 李德裕가 실제 주체로서 기능하고 있는지에 대하여서는 회의를 표명하고 있다. 하지만 이렇게 되면 李德裕와 정책상 대립하기도 하는 또 다른 士族의 붕당을 상정하지 않을 수 없기 때문에, 牛黨과의 관계 속에서 이것의 성격이 새롭게 조명되어야 할 필요가 생긴다.

31) 唐代 '牛李'라는 말에서 '李'란 李德裕가 아니라 李宗閔이란 뜻이므로 당시의 '牛李'란 것은 곧 牛黨만을 의미한다는 것은 岑仲勉의 전술한 연구들에서 李黨의 존재를 부정하는 주요 논거였는데, 최근 卞孝萱,「牛李黨爭正名」,『中國唐史學會論文集(1993)』, 西安 : 陝西人民出版社, 1993年(이 논문은 『中國史硏究』, 1993-3에도 실려 있음)은 당시 당쟁의 전개과정에서 이 '牛李'黨의 중심은 李逢吉과 李宗閔임에도 불구하고 聲調上의 이유로 인하여 '牛李'黨이라고 불리게 되었다고 주장하여 소위 牛黨에서 牛僧孺의 역할의 중요성을 부정하였다. 그러나 그의 이러한 주장이 참신하기는 하지만, 후술할 것처럼 牛僧孺와 李德裕의 첨예한 대립을 생각할 때 많은 의문을 남기는 것 또한 사실이다. 그리고 李宗閔이 소위 牛黨 곧 '牛李黨'의 중심이었다면, 李德裕의 당과 서로 대립한 '二李黨' 곧 李宗閔과 李德裕의 당이란 명칭(실제 『資治通鑑』 卷245 太和9年 8月下, p.7907에는 당시 鄭注 등이 '二李之黨'이란 말을 하였던 것처럼 적혀 있고, 宋代 孫甫의『唐史論斷』下,「辯朋黨」, 文淵閣 四庫全書本, p.17뒤와 p.18뒤에도 '二李之過'와 '二李黨'이란 표현이 보인다)이 당시 또 후대에 '牛李'黨 곧 牛僧孺와 李德裕의 당만큼 일반화되지 못했던가라는 문제가 남는다.

32) 이 시기 實錄들 간에 혹은 동일한 實錄의 改修 과정에서 당쟁의 흔적 곧 붕당의

적인 자료에서조차 서로 모순되는 기술이 뒤섞여 당쟁의 전개과정에 대한 구체적인 事實 판별조차 쉽지 않은 것이다. 실제로 어떤 사람의 黨人 여부가 분명하지 못한 경우가 허다한데, 이처럼 사료의 眞僞가 불확실한 상태에서 이것은 어쩌면 당연한 일이라고 하겠다.33) 그러나 또 다른 일면 牛李黨爭의 연구사를 복잡하게 만든 바로 이러한 사료 상황 곧 당시 기록들의 뚜렷한 黨派性 그 자체가34) 이 唐後半期의 당쟁이 여느 관료들의 다툼에 비하여 훨씬 더 치열하였음을 보여준다고도 할 수 있다. 따라서 사실 확인의 어려움에도 불구하고, 아니 그렇기 때문에 더욱더 唐後半期의 붕당과 당쟁이 갖는 역사적 의미는 커진다고 하여도 과히 틀리지 않을 것이다.

이와 같은 시각에서 볼 때, 唐後半期의 사료에서 나타나는 牛僧孺와 李德裕의 관계는 주목된다. 앞서 摘示한 몇몇 연구들이 지적하였듯이 당쟁에서 차지하는 그들의 지위에 의문스러운 점이 없지 않지만, 당시 柳仲郢이 李德裕에 의해 발탁되자 "敢不如奇章(牛僧孺 : 역자)門館"이

이해관계에 따른 曲筆이 확인되는데, 『資治通鑑』의 考異에서 지적한 것만도 憲宗 元和3年 9月下, p.7655 ; 穆宗 長慶3年 9月下, p.7828 ; 同年 10月下, p.7830 ; 長慶4年 3月下, p.7834 ; 同年 4月下, pp.7835~7836 등 5군데나 된다. 이와 같은 당시 사료의 문제점에 대해서는 唐長孺, 「唐修憲穆敬文四朝實錄與牛李黨爭」, 『山居存稿』, 北京 : 中華書局, 1989年에서 잘 설명하고 있다.
33) 기왕의 牛李黨爭 관계 연구들에서 양당에 속한다고 하는 인물들이 서로 다른 예가 적지 않으니, 楊志玖, 「釋'臺參'幷論韓愈和李紳爭論」, 『社會科學戰線』, 1982-3의 지적처럼 牛李 양당의 당인은 명확히 준별되지 않는 경우가 많은 것이 사실이다. 대표적인 예로 李商隱을 들 수가 있는데(전게 傅璇琮, 「李商隱研究中的一些問題」 ; 劉智亭, 「李商隱與牛李黨爭」, 『陝西師大學報』, 1985-4 참조), 이러한 문제가 생긴 까닭은 梁超然, 「李商隱」, 傅璇琮 主編, 『唐才子傳校箋』 第3冊 卷7, 北京 : 中華書局, 1990年에서 설명한 바 正史와 그 근거가 된 당시 기록들 자체가 그와 당쟁의 관계를 사실 이상으로 과장하였기 때문이다.
34) 牛李黨爭에 관한 여러 史料들의 개괄적인 검토는 傅錫壬, 『牛李黨爭與唐代文學』, 「黨爭與史料鑑別」 및 「黨爭與文學」, 臺北 : 東大圖書公司, 1984年이 도움이 되는데, 여기에서 주목되는 것은 宋代 이후 사료의 정착 과정에서는 물론 唐後半期 당시 士人들의 글에서도 牛黨 혹은 李黨과의 관계에 따라 그 서술이 과장 혹은 조작된 사례가 숱하게 많다는 점이다.

라고 말하였다거나35) 李德裕에게 辟召된 적이 있던 杜顗가 牛僧孺의 벽소를 거절하였다는36) 사실 등 이 시기 인물들의 의식 속에 있던 두 사람의 대립관계는 부정할 수가 없다. 따라서 牛僧孺의 碑銘이 "李崖州 於公, 讎也."37)라 하며 墓誌銘 역시 "李太尉志必殺公."38)하였다고 기록한 것도 단순히 李德裕에 대한 근거 없는 비난이 아니라 당시인들의 일반적인 생각이 반영된 것이라고 하겠다. 더욱이 唐後半期에는 「牛羊日曆」처럼 두 사람을 대상으로 한 통속적인 저작들이 다수 있는데, 특히 당시 「周秦行紀」를 牛僧孺의 작품이라고 보고 이것을 격렬하게 비난한 「周秦行紀論」의 작자가 바로 李德裕로 지목되었던 사실은 이러한 분위기를 단적으로 보여준다고 생각한다.39) 그리고 이와 같이 소설로까지 등장한 두 사람의 극한 대립이 牛李黨爭에 연루되었다고 하는 다른 인물들 사이의 관계에서는 보이지 않는다는 사실을 간과할 수가 없다. 그러므로 늦어도 이런 소설이 나오는 文宗 開成年間(836~840) 이전40) 두 사람의 대립이 일반인들의 通念 가운데 분명히 자리잡고 있었다고

---

35) 『舊唐書』 卷165, 「柳仲郢傳」, p.4306.
36) 杜顗는 벽소 거부의 까닭을 당시 李德裕가 좌천되어 '在困'한 상황 때문이라고 하였으나(杜牧, 「唐故淮南支使試大理評事兼監察御史杜君墓誌銘」, 『樊川文集』 卷9, p.139), 전술한 柳仲郢의 예를 볼 때 그가 牛僧孺와 李德裕의 관계를 고려하여 그 벽소를 받아들이지 않았을 가능성이 농후하다.
37) 『全唐文』 卷720, 李珏, 「故丞相太子少師贈太尉牛公神道碑銘幷序」(이하 이 글은 「牛僧孺碑銘」으로 약칭함), p.7뒤. 그리고 이 글 p.6뒤에서 牛僧孺의 '仇家'란 표현도 문맥상 李德裕를 가리킨다.
38) 杜牧, 「牛僧孺墓誌銘」, p.118.
39) 牛李黨爭과 관련된 이 소설류의 글들은 王夢鷗, 「牛羊日曆及其相關的作品與作家辨」, 『歷史語言硏究所集刊』 47-3, 1966이 그 배경을 상세히 설명하고 있다. 물론 이 글들의 작자에 대해서는 많은 논란이 있지만, 실제 누구의 작품이었던가와는 별개의 문제로 당시 牛僧孺와 李德裕가 이것의 작자로 여겨졌다는 것 자체가 두 사람의 대립 사실이 일반인들에게 기정사실로 받아들여지고 있었음을 말해 준다.
40) 張洎, 『賈氏譚錄』, 文淵閣 四庫全書本, p.3앞에서 開成年間 「周秦行紀」란 글의 내용이 문제가 되고 있으므로, 그 이전에 두 사람 사이의 갈등이 명확히 표면화되었다고 생각한다.

보아야 할 것이다. 사실 어떤 연구라도 宋代 이후 '牛李黨爭'이란 명칭이 정착하여 갔다는 것은 부정하지 않는데, 이처럼 굳어진 명칭은 바로 사회의 보편적 인식의 귀결이었음에 틀림이 없다.

지금까지 牛李黨爭에 관한 연구들에서 兩黨의 기반·쟁점은 물론 그 주체까지 논란되고 있지만, 唐後半期에 牛僧孺와 李德裕를 둘러싼 대립 그것은 명백한 사실이며, 오히려 이와 같이 상호 갈등이 치열하였던 만큼 이 붕당과 당쟁 관련 기록이 왜곡되어 있다는 것에 주의를 기울여야만 마땅하다고 생각한다. 즉 종래의 牛李黨爭 연구들이 붕당의 성격을 예단해 버렸다는 점, 그리고 그 결과 논란이 있을 수 있는 기록들에 섣불리 의존함으로써 초래된 사실 확인의 소홀함 등은 반성되나, 이것이 당시 牛僧孺와 李德裕의 격렬한 대립 사실 자체를 부정하는 것이 아닌 이상 오히려 그 원인에 대해 보다 진지한 탐색을 요구하고, 나아가 여기에서 새로운 연구의 전망을 찾아볼 필요가 있는 것이다.

그런데 이 두 사람과 관련된 당시 사료들에서 무엇보다 먼저 주목되는 것은 對外政策에서의 대립이다. 그리고 이러한 갈등은 단순한 私感이나 黨派的 이해관계로써만 설명되지 않는다. 이들의 對外觀이 기본적으로 달랐을 뿐더러, 이와 유사한 현상이 唐後期 황제와 士人의 여론 사이에서도 발견되기 때문이다. 따라서 李德裕와 牛僧孺의 정책 대립은 당시 朝廷과 사회의 상이한 對外認識과 직결된 문제이기도 하다. 더욱이 소위 '唐宋變革期'에 위치한 두 사람의 입장 차이가 '唐型文化'와 '宋型文化'의 특징과도 무관하지 않아 보인다.[41] 이것은 李德裕와 牛僧孺의 對外觀이 단지 개인 차원에서가 아니라[42] 唐으로부터 宋으로 전

---

[41] 傅樂成, 「唐型文化與宋型文化」, 同, 『漢唐史論集』, 臺北 : 聯經出版事業公司, 1977年(1972年 原刊) 참조.

[42] 기왕에 이 두 사람에 대한 연구들은 상당한 분량의 책들로 나와 있으나, 湯承業, 『李德裕研究』, 臺北 : 學生書局, 1974年과 朱桂, 『牛僧孺研究』, 臺北 : 正中書局, 1976年의 예에서 보듯이 연구자 개인의 好惡에 따라 한 사람을 절대적으로 긍정하고 다른 사람은 비난하는 경우가 대부분이다. 이러한 문제점은 傅璇琮의

개되는 中國史의 거시적 측면에서 조망될 필요가 있음을 뜻한다. 본 고가 이들을 통하여 唐後期의 對外認識 전반에 대한 고찰이 가능하다고 생각하는 까닭이 바로 여기에 있다.

2. 牛僧孺와 李德裕의 政策 對立

1) 維州問題

진사과 출신자인 牛僧孺와 蔭으로 入仕한 李德裕의 상이한 성격은 많은 연구들이 자주 지적하였으나, 이러한 차이로 인한 이들의 구체적인 갈등·대립의 발단은 실상 그렇게 명확하지가 않다. 정사나 『資治通鑑』에 따르면, 두 사람이 入相의 기대를 갖고 있던 穆宗 長慶3年(823) 牛僧孺만 宰相이 되고 李德裕가 出使하게 됨으로써 서로 간에 "怨愈深"하였다는 것이 직접적인 갈등의 첫 기록이다.[43] 하지만 여기에서 '愈'란 표현으로 미루어 보아 牛僧孺와 李德裕 사이에 舊 '怨'이 있었다고 생각된다. 그리고 당시 牛僧孺가 입상한 것은 穆宗이 그의 강직과 청렴을 높이 샀던 까닭이란 기록이 있을[44] 뿐더러 李德裕의 출사에 특별히 牛僧孺가 책임을 져야만 될 이유는 결코 없었다고 보이기 때문에,[45] 이

뛰어난 저서 『李德裕年譜』에서조차도 없지 않은 듯하다.
43) 『資治通鑑』卷243 長慶3年 3月下, p.7825에서 "牛李之怨愈深."하게 만들었다고 하는 이 사건은 『舊唐書』에서도 그 결과 "由是交怨愈深."이라고 표현만 조금 다르고(卷174, 「李德裕傳」, p.4511), 『新唐書』역시 "由是牛李之憾結."하는 계기로 설명되어 있다(卷180, 「李德裕傳」, p.5328).
44) 牛僧孺의 列傳에서는 그가 재상이 된 것을 穆宗의 신뢰로 설명할 뿐 李德裕와의 갈등을 일으킬 수 있는 어떤 조건에 대하여서도 말하고 있지 않다(『舊唐書』卷172, pp.4470~4471 ; 『新唐書』卷174, p.5230). 위 『資治通鑑』의 기록도 전술한 바 李德裕와의 結怨 사실에 앞서 이러한 穆宗의 태도를 먼저 밝혀 두었다(卷243 長慶3年 2月下, p.7824).

사건만으로써 牛僧孺와 李德裕의 불화를 이해하기가 쉽지 않다. 물론 두 사람이 애당초 서로 감정이 좋지 않았다면, 이런 사건으로 인하여 갈등이 더욱 커졌을 가능성은 충분히 있다. 하지만 정사나 『資治通鑑』에서 그 이전에 상호 대립의 단서가 되었을 법한 이야기들은 사실 여부가 의심스러운 것들 뿐이다.46) 따라서 牛僧孺가 술자리에서 李德裕를 '綺紈子' 곧 부잣집 아들이라고 빈정댔기 때문에 두 사람 사이에 감정의 앙금이 생겼다는 소설 같은 傳聞47)도 그 개연성을 무시하기가 어렵다. 실제로 거의 모든 면에서 서로 달랐다고 여겨지는 두 사람이48) 이처럼

---

45) 앞서 인용한 『資治通鑑』과 正史의 「李德裕傳」에 의하면 李德裕를 출사하게 만든 것은 분명히 李逢吉이고, 牛僧孺는 단지 李逢吉의 후원을 받은 그의 경쟁자였을 뿐이다.
46) 물론 『資治通鑑』과 『舊唐書』 「李德裕傳」, 『新唐書』의 兩人傳 등은 이른바 元和 對策案에서 牛僧孺가 李德裕의 父 李吉甫를 비난하였다고 기록하였지만, 이것은 전술한 것처럼 논란이 많은 문제이다. 설령 이것이 사실이더라도, 李德裕 자신은 직접 당사자가 아니며 또 그 관련자도 牛僧孺만이 아닌 것은 분명하다. 그리고 『舊唐書』 卷174, 「李德裕傳」, p.4510에서는 "德裕於元和時, 久之不調, 而逢吉僧孺宗閔以私怨恒排擠之."라고 하여 이 두 사람과 관련된 언급이 있으나, 傅璇琮, 「李德裕年譜」, p.119의 지적처럼 이 이야기는 당시 정황으로 보아 신빙성이 없다.
47) 『賈氏譚錄』, p.3앞.
48) 宋代 邵博은 "牛僧孺李德裕相仇, … 其所好則每同."(『邵氏聞見後錄』 卷27, 北京 : 中華書局, 1983年, p.212)이라고 한 적이 있다. 하지만 그가 여기에서 서로 같았다고 한 嗜石은 牛僧孺에게 상당히 예외적인 일이었으므로[白居易의 「太湖石記」, 『白居易集箋校』 外集 下, 上海 : 上海古籍出版社, 1988年, pp.3936~3937은 牛僧孺가 "治家無珍産, 奉身無長物 … 公於此物(石 : 역자), 獨不廉讓."이라고 했다], 이러한 취향만으로써 두 사람을 동일시할 수는 없을 것이다. 재상의 아들로서 상당한 재력을 자랑하던(『册府元龜』 卷945, 「總錄部 巧宦」, 北京 : 中華書局, 1960年, p.8앞에는 入仕 직후인 憲宗時 그가 宦官에게 十萬錢을 빌려주었다는 기록이 있다) 李德裕는 "少單貧力學."(孫光憲, 『北夢瑣言』 卷1, 「牛僧孺奇士」, 文淵閣 四庫全書本, p.6뒤)하였다는 牛僧孺와 애당초 서로 달랐고, 위에서 말한 전문도 바로 이와 같은 상황으로부터 말미암았음에 틀림이 없다. 사실 두 사람의 籍貫이나 先祖에 관한 논란이 없지 않으나, 비교적 믿을 만한 『新唐書』의 宰相世系表는 家系도 불확실한 데다가 父祖가 微官에 불과하였던 牛僧孺(卷75上, 「宰相世系5」 上, p.3365)와 뚜렷한 문벌로서 선조가 누차 고관을 지내왔던 李德裕(卷72上, 「宰相世系2」 上, pp.2589~2591) 사이의 대조적인 가문의 내력을 잘 보여주고 있다. 뿐만 아니라 "不喜釋老, 唯崇儒敎"하였다는 牛僧孺는(李

잘 어울리지 못했으리라는 것은 충분히 예상되나, 이때까지의 이러한 갈등이 매우 개인적인 감정 문제처럼 보인다는 사실은 부정할 수 없다.

그러나 牛僧孺와 李德裕의 감정적 골을 더욱 깊게 만든[49] 維州問題는 확실히 이와 다르다. 文宗 大和5年(831) 成都 서북부의 維州(附圖 참조)를 장악하고 있던 吐蕃(티베트)의 장수 悉怛謀가 投降하자 劍南西川節度使이던 李德裕는 주도면밀하게 이곳을 점령하고 이 사실을 朝廷에 보고하였는데, 조정에서 재상 牛僧孺가 그의 투항을 받아들이면 안된다고 주장하여 결국 維州를 되돌려주고 말았다는 이 사건은[50] 분명히 실제적인 현안에 대한 대책 차이를 노정하고 있기 때문이다. 그러므로 이것은 牛僧孺와 李德裕가 정치적으로 직접 충돌한 첫 사건[51]으로서

珏, 「牛僧孺碑銘」, p.7앞) 道敎와의 관계가 깊었던 듯한 李德裕(傅璇琮, 『李德裕年譜』, pp.524~525는 李德裕의 儒家的 성격을 강조하고 있으나, 砂山稔, 「李德裕と道敎」, 『隋唐道敎思想史硏究』, 東京 : 平河出版社, 1990年에서 잘 지적하고 있듯이 그와 道敎의 긴밀한 관계를 부정하기 어렵다. 더욱이 최근 李希泌·毛華軒, 「關于李德裕晚年史料的一點考訂」, 『文獻』, 1993-4의 경우 李德裕가 만년에 道敎의 '煉師'를 자칭하였으리라고 추측하고 있다)와 사상적인 배경에서도 차이가 없지 않았다고 생각된다. 그러므로 둘 다 두 차례나 재상을 역임할 정도로 화려한 관력을 가졌다는 공통점에도 불구하고, 그 이외에는 어느 모로 보나 이 두 사람 사이에는 동질성보다 이질성이 더 분명하다고 하겠다.

49) 李珏, 「牛僧孺碑銘」, p.5뒤에서 이 일로 인하여 두 사람의 '素不與之交'가 '宿憾'이 되었다고 하였는데, 이 사건이 이들 사이의 관계에서 갖는 중요성은 李德裕가 이것을 "終身以爲恨."(『新唐書』卷180, 「李德裕傳」, p.5332)하고 "裕由是怨僧孺益深."(『資治通鑑』卷244 太和5年 9月下, p.7878)하였다는 등 여러 사서들이 일관되게 지적하고 있다.

50) 이와 관련된 기록은 『舊唐書』의 卷17下, 「文宗紀」下, p.543 ; 卷172, 「牛僧孺傳」, p.4471 ; 卷174, 「李德裕傳」, p.4519와 『新唐書』의 卷174, 「牛僧孺傳」, p.5231 ; 卷180, 「李德裕傳」, pp.5331~5332 ; 卷216下, 「吐蕃傳」下, p.6104 및 『資治通鑑』의 卷244, 太和5年 9月下, p.7878 ; 卷247 會昌3年 3月下, pp.7976~7978 등 여러 곳에 나온다. 물론 『舊唐書』「牛僧孺傳」은 이것을 大和6年의 일로 명백히 誤記하고 있는 등 사서들 사이에 세세한 내용이 조금씩 다르긴 하나, 그 대체적인 始末은 서로 모순되지 않는다. 따라서 이들 기록에서 공통된 이 사건의 전개과정은 아래에서 별다른 注記 없이 그냥 서술한다.

51) 傅璇琮, 『李德裕年譜』, p.235. 물론 그 이전에도 이른바 牛黨과 李黨 관료들 사이에 引援과 排斥의 사례가 없지 않았으나[『資治通鑑』卷244 太和4年 正月下, p.7869에서 "二人(李宗閔과 牛僧孺 : 역자)相與, 排擯李德裕之黨."이라 하였다],

주목되며, 근대 이후 이들을 중심으로 한 당쟁의 연구들이 대체로 이 문제를 중시하고 있는 것 또한 당연하게 여겨진다.52) 사실 維州의 접수 여부를 둘러싼 두 사람의 상이한 주장은 宋代 이래 큰 是非의 대상이기도 하였다.53)

그렇다면 이 維州問題에서 대립한 두 사람의 입장이 서로 어떻게 달랐는가 그것이 문제가 된다. 이 사건에서 李德裕의 입장을 가장 잘 보여주는 것은 維州 접수 당시 그의 보고일텐데, 이것은 현재 전해지지 않는다. 다만 杜牧이 쓴 「牛僧孺墓誌銘」에,

> 維州가 항복하였습니다. 지금 만약 '生羌' 3천을 앞세워 十三橋를

이러한 경우 두 사람이 직접적인 당사자였다고 보이지 않을 뿐더러 정책상의 차이와도 무관하다.

52) 陳寅恪과 岑仲勉 이후 牛李黨爭에 대한 이해는 서로 다를지라도 이 사건을 중시하는 점은 대부분의 연구자들이 같을 뿐더러, 최근 당쟁 문제와 별도로 여기에 초점을 맞추어 두 사람의 성격을 이해하려 한 黃新亞, 「唐蕃對峙與維州之議的關係試評」, 『漢中師院學報』, 1988-4도 있다. 다만 胡如雷의 경우 이것이 당쟁의 본질과 무관하다고 하여 일반적인 연구 경향과는 차이가 있는데, 이것은 기본적으로 그가 당쟁을 대내적인 用兵 문제로만 국한해 본 결과로서, 후술하듯이 이러한 그의 시각에는 의문의 여지가 있다. 물론 牛僧孺와 李德裕의 이와 같은 대립을 여타 黨人들과의 관계에서 어떻게 파악하여야 할지는 앞으로 좀 더 살펴보아야겠지만, 일단 여기에서는 두 사람의 대립 사실 그 자체의 중요성만 확인해 두자.

53) 司馬光이 이 사건에서 義과 利의 문제로 牛僧孺와 李德裕를 평가한 것(『資治通鑑』卷247 會昌3年 3月下, p.7978)은 유명한데, 이후 계속된 이러한 논란들은 傅璇琮, 『李德裕年譜』, pp.235~239에 洪邁·胡寅·陸游·王夫之 등의 예로써 비교적 자세히 소개되어 있다. 그리고 여기에서 지적되지는 않았지만, 宋代의 蘇轍(『欒城後集』卷11, 「牛李」, 『蘇轍集』所收, 北京 : 中華書局, 1990年, pp.1007~1008), 朱熹(『朱子語類』卷136, 「歷代」, p.3249) 그리고 明의 胡廣(『明文衡』; 陳垣, 『通鑑胡注表微』邊事篇, 臺北 : 世界書局, 1987年 10版, pp.301~302에서 재인용) 같은 이들도 이에 관해 언급한 적이 있다. 이와 같은 논란은 크게 보아 牛僧孺를 옹호하는 司馬光·蘇轍·洪邁의 입장과 李德裕를 긍정하는 여타 인물들로 나뉘어진다. 아울러 하나 특기할 것은 朝鮮末 李翊九도『西皐讀史箚記』卷9, 「詔德裕以悉怛謀歸吐蕃」, 서울 : 驪江出版社 影印本, 1988年, pp.489~490에서 牛僧孺와 李德裕를 모두 비판하면서 상대적으로 후자를 긍정하는 독자적 견해를 피력하였다는 점이다.

불태우고 '戎'의 腹心을 친다면 오랜 치욕을 씻을 수가 있습니다. 이 (維州)는 韋皐가 20년 동안 죽을 때까지 굴복시키지 못해 한스러워 한 곳입니다.54)

란 간략한 기록이 남아 있으며, 이것은 정사의 牛僧孺 列傳과『資治通鑑』에 거의 똑같이 옮겨져 있다.55) 물론 비슷한 시기의「牛僧孺碑銘」에 이 내용이 "其地要害, 得之足以壯邊部, 徐圖河湟."56)라고 전혀 달리 표현되어 있어, 이것을 李德裕의 보고 原文이라고 생각하기는 어렵다. 그러나 문구의 異同에도 불구하고 그 의미가 동일하니, 당시 그의 보고는 維州의 전략적 중요성을 근거로 하여 吐蕃에 대한 공격과 失地 회복 가능성을 주장한 것이었다고 보인다. 그리고 이를 뒷받침하는 것으로 이후 會昌3年(843) 李德裕는 이 사건을 회고하면서 悉怛謀 송환과 維州 반환의 부당성을 지적하고, 아울러 韋皐의 고사를 통해 維州의 군사적 효용과 당시의 '恢復之機'를 강조하고 있다.57) 따라서 悉怛謀의 투항을 받아들인 그의 목적이 維州의 획득보다 이것을 이용한 吐蕃으로의 '出攻' 혹은 '出師'에 있었으며,58) 李德裕는 궁극적으로 吐蕃을 제압함으로써 실지를 되찾으려는 의도를 가졌다고 보아도 좋을 듯하다.

그런데 牛僧孺는 이때,

이런 (維州 접수) 논의는 틀린 것입니다. 吐蕃의 강토는 사면이 萬

---

54) 杜牧,「牛僧孺墓誌銘」, p.116.
55) 『舊唐書』卷172,「牛僧孺傳」, p.4471 ;『新唐書』卷174,「牛僧孺傳」, p.5232 및 『資治通鑑』卷244 太和5年 9月下, p.7878에 인용된 李德裕의 보고는 그 내용이나 표현으로 볼 때 시기가 가장 앞선「牛僧孺墓誌銘」을 저본으로 삼고 있는 듯하다.
56) 李珏,「牛僧孺碑銘」, p.5뒤.
57) 『李文饒文集』卷12,「論太和五年八月將故維州城歸降准詔却執送本蕃就戮人吐蕃城副使悉怛謀狀」, pp.64~65(이하 이 글은「悉怛謀狀」으로 약칭함).
58) 『舊唐書』卷174,「李德裕傳」, p.4519와『新唐書』卷180,「李德裕傳」, p.5332에서는 당시 李德裕의 주장을 각각 '出攻'과 '出師'로 요약하고 있다.

里나 되어 維州 하나를 잃는다고 그 세력이 줄지 않습니다. 하물며 論董勃義가 금방 돌아갔고, 劉元鼎은 아직 돌아오지 않았을 뿐더러, 근래 修好하여 戍兵을 罷하기로 약속하였습니다. 中國이 오랑캐를 막음에 守信이 상책이고 對敵은 그 다음이니, 지금 (維州를 접수함으로써) 하루아침에 신의를 잃어버리면 오랑캐는 (이것을) 빌미로 삼을 수 있습니다. 듣건대 贊普는 茹川에서 말을 먹이며 秦과 隴(中國 땅)을 굽어보고 있습니다. (吐蕃이) 동쪽으로 隴坂을 습격하고 지름길로 回中으로 들어오면 사흘이 되지 않아 咸陽橋에 이를 것이고, (이때) 兵士를 내어 방어하려면 京師를 혼란스럽게 만들 것입니다. 일이 혹 이렇게 된다면, 비록 維州 100개를 얻는다 한들 무슨 도움이 되겠습니까?59)

라는 반론을 전개하였다. 그의 이러한 주장을 文面대로 받아들인다면, 당시 논의의 쟁점이 단지 維州의 접수 여부인 것처럼 여겨지기도 한다. 그러나 이것이 牛僧孺의 上奏 원문인지가 의문인 상황에서60) 주목되는 바 그 논리는 강성한 吐蕃과의 우호적인 관계가 현재 긴요하다는 전제 위에 혹 그들에게 信義를 잃음으로써 초래될지도 모르는 對內的 위기에 대한 경고를 중심으로 전개되고 있다는 점이 중요하다. 더욱이 전술한 李德裕의 입장을 생각할 때 이에 반대한 牛僧孺의 경우 維州의 반환 자체가 아니라 평화적인 唐蕃關係에 의하여 유지될 수 있는 內治의 안정 필요성에 그 주장의 초점이 있으며, 李德裕와 달리 그에게 舊土의 수복이란 단지 부차적인 문제일 뿐인 것이다.

이상에서 살펴본 바에 따르면, 李德裕가 吐蕃에게 빼앗긴 失地를 회

---

59) 『舊唐書』 卷172, 「牛僧孺傳」, p.4471.
60) 『舊唐書』에 나오는 위의 글은 『全唐文』 卷682, 牛僧孺, p.3뒤에서 「奏議吐蕃維州降將狀」이라는 이름을 붙여 그대로(단 '論董勃義'의 이름에 '義'字가 빠져있다) 牛僧孺의 글인 것처럼 실려 있다. 그러나 전술한 당시 李德裕의 주장과 마찬가지로 杜牧의 「牛僧孺墓誌銘」과 유사한 이것이 실제 李珏의 「牛僧孺碑銘」과는 그 표현 문구가 많이 다르므로, 이 글을 牛僧孺의 주장 원문이라고 단정하기는 어렵다고 생각한다.

복하기 위해 維州를 필요로 하였던 반면 牛僧孺는 이로 인해 야기될 수도 있는 吐蕃과의 전쟁을 꺼렸기 때문에 이곳의 접수를 거부하였다고 생각된다. 따라서 일견 維州의 접수 여부를 둘러싼 攻防인 듯한 여기에는 당시 상황에 대한 牛僧孺와 李德裕의 상이한 판단이 기본적으로 개재되어 있다. 물론 이처럼 상반된 두 사람의 주장은 각각 자기의 입장을 내세우기 위해 현실을 과장하거나 혹 왜곡하였을 가능성도 없지 않다. 李德裕의 논리에서 維州의 군사적 가치를 입증하는 韋皋의 維州 획득 노력과 그 좌절은 분명 논란의 여지가 있어 보이고,[61] 牛僧孺가 전제로 삼은 吐蕃과의 우호적 관계 역시 당시 현실의 정확한 설명이 될 수 있는지 의심스럽기[62] 때문이다. 그러나 吐蕃과의 교통로상 중요한

---

[61] 李德裕의 보고에서 강조된 貞元年間 韋皋의 維州 수복 노력과 그 좌절은 의문스러운 점이 많다. 『新唐書』卷42, 「地理志」6, p.1085나 『舊唐書』卷140, 「韋皋傳」, p.3824의 경우 대체로 이 내용과 일치하지만, 『舊唐書』卷196下, 「吐蕃傳」下, p.5259는 韋皋가 "大破吐蕃於維州."하였다고 했으며(『全唐文』卷453, 韋皋, 「破吐蕃露布」, p.6앞 ; 『唐會要』卷97, 「吐蕃」, 上海 : 上海古籍出版社, 1991年, p.2058에 의하면, 적어도 이러한 내용의 上奏는 분명히 있었다), 실제로 『新唐書』의 해당 내용도 維州 수복 여부가 무척 애매하기 때문이다(卷158, 「韋皋傳」, p.4935 ; 卷216下, 「吐蕃傳」下, pp.6099~6100). 더욱이 『唐會要』卷99, 「東女國」, p.2097 ; 『舊唐書』卷197, 「東女國傳」, p.5279 및 『資治通鑑』卷234 貞元9年 7月下, p.7548에는 貞元9年 韋皋가 일부 內附 세력을 "處其衆於維・霸・保等州."하도록 만들었다는 기록도 있고, 그의 「悉怛謀狀」, p.64에서 지적한 바 維州의 함락 과정은 李肇, 『唐國史補』下, 上海 : 上海古籍出版社, 1979年 新1版, p.66을 볼 때 그 전후 맥락이 달리 설명되어 있기도 하다. 물론 후술하듯이 이 維州 지역에 관한 기록은 여러 가지 면에서 애매한 점이 많지만, 당시 李德裕가 이처럼 불확실한 韋皋의 고사를 누차 강조하였다는 사실은 무척 중요하다. 왜냐하면 그가 강조한 이 韋皋의 활동은 唐 中央朝廷의 이해관계와 직결된 것이기 때문이다. 따라서 이 문제는 뒤에서 좀 더 자세히 알아보도록 하고 일단 여기에서는 李德裕 주장의 착오 가능성만 지적해 둔다.

[62] 『資治通鑑』卷244 太和5年 9月下, p.7878의 考異는 당시 실록에 근거하여 劉元鼎과 論董勃(義)가 이때 사신으로 왕래한 적이 없었다고 하므로, 앞서 인용한 『舊唐書』, 「牛僧孺傳」에 나오는 그의 주장 곧 唐과 吐蕃의 우호적 분위기란 전제에 의문이 생긴다. 게다가 李德裕의 「悉怛謀狀」, p.64에서는 이때 吐蕃이 魯州를 핍박하였다고 해서 牛僧孺가 강조한 唐蕃間의 평화적인 관계를 정면으로 부정하였다.

維州의 입지 조건63)과 長慶會盟(821~822) 이후 대체적으로 유지되고 있던 평화적인 唐蕃關係64)를 생각하면, 牛僧孺와 李德裕의 주장 모두 私感에 의한 偏見이라고 일축해버리기가 어렵다.65) 게다가 이처럼 첨예한 현실의 문제를 관념적인 윤리의 문제로 곧바로 치환할 수도 없다.66) 그러므로 이 사건을 통하여 대외정책상 매우 現實的인 牛僧孺의

---

63) 嚴耕望, 「岷山雪嶺地區松茂等州交通網」, 『唐代交通圖考』 4, 臺北 : 中央研究院歷史語言研究所, 1986年, pp.983~995의 고증에 의하면, 成都 → 汶川縣 → 保寧都護府(恭州 서부) → 吐蕃의 교통로에서 北道와 西北道로 나뉘는 길목에 자리 잡은 維州의 위치가 중요하였다고 보인다. 그리고 李敬洵, 『唐代四川經濟』, 成都 : 四川省社會科學院出版社, 1988年, pp.270~272와 周偉洲, 「公元3~9世紀岷江上游地區的開發及其在交通史上的地位」, 盧華語 等 主編, 『古代長江上游的經濟開發』, 重慶 : 西南師範大學出版社, 1989年, pp.208~214도 維州의 이러한 입지조건에 따른 군사적 중요성을 전후 시기 주변 상황과 함께 잘 설명하고 있다.

64) 佐藤長, 『古代チベット史研究』 下, 京都 : 東洋史研究會, 1959年 ; 安應民, 『吐蕃史』, 銀川 : 寧夏人民出版社, 1989年을 비롯하여 劉小兵, 「唐蕃和盟關係研究」, 『雲南社會科學』, 1989-5 등 기왕의 연구들은 長慶會盟 이후 唐과 吐蕃이 국경을 명확히 하고 비교적 큰 전란 없이 지냈다는 사실을 확인시켜 준다. 전술한 것처럼 사신 여부가 문제시되는 劉元鼎이란 인물도 실제로 長慶會盟에서 실무적인 책임자였을 뿐만 아니라 牛僧孺 자신 역시 이 會盟에 직접 署名한 사람이었다(『舊唐書』卷196下, 「吐蕃傳」 下, pp.5264~5265 ; 『新唐書』卷216下, 「吐蕃傳」 下, pp.6102~6104). 특히 『舊唐書』卷196下, 「吐蕃傳」 下, p.5266에서 "大和五年至八年, (吐蕃 : 인용자)遣使朝貢不絶, 我(唐 : 인용자)亦時遣使報之."라고 하였으므로, 앞서 인용한 『舊唐書』牛僧孺傳에 나오는 그의 주장은 사신의 이름에 잘못이 있는지 몰라도 당시 사신들의 우호적인 왕래란 상황 그 자체는 대체로 사실과 어긋나지 않는다고 하겠다.

65) 『舊唐書』에서 牛僧孺의 주장을 "議邊公體"(卷172, 「牛僧孺傳」, p.4471)라고 하여 李德裕의 논리를 부정하고 있는 반면, 『新唐書』의 경우 이것을 牛僧孺의 "沮其功"(卷180, 「李德裕傳」, p.5332)이라 비난하여 그의 주장이 사실의 왜곡인 양 설명하고 있다. 이처럼 당쟁의 시각에서 두 사람의 주장 중 어느 하나를 타당하다고 보고 다른 하나를 날조된 사실에 기초한 私見으로 설명하는 것은 이후 牛李黨爭에 관한 많은 연구들에서도 나타나는데, 이와 같은 是非의 개인적 평가가 두 사람의 입장에 대한 올바른 역사적 이해가 될 수 없음은 분명하다.

66) 전술하였듯이 『資治通鑑』이 牛僧孺와 李德裕의 주장을 각각 義와 利로 나누었는데, 이와 같은 관념적 평가의 무의미함은 근대에 이르러 이 사건을 실지 수복을 둘러싼 애국주의와 투항주의의 차이로 평가하려는 일부 연구들에 대해서도 마찬가지로 지적할 수 있을 것이다.

소극성과 거의 盲目的일 정도인 李德裕의 적극성을 대비시키는 논리가 설득력이 있어 보이고,67) 維州問題에서의 대립은 기본적으로 두 사람의 이와 같은 대외정책의 차이로부터 말미암았다고 하여도 좋을 것이다.

2) 回鶻遺民問題

 이처럼 維州問題가 牛僧孺와 李德裕의 상이한 상황 판단 결과 비롯된 대외정책의 대립이었다면, 주지하듯이 唐後半期에 吐蕃과 함께 대외관계상 가장 중요한 상대였던 回鶻(위구르)에 대한 두 사람의 대응 역시 살펴보지 않을 수 없다. 물론 두 사람의 주된 활동시기에 回鶻은 세력이 약해져 결국 開成5年(840) 黠戛斯(키르기스)에 의하여 붕괴하고 말았다. 하지만 이로 인하여 그해 말 特勤 嗢沒斯 등이 또 이듬해 會昌元年(841)末68) 可汗 烏介 등이 唐의 關內道 북단 天德軍(附圖 참조) 쪽으로 南下해 오면서 回鶻遺民問題가 발생하였다. 그리고 이때 처음에는 가급적 무력 충돌을 피하고 있었던 듯한 唐이 會昌2年(842) 8월 그들을 토벌하기로 확실히 방침을 바꾸어 이후 결국 和蕃公主로 가있던 太和公主를 되찾고 烏介可汗을 내쫓게 되는데,69) 당시 재상으로서 이

---

67) 전게 黃新亞, 「唐蕃對峙與維州之議的關係試評」은 失地의 수복이란 문제에 대한 평가에 매달렸던 종래의 연구를 비판하면서 唐後半期 唐蕃關係에서 維州가 갖는 역사적 의미를 중심으로 하여 이와 같은 차이를 잘 논증하고 있다.
68) 『舊唐書』卷18上, 「武宗紀」, p.588에서 烏介可汗이 唐의 변경에 당도한 것을 會昌元年 8월이라고 하였으나, 『資治通鑑』卷246 會昌元年 11月下, p.7957은 이것을 11월의 일로 적고 있어 차이가 있다. 하지만 同上 閏9月下, p.7955의 考異에 따르면 당시 조정에서는 11월 초까지 可汗과 함께 내려온 公主의 소재를 모르고 있었으므로, 적어도 唐이 可汗의 남하를 안 것은 11월 이후의 일이라고 보아도 좋을 듯하다.
69) 回鶻 유민들이 남하한 뒤의 상황은 『資治通鑑』의 해당 시기에(卷246 開成5年 9月下, p.7947~卷248 會昌4年 9月下, p.8012) 비교적 자세히 서술되어 있고, 『舊唐書』(卷18上, 「武宗紀」, pp.588~595 ; 卷161, 「劉沔傳」, pp.4233~4234 ; 卷161, 「石雄傳」, pp.4235~4236 ; 卷174, 「李德裕傳」, pp.4521~4523 ; 卷195, 「廻紇傳」, pp.5213~5215 ; 卷180, 「張仲武傳」, pp.4677~4679)와 『新唐書』(卷8, 「武

문제를 주관하였던70) 李德裕가 이에 관해 풍부한 기록을 남기고 있다.71) 더욱이 『舊唐書』에서 알 수 있는 바 이러한 唐의 정책 선회 시점에서 "關防을 固守하다가 공격이 가능할 때 용병하여야 한다."는 牛僧孺의 소극적 입장과 이에 반대한 李德裕의 "지금 (回鶻의 주력이) 이미 이반하였으니, … 군사를 내어 급히 치면 이들을 격파할 수 있다."란 적극적인 주장 사이에 분명한 마찰이 있었음을72) 생각하면, 이 과정에서 드러나는 두 사람의 상이한 回鶻 대책에 주목하지 않을 수가 없다.

하지만 위의 『舊唐書』 기록에서 回鶻 유민에 대한 '急擊'을 주장하였다는 李德裕의 경우 會昌元年 嗢沒斯를 토벌하자는 조정의 여론에 반대하여 오히려 평화적인 회유책을 적극 제시하였으므로,73) 이 당시 그의

宗紀」, pp.240~242 ; 卷171, 「劉沔傳」, pp.5194~5195 ; 卷171, 「石雄傳」, pp.5195~5196 ; 卷180, 「李德裕傳」, pp.5336~5337 ; 卷212, 「張仲武傳」, pp.5980~5981 ; 卷217下, 「回鶻傳」 下, pp.6131~6133)에도 많은 관련 기록이 남아 있다. 그러나 후술할 내용에서 알 수 있듯이, 오랜 기간에 걸쳐 일어난 이 일은 기록마다 누락과 착오가 많을 뿐만 아니라 기록들 간에 상호 모순된 부분도 적지 않아 이해하기가 쉽지 않다. 그러므로 '回鶻遺民問題'는 무척 복잡한 사건이지만, 이것의 전개과정을 대체로 이렇게 보아도 과히 틀리지 않을 것이다(山田信夫, 「遊牧ウイグル國の滅亡」, 石母田正 等 編, 『古代史講座』 11, 東京 : 學生社, 1965年, pp.199~206 ; 林幹, 「試論回紇史中的若干問題」, 林幹 編, 『突厥與回紇歷史論文選集』 下, 北京 : 中華書局, 1987年, pp.616~619 등 참조).

70) 『舊唐書』 卷174, 「李德裕傳」, p.4527와 『新唐書』 卷180, 「李德裕傳」, p.5341에 의하면, 李德裕가 이 回鶻 유민에 대한 정책을 거의 혼자서 결정하였다고 한다.

71) 『新唐書』 卷58, 「藝文志」 2, p.1468은 李德裕가 이 사건의 전 과정을 정리한 『會昌伐叛記』를 적었다고 하나, 이 책은 현재 亡失되어 다른 사서에 인용된 일부 내용만을 알 수 있을 뿐이다. 그러나 그의 『李文饒文集』에는 回鶻과 관련된 80편 이상의 詔勅과 書狀이 남아 있으므로, 이것이 당시 李德裕의 입장은 물론 당시의 전반적 상황을 이해하는 데 매우 유익하다. 특히 岑仲勉의 「李德裕『會昌伐叛集』編證」 上(1937년에 나온 이 논문은 전게 『岑仲勉史學論文集』에 수록되어 있다. 이하 이것을 「會昌伐叛集」으로 약칭한다)이 이 기록들을 매우 엄밀히 고증하여 편년적으로 재구성해 두었기 때문에 더욱 그러하다.

72) 『舊唐書』 卷18上, 「武宗紀」, pp.591~592.

73) 『資治通鑑』 卷246 會昌元年 8月下, pp.7952~7953 ; 同上 會昌元年 閏9月下, pp.7954~7955. 이 사건을 會昌2年初의 일이라고 전하는 기록도 있으나(『舊唐書』 卷174, 「李德裕傳」, pp.4521~4522), 羽田亨, 「唐代回鶻史の硏究」, 『羽田博士史學論文集』 上, 京都 : 東洋史硏究會, 1957年, pp.241~242와 傅璇琮, 『李

回鶻 대책은 속단하기가 어렵다. 실제로 回鶻 유민들의 토벌을 정당시하는 中國側의 많은 사료와 연구들은 본래 回鶻에게 우호적이던 李德裕가 이처럼 토벌로 방침을 바꾼 까닭을 그들의 끊임없는 背恩과 침략 때문이었다고 설명하기도 한다.74) 만약 이것이 사실이라면, 앞서 지적한 牛僧孺와의 의견 대립이란 것도 상황의 변화에 부수된 결과일 뿐 두 사람의 본질적인 입장 차이와는 무관한 듯도 하다. 그러나 可汗의 대규모 침입을 상정할 수 있는 가장 빠른 시기인 會昌2年 3月75)에 唐은 오히려 回鶻 유민들의 투항을 적극적으로 받아들이기 시작하였을76) 뿐만 아니

德裕年譜』, pp.392~395에서 잘 설명되어 있듯이 『資治通鑑』의 서술이 옳은 것 같다.

74) 『資治通鑑』 卷246 會昌2年 7月下, p.7963에서는 8월의 토벌 방침 확정을 서술하기 전에 '可汗不奉詔' 사실을 지적하고 李德裕의 여러 우호적 시책들을 이에 대비시켜 두었다. 실제로 이 과정에서 回鶻의 배은과 침략만을 강조한 것은 『唐會要』(卷98, 「迴紇」, p.2074) 이래 근대의 岑仲勉(「會昌伐叛集」, pp.342~343 및 pp.368~372)까지 기왕의 모든 中國側 자료와 연구들에서 공통된다. 그러나 唐의 回鶻 토벌을 정당화하려는 이런 서술을 그대로 받아들일 수만은 없다. 『全唐文』卷803, 李磎, 「蔡襲傳」, pp.26앞~28앞은 唐軍이 回鶻 유민들을 僞計로써 유인하여 급습한 사건의 시말을 자세히 기록하며 칭송하고 있는데, 상호 대치 중이던 唐과 回鶻 사이에서 당연히 예상되는 이런 상황이 어느 한편만의 잘못은 결코 아니기 때문이다.

75) 可汗의 侵邊 시기에 관한 사서의 기록은 무척 혼란스럽다. 會昌元年末 그들이 天德軍으로 남하한 것부터 '進攻'이라고 하는가 하면(『新唐書』 卷217下, 「回鶻傳」, p.6131), 會昌2年 7月19일까지 唐과 回鶻의 무력 충돌이 없었다는 서술 또한 있는 것이다(『資治通鑑』 卷246 會昌2年 8月下, pp.7963~7965의 考異). 사실 그들이 唐의 변경으로 들어오면서 당연히 크고 작은 接戰이 생겼을 테고, 이런 기록의 차이는 결국 侵邊을 어떻게 규정하느냐의 문제일지도 모른다. 하지만 위 會昌元年末의 '進攻' 기사는 당시 빈번히 왕래한 사신들과 그 관련 문헌들(『舊唐書』卷195, 「迴紇傳」, p.5214 ; 『資治通鑑』 卷246 會昌元年 11月下, p.7957 및 전게 岑仲勉, 「會昌伐叛集」, pp.368~372에 나오는 唐의 대책 참조)을 볼 때 큰 무력 충돌이 있었던 것 같지 않고, 『新唐書』 卷8(「武宗紀」, p.241 ; 卷217下, 「回鶻傳」, p.6131)에 나오는 會昌2年 1월의 橫水柵 侵攻 기록 역시 『資治通鑑』 卷246 會昌2年 3月下, pp.7959~7960의 考異에 따르면 3월의 사건이 잘못된 것이라고 한다(岑仲勉, 「會昌伐叛集」, p.396의 경우는 이것을 8월에 일어났다고 해서 『資治通鑑』의 기록도 의심하였다). 따라서 아무리 빨라도 會昌2年 3월 이전에 문제가 될 만한 回鶻과의 交戰을 상정하기는 어려울 듯하다(『新唐書』 卷8, 「武宗紀」, p.241에는 이때 "回鶻寇雲·朔."이란 기록도 있다).

라 이후 嗢沒斯와의 관계도 더 긴밀해져가고 있으므로, 그들의 侵邊과 唐의 토벌을 막바로 연결시키려는 설명이 그다지 설득력이 있는 것 같지는 않다.77) 그러므로 여기에서 會昌元年 회유하려 했던 嗢沒斯勢力78)과 이듬해 토벌의 대상이 되었던 烏介可汗勢力79)이 서로 구분 가능한 回鶻 유민들이었다는 점을 간과할 수 없다. 실제로 可汗의 남하 뒤 토벌에 이르는 전 과정을 개관할 때 그 대상에 따라 李德裕의 대책이 분명히 달라지므로, 이와 같은 사실에 마땅히 주의를 기울이지 않으면 안된다. 그가 會昌2년 4월 可汗에 대한 공략을 기정사실화하였을 당시 嗢沒斯에게는 오히려 官爵의 수여 등 회유책을 적극 강조하였던 것은80) 그 단적인 예이다. 그리고 이후 可汗이 執送을 요구한 嗢沒斯에 대하여 唐은 오히려 후대하였음은 물론 결국 그 집단을 歸義軍으로 삼아 蕃兵을 이끌고 可汗의 토벌에 직접 참가하도록 했다(附表 참조).

그러므로 李德裕의 回鶻 대책은 기본적으로 그 대상에 따라 대응을 달리하는 정책의 양면성에 그 특징이 있는 듯하다. 그리고 回鶻 유민들

---

76) 會昌2년 3월 4일의 「論天德軍捉(投?)到回鶻生口等狀」(『李文饒文集』卷13, p.73. 岑仲勉, 「會昌伐叛集」, p.376 참조)에서 알 수 있듯이, 이때 李德裕는 오히려 回鶻 유민들의 포섭과 安置에 힘쓰고 있다.
77) 실제로 李德裕의 적극적인 회유 대상이던 嗢沒斯는 일찍부터 '內附'의 의사를 밝혔다고는 하지만(『資治通鑑』卷246 開成5년 9월下, p.7947), 이들의 경우 역시 예전부터 "侵掠, 頗擾邊人."하고 있었음을(『李文饒文集』卷5, 「賜背叛回鶻敕書 奉宣撰」, p.24앞. 岑仲勉, 「會昌伐叛集」, p.356 참조) 생각하면, 侵邊이란 이유 만으로는 可汗의 토벌을 설명할 수가 없다.
78) 전술한 것처럼 아직 烏介可汗과 唐의 접촉이 없었을 이때 회유의 대상이 된 回鶻 유민이란 당연히 일찍부터 남하해 있던 嗢沒斯 집단이었다. 이것은 『李文饒文集』의 「論田牟請許党項讐復回鶻嗢沒斯部落事狀」(卷13, pp.68~69) ; 「回鶻嗢沒斯等物詔」(卷13, p.70) ; 「賜回鶻嗢沒斯等詔 奉宣撰」(卷5, pp.25~26)을 보더라도 분명한 사실이다(岑仲勉, 「會昌伐叛集」, pp.361~366 참조).
79) 물론 唐과 烏介可汗勢力이 계속 무력 충돌을 일으켰던 것은 아니며, 唐이 그들에게 식량을 공급해 주는 등 처음에는 호의적인 관계에 있었다고도 보인다. 하지만 늦어도 會昌2년 8월 이후 唐은 嗢沒斯의 경우와 달리 可汗에 대해 일관되게 군사적 제압을 시도하였다는 사실 또한 부정할 수 없다.
80) 『李文饒文集』卷13, 「條疏太原以北邊備事宜」, pp.71~73. 이것은 岑仲勉, 「會昌伐叛集」, pp.377~379에 「條疏應接天德討逐回鶻事宜狀」란 제목으로 실려 있다.

사이의 내분으로 唐에 투항한 嗢沒斯와 烏介可汗 사이에 짐작되는 갈등 관계를81) 생각할 때, 可汗에 대한 册封은 미루는82) 한편 嗢沒斯만을 극히 우대하고 군사적으로도 활용한 唐의 정책에서 李德裕의 回鶻 유민

---

81) 『資治通鑑』卷246 會昌2年 3月 및 4月下, pp.7959~7961. 여기에서 嗢沒斯의 투항이 유민들 사이의 내분 결과인 것은 명확하지만, 이 과정에서 그와 可汗의 관계는 기록에 따라 달라 논란의 여지가 있다. 위 『資治通鑑』의 기록을 비롯하여 『新唐書』卷217下, 「回鶻傳」, p.6131 ; 『李文饒文集』卷2, 「異域歸忠傳序」, p.10(「會昌伐叛集」, p.386 참조)는 嗢沒斯가 回鶻의 相 赤心 등과의 알력 끝에 투항하였다고만 적고 있는 반면, 『舊唐書』卷195, 「廻紇傳」, p.5214 ; 『李文饒文集』卷2, 「幽州紀聖功碑銘并序 奉敕撰」, p.8(岑仲勉, 「會昌伐叛集」, p.455 참조)의 경우 이 투항에 烏介可汗의 동의가 있었다고 하는 것이다. 그러나 후자와 같은 기록이 전제로 삼은 바 可汗에 대한 嗢沒斯의 예속 사실은 의심스러운 점이 있다. 왜냐하면 特勤 烏介가 북방의 錯子山 부근에서 可汗으로 추대된 會昌2年 2月(『資治通鑑』卷246 會昌元年 2月下, p.7949 ; 『唐會要』卷98, 「廻紇」, p.2074) 당시 이미 자신의 '部'를 이끌고 상당한 세력으로 天德郡으로 남하해 있었던 嗢沒斯特勤 역시 可汗의 직계로서 결코 烏介의 지위에 뒤지지 않는 인물이었으며(『資治通鑑』卷246 開成5年 9月下, p.7947 ; 『新唐書』卷217下, 「回鶻傳」, p.6131), 게다가 그는 可汗이 피도하기 전에 독자적으로 唐에 대하여 '忠款'을 표시하여 투항 의사를 밝혔던(『李文饒文集』卷5, 「賜回鶻嗢沒斯等詔 奉宣撰」, p.25. 岑仲勉, 「會昌伐叛集」, p.365 참조)만큼 可汗에게 특별한 귀속감을 가졌으리라고 여겨지지 않기 때문이다. 따라서 安部健夫, 『西ウイグル國史の研究』, 京都 : 彙文堂書店, 1955年, p.236이 嗢沒斯가 可汗의 권위를 인정하지 않았으리라고 추측한 것은 당시 정황과 어긋나지 않을 듯하다. 실제로 嗢沒斯가 "不隨可汗"(『李文饒文集』卷5, 「賜回鶻可汗書意」, p.23. 岑仲勉, 「會昌伐叛集」, p.377 참조)하였다는 기록도 있으므로, 이 시기에 可汗의 權威를 인정하지 않던 嗢沒斯와 可汗 사이의 갈등을 충분히 예상할 수가 있다. 嗢沒斯가 투항한 뒤 烏介可汗이 그의 執送을 강하게 요구하였던 것 또한 이와 무관하지 않다고 보인다.

82) 『舊唐書』卷18上, 「武宗紀」, p.590에서 "遣使册廻紇烏介可汗."이라고 하였으나, 이것은 『資治通鑑』卷246 會昌2年 3月下, p.7959의 "遣將作少監苗鎮册命烏介可汗, 使徐行, 駐於河東, 俟可汗位定, 然後進. 旣而可汗屢侵擾邊境, 鎮竟不行."이란 기록에서 알 수 있듯이 결국 실행되지 않았다. 그리고 同上 會昌元年 2月下, p.7949의 考異에 "(會昌)2年7月, 册爲烏介可汗."이란 구절도 있지만, 『資治通鑑』의 해당 시기를 비롯한 다른 어떤 기록에서도 이 사실을 확인할 수가 없다. 따라서 일부 回鶻 유민들의 추대로 可汗이 된 烏介에 대하여 唐은 그를 끝내 册封하지 않았던 듯하고, 이것은 어쩌면 의도된 것이었을지도 모르겠다. 나중에 李德裕가 烏介可汗에 대해 "非我册命, 自爲假王."(『李文饒文集』卷2, 「幽州紀聖功碑銘 并序 奉敕撰」, p.8. 岑仲勉, 「會昌伐叛集」, p.455 참조)이라고 비난하였음을 생각하면, 回鶻 可汗을 册封하지 않음으로써 唐은 그 유민들이 結集할 수 있는 계기를 만들어주지 않았음과 동시에 일찌감치 토벌의 명분도 남겨 두었던 것이다.

에 대한 분열책을 쉽게 엿볼 수가 있다.83) 나아가 唐은 이렇게 분열된 回鶻 유민들을 철저히 통합·복속시키려 하였으니, 그 '殄滅을 기도했던84) 可汗의 토벌은 두말할 필요도 없겠지만, 회유에 응했던 嗢沒斯 등 투항자들을 적극적으로 '諸道'에 나누어 分置하려 했던 것 역시 마찬가지 목적에서 나왔다고 여겨지기 때문이다.85) 따라서 李德裕의 回鶻 유민 대책에서 드러나는 회유와 토벌은 단지 戰術的인 차이일 뿐이고, 궁극적으로 그들을 통합 혹은 복속시키려는 적극적인 戰略이었다는 점에서 결국 동일한 정책이었다고 보아도 좋을 것이다.

이러한 李德裕의 입장에서 보면, 이미 故土를 잃어버린 烏介可汗은 자발적으로 투항하지 않는 한 토벌될 수밖에 없었다. 실제로 會昌2年

---

83) 전게 羽田亨, 「唐代回鶻史の硏究」, pp.243~245에서는 唐이 回鶻의 내분을 적극적으로 이용하였다는 점을 강조하고 있다. 이와 관련하여 주목되는 것은 앞서 살펴보았던 바 回鶻의 침입과 唐의 적극적인 투항 접수가 시기적으로 일치한다는 사실이다. 전술한 것처럼 唐의 토벌을 정당시하는 경우 回鶻의 침입을 토벌의 이유로 들고 있지만, 거꾸로 투항할 의사가 없었던 烏介可汗의 입장에서 보면 唐이 적극적으로 그 유민들을 받아들여 내부적 분열을 조장하였기 때문에 오히려 入侵이 불가피하였을 수도 있기 때문이다.

84) 李德裕가 '非是要滅回鶻'을 말한 적도 있으나(『李文饒文集』 卷13, 「條疏太原以北邊備事宜」, p.73. 岑仲勉, 「會昌伐叛集」, p.378 참조), 會昌3年 이후 回鶻 유민에 대한 실제 토벌의 과정은 이와 다르다. 왜냐하면 이듬해 李德裕 자신이 분명하게 '殄滅回鶻'을 주장하였을 뿐만 아니라(『李文饒文集』 卷15, 「請更發兵山外邀截回鶻狀」 및 「殄滅回鶻事宜狀」, pp.81~82. 岑仲勉, 「會昌伐叛集」, pp.427~428 참조), 나아가 黠戛斯의 힘을 빌려서라도 이것을 실현시키려 하고 있기 때문이다(『李文饒文集』 卷6, 「與紇扢斯可汗書 奉宣撰」, p.26 ; 同上 卷6, 「與黠戛斯可汗書」, p.28 등. 岑仲勉, 「會昌伐叛集」, p.429 및 p.444 참조). 따라서 大中10年 李德裕가 당시 回鶻 유민들을 완전히 궤멸시키려 하였다고 한 것도(『唐大詔令集』 卷128, 「議立回鶻可汗詔」, pp.692~693 ; 『資治通鑑』 卷249 大中10年 3月下, p.8059 참조) 결코 근거 없는 비난이 아니라고 하겠다.

85) 『李文饒文集』 卷7, 「停歸義軍敕書」, p.39 및 『資治通鑑』 卷247 會昌3年 2月下, p.7973에서 보듯이, 可汗의 討伐이 일단락되자 嗢沒斯 휘하 歸義軍을 여러 지역으로 분산시키려 하였다. 그리고 후술할 것처럼 이미 突厥 유민들에 대한 唐의 대책에서 그 선례가 보이는 이 조치에 따르지 않자 嗢沒斯 등을 결국 '盡誅'해버렸다는 사실(『資治通鑑』 卷247 會昌3年 3月下, p.7976)은 이와 같은 唐의 의도가 얼마나 투철하였던가를 잘 말해 주고 있다.

8月初의 「討襲回鶻事宜狀」은 누차에 걸친 武宗의 요구와 李德裕의 同意 아래 回鶻에 대한 기습 공격 방침이 확정되는 과정을 잘 보여주는데,[86] 중요한 사실은 이러한 토벌이 순조롭게 실행되지 못했던 현실이다. 回鶻을 기습하기로 결정한 며칠 뒤 回鶻에 대한 공격이 이듬해 봄으로 늦추어졌고, 이후 그 유민에 대한 대책을 둘러싸고 분분하여진 여론은 李德裕의 뜻과 결코 같지 않았던 것이다.[87] '公卿集議'는 곧 이와 같은 상황의 결과로서, 전술한 牛僧孺와 李德裕의 의견 대립은 바로 이 때의 일이었다고 생각된다. 그런데 牛僧孺의 입장을 분명히 알려 줄 이 公卿集議의 내용은 그와 관계된 어떠한 글에서도 나오지 않는다. 게다가 回鶻遺民問題에 관한 그 밖의 言說 또한 없는 牛僧孺의 경우, 그의 구체적인 回鶻 정책의 내용을 파악하고자 할 때 사료상 명백한 한계가 있다. 그러나 『李文饒文集』에는 두 차례에 걸쳐 續開된 公卿集議의 결론에 대한 李德裕의 치밀한 반론이 있고 이때 반박된 관료들의 筆頭에 항상 牛僧孺가 있으므로,[88] 이 글들을 통하여 그의 의도를 간접적으로나마 살펴보는 것이 불가능하지는 않다.

이때 무엇보다 먼저 주목할 것이 8月末 첫 번째 公卿集議의 결론들

---

[86] 『李文饒文集』卷17, p.94(岑仲勉, 「會昌伐叛集」, p.393 참조). 이것은 『資治通鑑』卷246 會昌2年 8月下, p.7964의 考異에 인용된 「論討襲回鶻狀」과 표현상 조금 차이가 있으나 그 大義는 相通한다.

[87] 回鶻의 토벌이 미루어진 데는 尙書丞郎 鄭肅 등의 '懇說'이 영향을 미쳤을 뿐더러 (『李文饒文集』卷14, 「論回鶻事宜狀」, p.75. 岑仲勉, 「會昌伐叛集」, pp.393~394 참조), 이후 公卿集議를 요구한 李德裕는 『李文饒文集』卷14, 「驅逐回鶻事宜狀」, p.77에서 당시의 상황을 "向外議論不一, 互有異同, 若不一度遍詢群情, 終爲閑詞所撓."라고 표현하고 있다. 이와 같이 李德裕의 주장과 상이한 여론의 분위기는 『資治通鑑』卷246 會昌2年 8月下, p.7966 ; 『舊唐書』卷18上, 「武宗紀」, pp.591~592에서도 나타난다.

[88] 『李文饒文集』卷14, 「公卿議須便施行其中有未盡處須更令分析聞奏謹具一一如後」, pp.77~78(岑仲勉, 「會昌伐叛集」, pp.407~408 참조. 이하 이 글은 「公卿集議」1로 약칭한다) 및 同上, 「牛僧孺等奉敕公卿集議須便施行其中未有盡處須更令分析謹連如前」, p.78(岑仲勉, 「會昌伐叛集」, pp.411~412 참조. 이하 이 글은 「公卿集議」2로 약칭한다).

가운데 나오는 "來卽驅逐, 去亦勿進."[89]이란 대책이다. 전혀 새롭지 않은 내용일 수도 있는 이러한 주장에[90] 대하여 李德裕가 "此最關取舍大計."라고 하면서 호되게 비판하고 있기 때문이다. 물론 당시 논의의 진행 과정을 잘 모르는 이상 李德裕와 대립한 牛僧孺 등의 실제 의도를 분명히 하기는 어려우나, 여기에서 강조된 '勿進'이란 것이 可汗勢力의 '殄滅'을 의도하고 있던 李德裕의 뜻과 달랐으리라는 것은 충분히 짐작할 수 있다. 뿐만 아니라 이때 嗢沒斯 등 많은 투항자들을 李德裕가 적극 이용하고 있었음을 생각하면, 牛僧孺 등이 '驅逐'하려 한 대상에 이러한 '來降'者들 역시 포함되어 있었을 가능성도 부정하기 어렵다.[91] 따라서 이와 같은 입장을 가진 牛僧孺 등에게서 回鶻 유민들에 대한 통합이나 포용의 의지를 찾기는 불가능하다. 그리고 이러한 臨戰 상황에서도 오히려 '遠征戍卒'의 점차적인 축소를 주장한 이들은 기본적으로 內政의 중시라는 논거에 입각하였으리라고 보아도 틀리지 않을 것이다.[92] 그러므로 관료들에게 구체적인 대안을 요구한 李德裕에 의해 再

---

89) 전게 「公卿集議」 1, p.77(岑仲勉, 「公卿集議」 1, p.408 참조).
90) 위 公卿集議의 결론은 주지하는 바 後漢代 班固의 '羈縻不絶論'에 나오는 "來則懲而御之, 去則備而守之."란 논리(『漢書』 卷94下, 「匈奴傳」 下, pp.3833~3834)와 상통한다. 여기에서 이러한 羈縻論을 상세히 설명할 수는 없지만, 唐代에도 蘇頲의 "來則拒之, 去則勿逐."(『全唐文』 卷255, 「諫鑾駕親征吐蕃表」, p.18뒤) 등 이와 유사한 소극적인 異民族 대책들이 적지 않음은 분명하다.
91) 이러한 句節에서의 '來'가 來侵의 의미인지 혹은 來降의 의미인지 사실 불분명하다. 전술한 羈縻論 관계의 글들은 來侵의 뜻인 듯하지만, 『春秋公羊傳』 卷2, 隱公2年條 "春公會戎于潛"에 대한 何休의 注에서 "來者勿拒, 去者勿追."(臺北 : 藝文印書館本, p.1앞)라 하였을 때나 開元年間의 "來則納其朝謁之禮, 去則隨其生育之心."이란 詔의 경우(『册府元龜』 卷996, 「外臣部 納質」, p.11뒤) 그 뜻은 분명히 來降이기 때문이다. 따라서 이러한 결론이 도출된 전후 맥락을 알 수 없는 상태에서 속단하기 어렵지만 嗢沒斯勢力과의 관계는 물론 앞서 살펴본 悉怛謀의 투항 접수 거부 사실 등을 생각할 때 이것이 來降의 의미 또한 가지고 있으리라고 보아도 과히 틀리지 않을 것 같다.
92) 전게 「公卿集議」 1, pp.77~78(岑仲勉, 「會昌伐叛集」, p.408 참조). 물론 이 글 p.77에 당시 牛僧孺 등의 주장 가운데 "部落能自攻討者, 不須止遏."이란 것이 있으므로, 이들이 回鶻에 대한 토벌 자체를 반대하였다고 보이지는 않는다. 하지만 이처럼 '攻討'를 막지 않음이 李德裕가 계획하고 있던 바 적극적인 토벌과는

開된 두 번째 모임에서도 군사적인 대응의 효용을 둘러싸고 이견이 좁혀지지 않았으니,93) 이것은 回鶻 유민들에 대하여 거의 放棄的인 태도를 취한 牛僧孺 등의 정책이 李德裕의 적극적인 통합·복속 기도와 근본적인 차이가 있었던 상황에서 차라리 당연한 일이라고 하겠다.

물론 이러한 논란에도 불구하고 回鶻에 대한 토벌은 李德裕의 뜻대로 실행되었다.94) 하지만 당시 牛僧孺의 정치적 기반이 무척 불안한 상황이었음을95) 고려한다면, 牛僧孺가 관료들의 선두에서 이처럼 李德裕의 주장과 팽팽히 맞섰다는 사실은 그 자체만으로도 중요한 의미가 있다. 牛僧孺의 경우 자기의 불리한 처지도 돌아보지 않고 위에서 살펴본 바대로 자신의 回鶻 유민 대책을 내세웠던 것이고, 이것은 그만큼 이 문제에 대한 그의 입장이 철저하였음을 보여준다고 생각되기 때문이다. 그러므로 維州問題와 마찬가지로 回鶻遺民問題에서도 확실히 다른 두 사람의 태도를 상정할 수 있으니, 李德裕는 분열의 조장이나 토벌 등의 방법으로 그들에 대한 적극적인 통합·복속을 강구하고 있었던 반면 牛

그 성격이 다를 뿐더러, 이때 그 주체가 되는 '部落'이 '諸蕃'의 이민족을 의미한다는 사실 또한 간과할 수가 없다. 그렇다면 牛僧孺 등이 징발을 기피한 '戍卒'이란 구체적으로 江淮 등 먼 內地의 漢族들에 국한되고, 이것은 그들의 주장이 기본적으로 대내적인 안정을 중시하고 있다는 사실을 분명히 해 주는 것이기 때문이다.

93) 전게 「公卿集議」 2, p.78(岑仲勉, 「會昌伐叛集」, pp.411~412 참조).
94) 會昌3年初로 예정되었던 回鶻 遺民에 대한 전면적인 공격이 그대로 실행되었음은 물론이며(『資治通鑑』 卷247 會昌3年 正月下, pp.7971~7972), 李德裕의 경우 그 이전부터 무력 행사에 별다른 거리낌이 없었던 것처럼 보인다(韋博, 「唐故光祿大夫守太子太傅致仕上柱國彭城郡開國公食邑二千戶贈司徒劉公神道碑銘幷序」, 陸增祥, 『八瓊室金石補正』 卷74, 文物出版社, 1985年, p.513 참조).
95) 당시 牛僧孺가 어떤 관직에 있었는지는 불확실하지만(『舊唐書』 卷18上, 「武宗紀」, p.591에서 '(太子)少師라 하였으나, 杜牧의 「牛僧孺墓誌銘」, p.117 및 『新唐書』 卷174, 「牛僧孺傳」, p.5232는 '太子太傅留守東都'라 하여 차이가 있다), 분명히 그는 會昌元年(『舊唐書』 卷172, 「牛僧孺傳」, p.4472에서는 이것이 會昌2年의 일로 되어 있으나, 『資治通鑑』 卷246 會昌元年 閏9月下, p.7955 등의 기록에 근거한 傅璇琮, 『李德裕年譜』, pp.395~396의 설명에 따른다. 단 이 책에 '閏8月'로 되어 있는 것은 閏9月의 착오임이 명백하다) 失政을 이유로 李德裕에 의하여 罷相, 被貶되었던 상태이었다.

僧孺의 경우 悉怛謀를 송환시켜 버렸듯이 그들에 대해 방기적 태도를 분명히 함으로써 서로 간에 뚜렷한 차이가 있는 것이다.

3) 對外認識의 差異

維州를 발판으로 失地를 회복하고자 했던 西川節度使 李德裕가 재상이 된 뒤 이처럼 回鶻 유민들을 통합·복속시키려 한 데에는 그 나름의 일관성이 발견된다. 그리고 牛僧孺가 정치적인 곤경을 무릅쓰고 回鶻 유민들에 대하여 소극적인 입장을 분명히 한 것 또한 예전 維州를 방기했던 內政 중시의 논리 그 연장선 위에 있다. 따라서 지금까지 살펴본 바 維州와 回鶻 유민 문제에서 이들이 대립한 것은 사적인 감정에서 나온 일시적 현상이 아니라, 邊方 혹은 異民族 문제에 대한 두 사람의 상이한 태도로 인한 필연적 결과였다고 보아도 좋을 것이다.[96] 그런데 이들의 이러한 차이가 吐蕃이나 回鶻 유민에 대한 군사적 대응과 관련하여 직접 드러나는 것 같지만, 그렇다고 牛僧孺와 李德裕의 서로 다른 대외정책을 무력행사 여부만으로 설명할 수는 없다. 왜냐하면 李德裕가 嗢沒斯와[97] 悉怛謀에[98] 대해 군사적 제압이 아니라 회유의 방법을

---

[96] 두 사람의 갈등과 대립을 드러내는 太和5年 이전의 사건들은 전술하였지만, 그 이후에도 유사한 예들이 계속되었다. 文宗 開成2年 李德裕가 牛僧孺를 대신하여 淮南節度使가 되는 과정에서 상호 비방이 있었다거나(『舊唐書』卷174, 「李德裕傳」, p.4521 ; 『新唐書』卷180, 「李德裕傳」, p.5334), 武宗 會昌年間 李德裕가 牛僧孺를 실각시킨 것(『資治通鑑』卷246 會昌元年 閏9月下, p.7955 ; 同上 卷248, 會昌4年 9月 및 11月下, pp.8012~8013) 등이 그것이다. 하지만 정치적인 현안과 무관한 이런 것들은 사적인 원인에 의한 일과성의 사건들이었다고 해도 좋다. 따라서 이와는 다른 維州와 回鶻 유민 문제를 특별히 문제삼을 수밖에 없다.

[97] 回鶻 유민들을 분열시키기 위해 嗢沒斯를 우대하였음은 이미 설명하였는데, 실제로 그의 투항부터 이러한 李德裕의 정책으로부터 유도되고 있는 것 같다. 『資治通鑑』卷246 會昌2年 3月 및 4月下, pp.7959~7961에서도 이러한 상황은 짐작되지만, 嗢沒斯의 투항 직전 곧 會昌2年 3月 4日 '仁化'를 이유로 하여 回鶻 遺民들에게 우대 조치를 취하였던(『李文饒文集』卷13, 「論天德軍捉(投?)到回鶻生

택했다고 해서, 이것이 그들에 대한 牛僧孺의 소극적인 대책과 동일시 될 수 없음은 명백하기 때문이다. 그러므로 무력을 사용하든 회유하든 간에 그것은 전술적인 방법의 차이일 뿐이고, 牛僧孺와 李德裕의 보다 근본적인 정책상의 특징은 이민족과 변방에 대한 두 사람의 상이한 인식으로부터 유래한다고 보아도 좋을 것이다. 전술한 사건들의 전개과정 속에서 이들의 대외인식이 가진 성격을 살펴보아야만 하는 이유가 바로 여기에 있다.

이와 같은 측면에서 會昌3年 3月 回鶻遺民問題의 일단락과 함께 李德裕가 維州問題를 재론한 사실은 일단 주목된다.[99] 維州와 悉怛謀를 吐蕃에게 되돌려준 일의 부당성을 강조하여 결국 牛僧孺를 비난한 이것은 위의 두 사건이 상호 밀접히 연관된 것임을 분명히 보여줄 뿐만 아니라, 이때 '華夷感德'의 기대 위에서 悉怛謀에 대한 포상을 주장한 李德裕가 悉怛謀를 되돌려 보내 이민족의 '忠款之路'를 막은 牛僧孺와 자신을 대비시킴으로써 두 사람의 서로 다른 대외인식을 명확히 드러내고 있기 때문이다.[100] 사실 李德裕가 일찍이 '經遠之圖'를 꿈꾸고 있었던 것[101]이나 "統御四夷, 皆同赤子."를 강조하였던 것[102] 모두 일맥상통하

口等狀」, p.73. 「會昌伐叛集」, p.376 참조) 李德裕가 투항 직후 바로 그에게 官爵 수여를 서두르고 있는 것은(『李文饒文集』 卷13, 「條疏太原以北邊備事宜」, p.73. 「會昌伐叛集」, p.378 참조) 이 사실을 더욱 분명히 해 준다.

98) 전게「悉怛謀狀」, p.64에서 李德裕는 "維州熟臣信令, 乃送款與臣."이라고 維州問題의 발단을 설명하였다. 물론 이 '信令'이란 것이 구체적으로 무엇인지는 모르나, 悉怛謀가 투항하기 전 李德裕와 모종의 관계를 지니고 있었음을 뜻하는 이것으로부터 투항의 원인 중에 李德裕의 회유가 있었으리라고 추측할 수는 있다.

99) 『資治通鑑』卷247 會昌3年 3月下, pp.7976~7978에서 알 수 있는 것처럼 回鶻可汗의 토벌 직후 李德裕는 전게「悉怛謀狀」을 올렸다. 그리고 당시 李德裕가 悉怛謀에게 관직을 追敍하는 데 적극적이었던 것(『李文饒文集』 卷4, 「贈故蕃維州城副使悉怛謀制」, p.19 ; 同上 卷19, 「謝贈故蕃維州城副使悉怛謀官狀」, p.108) 역시 마찬가지 맥락에서 이해할 수 있다.

100) 위의 「悉怛謀狀」, p.65.

101) 『李文饒文集』 卷18, 「進西南備邊錄狀」, p.103.

102) 『李文饒文集』 卷8, 「代忠順報回鶻宰相書意」, p.43(岑仲勉, 「會昌伐叛集」, p.391 참조).

다고 생각되니, 이것은 기본적으로 주변 이민족들에 대한 적극적인 통합 혹은 포용의 논리를 바탕으로 하고 있는 것이다.

하지만 牛僧孺의 경우 이와 달라,

> 四夷가 交侵하지 않고 백성이 흩어지지 않으며, 위에서 淫虐이 없고 아래에서 怨讟이 없으며, 私室에 强家(의 횡포)가 없고 公議에 막힘이 없다면, 비록 '至理(治)'에 이르지는 못하였다고 하더라도 역시 '小康'이라고 말할 수는 있을 것입니다.[103]

라는 주장에서 엿볼 수 있듯이 이러한 대외관계에 대하여 그다지 관심이 없었던 듯하다. 즉 그의 時局 평가에서 기준이 되는 대외적 문제란 오로지 이민족의 침입이 없다는 극히 제한적인 사실만이고, 기본적으로 國內의 평화와 안정에 초점이 맞추어진 시국관에서 이민족에 대한 통합·포용이란 실상 그 고려의 밖에 있는 것이다. 더욱이 牛僧孺는 四夷가 '守境'하지 않으면 失地의 '敗'가 있을 뿐이지만 '守身' 곧 덕성을 갖춘 군주의 內治가 이루어지지 않을 때 나라가 정말 '亡'한다고 강조하였으니,[104] 전통적인 '守在四夷'論을 수정하여 四夷와의 관계를 단지 부차적인 문제라고만 규정한 이 글에서 드러나는 그의 입장은 李德裕의 적극적인 대외인식과는 확실히 거리가 멀다. 앞서 지적한 牛僧孺 등의 "來卽驅逐, 去亦勿進."이란 주장도 동일한 논리의 연장선 위에 있을텐데, "未附者頃(須?)務懷柔, 歸誠者因宜存撫."[105]라는 李德裕의 태도와 대조적인 牛僧孺의 이러한 대외인식은 이민족과 변방 문제에 대한 상대

---

103) 『舊唐書』 卷172, 「牛僧孺傳」, p.4472. 『新唐書』 卷174, 「牛僧孺傳」, p.5231 ; 『資治通鑑』 卷244 太和6年 11月下, p.7880에도 거의 동일한 내용이 실려 있다.
104) 『全唐文』 卷682, 牛僧孺, 「守在四夷論」, pp.6뒤~8뒤. 이 '守在四夷' 云云은 『左傳』 卷25 昭公23年條에 나오는 이야기로서, 진정한 '天子'라면 '四夷'에까지 그 통제력을 가져야 한다는 의미의 이것은 주지하듯이 四夷와의 긴밀한 관계를 옹호하는 經學的 근거로서 종종 이용되어 왔다.
105) 『李文饒文集』 卷5, 「賜回鶻可汗書意」, p.23(岑仲勉, 「會昌伐叛集」, p.377 참조).

적인 무관심으로 특징지어진다고 하겠다. 그리고 이와 같은 인식에서 내정의 대상으로 중시한 '華'와 뚜렷이 구별되는 '夷' 곧 華夷의 두드러진 정치적 차별화가 개재되어 있다고 보아도 틀리지 않을 것이다.

그런데 牛僧孺와 李德裕의 대립을 대외인식에서의 적극성 여부, 바꾸어 말하여 이민족에 대한 통합·포용 그리고 이와 대비되는 排他的인 華夷峻別 문제에 따른 것이라고 설명할 때 생기는 의문이 있다. 牛李黨爭에 관한 陳寅恪씨의 설명에 대한 유력한 비판으로 用兵의 적극성 여부로써 이 당쟁의 성격을 이해하려는 연구들이 있음을 전술하였는데, 이러한 시각에서 보면 앞서 살펴본 두 사람의 정책 대립 또한 무력행사에 대한 입장의 차이가 대외인식보다 더 본질적인 문제로 생각될 가능성도 없지 않기 때문이다. 즉 적극적인 용병의 입장에 있던 李德裕가 공격적인 開邊을 주장하였음에 반하여, 용병을 기피하던 牛僧孺의 경우 당연히 방어 위주의 소극적인 대외정책을 가질 수밖에 없다고 할 수 있는 것이다. 물론 두 사람의 상이한 대외정책이 논리적으로 무력행사 여부만 가지고는 설명될 수 없다는 것을 이미 지적하였지만, 종국적으로는 維州와 回鶻 유민 문제에서 무력을 택한 이가 李德裕였던 만큼 이러한 견해 역시 홀시하기가 어렵다고 하겠다. 더욱이 이러한 입론은 牛僧孺와 李德裕만이 아니라 두 사람을 중심으로 한 여러 黨人들의 경우까지 고려한 것일 뿐더러 대내적인 문제 곧 번진에 대한 무력적인 제압 여부를 중심으로 하여 도출된 결론이기 때문에, 牛僧孺와 李德裕의 정책 대립에서 대외인식상의 차이보다 용병에서의 적극성 여부가 牛李黨爭과 관련하여 더 일반성을 갖는 기준이라고 볼 수도 있는 것이다.

그러나 기존의 연구들처럼 대내적인 용병 문제를 가지고 牛李黨爭을 설명하는 것도 분명히 한계가 있다. 기왕의 입론에서 중요한 논거가 되는 것은 會昌年間 昭義藩鎭에서 상당히 독자적인 세력을 구축하였던 절도사 劉從諫을 뒤이어 그의 조카 劉稹이 襲位하려 하자 李德裕가 단호한 토벌을 주장한 반면 牛僧孺는 그들에 대하여 동정적이었다는 사실이다.106) 그러나 그의 被貶 원인이 되었던 牛僧孺와 昭義藩鎭의 관계가 당시 재상이던 李德裕의 誣告 가능성을 부정하기 어려운 이상,107) 이 사실만으로 두 사람의 입장 차이를 단정할 수는 없다. 실제로 李德裕가 적극적으로 劉稹의 반란을 진압하였던 것은 분명하지만, 그렇다고 牛僧孺의 번진 대책이 소극적이었다고 단정하기도 어렵다.108) 물론 여기에서 幽州의 병란에 당면한 牛僧孺가 절도사의 자립을 인정한 듯한 사실이 다시 문제로 되겠으나, 이때 적극적인 진압을 포기한 牛僧孺의 논거가 현실적으로 이 지역 자체의 得失보다 더 긴요한 것이 奚나 契丹을 막아줄 수 있는 그 절도사의 역할에 있음을 간과할 수 없다.109) 이것은 당시의 실제 상황과 과히 어긋나지 않을 뿐더러110) 전술한 바 대내적인 안정을 확보하기 위하여 일단 이민족의 침입을 막는 것만을 시국 평가의 기준으로 삼았던 牛僧孺의 소극적인 대외인식과도 부합하기 때문이다. 물론 여기에는 할거한 河北의 방기란 전제가 있으나, 사실 河北의 번진에 대하여 적극적인 제압 의도가 없었던 것은 李德裕 역시 마찬가지였다.111)

---

106) 回鶻遺民問題에 뒤이은 이 사건의 전개과정은 『資治通鑑』 卷247 會昌3年 4月 下, p.7978~卷248, 會昌4年 9月下에서 비교적 자세히 알 수 있다.
107) 牛僧孺와 昭義藩鎭의 '交通'에 대한 李德裕의 지적은 『資治通鑑』 卷248 會昌4年 9月下, p.8012에 별 비판 없이 그대로 실려 있으나, 杜牧, 「牛僧孺墓誌銘」, p.117에서는 이것을 과장된 사실이라고 하였다. 실제로 文宗 大和年間 재상이던 牛僧孺가 劉從諫을 후대하여 결국 화근을 만들었다는 李德裕의 주장은 岑仲勉, 『通鑑隋唐紀比事質疑』, 「記李德裕之言有僞造痕迹」, pp.296~297에서 지적되어 있는 것처럼 사실무근이다. 물론『新唐書』 卷174, 「牛僧孺傳」, p.5232(同上, 「李宗閔傳」, p.5237 참조)에서 말하고 있는 것처럼 牛僧孺와 劉從諫 사이에 '交結狀'이 있었다면 또 다른 문제이겠으나, 이 사실에 대하여 위『資治通鑑』의 기록은 분명히 부정하고 있을 뿐더러『舊唐書』에서도 전혀 언급이 없으므로 이것 또한 의심스러운 점이 많다.
108) 李珏, 「牛僧孺碑銘」, p.4뒤에 따르면, 牛僧孺도 재상 시기에 "方鎭以不廉聞者, 輒奏貶."하였다고 한다.
109) 『舊唐書』 卷172, 「牛僧孺傳」, p.4471(『新唐書』 卷174, 「牛僧孺傳」, p.5230 ; 『資治通鑑』 卷244 太和5年 正月下, p.7974 참조).
110) 黃永年, 「唐代河北藩鎭與契丹奚」, 『中國古代史論叢』, 1982-2.

따라서 번진에 대한 용병 문제만으로 牛僧孺와 李德裕의 정책 차이를 설명하기는 쉽지 않다. 실제로 이른바 牛黨 인사들 역시 일괄적으로 대내적인 무력행사에 소극적이었다고 규정하기에는 난점이 있고[112] 소위 李黨이라고 간주되는 이들이라고 해서 모두 용병에 적극적인 것도 아니었기 때문이다.[113] 그리고 陳寅恪 이래 이러한 시각에서 강조되었던 바 牛黨 인사들을 중심으로 한 穆宗朝(820~824)의 '銷兵'이란 것이 번진에 대한 단순한 姑息策이 아니며 실상 당쟁과 無關하다는 주장도 존재한다.[114] 따라서 용병 특히 대내적인 용병에 대한 적극성 여부라는 차이가 牛僧孺와 李德裕 두 사람을 둘러싼 당쟁의 성격을 제대로 설명할 수 있는지도 의문스럽기 때문에, 이와 같은 기준이 갖는 일반성 역시 속단할 수 없다. 게다가 당쟁의 이러한 측면을 강조한 기존의 연구들은 대체로 당시 용병 문제를 곧 중앙조정의 위상 제고 의지 有無 혹은

---

[111] 幽州에 병란이 일어났을 때 李德裕는 곧바로 군사적 대응을 하지 않았고(『李文饒文集』 卷13, 「論幽州事宜狀」, p.71 ; 『資治通鑑』 卷246 會昌元年 閏9月下, pp.7955~7956), 그 '布誠'을 전제로 하였지만 결국 토착적 성격이 강한 張仲武를 절도사로 승인할 수밖에 없었다(『舊唐書』 卷180, 「張仲武傳」, p.4677). 이것은 昭義藩鎭에 대해 토벌을 주장한 이후 그의 태도와 차이가 있으니, 李德裕 스스로 이때 河北의 藩鎭들은 昭義와 달리 '置之度外'할 수 있다고 분명히 말했다(『舊唐書』 卷174, 「李德裕傳」, p.4525 ; 『資治通鑑』 卷247 會昌3年 4月下, p.7980).
[112] 종래 牛李黨爭에서 용병 문제의 차이를 강조하는 연구들은 항상 李逢吉의 소극적인 번진 대책을 강조하였지만, 『資治通鑑』 卷242 長慶2年 7月下, pp.7819~7820 및 『册府元龜』 卷320, 「宰輔部 識量」, pp.15뒤~16앞에서 알 수 있듯이 그는 宣武藩鎭의 병란에 대하여 적극적인 제압을 주장하였다. 그리고 『舊唐書』 卷176, 「李宗閔傳」, p.4552에 의하면, 李宗閔도 裵度의 淮西 토벌에 직접 참가하여 그 덕으로 승진한 적이 있다.
[113] 앞서 설명하였듯이 岑仲勉 이후 이른바 '李黨'이란 것의 존재를 부정하는 이들도 있지만, 일반적으로 그와 긴밀한 관계를 맺고 있었다고 하는 이들조차 李德裕처럼 昭義藩鎭의 토벌에 적극적이었다고는 보이지 않는다. 會昌3年 조정에서 劉稹의 습위 승인을 둘러싸고 격렬한 논란이 있었으며(『資治通鑑』 卷247 會昌3年 4月下, p.7980, 7983 ; 同上 會昌3年 8月下, p.7989), 이때 그와 상친하였던 재상들 곧 李讓夷와 李紳 역시 李德裕와 의견이 분명히 달랐기 때문이다(『舊唐書』 卷174, 「李德裕傳」, p.4526 ; 『新唐書』 卷180, 「李德裕傳」, p.5338).
[114] 楊西雲, 「唐長慶銷兵政策平議」, 『社會科學戰線』, 1985-3.

번진의 할거를 막으려는 중앙집권화에 대한 의지의 强弱 지표로 이해하려는 경향이 있음을 부정하기 어려운데,115) 이것은 더더욱 수긍하기 어렵다. 왜냐하면 이 시기 번진이 모두 조정에 대하여 할거적인 것이 아니었기 때문이니,116) 앞서 문제가 되었던 劉從諫 같은 이는 무력에 의한 제압이 필요할 만큼 조정에 대해 적대적이었다고는 결코 보이지 않는 것이다.117)

그렇다면 牛僧孺와 李德裕가 維州와 回鶻 유민 문제에서 보인 대립은 두 사람의 상이한 대외인식에 바탕하고 있다는 이해가 여전히 유효하다고 생각한다. 사실 이 용병 문제를 대내적인 것으로 국한시키지만 않는다면, 이것 또한 대외인식의 차이와 서로 모순되지 않을 뿐만 아니라 오히려 전술한 논리를 보강할 수도 있다. 즉 적극적인 대외인식을 가진 李德裕는 결국 吐蕃과 回鶻 유민을 통합·복속시키기 위해 무력 사용조차 불사하였고, 대외관계에 대하여 소극적인 牛僧孺의 경우 이와 달리 이민족이나 변방 문제에 비해 국내의 평화와 안정을 중시하였

---

115) 앞서 설명한 胡如雷,「唐代牛李黨爭硏究」,『歷史硏究』, 1979-6은 이와 같은 입장에 선 가장 대표적인 것인데, 실제 용병 문제에 초점을 맞추어 이 당쟁을 이해하려는 연구들은 기본적으로 이러한 시각을 공유하고 있는 듯하다.

116) 大澤正昭,「唐末の藩鎭と中央權力」,『東洋史硏究』32-2, 1973年 및 張國剛,『唐代藩鎭硏究』, 長沙: 湖南敎育出版社, 1987年, pp.77~103과 같은 근래의 연구들이 唐後半期 번진을 몇 가지 유형으로 분류하여 설명하는데, 이들은 당시 조정과 직접 대립하면서 할거하였던 것은 河北에 있던 少數의 번진에 불과함을 공통적으로 강조하고 있다. 따라서 최근 程志,「論中唐藩鎭的本質和作用」,『東北師大學報』, 1986-6의 경우 오히려 唐朝에 대한 唐後半期 번진의 求心力을 지적하기까지 한다.

117) 전술한 것처럼 그를 이어 절도사가 된 劉稹이 자립하여 반란을 일으켰기 때문에 여러 사서에서는 그의 반중앙조정적인 태도들이 강조되어 있다. 그러나 죽기 직전 "吾以忠直事朝廷."(『資治通鑑』卷247 會昌3年 4月下, p.7979)이라 하였던 劉從諫은 실제로 甘露의 變 이후 전횡하던 환관에 대해 비판하고 스스로 "內爲陛下心腹, 外爲陛下藩垣 … 誓以死淸君側."(同上 卷245 開成元年 2月下, p.7923)을 다짐하였을 뿐만 아니라, 回鶻의 토벌에 동참할 것을 上言(『資治通鑑』卷246 會昌2年 11月下, p.7968)한 적도 있었다. 따라서 그가 昭義에서 세력을 굳히면서 자립적 경향을 보였다고 하더라도, 이것이 조정에 대한 적대화를 의미하는 것은 아닐 듯하다.

기 때문에 당연히 이러한 용병을 꺼렸다는 설명이 가능하기 때문이다. 기왕에 거의 지적되지 않았지만, 牛僧孺와 李德裕의 대립이란 문제에서 대외적인 문제에 대한 두 사람의 상이한 인식과 정책이 중요하다고 여겨지는 것이다. 그러므로 이러한 차이가 실제로 어떤 역사적 상황에서 어떻게 나타나게 되었는가 곧 그 역사적 배경과 의미를 해명할 필요가 있을 것 같다. 이제 章을 바꾸어 이 문제를 검토해 보도록 하자.

3. 李德裕의 對外認識과 皇帝의 立場

1) 唐後半期 皇帝들의 對外認識

지금까지 維州와 回鶻 유민 문제를 통해 李德裕의 대외인식을 검토하였는데, 여기에서 짚고 넘어가야만 할 문제가 있다. 回鶻의 烏介可汗을 토벌한 직후인 會昌3年 2月 安西와 北庭都護府(附圖 참조) 舊土의 탈환이라는 현안이 제기되었을 때, 李德裕가 막대한 부담을 이유로 그 수복에 반대하였던[118] 사실이 그것이다. 물론 그렇다고 해서 李德裕가 대외관계에 대하여 소극적이었다고 말할 수는 없겠지만, 이것은 牛僧孺와의 대립으로부터 도출된 결론 곧 그의 대외인식의 적극성에 의문을 던진다. 즉 黠戛斯가 사신을 보내오자 그들과 협력하여 安西·北庭을 공략하려고 했던 이는 武宗이었으며,[119] 이 문제에 관한 한 그보다 황

---

[118] 『舊唐書』 卷174, 「李德裕傳」, pp.4522~4523 ; 『册府元龜』 卷994, 「外臣部 備禦」 7, pp.7앞~8앞.
[119] 위의 『舊唐書』와 『册府元龜』는 安西·北庭의 수복이 趙蕃의 주장인 것처럼 적고 있다. 하지만 이 사건의 전개과정을 자세히 알려주는 『資治通鑑』 卷247 會昌3 年 2月下, pp.7973~7974에 따르면, 당시 趙蕃이 黠戛斯의 사신 접대 책임자였고 武宗이 "欲令趙蕃就黠戛斯求安西·北庭."하였다고 한다. 따라서 趙蕃은 黠戛斯와 武宗 사이에서 상호 의견을 전달하는 연락 임무를 맡았을 뿐, 그들을 이용

제가 더욱 적극적이었던 이상, 실제로 李德裕의 대외정책에서 드러나는 적극성이 어느 정도나 자기의 주체적 인식 결과인지 묻지 않을 수 없는 것이다. 그러나 바로 이때 黠戛斯의 책봉을 주저하던 武宗과 달리 그들을 '同姓'이라고 하면서 그것을 적극적으로 추진하였던 이가 李德裕였다면,120) 그의 대외정책이 황제에 의하여 이끌려가고 있었다고만 보기도 어려울 듯하다. 그러므로 李德裕의 대외정책·인식과 관련하여 황제 武宗의 태도에 좀 더 주의를 기울일 필요가 있다.

그런데 黠戛斯를 둘러싼 처음의 이견에도 불구하고, 결국 武宗은 李德裕의 주장에 따라 그들에게 동족임을 앞세우며 책봉을 허락하는 글을 보내도록 하였다.121) 이후 黠戛斯의 책봉은 그대로 실행되었고,122) 당시 黠戛斯를 비롯한 '四夷'의 來朝를 선전하는 『黠戛斯朝貢傳(圖)』이란 책이 李德裕의 제안123)과 武宗의 勅命으로 만들어지기도 하였다.124) 그러므로 이 두 사람은 책봉으로써 주변의 이민족들을 포용하여 그들을 통합·복속시키려는 이상을 가졌다는125) 점에서 서로 다르지 않았다고

하여 실지를 수복하려는 계획을 세웠던 이는 武宗이라고 보아도 좋을 듯하다. 실제로 『新唐書』 卷180, 「李德裕傳」, p.5337의 경우 黠戛斯가 이 지역의 공략을 제안하자 武宗이 동의한 것으로 되어 있으며, 趙蕃에 대한 언급은 전혀 없다.

120) 『資治通鑑』 卷247 會昌3年 2月下, p.7974. 會昌3年 당시 사신을 보낸 黠戛斯의 의도가 책봉을 받는 데 있었다고 생각되며, 이때 李德裕는 漢代 李陵의 후손을 자칭하는(『唐會要』 卷100, 「結骨國」, pp.2120~2121) 그들의 요구를 그대로 받아들이고 있었던 것이다.

121) 『資治通鑑』 卷247 會昌3年 3月下, pp.7975~7976. 단 여기에서 武宗이 李德裕에게 草하도록 하였다는 「賜黠戛斯可汗書」의 내용은 『李文饒文集』 卷6, pp.26~28에 「與紇扢斯可汗書 奉宣撰」이란 이름으로 실려 있다.

122) 『資治通鑑』 卷247 會昌3年 6月下, p.7985 ; 同上 卷248 會昌5年 4月~5月下, p.8015.

123) 『新唐書』 卷217下, 「回鶻傳」 下, p.6150 ; 『李文饒文集』 卷2, 「黠戛斯朝貢圖傳序」, p.11.

124) 『李文饒文集』 卷18, 「進黠戛斯朝貢傳圖狀」, p.102에서 "准敕訪黠戛斯國邑風俗, 編爲一傳."이라고 하였다.

125) 이와 같은 책봉의 역사적 의미에 대하여서 논란의 여지가 없지 않을 듯하나(菊池英夫, 「總說-研究史の回顧と展望」, 唐代史硏究會 編, 『隋唐帝國と東アジア世界』, 東京 : 汲古書院, 1979年 참조), 여기에서는 대체로 西嶋定生의 册封體制

여겨진다. 물론 武宗의 安西·北庭 수복 계획은 전술한 李德裕의 주장으로 일단 무산되었지만, 이 지역의 탈환 문제 역시 또 달리 생각해 볼 여지가 있다. 왜냐하면 會昌4, 5年 무렵 回鶻과 吐蕃의 쇠란을 이용하여 失地 "河湟四鎭十八州"(附圖 참조)를 수복하려는 논의가 있었을 당시,126) 여기에 安西 4鎭이 포함되는지 여부는 의문이 있더라도,127) 이와 같은 조정의 분위기를 이끌어가고 있었던 이들이 바로 李德裕와 武宗이었음은 확실하기 때문이다.128) 따라서 會昌年間 책봉이나 실지 회복과 같은 대외정책에서 두 사람의 입장이 대체로 부합하였다고 보아도 좋지 않을까 한다.

실제로 吐蕃에게 빼앗긴 땅을 되찾기 위한 李德裕의 노력은 무척 적극적이었다. 會昌5年 2月 자신과 밀접한 관계에 있던129) 劉濛을 巡邊使란 이름으로 북방으로 파견하였는데, 이것의 실제적인 목적은 河湟

에 대한 이해 특히 西嶋定生, 「東アジア世界と日本史」, 『中國古代國家と東アジア世界』, 東京 : 東京大學出版會, 1983年, pp.598~599(1975~1976年 原刊)의 설명에 따르고자 한다.
126) 『資治通鑑』 卷247 會昌4年 2月下, p.7999. 그런데 이 논의의 결과 劉濛을 巡邊使로 파견한 것은 岑仲勉, 「會昌伐叛集」, pp.451~452의 考證에 따르면 會昌5年 2月의 일이라고 하므로, 이와 같은 실지 수복의 논의도 실제로 會昌5年의 일이었을 가능성이 없지 않다. 단 「會昌伐叛集」에서 의문시한 것이 오로지 巡邊使 관계 문제일 뿐 당시 조정의 상황과 직접 관련된 것은 아니기 때문에, 『資治通鑑』이 會昌4年의 일로 적고 있는 이 논의가 반드시 會昌5年의 일이라고 단정하기도 어려운 것 같다. 그러므로 여기에서 이러한 논의 시점을 확정지을 수는 없으나, 이것이 會昌4年 혹은 5年 중에 있었던 것만은 분명하다.
127) 여기에서 河湟은 물론 黃河·湟水 유역 곧 鄯州·涼州를 비롯하여 原州·沙州 등 그 주변 지역을 뜻하지만, '四鎭'이란 것이 무엇인지에 대하여서는 의견이 엇갈린다. 『資治通鑑』의 胡注가 이 河湟 지역이 吐蕃에게 점령된 뒤 4鎭으로 나뉘어졌다고 하였으나, 岑仲勉, 『通鑑隋唐紀比事質疑』, 「四鎭十八州」, pp.291~292에서는 이러한 胡三省의 설명을 뒷받침할 만한 증거가 전혀 없다고 비판한 뒤 '四鎭'이란 곧 安西 4鎭이라고 주장하였다.
128) 吐蕃과 回鶻의 상황을 이용한 '四鎭十八州'의 회복 계획은 실제로 李德裕의 「賜緣邊諸鎭密詔意」(『李文饒文集』 卷7, pp.38~39)에서 구체화되고 있다.
129) 『新唐書』 卷149, 「劉濛傳」, p.4799에 따르면, 劉濛은 李德裕에 의해 중용되었고 또 그의 被貶과 함께 좌천되었다.

地域 등의 실지를 수복하기 위한 준비작업이었다고 하기 때문이다.130)
그리고 그해 9월 李德裕는 備邊庫의 설립을 주청하였는데,131) 이처럼
변방의 군사적 활동을 위하여 따로 재원을 마련한 것 역시 당시 문제가
되던 이 지역의 탈환 기도와 무관하지 않으리라고 여겨진다.132) 宣宗
大中3年(849) 이 지역의 3州 7關을 수복하자 곧바로 이것의 이름이 '延
資庫'로 바뀌었던 것133)을 생각하면 더욱 그러하다. 뿐만 아니라 그 이
전 會昌4年 李德裕가 주장하여 실행된 관료의 감축 사실134) 또한 이와
관련하여 특히 주의를 기울일 필요가 있다. 적어도 천 명 이상의135) 관

---

130) 『李文饒文集』 卷16, 「巡邊使劉濛狀」, p.92(이 글의 시기는 논란의 여지가 있으나, 여기에서는 일단 岑仲勉의 「會昌伐叛集」, pp.451~452에 의거하였다)에 의하면, 劉濛의 공식적인 임무는 黠戛斯와 협력하여 烏介可汗의 잔여 세력을 소탕하는 것이다. 하지만 『新唐書』의 卷217下, 「回鶻傳」下, p.6150 ; 同上 卷149, 「劉濛傳」, p.4799 및 앞서 살펴본 『資治通鑑』 卷247 會昌4年 2月下, pp.7999~8000 등 다수의 기록들은 그의 파견이 조정에서의 실지 수복을 위한 논의 결과라고 설명하고 있다.

131) 『資治通鑑』 卷248 會昌5年 9月下, p.8020 ; 『唐會要』 卷59, 「延資庫使」, p.1200 ; 『新唐書』 卷52, 「食貨志」 2, p.1361.

132) 備邊庫가 그 명칭은 물론 이것이 만들어진 뒤 "邊庭有急, 支備無乏."(『唐語林』 卷3, 「賞譽」, 北京 : 中華書局, 1987年, p.284)하였다는 기록을 볼 때 그 목적이 변방에서의 군용 특별 재원이었음이 분명하다. 그런데 唐代에는 일반적인 군사비를 위해 '軍資庫'란 별도의 재정기구가 있었으니(葛承雍, 『唐代國庫制度』, 西安 : 三秦出版社, 1990年, pp.108~114), 이 시기에 이러한 재원이 또다시 만들어져야만 될 특수한 상황 곧 막대한 물자가 필요한 대외적인 군사활동을 예상하지 않을 수 없다.

133) 備邊庫가 延資庫로 된 것은 大中3年 10月의 일인데(『唐會要』 卷59, 「延資庫使」, p.1200 ; 『新唐書』 卷52, 「食貨志」 2, p.1361), 『資治通鑑』 卷248 大中3年 6月~10月下, pp.8039~8040에 의하면 바로 이 직전 河湟 지역을 되찾아 그 주민들의 '詣闕'이 있었던 것이다.

134) 『資治通鑑』 卷247 會昌4年 4月下, p.8001. 이 조치에 대해서는 후술할 『舊唐書』 卷18上, 「武宗紀」, p.600 ; 『唐會要』 卷69, 「州府及縣加減官」, pp.1453~1454 등 여러 곳에 관련 기록이 있다.

135) 『資治通鑑』의 考異에서 이미 지적하였던 것처럼 당시 감축된 관료의 수는 정확히 알 수가 없다. 『資治通鑑』과 『唐會要』에서 1214명이라고 하였지만, 실제로 1114명(위 『舊唐書』의 本紀), 1200명(『舊唐書』 卷165, 「柳仲郢傳」, p.4305), 1250명(『新唐書』 卷163, 「柳仲郢傳」, p.5023), 2000여 명(『新唐書』 卷180, 「李德裕傳」, p.5341) 등 상이한 기록들이 있기 때문이다.

료를 줄인 이 조치가 기본적으로 '冗官'을 없애 재정지출을 감소시키려는 의도에서 나왔음은 분명하다. 더욱이 德宗 貞元3年(787) 張延賞이 河湟 지역을 되찾기 위한 戰費 마련을 이유로 이와 비슷한 조치를 시행하였던 선례136)를 볼 때, 李德裕에 의하여 주도된 관료의 대규모 감축이 구토 회복을 위한 재원의 확보를 그 목적으로 하였다고 해도 좋을 것이다.

물론 실제 河湟 지역의 수복은 宣宗 때에 이르러 때마침 발생한 吐蕃의 내분으로 인하여 "不勤一卒, 血一刃, 而河湟自歸."라고 할 정도로 손쉽게 이루어졌다.137) 하지만 그 이전부터 李德裕는 이와 같이 무력 탈환을 예상하고 치밀한 준비를 하고 있었으니, 자기의 心腹을 중심으로 실지 회복을 도모하던 전후에 備邊庫의 재원을 마련하고자 관료의 감축 조차 불사한 듯한 그의 조치에서 李德裕의 적극적인 대외정책이 단적으로 드러난다고 하겠다. 그런데 이러한 정책으로 말미암아 사환의 기회가 줄어든 관료들의 반발이 초래되고,138) 이때 진사과를 비롯한 과거출신자들의 저항도 있었으리라고 짐작되는139) 사실은 간과할 수 없다. 따라서 이처럼 官界의 여론과 배치되는 조치가 실행 가능하였던 배경을

---

136) 『資治通鑑』 卷232 貞元3年 閏5月下, p.7485 ; 『舊唐書』 卷129, 「張延賞傳」, p.3609 ; 『唐會要』 卷69, 「州府及縣加減官」, pp.1449~1450.

137) 이에 대하여서는 『新唐書』 卷216下, 「吐蕃傳」, pp.6106~6107과 『資治通鑑』 卷248 大中3年 2月~8月下, pp.8037~8040에 자세한 기록이 있고, 『舊唐書』 卷18下, 「宣宗紀」, pp.621~622 ; 『舊唐書』 卷196下, 「吐蕃傳」 下, p.5266 ; 『唐會要』 卷97, 「吐蕃」, p.2061 등에도 관련 내용이 있다.

138) "衣冠去者皆怨."(『新唐書』 卷180, 「李德裕傳」, p.5341)이라는 직접 당사자들의 불만은 두말할 필요도 없겠지만, "時議爲恨."(『舊唐書』 卷165, 「柳仲郢傳」, p.4305)이나 "議者厭伏."(『新唐書』 卷163, 「柳仲郢傳」, p.5023)하였음을 볼 때, 당시 士人과 관료들 사이에 이에 대한 비난 여론이 팽배하였다고 생각된다.

139) 당시 감축 대상이 된 州縣의 관직이 대체로 진사과 급제자들의 초임직이었기 때문에 이것이 특히 진사과출신자들의 이해관계와 상반되었다고 하는 何燦浩, 「會昌朝省官·廢佛與大中朝增官·興佛析論」, 『寧波師院學報』, 1986-2, pp.49~50의 지적은 주의할 만하다. 大中6年의 관료 축소 시 그 대상이 '流外入流'者로만 제한되었던(『唐會要』 卷58, 「吏部尚書」, p.1179) 것과 다른 李德裕의 이 조치는 분명히 과거입사자들의 출로에도 영향을 미쳤으리라고 생각되기 때문이다.

생각하지 않으면 안되고, 당시 李德裕의 '虜寇' 평정에 대하여 '替(贊?) 我獨斷'·'與我同志'임을 특별히 강조하였던 武宗의 입장에 주목하게 된다.140) 즉 황제가 실지의 탈환에 李德裕 못지않게 적극적인 공감과 지지를 표명하고 있었기 때문에, 관료들의 반발과 저항에도 불구하고 그들의 대규모 감축이 실행될 수 있었던 것이다. 그러므로 武宗과 李德裕가 실지의 수복에 대하여 보인 이견이란 전술적인 차이에 지나지 않으며 기본적으로 두 사람은 긴밀한 共調關係에 있었음이 재차 확인되는데, 이러한 관계의 한 기반은 바로 대외관계에 대한 적극적인 태도였다고 하여도 과히 틀리지 않을 것이다.

사실 이 대외인식의 적극성은 大和7年(833) 李德裕를 처음 재상으로 임용하였던 文宗과의 관계에서도 중요한 듯하다. 西川에서 갓 入朝한 李德裕에게 각별한 관심을 보인 文宗이 그를 재상으로 삼고자 노력하였으니,141) 전술한 維州 문제에서 牛僧孺의 의견에 따랐던 그도 이 시기에 이르러 維州의 반환을 후회하면서 牛僧孺와 달리 그 접수를 주장하였던 李德裕에 대하여 주목하게 되었다고 여겨지기 때문이다.142) 따라서 '定戎'과 '服遠'이란 대외적 치적으로 이름이 높았던143) 李德裕를

---

140) 『李文饒文集』卷18,「讓太尉第二表」및「讓太尉第三表」, pp.103~104에 덧붙여진 武宗의 批答(『全唐文』卷77, 武宗,「答李德裕讓太尉第二表批」·「答李德裕讓太尉第三表批」, pp.4뒤~5뒤). 그리고 傅璇琮, 『李德裕年譜』, pp.540~542의 설명에 따르면 이것이 관료의 減縮 직후인 會昌4年 8月의 글인데, 바로 이 時點에서 이와 같은 황제의 의사가 표명되었다는 사실을 간과해서는 안된다.

141) 『資治通鑑』卷244 太和6年 12月下, p.7881은 文宗이 李德裕에게 주목하여 그를 "朝夕且爲相."하였다고 전한다.

142) 『資治通鑑』卷244 太和6年 11月下, p.7880을 비롯하여『舊唐書』卷172,「牛僧孺傳」, p.4471 ;『新唐書』卷174,「牛僧孺傳」, p.5231 등에 의하면, 維州를 되돌려준 뒤 牛僧孺에 대한 비난 여론이 일자 文宗 역시 牛僧孺의 維州 반환 주장을 '不直'하다고 여기고 이에 따랐던 자신의 결정을 후회하였다고 한다. 당시의 이러한 여론에 대하여서는 뒤에서 좀 더 살펴보아야 하겠지만, 維州問題에 대한 文宗의 후회와 李德裕의 入相이 직접 이어지고 있는 이상, 孫甫,『唐史論斷』下,「辯朋黨」, p.18앞의 설명처럼 이 두 사건을 상호 연관된 것으로 이해하여도 별 무리가 없을 것이다.

143) 『全唐文』卷760, 張次宗,「請立前節度使李德裕德政碑文狀」, p.13앞은 李德裕를

일부 관료들의 반발을 무릅쓰고 애써 재상으로 삼고자 하였던144) 文宗은 그 대외정책이란 면에서 維州 사건 발생 당시와는 스스로 바뀌어져 있었다고 하겠다. 물론 李德裕가 얼마 안 있어 재상을 그만두게 되지만,145) 그 이후에도 여전히 文宗은 河湟 지역의 수복에 대하여 관심이 있었다고 여겨지므로,146) 대외정책에 관한 한 文宗의 입장이 대체적으로 牛僧孺보다는 李德裕에 가까웠다고 보아도 좋을 듯하다. 그가 재상을 역임한 文宗과 武宗 시기에 여느 재상들보다 큰 권세를 누릴 만큼 황제의 남다른 신임이 있었다는 傳聞도147) 대외인식의 공조란 기반 위

가 西川에서 행한 중요한 업적으로 "外有定戎之功."을 들고 있다. 물론 이것은 현직 재상이던 그의 德政碑 건립과 관련된 것으로서 그다지 믿기 어려운 이야기일 수가 있다. 하지만 大和7年경 그의 휘하에 있던 李蟾의 墓誌銘 「唐故朝議郞守尙書比部郞中上柱國賜緋魚袋隴西李府君墓誌銘幷序」도 李德裕의 '服遠之威功'을 언급하고 있기 때문에(河南省文物硏究所·河南省洛陽地區文管處 編, 『千唐誌齋藏誌』, 北京 : 文物出版社, 1984年, p.1052), 대외관계와 관련된 李德裕의 공적에 대한 높은 평가는 당시 상당히 일반적이었다고 여겨진다. 조금 뒤인 開成年間 趙嘏가 李德裕를 "廟略當時討不庭"이라고 칭송한 사실로부터도(『趙嘏詩注』, 「獻淮南李相公」, 上海古籍出版社, 1985年, p.43) 역시 이와 같은 상황을 짐작할 수 있다.

144) 錢易, 『南部新書』卷5, 文淵閣 四庫全書本, p.7뒤에는 大和7年 李德裕가 입상할 당시의 일화가 실려 있다. 여기에서 王涯가 "小人亦有怕者."라고 하여 관료 일부의 저항이 있었음이 드러나는데, 이에 대해 "須怕也."라고 한 文宗의 대답은 이러한 官界의 분위기에 전혀 개의치 않는 황제의 확고한 결의도 아울러 보여주고 있다.
145) 주지하듯이 大和末年 李訓과 鄭注가 권력을 장악한 뒤, 환관과 이른바 '牛李' 黨人들은 축출되고 이어서 甘露의 變이라고 불리는 사건이 일어나게 된다. 이 과정은 상당히 미묘한 상황으로서 무척 난해한 문제이지만(賈憲保, 「甘露之變'剖析」, 『唐史論叢』3, 西安 : 陝西人民出版社, 1987年과 田廷柱, 「唐文宗謀翦宦官與甘露之變」, 『遼寧大學學報』, 1992-4에서 볼 수 있듯이, 당시에는 황제의 위상조차 논란의 대상이 되었다), 李德裕가 이 와중에서 罷相한 것은 분명한 사실이다.
146) 大和9年 李訓 등이 文宗을 위해 '太平之策'을 도모하였을 때 당시 가장 문제가 되던 宦官의 제거 다음으로 河湟地域의 수복을 계획하였고, 이에 대하여 文宗은 동의하였다고 한다(『資治通鑑』卷245 太和9年 7月下, p.7905 ; 『新唐書』卷179, 「李訓傳」, p.5311). 따라서 "善鉤揣人主意."하였다는 李訓(『新唐書』卷179, 「李訓傳」, p.5309)의 이러한 주장 속에서 文宗의 실지 회복에 대한 관심을 짐작할 수 있다.

에서 설득력을 갖출 수 있을 것 같다.

'世界帝國'이라고도 불리는 唐朝는 주지하듯이 대외적 개방성과 주변 이민족들에 대한 정치적 영향력의 확대라는 점에서 특징지어지기도 한다. 따라서 武宗과 文宗이 이처럼 책봉이나 외정 문제에서 적극적이었던 것은 이 시기의 황제로서 당연한 일이었다고 할 수도 있다. 하지만 문제는 唐朝의 이러한 '세계제국'적 상황을 安史의 亂(755~763) 이후까지 일반화시킬 수 있는가라는 의문이니, 唐은 그 후반기가 되면 이민족 무장들에 대한 경계심이 생기는 등 이전과 달리 華와 夷를 구분하는 관념이 뚜렷해지는 변화가 나타나기 때문이다.148) 물론 그렇다고 하여 唐後半期에 배타적인 대외인식만 강조할 수도 없다. 이 시기 唐朝의 정책이 이민족 무장들을 여전히 중용하였을 뿐더러 西域의 실지를 회복하려는 노력도 그치지 않았다는 지적 역시 있는 것이다.149) 따라서 이민족과의 관계나 그들에 대한 태도에서 唐後半期의 상황은 결코 획일적으로 설명하기가 어려운 듯하다. 실제로 朱全忠의 반란에 당면한 唐末의 상황은 이와 같은 분위기를 단적으로 보여준다. 즉 安史의 亂 시기 回鶻을 비롯한 이민족들의 도움을 적극적으로 받아들였던150) 唐朝가 이

---

147) 康駢, 『劇談錄』 下, 文淵閣 四庫全書本, p.3앞에는 李德裕가 "文宗武宗朝方秉化權, 威勢與恩澤無比."하였다는 기록이 있다(여기에서 '化權'은 『太平廣記』 卷405, 「李德裕」, 北京 : 中華書局, 1961年, p.3271에서는 '相權'으로 되어 있다).
148) 이에 대하여서는 陳寅恪, 「論韓愈」, 『歷史研究』, 1954－2에서 일찍이 언급하였는데, 傅樂成, 「唐代夷夏觀念之演變」, 同, 『漢唐史論集』(1962年 原刊)은 이와 같은 입장에서 唐前半期와 달라진 唐後半期의 상황을 구체적으로 잘 설명하고 있다.
149) 伊瀨仙太郎, 『中國西域經營史研究』, 東京 : 巖南堂書店, 1955年, pp.476~481 ; 同, 「安史の亂後における周邊諸民族の中國進出」, 『東京學藝大學紀要』 第3部門 21, 1969年. 단 이 글들에는 논리적 비약이나 사실의 착오가 적지 않게 발견되나, 이러한 결론 자체가 틀리지는 않는다고 생각한다.
150) 安史의 亂 진압에 回鶻을 비롯한 여러 이민족 援兵들이 큰 역할을 하였음은 주지의 사실인데, 이것이 玄宗이 '西北諸胡'의 援助를 기대하였고 肅宗 역시 적극적으로 '借兵於外夷'하였던 결과였음은 두말할 필요가 없다(『資治通鑑』 卷218 至德元年 6月下, p.6976 및 同上 9月下, p.6998).

때에는 回鶻의 원조를 스스로 거절하였는데, 이 당시 '戎狄獸心'을 이유로 이러한 결정을 내리도록 만든 韓偓과 같은 진사과 출신 관료와 그 이전 玄宗이나 肅宗처럼 그들의 도움을 계속 기대하고 있었던 황제 昭宗 사이에 상이한 입장이 드러나는 것이다.151) 그러므로 李德裕와 황제 사이의 긴밀한 관계를 가능하게 한 적극적인 대외인식의 배경으로 唐後半期의 상황, 특히 책봉이나 외정에 대한 태도에서 두드러지는 바 당시 황제들의 이민족의 포용 혹은 그 복속의 志向에 주목하지 않을 수 없다.

  安史의 亂 때 玄宗과 肅宗이 이민족의 군사적 도움을 적극적으로 받아들였던 것은 위기상황에서의 불가피한 선택이었다고 할지 모르겠으나, 그 뒤를 이은 代宗도 "豈隔華戎"을 강조하였을152) 뿐더러 吐蕃과의 군사적 협력에 주저하지 않았던 德宗 또한 이러한 대외인식에서 그렇게 다르지 않았다.153) 물론 이와 같은 대외인식으로써 唐後半期 모든 황제들의 성격을 일률적으로 규정할 수는 없겠지만, 이 시기의 황제들이 대체로 河湟 지역의 수복에 적극적이었다는 사실만은 분명하다. 전술한 文宗과 武宗의 경우는 물론이고, 憲宗도 河湟 지역을 되찾기 위한 외교적 노력과 함께 무력에 의한 탈환을 예상한 재원의 마련에 腐心하였으며,154) 그 이전 德宗이나155) 順宗156) 역시 이러한 노력을 기울였으리

---

151) 『資治通鑑』 卷263 天復2年 4月下, pp.8573~8574 및 『新唐書』 卷217下, 「回鶻傳」 下, p.6134.
152) 『全唐文』 卷48, 代宗, 「命郭子儀等備邊勅」, p.15뒤.
153) 德宗은 朱泚의 반란에 당면하자 곧바로 吐蕃의 출병을 허락하였고 실제 그들이 원병을 보냈는데(『資治通鑑』 卷229 興元元年 正月下, p.7399 및 同上 卷230 興元元年 2月下, p.7422), 이것은 吐蕃에 대한 德宗의 "二國和好, 卽同一家."(陸贄, 『陸宣公翰苑集注』 卷10, 「賜吐蕃將書」, 臺北 : 世界書局, 1982年, p.12앞)란 인식 위에서 가능하였다고 여겨진다. 물론 德宗의 경우 回鶻과의 관계에서는 私憾이 있어 무척 배타적이었다고 한 기록도 있으나(『新唐書』 卷217上, 「回鶻傳」 上, pp.6122~6123), 呂思勉, 『隋唐五代史』, 香港 : 太平書局, 1980年, pp.313~314에서 잘 지적하고 있듯이 이것은 실제보다 과장된 점이 있고 당시에 唐이 回鶻과 不和하였다고만 볼 수도 없는 것이 사실이다.
154) 『唐會要』 卷97, 「吐蕃」, p.2058는 吐蕃과의 우호관계를 바탕으로 이 지역의 평화적 수복에 관심을 가졌던 憲宗의 모습을 잘 전하고 있다. 그리고 失地를 위해

라고 짐작하게 하는 기록이 있기 때문이다. 그리고 安史의 亂 이후에도 唐朝가 주변의 可汗들에게 책봉을 계속하였다는 사실은 특히 중요하니, 여기에서 황제들이 가진 '天可汗'으로서의 의식 일면을 뚜렷이 볼 수 있는 것이다.157) 그러므로 전술한 바 黠戛斯의 可汗 책봉이나 河湟 지역의 수복에 무척 적극적이었던 李德裕의 태도가 文宗·武宗만이 아니라 이 시기 황제들의 일반적인 志向과도 합치하지 않았나 한다. 물론 그를 재상에서 축출한 宣宗의 경우 李德裕를 중용한 武宗과의 개인적 갈등 때문에 서로 입장이 다를 수밖에 없는 일면이 있었다.158) 하지만 黠戛

그가 열심히 '取財'하였다는 『資治通鑑』 卷238 元和5年 12月下, p.7682의 기사를 보면, 憲宗은 무력에 의한 河湟地域의 탈환까지 염두에 두고 있었던 것 같다.
155) 韓愈의 적극적인 河湟 지역 수복 주장에 대하여 "上甚納其言."하였다는 기록을(『舊唐書』 卷129, 「韓愈傳」, p.3602) 볼 때, 德宗이 이 지역을 되찾는 데 관심이 있었음은 분명하다. 단 여기에서 德宗이 朱泚의 토벌을 도운 吐蕃에게 安西와 北庭을 주어버리려 한 적이 있었던 사실은 지적해 둘 필요가 있을 것 같다. 그러나 『資治通鑑』 卷231 興元元年 7月下, p.7442에서 알 수 있듯이 이것은 당시의 '衆論'으로 실행되지 못하였으며, 그 뒤 貞元年間 이 지역을 실제로 상실한 것은 무력 침공에 따른 결과이지 결코 德宗 스스로 내준 것이 아니라는 사실 또한 확실하다(安西 지역의 되풀이되는 廢置에 대하여서는 李必忠, 「安西四鎭考辨」, 『唐史研究會論文集』, 西安 : 陝西人民出版社, 1983年을 참조하라. 北庭의 상실 시기에 관해서는 조금씩 상이한 기록들이 있지만, 『資治通鑑』 卷233 貞元6年 5月下, p.7521의 기록처럼 이즈음 吐蕃의 공격 결과임은 마찬가지이다).
156) 宣宗 大中3年에 河湟 지역을 실제로 수복한 뒤 '祖宗之烈'을 추모하여 憲宗과 順宗의 帝號를 높이고 있으므로(『新唐書』 卷216下, 「吐蕃傳」 下, p.6107 ; 『唐會要』 卷1, 「帝號上」, pp.10~11), 이 두 황제들이 河湟 지역을 되찾기까지의 과정에서 뚜렷한 업적이 있었음을 알 수가 있다. 따라서 전술한 憲宗만이 아니라 順宗代에도 역시 이와 유사한 조치가 있었으리라고 추측되는데, 그 구체적인 내용은 알 수가 없다.
157) 羅香林, 「唐代天可汗制度考」, 『唐代文化史』, 臺北 : 臺灣商務印書館, 1974年(1954年 原刊)과 根本誠, 「唐代の天可汗に就いて」, 內陸アジア史學會 編, 『內陸アジア史論集』 2, 東京 : 國書刊行會, 1979年(1968年 原刊)은 太宗時期에 만들어진 이른바 '天可汗'이란 제도가 현실적인 기능과는 별도로 그 의식이란 면에서 安史의 亂 이후 거의 唐末까지 유지되었음을 설명하였다. 그리고 이것이 전술한 것처럼 이민족에 대한 포용·복속의 이상으로부터 나온 소위 책봉체제와 맞물려 있음은 두말할 필요가 없을 것이다.
158) 武宗이 在位時 즉위 전의 宣宗을 무척 괴롭혔다는 『中朝故事』 上, 文淵閣 四庫全書本, p.2앞 등의 傳聞에 대하여 『資治通鑑』 卷248 會昌6年 3月下, pp.

斯의 책봉에 적극적이었던159) 그 역시 대외인식에 관한 한 李德裕의 그것과 그다지 차이가 없었고, 이것은 宣宗이 '西邊事'에서의 공적을 높이 평가하여 李德裕의 歸葬을 허용하였던 사실로부터도 추측할 수가 있다.160)

2) 維州·回鶻遺民 問題와 唐朝의 狀況

그러므로 李德裕의 대외정책은 唐後半期 황제들의 입장과 대체로 부합·공조한다고 보아도 좋을 뿐더러, 나아가 그 바탕에 있는 이들의 공통된 인식으로부터 唐朝의 역사적 성격 곧 南北朝의 '胡漢' 융합 그리고 그 통일과정에서 유래한 이민족에 대한 포용력과 통합력도161) 어렵지

8022~8023의 考異는 불신하고 있으나, 于輔仁, 「唐武宗滅佛原因新探」, 『烟台師範學園學報』, 1991-3에서 잘 설명하고 있듯이 이러한 기록이 사실일 가능성이 크다. 穆宗의 아들인 武宗과 穆宗의 동생인 宣宗은 일찍이 穆宗의 長子인 敬宗 사후부터 皇位 계승에서 서로 경쟁 상대자였으므로, 이 叔姪 사이의 갈등은 뿌리가 깊었던 것처럼 보인다. 후술하듯이 宣宗이 승려의 경험을 갖게 된 것, 또 승려가 황제가 된다는 예언에 武宗이 극히 민감하게 반응하였던 것 등은 모두 이러한 관계로부터 유래한 것이라고 짐작된다. 따라서 宣宗이 武宗에 대하여 사적으로 반감이 있었음은 분명하고, 당연히 武宗이 중용한 李德裕에게도 宣宗의 감정이 좋았을 리가 없다. 그의 즉위 뒤 곧 李德裕가 실각한 것은(『資治通鑑』卷248 會昌6年 3月~9月下, pp.8023~8026) 황제들 사이의 이런 개인적 갈등 탓도 컸을 것이다. 실제로 武宗과 宣宗 시기에는 정책의 단절이 여러 가지 면에서 확인되며, 이것은 이처럼 미묘한 조정의 상황과 무관하지 않을 것이다.

159) 『新唐書』卷217下, 「回鶻傳」, p.6150; 『唐會要』卷100, 「結骨國」, p.2121 및 『資治通鑑』卷248 會昌6年 9月下, p.8026; 同上 大中元年 6月下, p.8030에 따르면, 즉위 직후부터 點戛斯를 책봉하려 했던 宣宗은 결국 이듬해 6월(『册府元龜』卷965, 「外臣部 册封」3, p.15앞에서는 이것이 4월의 일로 되어 있다) 재상과 고관들의 반대도 무릅쓰고 자기의 뜻을 관철시키고 있다.

160) 李德裕의 귀장에 관한 기록은 사료에 따라 달라 논란의 여지가 있으나, 대체로 陳寅恪, 「李德裕貶死年月及歸葬傳說辨證」, 『金明館叢稿』二編, 臺北: 里仁書局, 1981年(1935年 原刊)의 고증이 따를 만하다. 특히 여기에서는 이 글의 pp.25~26에 인용되어 있는 李潘, 「故郴縣尉趙郡李君墓誌銘」의 "先帝(宣宗: 인용자)與丞相論兵食制置西邊事, 時有以公(李德裕: 인용자)前在相位事奏, 上頗然之, 因下詔許歸葬."이라는 기록에 주목한다.

않게 확인할 수 있을 듯하다. 즉 唐初 이래 대외관계에서 뚜렷이 드러나는 이와 같은 唐朝의 성격이 황제의 지향 및 태도로 唐末까지 이어져 왔고, 李德裕는 이것을 잘 반영·실행한 관료였다고 생각되는 것이다.162) 앞서 牛僧孺와의 정책 대립이란 시각으로 설명한 문제들도 이러한 측면에서 이해할 수 있으니, 李德裕의 "未附者頃(須?)務懷柔, 歸誠者因宜存撫."란 認識은 전술한 것처럼 牛僧孺의 "來卽驅逐, 去亦勿進." 주장과 대비됨과 동시에 玄宗의 "來則納其朝謁之禮, 去則隨其生育之心."163)이라는 입장과 일맥상통하기 때문이다.

실제로 회유든 토벌이든 간에 李德裕의 적극적인 전략 대상이었던 回鶻 유민의 경우, 결국 투항하거나 복속된 그들은 모두 '諸道'로 나뉘어 分置되었는데,164) 李德裕가 취한 이 같은 조치가 기본적으로 太宗代

---

161) 朴漢濟, 「胡漢體制의 展開와 그 構造」, 서울大學校 東洋史學硏究室 編, 『講座中國史』 2, 서울 : 知識産業社, 1989年에 잘 정리되어 있는 唐代와 '胡漢體制'의 관계에 대한 가설이나 南北朝時代의 통일과정을 통해 결국 唐代의 '多民族統合秩序' 구축이란 역사상을 그리고 있는 李成珪, 「中華帝國의 分裂과 統一」, 閔賢九 외, 『歷史上의 分裂과 再統一』, 서울 : 一潮閣, 1992年 등은 唐朝가 왜 대내외적으로 이민족에 대하여 통합적이고 포용적이었는지 그 역사성을 잘 설명하고 있다.

162) 熊德基, 「唐代民族政策初探」, 『歷史硏究』, 1982-6은 唐初 이래의 정책을 관철시킨 唐末의 인물로 李德裕를 지목하고 있다. 물론 唐 太宗으로 대표되는 唐朝의 민족정책에 대하여 회유를 통한 漢人 위주의 민족대융합이라고 한 그의 주장은 논란의 여지가 있는데, 太宗이 실상 소수민족 내부의 갈등 혹은 민족들 간의 대립을 조장하였다는 이유로 熊德基를 비판한 胡如雷의 주장(「唐太宗民族政策的局限性」, 『歷史硏究』, 1982-6 ; 「再論唐太宗的民族政策」, 『中國史硏究』, 1987-4)과 이에 대한 熊德基의 반비판(「從唐太宗的民族政策試論歷史人物的局限性」, 『中國史硏究』, 1985-3 ; 「對胡如雷同志『再論唐太宗民族政策』一文的答復」, 『中國史硏究』, 1987-4)이 계속되었다. 여기에서 唐朝의 민족정책 일반에 관한 이 평가 논쟁에 직접 개입할 뜻은 없으나, 胡如雷의 시각에서 보더라도 전술한 것처럼 回鶻 유민들의 분열을 조장한 李德裕의 대책이 실제로 太宗의 정책과 이어질 수 있다는 사실만 지적해 둔다.

163) 『册府元龜』 卷996, 「外臣部 納質」, p.11뒤.

164) 투항한 嗢沒斯 등은 會昌2年 일단 "不分散部落"하여 그 家口들을 太原에 安置하도록 허락하였다(『李文饒文集』 卷13, 「論嗢沒斯特勒(勤?)等狀」 및 「論嗢沒斯家口等狀」, pp.73~74). 하지만 이것은 전술하였듯이 당시 烏介可汗의 토벌을 위

突厥 유민들에 대한 대응과[165] 유사하다. 왜냐하면 唐朝가 突厥 第一帝國을 멸한 뒤 그 유민의 처리를 둘러싸고 벌어진 논쟁에서 다수의 관료들은 그들을 '江南'으로 徙民하여 州縣에 예속시키자고 주장하였고, 이것이 李德裕의 정책과 다르지 않다고 여겨지기 때문이다. 물론 이 논쟁의 결과 '河南'으로 분치된 유민들이 이후 그들의 반란으로 또다시 '河北'으로 옮겨지고 말았지만, 唐朝의 이러한 일련의 대응에도 太宗의 '華夷一家'란 의식은 그 바탕에 깔려 있었다고 여겨진다. 그러므로 이처럼 太宗代에 분명한 華夷不分의 적극적인 의식을 생각할 때, 突厥을 멸망시킨 李靖에게 특별한 관심을 보인[166] 李德裕가 回鶻遺民問題에서 취한 입장이 突厥 유민을 둘러싼 太宗 시기의 일반적인 대외인식 경향을 잇고 있음은 부정하기 어렵다.[167] 전술하였듯이 黠戛斯를 책봉하려 하였

해 歸義軍으로 편제된 그들에게 일시적으로 허용된 것일 뿐, 會昌3年 토벌이 끝나고 歸義軍이 해체되자 곧 그들로 하여금 "分諸道節度使團練收管"하도록 했다(『李文饒文集』 卷7, 「停歸義軍敕書」, p.39 ; 『資治通鑑』 卷247 會昌3年 2月下, p.7973). 실제로 이와 같은 諸道로의 분산 조치는 回鶻 유민들에 대한 일관된 唐의 정책이었다. 會昌2年부터 투항하거나 토벌된 그들을 "在諸州安置" 혹은 "分配諸道"하였을(『李文饒文集』 卷13, 「論天德軍捉(授?)到回鶻生口等狀」, p.73 ; 『資治通鑑』 卷246 會昌2年 5月下, pp.7961~7962) 뿐만 아니라 이듬해 烏介可汗의 토벌 뒤에도 그들은 "散隸諸道"되었기 때문이다(『舊唐書』 卷195, 「廻紇傳」, p.5214 ; 『資治通鑑』 卷247 會昌3年 3月下, p.7976에서 可汗의 토벌을 전후하여 투항한 3만인 가량을 '諸道로 분산·지배하였다고 하는데, 이 안에는 『資治通鑑』 卷247 會昌3年 正月下, p.7973에서 烏介可汗의 토벌 뒤 투항하였다고 한 2만여 인이 당연히 포함되어 있을 것이다. 훗날 可汗勢力이 安西 쪽으로 가지 못한 이유가 그들의 "親戚皆在唐." 때문이었다는 『資治通鑑』 卷248 會昌4年 9月下, p.8012의 기록도 이러한 상황과 무관하지 않다고 생각한다). 그리고 이 조치에 따르려 하지 않았던 嗢沒斯 등을 결국 劉沔이 '盡誅'해버렸던 사실(『資治通鑑』 卷247 會昌3年 3月下, p.7976)에서 이와 같은 唐의 정책이 얼마나 철저하게 집행되었는가를 알 수 있으니, 劉沔의 조치는 분명히 "果契上意."하는 행위였던 것이다(『八瓊室金石補正』 卷74, p.513의 韋博, 「唐故光祿大夫守太子太傅致仕上柱國彭城郡開國公食邑二千戶贈司徒劉公神道碑銘幷序」).

165) 突厥 유민 대책과 관련된 구체적인 사실들이 논란의 여지가 없지 않으나, 아래에서는 이 당시의 상황을 잘 정리한 최근의 金浩東, 「唐의 羈縻支配와 北方 遊牧民族의 對應」, 『歷史學報』 137, 1993年, pp.133~154에 의거한다.

166) 『李文饒文集』 卷15, 「李靖傳事狀」 및 「討襲回鶻事宜狀」, p.82.

던 것 역시 이와 무관하지 않을테니,168) 李德裕는 달라진 정치적 상황에도 불구하고 기본적으로 황제를 '天可汗'이라고 인식하고 있었던 것이다.169) 그리고 李德裕가 悉怛謀의 투항을 받아들였던 것과 유사한 선례가 일찍이 太宗代에도 있었음을 생각하면,170) 이 점에서 維州問題 또한 마찬가지 맥락에서 이해할 수 있다.

그런데 西川節度使로서 행한 李德裕의 활동은 이와 관련하여 주목되는 점이 있다. 전술한 것처럼 吐蕃으로 통하는 교통 요충지였던 維州는 특히 唐後半期 조정의 입장에서 볼 때 그 정치적 의미가 무척 컸다. 河湟 지역을 장악함으로써 京師와 지리적으로 가까워진 吐蕃이 항상 中央朝廷에 군사적 위협으로 존재하던 상황에서, 維州의 이러한 입지 조건

---

167) 傅樂成, 「唐代夷夏觀念之演變」, p.224에서는 回鶻 유민 대책이 防備를 목적으로 한 반면, 太宗 시기 突厥 유민 대책의 경우 그들을 北方으로 되돌려 보내 신뢰감을 보였다는 점에서 두 사건의 성격이 크게 다르다고 하였다. 그러나 回鶻 유민을 諸道로 나누어 예속시킨 것을 그냥 방비라고 하기보다는 철저한 지배의 관철이라고 하여야 될 것 같다. 실제로 太宗도 처음부터 突厥 유민들을 河北으로 집단 이주하도록 한 것이 아니고, 이러한 지배의 관철이란 점에서는 마찬가지였다. 그러므로 山田信夫, 「遊牧ウイグル國の滅亡」, pp.205~206에서 지적하고 있듯이 이 두 시기 이민족에 대한 대책이 결과적으로 突厥의 재흥과 回鶻의 멸망이란 상이한 결과를 가지고 왔음은 사실이라고 하더라도, 이 정책들 자체에서 대외인식의 본질적인 차이를 상정하기는 어렵다고 생각한다.

168) 전술한 『黠戛斯朝貢傳(圖)』 편찬도 太宗 때 만들어진 『王會圖』의 선례를 따른 것이지만(『李文饒文集』 卷2, 「黠戛斯朝貢圖傳序」, p.11), 『李文饒文集』 卷6, 「與黠戛斯可汗書」, p.28에서는 그들에 대한 책봉을 "繼太宗之舊典."이라고 분명히 하였다.

169) 『李文饒文集』 卷6, 「與紇扢斯可汗書 奉宣撰」, p.27.

170) 『新唐書』 卷42, 地理志 6, p.1085 ; 『元和郡縣圖志』 卷32, 「劍南道中」, 北京 : 中華書局, 1983年, p.815에서 알 수 있듯이, 高宗時 白狗羌의 內附 결과 처음 만들어진 維州는 太宗 貞觀元年 羌의 반란으로 일시 폐지되었다가 이듬해 곧 다시 설치되었다고 한다. 그런데 이러한 維州의 回復은 『全唐文』 卷435, 李至遠, 「唐維州刺史安侯神道碑」, pp.5앞~뒤에 나오는 安息國 출신인 安膄汗의 "奉所部五千餘人朝, 詔置維州, 以膄汗爲刺史."하였다는 기술과 관련이 있어 보이므로, 이것이 蕃將의 투항과 그 접수에 따른 것이었다고 보아도 좋을 듯하다. 혹 조금 상이한 내용의 기록도 있지만(『舊唐書』 卷41, 地理志 4, p.1690 참조), 이것 역시 維州의 復置가 이민족의 투항을 접수한 결과였다고 읽힘은 마찬가지이다.

은 吐蕃의 위협을 제어할 수 있는 측면공격로로서 중요한 역할 가능성
이 있었기 때문이다. 이것은 侯君集·高適·崔寧의 인물을 통해서도 현
실화되고 있지만,171) 吐蕃의 침략에 당면한 德宗의 요구에 따라 이 지
역으로 출격한 韋皐의 경우 京師의 위기를 막기 위하여 이 측면공격로
를 이용한 전형적인 예라고 하겠다.172) 그런데 李德裕가 당시 維州를
둘러싼 이 치열한 공방을 누차 강조하고 있음을 보면,173) 維州를 필요
로 하는 中央朝廷의 상황을 그 역시 분명히 의식하고 있었다고 생각된
다. 실제로 그의 절도사 부임 당시 西川은 南詔의 침입으로 인하여 무
척 피폐한 상태174)였음에도 불구하고, 앞서 설명한 것처럼 李德裕는 吐
蕃에 대한 공격을 염두에 두고 적극적으로 그 준비를 행하였는데,175)
이것은 후술하듯이 백성을 도탄에 빠뜨릴 만큼 그가 철저한 징세를 강

---

171) 黃新亞,「唐蕃對峙與維州之議的關係試評」, pp.39~40은 아래에서 언급할 韋皐
를 비롯하여 侯君集, 崔寧 등의 예를 통하여 이러한 상황을 잘 설명하고 있는데,
여기에서 지적되지는 않았지만 高適의 경우도 마찬가지이다. 후술하듯이 개인
적으로는 이 지역의 방기를 주장하기도 했던 그였으나, 절도사가 된 高適이 "代
宗卽位, 吐蕃陷隴右, 漸逼京畿. … 臨吐蕃南境以牽制之."하였음이 분명하기 때
문이다(『舊唐書』卷11,「高適傳」, p.3331).
172) 위 黃新亞의 논문에서 설명하고 있는 것처럼, 德宗이 "遣使敕韋皐出兵深入吐蕃
以分其勢, 紓北邊患."하였다고 한다. 그리고 이것은 韋皐가 "(吐蕃)釋朔方之衆,
援維州之城."이라고 당시의 戰況을 보고하고 있음에서도 명백히 드러난다(『全
唐文』卷453, 韋皐,「破吐蕃露布」, p.6앞).
173) 大和5年 悉怛謀의 투항을 보고하면서(杜牧,「牛僧孺墓誌銘」, p.116) 또 會昌年間
이 사실을 회고하면서(전게「悉怛謀狀」, p.64) 李德裕는 자기 주장의 중요한 논
거로 이 韋皐의 사례를 들고 있다.
174) 大和3年 대규모 南朝의 침입을 겪은(『資治通鑑』卷244 太和3年 11~12月下,
pp.7867~7868 ;『舊唐書』卷163,「杜元穎傳」, p.4264) 西川은 이듬해 5월 곧
李德裕가 절도사로 부임하기 직전 稅役의 감면이 불가피할 정도로 전쟁의 후유
증이 심각하였던 듯하다(『全唐文』卷744, 崔戎,「請勒停雜稅奏」, pp.8뒤~9뒤
;『唐會要』卷84,「租稅下」, p.1826 ;『册府元龜』卷488,「邦計部 賦稅2」, pp.9
뒤~10뒤 및『舊唐書』卷17下,「文宗紀」下, p.537 ;『册府元龜』卷488,「邦計
部 經費」, p.16앞).
175)『新唐書』卷180,「李德裕傳」, pp.5331~5332와『資治通鑑』卷244 太和4年 10
月下, pp.7872~7873 ; 同上 太和5年 8月下, p.7878에 李德裕의 이와 같은 활
동과 성과가 비교적 자세히 나와 있다.

제하였던 사실176)과도 무관하지 않을 것이다.

　아울러 여기에서 李德裕가 절도사로 된 뒤 悉怛謀의 투항 접수는 물론 南詔와의 관계 개선에 노력하는177) 등 주변의 이민족들에 대한 영향력을 확대시켰던 결과 전술한 것처럼 '定戎'·'服遠'의 功을 높이 평가받기에 이르렀다는 사실 역시 간과할 수 없다. 그리고 韋皐에 대해 唐朝가 각별히 칭송하였던 것178)처럼, 그의 경우 中央朝廷의 이해관계와 일치하는 활동을 통해 결국 입상의 기회를 갖게 되었다고 보아도 좋을 것이다. 따라서 西川節度使로서의 李德裕와 韋皐의 활동은 기본적으로 당시 唐朝의 상황 특히 조정의 입장에 부합하였으니, 이 두 사람이 이민족에 대하여 배타적인 방기가 아니라 唐後半期 황제들처럼 포용적 통합을 강구하고 있었음은179) 이러한 면에서도 이해할 수가 있다.

3) 李德裕와 皇帝의 關係

　李德裕의 대외정책·인식은 이와 같이 황제를 중심으로 한 중앙조정

---

176) 『資治通鑑』 卷245 太和9年 4月下, p.7903 ; 『唐大詔令集』 卷57, 「李德裕袁州長史制」, p.305.
177) 『李文饒文集』 卷12, 「故循州司馬杜元穎 第二狀奉宣令更商量奏來者」, pp.63~64 ; 『舊唐書』 卷174, 「李德裕傳」, p.4519에서 알 수 있듯이, 李德裕의 적극적인 노력으로 붙잡혀간 포로들을 되돌려 받을 수 있을 정도로 南詔와의 관계가 회복되었다.
178) 韋皐와 唐朝의 관계는 段颺, 「論韋皐鎭蜀對唐室中興的作用」, 『華東師範大學學報』, 1982-1에 자세하다. 당시 그에 대한 唐朝의 높은 평가는 「四川節度副大使韋皐紀功碑并陰」을 德宗이 짓고 皇太子가 직접 썼다는 사실에서 단적으로 드러난다(『八瓊室金石補正』 卷68, pp.468~469).
179) 李德裕의 이러한 성격에 대하여서는 다시 설명할 필요가 없을 것인데, 韋皐의 이민족에 대한 개방성은 趙文潤, 「論韋皐」, 『人文雜誌』, 1984-5에서 잘 지적하고 있다. 물론 이 글은 이것을 지나치게 미화하고 있다고도 보이지만, 韋皐가 南詔人들의 교육을 적극 추진하였던 일 등은 분명 부정하기 어렵다. 특히 韋皐의 이와 같은 행적은 이후 晩唐의 古文家 孫樵가 「書田將軍邊事」(『唐孫樵集』 卷3, 四部叢刊本, pp.18~20)에서 비난하였으므로, 후술할 士人들의 여론 특히 고문가들의 그것과 배치된다는 점에서 더욱 주목하지 않을 수 없다.

의 입장과 긴밀한 관계를 가졌다고 생각되는데, 기왕의 연구들에서 강조하였던 바 진사과에 대한 李德裕의 태도 역시 이러한 시각에서 설명할 수가 있다. 글머리에서 이미 밝혔듯이 李德裕가 진사과의 폐지를 주장한 적은 없었다고 하나, 처음부터 과거에 응시할 의사가 없었고[180] 또 실제 행정에서도 "頗抑進士科."하였다는[181] 李德裕가 이것에 대해 물론 긍정적이었다고 보이지는 않는다. 앞서 지적한 관료 감축 조치도 그렇지만, 그의 집권 시기에 진사과가 폐지되지는 않았더라도 그 합격자 수는 축소 조정된 듯하기 때문이다.[182] 또 詩賦 시험을 없앰으로써 진사과 본래의 특성을 약화시키려 하였던 그의 조치 역시 마찬가지로 이해할 수 있다.[183] 그리고 唐後半期 진사과의 융성이란 것이 國子監의

---

[180] 『舊唐書』卷174, 「李德裕傳」, p.4509에 의하면, 李德裕가 "恥與諸生從鄕試, 不喜科試."하였다고 한다. 하지만 여기에서 한 가지 덧보태어 지적할 것은 그의 이러한 입장이 종래의 연구들에서 자주 강조하였듯이 趙郡 李氏란 家門 곧 이른바 門閥・士族의 성격 때문이라고 단정하기 어렵다는 점이다. 『北夢瑣言』卷6, 「李太尉請脩狄梁公廟事」, p.4뒤에서는 "不樂應擧"한 그에게 父 李吉甫가 오히려 과거 응시를 권하였다고 하기 때문이다. 물론 그의 집안에는 『文選』을 두지 않았다는 이야기가 있으므로(『舊唐書』卷18上, 「武宗紀」, p.603 ; 『新唐書』卷44, 「選擧志」上, p.1169), 그 개연성도 완전히 부정할 수는 없겠다. 그렇지만 撰者 未詳, 『玉泉子』, 上海 : 上海古籍出版社, p.4는 진사과를 매개로 한 士人들의 行卷 관행에서 소외된 데 따른 李德裕의 불만을 전한다. 그가 진사과에 대해 비판적이었던 데에는 이러한 개인적 이유 또한 컸을 듯하다.
[181] 『新唐書』卷163, 「柳仲郢傳」, p.5024.
[182] 『唐會要』卷76, 「進士」, p.1637은 李德裕가 집권한 會昌3년初의 진사과 급제자 수에 대하여 "但據才堪卽與, 不要限人數, 每年止于二十五人."으로 하였다고 한다(『册府元龜』卷641, 「貢擧部 條制」3, pp.5뒤~6앞에서는 이것의 말미가 "每年止於十人五人總得."이란 불명확한 내용으로 되어 있다). 따라서 이것은 분명히 진사과 자체를 부정하지 않았을 뿐더러, 합격자의 정원에 신축성을 보임으로써 혹 진사과 응시자들을 고무시킨 조치처럼 보이기도 한다. 그러나 그 이전 진사과의 합격자 정원을 확인할 수 있는 가장 근접한 시기에 그 수가 30명이었다는 사실을 생각하면(이것은 『舊唐書』卷17下, 「文宗紀」下, p.574에는 開成3年, 『册府元龜』卷641, 「貢擧部 條制」3, p.5뒤에서는 開成2年의 일로 되어 있다), 기본적으로 진사과의 합격자 수를 축소시킨 이 규정은 줄어든 정원마저 꼭 다 채울 필요가 없다는 극히 소극적인 내용이었다고 보아도 좋을 것이다.
[183] 大和7年 진사과의 시부 시험 폐지(『舊唐書』卷17下, 「文宗紀」下, p.551 ; 『册府元龜』卷641, 「貢擧部 條制」3, p.3앞)는 『資治通鑑』卷244 太和7年 7月下,

부흥을 도모한 唐朝의 의도와 괴리된 '士林所重'의 결과였음을 생각할 때,184) 李德裕의 이러한 태도는 그의 任相 시기에 국립학교의 학생들에게만 과거 응시 자격을 주도록 규정하였던 것과도 무관하지 않다고 보인다.185) 따라서 진사과에 대한 그의 부정적인 입장은 명백함과 동시에, 이것이 당시 士林의 분위기와 구분되는 반면 唐朝의 의도에 부합하는 정책이었다는 점을 간과할 수 없다.

그런데 이와 같은 李德裕의 태도에서 더욱 주의하지 않으면 안되는 것은 그가 會昌年間 진사과를 통한 座主·門生 및 同年이라는 士人들 사이의 사적 결속관계를 '樹黨背公'이라고 해서 철저히 부정하였다는 사실이다.186) 그리고 진사과의 당락에 재상의 관여를 일관되게 막으려 했던 李德裕의 주장 또한 동일한 맥락에서 이해될 수 있다.187) 따라서 李

---

p.7886을 볼 때 당시 재상이던 李德裕의 주장에 의한 조치였다(단 『唐會要』 卷76, 「進士」, pp.1635~1636에서는 이것이 禮部의 上奏로 되어 있다). 그리고 이듬해 10월 그의 罷相과 함께 시부 시험이 재개된 것도(『資治通鑑』 卷245 太和8年 10月下, p.7898) 이 조치가 李德裕의 뜻이었음을 반증한다.

184) 졸고, 「唐代 明經科의 性格」, 『東洋史學硏究』 42, 1993年, pp.78~92.

185) 앞서 설명한 진사과의 시험 내용 변경은 「太和七年四册皇太子德音」(기록에 따른 정확한 명칭은 조금씩 다르다)의 일부인 것 같고, 그 全文은 『唐大詔令集』 卷29, pp.106~107 ; 『全唐文』 卷74, 文宗, pp.21뒤~25뒤 등에 실려 있다. 그리고 이것에 따르면, 이때 '帖經官'이란 시험관을 國子監의 學官 중에서 뽑게 하였을 뿐더러 과거 응시자를 官學의 학생들로만 제한하는 조치가 병행되어 있으므로, 이와 같은 진사과의 제반 개혁이 기본적으로 국립학교의 역할을 강화하는 방향에서 이루어지고 있음을 알 수 있다. 더욱이 『册府元龜』 卷641, 「貢擧部 條制」 3, p.7앞 ; 『唐會要』 卷35, 「學校」, p.741을 볼 때, 국립학교의 학생들에게만 과거 응시 자격을 준다는 이러한 규정이 다시 나오는 것도 바로 李德裕의 집정기인 會昌5년이었다.

186) 『李文饒文集』 補, 「停進士宴會題名疏」, p.198. 본래 그의 文集에 없던 이 글은 『唐摭言』 卷3, 「慈恩寺題名遊賞賦詠雜紀」, p.28 및 『新唐書』 卷44, 「選擧志」 上, pp.1168~1169의 기록에 의거한 것인 듯하다.

187) 武宗 會昌3年 李德裕의 이러한 주장은(『李文饒文集』 補, 「請罷呈榜奏」, p.198 ; 『册府元龜』 卷641, 「貢擧部 條制」 3, p.6앞) 그가 재상으로 있던 文宗 大和8年 初 '中書門下'의 上奏 내용과도 유사하므로(『唐會要』 卷76, 「進士」, pp.1635~1636 ; 『册府元龜』 卷641, 「貢擧部 條制」 3, p.3뒤 ; 『新唐書』 卷44, 「選擧志」 上, p.1166에서는 이것이 王涯의 주장으로 되어 있지만, 傅璇琮, 『唐代科擧與文

德裕의 진사과에 대한 비판은 진사과란 시험 자체가 아니라 그 과정에서 만들어지는 관료·士人들 간의 긴밀한 유대 곧 붕당의 형성 조건에 그 초점이 맞추어져 있는 것처럼 보인다. 즉 "疾朋黨如仇讎"하였던[188] 그의 붕당에 대한 비난은[189] 바로 이와 같은 진사과에 대한 비판과 직접 이어질 수 있고, 李德裕는 결국 붕당의 배격을 목적으로 진사과를 부정하였다고도 생각되는 것이다.

물론 그의 이러한 입장은 대부분 진사과 출신이었다는 '牛黨'과의 당쟁 결과로 이해될 가능성도 있을 듯하지만, 글머리에서 밝혔듯이 최근 이러한 견해에 대한 이견이 적지 않음을 생각하면, 李德裕가 재상으로 임용되어 곧바로 文宗과 武宗에게 강조하였던 正邪의 구분 논리에도 주의를 기울이지 않으면 안된다. 大和7年 처음 재상이 되면서 붕당에 대한 비판 논리로 제기된 듯한[190] 이것은 開成5年 다시 입상하였을 당시 "正人一心事君, 而邪人競爲朋黨."이란 주장으로 계속되는데,[191] 여기에서 붕당을 '邪'라고 한 비난이 결국 관료·士人들 사이의 結束力에 의하여 침해될 수 있는 皇帝權의 보호 논리였음을 알 수 있기 때문이다. 그러므로 붕당의 경계로부터 나온 李德裕의 진사과 비난은 결국 황제의

學』, 西安 : 陝西人民出版社, 1984年, pp.396~397에는 이에 대한 비판이 있다). 李德裕는 재상으로서 항상 이와 같은 입장을 견지하고 있었던 것처럼 보인다.
188) 裴庭裕, 『東觀奏記』 上, 文淵閣 四庫全書本, p.6뒤.
189) 『李文饒文集』 外集 卷3, 「朋黨論」, pp.183~184란 글에서 붕당에 대한 비판은 단적으로 드러난다. 물론 『窮愁志』라고도 불리는 이 外集에 실린 글들이 진짜 그의 작품인가에 대해 논란의 여지가 있으나, 董乃斌, 「『會昌一品集』及李德裕的思想和創作」, 『文學評論叢刊』 18, 1983처럼 이 外集의 사료적 가치를 적극적으로 인정하는 주장도 적지 않다. 게다가 이 「朋黨論」에 나오는 논리가 同上 卷10, 「論侍講奏孔子門徒事狀」, pp.56~57의 내용과 무척 유사하므로, 이러한 비판론이 李德裕의 생각과 크게 다르지 않음은 확실하다.
190) 『資治通鑑』 卷244 太和7年 2月下, p.7883에서 알 수 있듯이 그는 재상이 되자 곧 文宗과 함께 붕당을 비판하였는데, 『新唐書』 卷180, 「李德裕傳」, p.5333에 따르면 그 논리는 '邪正二途'의 구분이었다.
191) 『資治通鑑』 卷246 開成5年 9月下, pp.7945~7946. 이 내용이 그의 文集과 『舊唐書』에는 없으나, 『新唐書』 卷180, 「李德裕傳」, p.5335의 경우 이것이 "正人一心事君 … 邪人必更爲黨."이라고 표현만 조금 바뀌어져 실려 있다.

이해관계와 일치하고, 이것은 기본적으로 전술한 바 그의 대외인식의 基調와 어긋나지 않는 것이다.

이와 같이 볼 때, 李德裕가 과거에서 '孤寒之路'를 열어주었다는 傳聞들192)도 그다지 이상하지 않다. 물론 그가 '寒士'에 비하여 '公卿子弟'를 존중하였던 것은 사실이다. 하지만 李德裕가 그들을 중시한 까닭은 '公卿子弟'들이 조정의 관행에 익숙하였기 때문이므로,193) 붕당과 무관하여 황제권에 위협이 되지 않는 한 그가 '孤寒'이라고 해서 반드시 배척할 필요도 없었다고 생각된다. 따라서 李德裕가 名門 출신이며 과거입사자가 아니었다는 이유만으로 그를 황제를 정점에 둔 중앙집권적인 唐朝와 일정 거리를 둔 門閥 혹은 士族 세력으로 규정할 수는 없을 것 같다. 앞서 지적한 것처럼 진사과에 대한 그의 비난이 기본적으로 붕당 문제와 연관되어 있으며, 사실 이러한 관료들의 붕당에 대하여 가장 비판적일 수밖에 없는 이가 황제였다면,194) 그의 진사과에 대한 부정 역시 황제의 의도를 반영하고 있다고 하여도 좋을 것이다. 그가 재상의 역할을 중시한 것도 기본적으로 황제권에 그 근거가 있고,195) 재상의 권력이

---

192) 『雲溪友議』中, 「贊皇勳」, 臺北 : 世界書局, 1959年, p.52에서 李德裕는 "鬪孤寒之路 … 後之文場困辱者, 若周人之思鄕焉, 皆曰, '八百孤寒齊下淚, 一時廻首望崖州(李德裕의 貶所 : 인용자).'"하였다고 전하는데, 이와 유사한 내용이『唐摭言』卷7, 「好放孤寒」, p.74 ;『玉泉子』, p.3과『唐語林』卷7, 「補遺」, p.614에도 있다.

193) 李德裕가 '門第'를 존중하였다는 논거에서 중시된『舊唐書』卷18上, 「武宗紀」, p.603의 "朝廷顯官, 須是公卿子弟."(『新唐書』卷44, 「選擧志」上, p.1169 참조)란 주장은 "自熟朝廷間事, 臺閣儀範, 班行准則, 不敎而自成."을 그 이유로 삼고 있으므로, 이것은 기본적으로 중앙조정의 논리 위에서 나온 것이지 문벌의 논리로부터 나온 것이 아니다.

194) 주지하듯이 淸 雍正帝의「御制朋黨論」은 황제의 이러한 태도를 극명하게 보여주는데, 실상 이와 같은 황제의 입장은 李成珪, 「中國 古代 皇帝權의 性格」, 東洋史學會 編,『東亞史上의 王權』, 서울 : 지식산업사, 1993年, p.25에서 지적한 것처럼 古代 이래 일관된 것이었다. 그리고 전술한 것처럼 붕당에 대해 계속된 비판을 하고 있던 唐後半期 황제들도 이러한 점에서 예외가 아님은 물론이며, 실제로 李絳의 "今帝王最惡者是朋黨."이란 말에서 알 수 있듯이(『全唐文』卷645, 「對憲宗論朋黨」, p.4뒤) 당시 관료들 역시 이 사실을 잘 알고 있었다.

지나치게 크다는 비판에 당면한 李德裕가 이러한 '處士橫議'를 '朋黨'과 연결시켜 '人主之柄'에 대한 도전으로 설명하였음 또한 그의 이러한 태도를 여실히 보여준다.[196]

그러므로 牛李黨爭에 관한 기존의 연구들이 중시하였던 李德裕의 진사과 비판도 본질적으로 지금까지 살펴본 그의 대외인식과 상통하는 점이 있으니, 그것은 또 다른 면에서 황제와의 정책적인 공조였다고 하여도 크게 틀리지 않을 것이다. 실제로 士人이나 관료들과 분명한 거리를 두고 있었던[197] 그가 전술한 것처럼 재상들과도 자주 불화하면서도 막강한 권력을 행사할 수 있었던[198] 기반은 황제 이외에 달리 없으니, 이처럼 대외인식이나 과거에 대한 李德裕의 기본적인 입장이 황제와의 긴밀한 관계를 전제로 하여 비로소 정책화하였다는 것은 당연한 일이라고 하겠다.

---

[195] 侯愚·呂增良, 「李德裕思想研究」, 『河北師範大學學報』, 1985-2, pp.107~108은 李德裕의 "政去宰相則不治."란 주장을 이유로 그가 재상의 역할을 강조하였다고 했다. 하지만 李德裕의 이러한 주장이 기본적으로 황제의 재상에 대한 엄격한 賞罰權 행사 특히 재상의 久任을 허락하지 않는다는 전제 위에 있음을(『新唐書』 卷180, 「李德裕傳」, p.5335 ; 『資治通鑑』 卷246 開成5年 9月下, pp.7945~7946) 간과해서는 안된다.

[196] 『李文饒文集』 卷10, 「論朝廷事體狀」, p.57. 물론 이것은 韋弘質이 재상으로서의 그가 너무 큰 권력을 쥐고 있음을 비판한 데 따른 반론으로서(『舊唐書』 卷18上, 「武宗紀」, pp.607~608 ; 『資治通鑑』 卷248 會昌5年 10月~12月下, p.8021) 당쟁과 관련된 특별한 사정이 있었다고도 보이지만, 여기에서 그가 재상의 권한을 황제권과 직접 연계시키고 있다는 점은 중요하다.

[197] 李德裕와 관료·士人들과의 관계에 대하여서는 후술하겠지만, 여기에서 분명히 해둘 것은 大和年間 재상이 된 그는 전임자 李宗閔과 달리 스스로 "通賓客"을 제도적으로 막아(『新唐書』 卷180, 「李德裕傳」, p.5333 ; 『南部新書』 卷7, pp.15 앞~뒤) "罕接士"하였으며(『新唐書』 卷162, 「韋瓘傳」, p.4996), 會昌年間에도 그가 "絶於附會, 門無賓客."하였다는(『玉泉子』, p.3 ; 『北夢瑣言』 卷3, 「盧肇爲進士壯元」, p.1앞) 사실이다.

[198] 『舊唐書』 卷174, 「李德裕傳」, p.4527 ; 『新唐書』 卷180, 「李德裕傳」, p.5341.

4. 牛僧孺의 對外認識과 官僚・士人의 態度

1) 牛僧孺와 官僚・士人의 關係

　李德裕의 대외인식이 이와 같이 황제와의 긴밀한 共調를 기반으로 하고 있었다면, 그와 대립한 牛僧孺의 경우 또한 그 나름의 배경이 있었으리라고 생각된다. 牛僧孺도 李德裕와 마찬가지로 재상을 두 차례나 역임하였으며, 이처럼 화려한 관력이 황제의 특별한 신임 없이는 불가능하였을 것이다. 그러나 주목하지 않을 수 없는 사실은 처음 재상이 될 때 李逢吉의 후원을 얻었던 것처럼 보이는[199] 牛僧孺가 재차 입상할 당시에도 역시 李宗閔의 적극적인 추천이 있었다는 점이다.[200] 따라서 그는 재상이 되는 데 宦官의 도움을 받았던[201] 李德裕와 명백히 다르

---

[199] 穆宗 시기 牛僧孺의 입상은 전술한 것처럼 그의 강직과 청렴에 대한 황제의 신임이란 기반이 있었지만, 『舊唐書』卷173, 「李紳傳」, p.4497; 『新唐書』卷181, 「李紳傳」, p.5348 ; 『資治通鑑』卷243 長慶3年 3月下, p.7825 등의 기록에서 분명하듯이 당시 실권을 가진 李逢吉이 牛僧孺를 선호하였던 것 또한 사실이다. 물론 牛僧孺와 李逢吉의 불화를 전하는 기록들도 있지만(劉軻가 지었다고 전하는 『牛羊日曆』, 藕香零拾本, p.2앞 및 李珏, 「牛僧孺碑銘」, p.4뒤), 이것은 모두 재상이 되고 난 다음의 일이다.

[200] 『舊唐書』卷172, 「牛僧孺傳」, p.4471 ; 『新唐書』卷174, 「牛僧孺傳」, p.5230 및 『資治通鑑』卷244 太和年 正月下, p.7869는 당시 재상이던 李宗閔이 여러 차례에 걸쳐 牛僧孺를 재상으로 추천하여 끌어주었다고 한다.

[201] 『資治通鑑』卷246 開成5年 9月下, p.7946에서 武宗時 李德裕가 재상이 될 때 宦官 楊欽義의 도움이 컸다고 하였다. 단 王炎平, 「辨李德裕與宦官之關係」, 전게 『唐史學會論文集』, pp.176~179의 경우 이것을 소설류의 글(張固, 『幽閒鼓吹』, 文淵閣 四庫全書本, pp.6앞~뒤)에서 녹취한 것이라고 보아 불신하면서, 환관과 그의 관계를 전적으로 부인하고 있다. 그러나 『册府元龜』卷669, 「內臣部 貪貨」, pp.20앞~뒤에 따르면, 李德裕는 그 이전 文宗 때 재상이 되는 과정에서도 환관 王踐言의 후원을 받았음을 부정할 수 없다. 물론 여기에서 李德裕가 그에게 뇌물을 주었다는 말을 그대로 받아들이기 어렵다고 하더라도, 『資治通鑑』卷244 太和6年 11月下, p.7880의 기록을 보면 전술한 바 황제의 적극적인 대외인식과 부합되는 李德裕의 대외정책을 文宗에게 선전해 준 이가 바로 王踐言이었음은 분명한 것이다. 曾慥, 『類說』卷7, 文淵閣 四庫全書本, p.18뒤에도 당시

고, 이와 같은 과정에서 드러나는 두 사람의 차이로부터 牛僧孺와 李德裕의 상이한 정치적 배경을 찾아볼 수 있는 단서가 있을 듯하다.

　실제로 牛僧孺의 입상을 도운 李逢吉이나 李宗閔은 이른바 牛黨이라고 여겨지는 관료들로서, 그의 정치적 배경으로는 우선 강한 結束力을 지닌 朋黨勢力을 떠올리게 된다.202) 그런데 牛李黨爭에 대한 기존의 시각에서 보면, 牛黨 안에서 牛僧孺의 지위와 역할이 실상 그렇게 뚜렷하지 않았던 것 같다는 사실 역시 간과할 수가 없다. 즉 敬宗 때까지 李逢吉이 소위 '八關十六子'라는 여러 관료들을 거느리고 붕당의 중심에 있었으며,203) 이후 文宗 시기 과거와 銓選에서 큰 영향력을 발휘한 楊虞卿 一家와 특히 밀접한 관계를 가졌던 이 또한 李宗閔이었던 것이다.204) 그리고 宣宗 즉위 뒤 李德裕가 失脚하자 곧바로 재상이 되어 권

환관 樞密使가 그의 입상을 환영하였던 듯한 전문이 있는데, 위의 여러 가지 기록들을 볼 때 李德裕와 환관의 긴밀한 관계는 의심하기 어려운 사실이라고 하겠다.
202) 岑仲勉 등 일부 연구자들이 그 실체를 의문시하기도 한 李黨의 경우와 달리, 陳寅恪 이후 소위 牛李黨爭에 관한 많은 연구들은 "朋黨連結, 相期以死."(『玉泉子』, p.9)하였다는 기록까지 있는 牛黨 인사들의 긴밀한 유대에 대하여 부정하지 않았다. 李黨과 다른 牛黨 집단 내부의 결속력에 대하여서는 전게 何燦浩,「試論牛李二黨內部關係的不同特點」이 잘 설명하고 있다.
203) 穆宗 長慶2年 6月부터 敬宗 寶曆2年 11月까지 재상으로 있었던 李逢吉이 '八關十六子'라고 불리는 관료들을 동원하여 자신의 政敵 李紳과 裵度를 배척한 것은 『舊唐書』의 卷167,「李逢吉傳」, p.4366 ; 卷170,「裵度傳」, p.4426 ; 卷173,「李紳傳」, p.4498과 『新唐書』의 卷174,「李逢吉傳」, p.5222 ; 卷181,「李紳傳」, p.5348 및 『資治通鑑』 卷243 長慶4年 4月下, pp.7835~7836에서 당시 붕당의 전형적인 모습으로 그려져 있다.
204) 『舊唐書』 卷176,「楊虞卿傳」, p.4563 ; 『新唐書』 卷175,「楊虞卿傳」, p.5249 및 『南部新書』 卷6, pp.5뒤~6앞에 따르면, 楊虞卿을 비롯한 楊漢公·楊汝士 등 이른바 '三楊'이란 이들의 '朋黨聚議'는 文宗 大和年間 당시 재상이던 李宗閔과 牛僧孺의 위세에 힘입었다고 한다. 그런데 이때 楊虞卿을 "待之如骨肉", "待之尤厚"하였던 이가 바로 李宗閔이었다는 사실에 주목하지 않을 수 없다. 『牛羊日曆』, p.1뒤에서는 그들과 밀접한 관계를 지닌 이로 牛僧孺를 지목하고 있지만, 牛僧孺에 대한 비난으로 가득 메워진 이 글보다 위 정사의 기록이 더욱 신빙성이 있을 것이다. 게다가 『雲溪友議』 中,「弘農忿」, pp.43~44에서 楊汝士와 李宗閔이 서로 '中外昆弟' 사이였다고 함을 생각하면, 牛僧孺보다 李宗閔이

력을 장악한 것도 결코 牛僧孺가 아니라 白敏中이란 인물이었다.205) 따라서 글머리에서 지적한 것처럼 최근에는 牛黨 가운데 牛僧孺가 차지하는 지위의 중요성에 대하여 회의적인 연구도 있다.206) 이 시기의 政爭에서 이와 같이 李逢吉과 李宗閔의 역할이 컸던 것은 진사과와의 관계란 측면에서 보더라도 역시 설득력이 있는 듯하다. 물론 牛僧孺도 그들과 마찬가지로 진사과 출신자이지만, 李逢吉207)이나 李宗閔208)처럼 知貢擧를 역임한 적이 없기 때문에 그가 좌주로서 문생들과 긴밀한 유대를 맺을 수 있는 기회209)를 갖지 못하였으리라고 여겨지기 때문이다.

이러한 붕당에서 더 적극적인 역할을 하였으리라고 짐작된다. 그런데 여기에서 한 가지 문제가 있다. 『雲溪友議』의 내용처럼 李宗閔과 楊汝士가 실제로 혈족이었다면, 이 '三楊이 서로 친형제들이라고 한 『新唐書』(卷71下, 「宰相世系表1」下, pp.2370~2375 ; 卷175, 「楊虞卿傳」, p.5249)의 기록에 따를 때, 『舊唐書』에서 진짜 혈족 간이었던 李宗閔과 楊虞卿 사이의 관계를 "骨肉처럼 대하였다."(강조선은 인용자)라고 표현한 것은 무엇인가 착오가 있을 듯하기 때문이다. 따라서 『資治通鑑』 卷244 太和7年 2月下, p.7883의 경우, 친형제 간인 楊虞卿·楊漢公과 楊汝士가 종형제 사이라고 하여 『新唐書』의 내용과 상이하다는 것에 주의할 필요가 있다. 물론 그 시비를 속단할 수는 없으나 만약 『資治通鑑』의 기록이 옳다면, 당시 상황이 더욱 분명해진다. 즉 李宗閔은 자기와 '中外昆弟'이던 楊汝士만이 아니라 그의 종형제이던 楊虞卿 형제들을 모두 혈육처럼 여겼으며, 牛僧孺보다 李宗閔이 그들과 특별히 긴밀한 관계를 맺었던 까닭을 쉽게 이해할 수 있는 것이다.

205) 『資治通鑑』 卷248 會昌6年 5月~8月下, pp.8025~8026에서 宣宗이 즉위한 뒤 李德裕를 出使시키고 白敏中을 入相하도록 하였다. 그 이후 牛僧孺 등 이른바 牛黨 인사들이 양이되었지만, 이것 역시 아마 白敏中에 의한 조치였으리라고 짐작되며, 실제로 양이된 뒤 牛僧孺의 역할은 결코 뚜렷하지 않다.
206) 전계 卞孝萱, 「'牛李黨爭'正名」.
207) 『舊唐書』 卷167, 「李逢吉傳」, p.4365에 따르면, 憲宗 元和11年 知貢擧였던 李逢吉은 곧 入相함으로써 이 일을 채 끝맺지 못하였던 듯하다. 그러나 『因話錄』 卷2, p.79에서 알 수 있듯이 당시 합격자들이 그에게 좌주의 예를 갖추었던 것을 보면, 그가 이 과거의 실제적인 책임자로서 당시의 '寒素한 합격자들(『唐撫言』 卷7, 「好放孤寒」, p.74)과 특별한 관계를 가지게 되었던 것은 분명하다.
208) 穆宗 長慶4年 임시로 知貢擧의 역할을 맡았던(『舊唐書』 卷176, 「李宗閔傳」, p.4552) 그는 이 일을 잘 수행하여 『因話錄』 卷3, p.83에서 '玉筍'이라고 불릴 만큼 훌륭한 문생들을 가지게 되었다고 한다.
209) 官界에서 과거를 통한 좌주와 문생의 특별한 결속력은 재론의 여지가 없을 테지만, 당시 좌주가 문생을 좋은 '莊田'으로 여겼다는 사실(李冗, 『獨異志』 下, 稗海

그러나 진사과 응시에 앞서 고관이나 실권자들만이 아니라 사회적 명사들에게 적극적으로 行卷을 행한210) 牛僧孺가 급제 뒤 동년 李宗閔·楊嗣復과 매우 밀접한 관계를 유지하는211) 등 진사과 출신자로서의 전형적인 모습을 보이고 있다는 사실을 부정할 수는 없다. 뿐만 아니라 이 정쟁의 초기에 유력해 보이는 李逢吉은 李宗閔이나 白敏中과 직접 관련된 기록이 없고,212) 전술하였듯이 李逢吉과 李宗閔의 도움으로 재상이 된 牛僧孺는 정쟁의 말기에 實權을 쥔 白敏中과도 李宗閔보다 더 밀접한 관계가 있었다는 점213) 또한 중요하다. 즉 개별 황제 시기의 단기적인 관점에서가 아니라 긴 기간에 걸쳐 전개된 당쟁의 전 과정을 생각하면, 牛僧孺만큼 黨人들과 지속적인 관계를 유지한 이가 없는

本, pp.2앞~뒤)은 이러한 상황을 단적으로 보여준다.
210) 입사 이전 빈한하고 외로운 처지의 牛僧孺가 진사과 급제를 위하여 于頔·柳宗元·劉禹錫·韓愈·皇甫湜 등 많은 이들에게 행권을 행하였던 사실에 대하여서는 전게 朱桂, 『牛僧孺研究』, pp.37~47에 비교적 잘 정리되어 있다.
211) 『舊唐書』 卷176, 「楊嗣復傳」, p.4556에 이들이 "情義相得, 進退取捨, 多與之同."하였다고 특기되어 있다.
212) 長慶初 진사과에 급제하여 武宗時까지 미관에 불과하였던 白敏中은 여러모로 보아 李逢吉과 직접적인 관계를 가지기 어려웠으리라고 생각되지만, 李宗閔의 경우도 李逢吉과의 친밀성을 보여주는 기록이 정사나 필기자료들에 나타나지 않는다(『舊唐書』 卷174, 「李德裕傳」, p.4510에서 牛僧孺와 함께 李逢吉·李宗閔을 붕당으로 병렬하였으나, 전술하였듯이 傅璇琮, 『李德裕年譜』, p.119은 이것이 믿기 어려운 사실임을 잘 설명하고 있다). 오히려 『舊唐書』 卷176, 「李宗閔傳」, p.4552에는 李宗閔이 李逢吉과 대립하였던 裴度에 의하여 기용되어 함께 종군하였다는 기록도 있다. 단 陳夷行이 전술한 것처럼 李逢吉과 밀접한 관계를 지녔던 八關十六子를 李宗閔과 함께 거론한 적이 있으므로(『舊唐書』 卷176, 「李宗閔傳」, p.4554. 하지만 여기에서도 陳夷行의 이러한 주장에 대하여 李珏은 단호히 부정하였다고 한다), 두 사람 사이의 간접적인 관계를 추측해 볼 수는 있겠다.
213) 白敏中의 집권 뒤 量移된 牛黨 인사들에 牛僧孺와 李宗閔이 모두 포함되어 있다(『資治通鑑』 卷248 會昌6年 8月下, p.8026). 하지만 白敏中과 李宗閔 사이에서 확인되는 관계는 단지 이것뿐인 반면, 牛僧孺의 경우 白敏中의 상주에 따라 '簡'이란 시호를 추증받았으며(『北夢瑣言』 卷1, 「牛僧孺奇士」, pp.6뒤~7앞), 이때 白敏中은 자기가 "飽牛僧孺之惠義"라고 하여 그 이전에 서로 매우 긴밀한 관계가 있었으리라고 짐작하게 한다(『全唐文』 卷739, 白敏中, 「請追諡刑部尙書白居易贈太尉牛僧孺表」, p.3뒤).

것이다. 실제로 이 시기에,

> 公이 河南(尉)에 있을 때 鄕貢士를 추천하였던 이후, 郎官이 되어 吏部科目選을 시험하고 세 번 幕府를 열었으며 (御史)中丞과 재상 등을 역임하면서, 무릇 60여인을 취하였는데, (이들이) 위로는 將相에 이르거나 혹 그보다는 못해도 臺閣에 널려 있어 모두 당시의 명사들이었다. … 後進들은 그에게 의탁하여 (그의) 평판을 기대하였으니, '許可'의 한마디를 얻으면 반드시 스스로 자랑스럽게 여겼다.214)

는 기록도 있다. 따라서 牛僧孺가 재상을 역임한 고관이란 공식적 지위 이상으로 官界에서 큰 영향력을 가지고 있었음은 분명하고,215) 이것이 당시 '牛黨' 안에서 그의 중요성과 무관하지 않으리라고 보아도 좋을 것이다.

그런데 蔭으로 입사한 李德裕는 진사과를 지향하는 士人들의 행권 관행에서 소외될 수밖에 없었으므로 官界 안에서 이처럼 폭넓은 관계를 맺고 있었던 牛僧孺와는 명백히 달랐다.216) 물론 李德裕 역시 당시 관료들과 다양한 관계를 갖지 않았던 것은 아니며, 실제로 그의 '門下'에 있었다는 士人들의 기록 또한 없지 않다.217) 하지만,

---

214) 杜牧, 「牛僧孺墓誌銘」, p.118.
215) 당시 長安에서 "門生故吏, 非牛則李."라는 말이 있을 정도로 牛僧孺와 李宗閔의 문생고리들이 많았다고 한 것은(『牛羊日曆』, p.2앞) 편파적인 비난으로만 보기가 어려운 듯하다. 위에서 인용한 杜牧의 글도 그렇지만, 李珏의 「牛僧孺碑銘」, p.7뒤 역시 그에 대하여 "辟署多名人"이라고 하였으니, 이러한 기록들은 牛僧孺가 관료들과 폭넓은 관계를 지니고 있었다는 사실을 분명히 해주기 때문이다.
216) 李德裕가 진사과에 대해 부정적인 태도를 갖게 된 원인의 하나로 행권을 받지 못한 李德裕의 불만을(『玉泉子』, p.4) 전술하였는데, 이것은 伊闕縣尉란 초임직에 있었던 牛僧孺에게 행권을 행하려던 士人이 있었다는 이야기와(『太平廣記』 卷357, 「東洛長生」, p.2824) 무척 대조적이다. 여기에서 당시 士人과 관료들 사이에 진사과를 매개로 한 배타적인 관계가 맺어지고 있었다는 사실과 더불어 그 결과 牛僧孺와 달리 李德裕가 이러한 관행에서 소외되고 있었던 현실을 잘 알 수가 있다. 물론 후술하듯이 李德裕에게 행권을 한 이도 있지만, 이것은 그가 상당한 고관이 된 이후의 일로서 또 다른 맥락에서 이해되어야만 할 문제이다.

李德裕는 浮薄(한 이들)을 물리치고 孤寒(한 이들)을 발탁하였으니, 당시 조정에서는 붕당을 존중하였지만 그가 이것을 깨뜨린 것이다. 이로 말미암아 (조정에서) 원망이 생기고 附會가 끊어져, (그의) 문하에 賓客이 없었다. 오로지 진사 盧肇가 … (李德裕에게) 行卷하여, 이로써 서로 알게 되었다.218)

는 기록으로 미루어 볼 때, 특별히 그와 사적으로 밀접한 관계를 가진 士人·관료들은 상당히 예외적인 인물이라고 여겨진다. 실제로 '孤峭'한 성격219)의 李德裕가 당시 주변의 인사들과 '不羣'하였던 것으로 유명하였으니,220) 재상이었을 때 전술한 것처럼 다른 재상들과 不和하였을 뿐더러 일반 관료들과의 접촉 역시 스스로 극히 제한하였음은221) 바로 이러한 상황을 단적으로 말하고 있다고 하겠다. 李德裕의 이와 같은 태도는 전임 재상이던 李宗閔의 경우와는 매우 대비되며, 元和年間 이래 재상들의 일반적인 행태와도 뚜렷이 달랐던 듯하다.222)

---

217) 전게 湯承業, 『李德裕硏究』, pp.44~59에는 李德裕와 교유하였다는 인물들을 열거하고 있으며, 실제로 『唐語林』 卷3, 「品藻」, p.302에 의하면 盧肇나 黃頗 같은 이는 그의 '門下'에 있었다고도 한다.
218) 『玉泉子』, p.3. 이와 유사한 내용은 『北夢瑣言』 卷3, 「盧肇爲進士壯元」, pp.1 앞~뒤 ; 『唐語林』 卷7, 「補遺」, pp.624~625에도 나온다. 그런데 이러한 글들에서 주된 내용이 되고 있는 바 李德裕가 盧肇 등 서로 특별한 관계에 있던 몇몇 士人들의 과거 급제를 도왔다는 것에 대하여 傅璇琮, 『李德裕年譜』, pp.466~468은 사실이 아니라고 부정하였으므로, 이와 같은 기록에 의문을 가질 수도 있다. 하지만 傅璇琮이 부정한 것은 李德裕의 과거 개입 사실일 뿐 그와 士人들과의 소원한 관계 그 자체는 아니라고 생각된다.
219) 『新唐書』 卷180, 「李德裕傳」, p.5342 및 『東觀奏記』 上, p.6뒤.
220) 『舊唐書』 卷174, 「李德裕傳」, p.4528에서 "德裕以器業自負, 特達不羣."이라고 하였다. 그리고 이후 懿宗 咸通年間 진사과에 급제한 蕭遘가 "形神秀偉, 志操不羣, 自比李德裕."하였을 뿐만 아니라 그의 진사과 同年들도 그를 李德裕에 견주었다는 기록(『舊唐書』 卷179, 「蕭遘傳」, p.4645)을 보면, 李德裕는 당시 이처럼 '不羣'하는 인물의 대명사로 인식되고 있었던 것 같다.
221) 『南部新書』 卷7, pp.15앞~뒤에 의하면 大和年間 입상한 李德裕가 "朝官有事見宰相者, 皆須牒臺."할 것을 공포하였다고 하는데, 이것은 『新唐書』 卷162, 「韋瓘傳」, p.4996에서 "德裕任宰相, 罕接士."하였다는 기록과 상통한다.
222) 『新唐書』 卷180, 「李德裕傳」, p.5333에서는 이와 같은 재상 李德裕의 태도를

사실 이러한 李德裕의 태도는 牛僧孺와 비교할 때 그 차이가 더 분명하다. 牛僧孺의 경우 전술하였듯이 관료들과 밀접한 관계를 가졌을 뿐만 아니라 실제로 당시 文士들과의 사적인 교유 역시 빈번하였다고 생각되기 때문이다. 물론 이 시기의 文士들이란 곧 진사과를 지향하는 士人들이고, 이들은 실상 진사과로 입사한 관료들이기도 하였다. 따라서 이들 사이의 교제가 그렇게 특별한 것은 아니나, 杜牧을 벽소하여 서로 각별한 사이였던[223] 牛僧孺는 저명한 文士들과의 관계에서 분명 두드러진 점이 있었다. 특히 젊었을 때 韓愈・皇甫湜과 '文章友'하였으며 晩年에 白居易・劉禹錫과 '詩酒侶'하였다는 기록을 볼 때,[224] 그가 古文家

"往往通賓客."하던 李宗閔과 대비시킴과 동시에 관료들이 "非公事不敢謁(宰相)"하던 '故事'에 합당하였다고 말한다. 그런데 이 고사란 것은 代宗 시기 이전 政事堂에서 재상이 接客하지 못하도록 한 사실을 말하는 듯하지만(『舊唐書』卷112, 「李峴傳」, p.3345 ;『新唐書』卷131, 「李峴傳」, p.4505), 이러한 규정이 실제 그 이후 언제까지 유효하였는지는 의문이다. 왜냐하면 『舊唐書』卷170, 「裵度傳」, pp.4417~4418에서 憲宗이 裵度의 주청에 따라 "天下賢俊, 得以效計議於丞相, 接士於私第."를 허락하였다고 하고(『新唐書』卷173, 「裵度傳」, p.5210 ;『唐會要』卷53, 「雜錄」, p.1083 참조), 이처럼 자기 집에서 '接士'함을 허용하였다면 憲宗 시기에 政事堂에서의 접객이 불가능하였다고 볼 이유가 없기 때문이다. 따라서 李宗閔의 '通賓客'보다 위에서 설명한 李德裕의 조치가 오히려 당시 재상들의 보편적인 행태와 어긋났던 것이 아닌가 한다. 물론『全唐文』卷866, 楊夔, 「復宮闕râs上執政書」, p.12뒤에서 "自元和以降, 宰相閉關不接士夫."란 말이 있어 재상들이 보통 士人들을 만나지 않은 것처럼 보이기도 하나, 이것 역시 "遊其門升其室者, 非有世故, 非有媒薦, 固不可偶頃刻之語."라고 이어짐을 볼 때 재상들과 士人들의 사적인 접촉이 없었음을 뜻하는 것은 결코 아니다.

[223] 牛僧孺의 墓誌銘을 적기도 한 杜牧은 일반적으로 牛黨 인사로 분류되나(陳寅恪, 『唐代政治史述論稿』, pp.92~93), 최근의 연구들에서 지적되고 있듯이 그의 정치적 입장까지 牛黨과 동일하다고 할 수 있을지는 의문이다. 전게 胡如雷, 「唐代牛李黨爭硏究」, pp.30~31에서 그를 牛黨이 아니라고 한 이후, 王西平, 「杜牧與牛李黨爭」, 『陝西師大學報』, 1985-4 ; 寇養厚, 「杜牧與牛李黨爭」, 『文史哲』, 1988-4 등에서 이에 관한 논란이 있는 것이다. 山崎宏, 「晩唐黨爭渦中の文士杜牧」, 同, 『中國佛敎・文化史の硏究』, 京都 : 法藏館, 1981年(1977年 原刊)의 설명처럼 杜牧에게는 이중적인 성격이 있다고 보아도 과히 틀리지 않을 듯하다. 하지만 그의 黨人 여부를 떠나, 杜牧이 자신을 벽소하여 특별한 관심을 보였던 牛僧孺와 매우 긴밀한 사적 관계를 유지하였음은 부정할 수가 없다. 『太平廣記』卷273, 「杜牧」, p.2151에 의하면, 杜牧은 牛僧孺에게 "以終身感焉, 故僧孺之薨, 牧爲之誌, 而極言其美, 報所知也."하였다고 하기 때문이다.

등 당시 새로운 文風을 주도하고 있던 士人들과 잘 어울리고 있었다는 사실은 주의하지 않으면 안된다.225) 文士들과의 교류가 별로 많지 않았던 李宗閔과226) 그를 구분시켜 주는 이것은 牛僧孺가 이 시기 士人들

---

224) 李珏,「牛僧孺碑銘」, p.7앞. 현재 全句가 남아 있는 牛僧孺의 詩는 4개에 불과하지만, 이 가운데 3편이 白居易·劉禹錫과 관련된 것일 뿐더러 실제로「李蘇州遺太湖石奇狀絶倫因題二十韻奉呈夢得樂天」,『全唐詩』卷66, 北京 : 中華書局, 1960年, pp.5291~5292에서 그가 이 두 사람을 '詩仙'이라고 칭송하고 있기도 하다. 따라서 牛僧孺가 詩를 통해 당시 저명한 文士들과 교제하였던 사실은 의문의 여지가 없는데, 아울러 여기에서 하나 지적해 둘 점은 이 세 사람 사이의 관계가 비단 만년에만 국한되지 않는다는 것이다. 牛僧孺는 劉禹錫과 德宗 때부터(卞孝萱,『劉禹錫年譜』, 北京 : 中華書局, 1963年, pp.32~33) 그리고 白居易와는 憲宗 시기에(朱金城,『白居易年譜』, 上海 : 上海古籍出版社, 1982年, pp.41~43) 이미 서로 알고 지내던 사이였다. 단『雲溪友議』中,「中山誨」, p.48에 劉禹錫과 牛僧孺의 불화 기록이 있으나, 岑仲勉,『唐史餘瀋』卷3,「牛僧孺枉道過汝」, pp.175~176의 설명처럼 이것의 사실 여부에 대하여서는 의문점이 많음도 더불어 지적해 둔다.

225) 孫昌武,『唐代古文運動通論』, 天津 : 百花文藝出版社, 1984年, pp.290~293이 잘 설명하였듯이, 牛僧孺의 文章은 韓愈·皇甫湜 등을 중심으로 한 이른바 古文運動과 관련이 있다. 물론 李德裕와 고문운동의 관계를 강조하는 연구도 있지만, 文學과 '經綸'의 관계를 거의 강조하지 않았던 그의 경우(전게 董乃斌,「"會昌一品集"及李德裕的思想和創作」, pp.323~329) 당시 고문가들이 문학의 經世的 역할을 통해 그 이념적 가치를 높이고 있던 흐름과는 분명한 차이가 발견된다. 더욱이 牛僧孺의 경우『玄怪錄』이란 傳奇集을 남기고 있을 만큼 저명한 文語體 소설 작가였다는 사실도 중요하다. 中唐 이후 고문운동과 이러한 傳奇의 창작·보급의 밀접한 상호관계는 陳寅恪, "Han Yü and the T'ang Novel", HJAS 1, 1936의 지적 이후 학계의 통설이고, 당시 처음으로 개인의 傳奇集을 엮어낸 牛僧孺와 韓愈 사이에서 쉽게 그 문학적 의식의 공감대를 예상할 수 있기 때문이다(于天池,「牛僧孺和他的『玄怪錄』」,『中華文史論叢』, 1986-2, p.84). 그리고 혹 清水茂,「杜牧と傳奇」,『中國詩文論藪』, 東京 : 創文社, 1989年(1954年 原刊), p.155에서 추측하고 있는 것처럼 이 시기에 牛僧孺 등을 중심으로 한 '傳奇作家의 살롱'이 존재하였다면, 지금까지 살펴본 牛僧孺와 文士들의 관계가 갖는 정치·사회적 중요성은 더욱 커질 것이다.

226) 李宗閔의 경우 현재 '仙翁'에게 준 시 한 편밖에 남아 있지 않다는 것은 文士들과 그의 제한된 관계를 잘 보여주는 것이 아닌가 한다. 물론『新唐書』卷174,「李宗閔傳」, p.5237에서 李宗閔에게 준 韓愈의 시 두 편이 있다고 하므로(단 錢仲聯,『韓昌黎詩繫年集釋』卷12, 臺北 : 世界書局, 1977年, pp.535~539에서 알 수 있듯이,「南山有高樹行贈李宗閔」·「猛虎行」이란 이 두 시의 내용과 李宗閔의 실제 관련 여부에 대하여 논란이 적지 않다), 이들 사이의 긴밀한 관계를 부정할 수는 없다. 그러나 楊志玖,「釋臺參并論韓愈和李紳爭論」,『社會科學戰線』,

의 전반적인 움직임 속에서 차지하는 큰 비중을 짐작할 수 있게 하기 때문이다. 게다가 士林을 감동시킨 策文을 쓰고도 그 환관 비판의 내용 때문에 입사할 수 없었던 劉蕡을 牛僧孺가 벽소하여 특별히 존중하였던 사실을 생각하면,227) 그는 분명히 士人들의 여론에 무척 민감한 인물이었음에 틀림이 없다. 사실 그를 비난하던 이까지 인정하지 않을 수 없었던 牛僧孺의 名望도228) 바로 이러한 관료·士人들과의 밀접한 관계로써 설명이 가능하다. 보통 李黨의 인물이라고 간주하는 李紳조차 그에 대해 신뢰를 보였던 듯한 것은229) 그 단적인 예가 아닌가 한다. 그러므로 牛僧孺는 이른바 牛黨 인사들 사이에서 중요한 지위를 유지하였음은 물론 당시 여타 관료·士人들과 폭넓은 교유와 긴밀한 관계를 가졌다는 점에서 중요한 특징이 있고, 이 점에서 李德裕와 명확한 대조를 이루고 있는 것이다.

1982-3, pp.150~152에 따를 때 이러한 두 사람 사이의 관계는 그 정치적 의미가 짙은 듯하고, 기본적으로 牛僧孺와 韓愈의 文學을 통한 교류와 그 성격이 달라 보인다. 앞서 설명한 고문운동과의 관련도 그렇지만,『唐摭言』卷6,「公薦」, pp.63~64 ; 同上 卷7,「升沈後進」, pp.75~76에 의하면 牛僧孺가 진사과에 응시하러 처음 長安에 왔을 때 韓愈에게 행권을 행하여 그의 칭송을 받음으로써 文名을 떨치게 되었다고 하는 것이다. 따라서 李宗閔을 '순수한 官場 인물'로서 牛僧孺와 다르다고 한 傅璇琮,『李德裕年譜』, p.315의 지적은 마땅히 주목할 만하다.

227)『舊唐書』卷190下,「劉蕡傳」, p.5077 ;『新唐書』卷178,「劉蕡傳」, p.5306.
228) 전술한 것처럼 그에 대한 비난으로 일관하고 있는『牛羊日曆』, p.1뒤에서 牛僧孺가 "外唯簡嘿, 內多詭詐, 甚竊當時之譽."하였다고 한 것은 牛僧孺가 당시 누리고 있었던 명성을 부정할 수 없었기 때문이라고 하겠다. 따라서 宋代 孫甫는『唐史論斷』下,「貶李德裕」, p.29앞에서 李德裕의 실각을 이처럼 '一時之望'을 지닌 牛僧孺를 좌천시킴으로써 초래된 '物議' 탓이었다고까지 설명하고 있다.
229) 李紳은「州中小飮便別牛相」(『全唐詩』卷482, p.5488)에서 자신의 고달픈 처지를 牛僧孺에게 솔직히 털어놓았다. 이것은 그가「趨翰苑遭誣搆四十六韻」(『全唐詩』卷480, p.5460)란 시에서 자기를 핍박한 李逢吉 등의 '朋徒'에 대하여 표현하고 있는 적개심과 명백히 다르고, 李紳의 경우 牛僧孺에게 이러한 적대감을 갖지 않았음은 분명하다.

2) 維州·回鶻遺民 問題에 대한 官僚·士人의 輿論

　　당시 官界 안에서 牛僧孺와 李德裕의 이와 같이 상이한 위상은 지금까지 살펴보았던 維州와 回鶻 유민 문제의 전개과정을 통하여서도 확인할 수가 있다. 우선 回鶻遺民의 경우를 보면, 武宗이 이 문제를 일단락짓고 난 뒤 李德裕를 太尉로 높이면서 그가 "替(贊?)我獨斷, 挺身群疑."[230]하였음을 강조하였는데, 이것은 전술한 것처럼 李德裕와 武宗의 정책이 부합하였음과 함께 이들의 정책에 반하는 대다수 관료들의 여론이 있었음을 의미한다. 실제로 會昌元年 8월 嗢沒斯에 대한 회유책[231]과 이듬해 8월 烏介可汗에 대한 기습책[232]의 추진 과정에서 李德裕의 뜻과 달랐던 관료들이 많이 있었던 듯하다. 그리고 이미 상술하였듯이 이처럼 '議論不一'의 상황에서 부득이 개최된 公卿集議의 결과 牛僧孺를 비롯한 관료들이 回鶻 유민들에 대하여 방기적인 입장을 표명하였던 것이다. 그러므로 당시 그들을 철저히 통합·복속시키고자 하던 李德裕와 대립한 이가 비단 牛僧孺만이 아니라 대다수 관료들이었던 이상, 황제가 관료들의 '橫議'를 막았던 李德裕를 높이 평가하였던 것과는[233] 별개로, 보통 李黨이라고 여겨지는 이들까지 동조하였던 듯한[234] 이와 같은 대외정책상의 여론 중심에서 牛僧孺는 그만큼 관료들

---

230) 『李文饒文集』 卷18, 「讓太尉第二表」, p.104에 덧붙여진 武宗의 批答. 『全唐文』 卷77, 武宗, 「答李德裕讓太尉第二表批」, p.5앞 참조.
231) 『資治通鑑』 卷246 會昌元年 8월~閏9월下, pp.7952~7955에 의하면, 陳夷行을 비롯해 당시 이 문제에 대한 '議者'들이 모두 李德裕와 달리 嗢沒斯에 대한 토벌을 주장하였다.
232) 앞서 지적하였던 것처럼 『李文饒文集』 卷14, 「論回鶻事宜狀」, p.75는 진사과 출신자인(『舊唐書』 卷176, 「鄭肅傳」, p.4573) 尙書丞郎 鄭肅 등의 관료들에 의하여 李德裕의 기습적인 回鶻 공격 계획이 미루어졌음을 전하고 있다.
233) 『舊唐書』 卷168, 「封敖傳」, pp.4392~4393에 의하면, "同列或有不可之言."에도 불구하고 回鶻 유민 문제 등을 성공적으로 해결한 李德裕를 衛國公으로 封하면서 그의 '遏橫議'에 대하여 높이 평가하고 있다.
234) 李德裕가 집권하고 있던 會昌2년 8월 당시 公卿들의 集議에 참가한 관료들은

과 더 밀접한 관계에 있었으리라는 점을 여기에서 다시 한번 되새길 필요가 있는 것이다.

그런데 正史와 『資治通鑑』은 維州問題에서 조정의 중론이 李德裕의 주장에 따르자는 것이었다고 하므로,235) 이 경우 牛僧孺의 주장이 오히려 중앙 관료의 여론과 배치되었던 것처럼 보이기도 한다. 그러나 이러한 추론에 앞서 몇 가지 생각해 볼 문제가 있다. 우선 會昌3年 이 사건을 회고하면서 維州 반환의 부당함을 강조하였던 李德裕는 당시 상황을 "與臣仇者, 望風疾臣, 遽興疑言, 上罔宸聽."이라고 표현하였을 뿐이니,236) 그가 이때 조정의 여론이 牛僧孺의 뜻에 반하는 즉 자기의 뜻처럼 維州 접수를 주장하였다고 결코 말하지 않았음을 간과할 수 없다. 실제로 이 사건의 전개과정에서 李德裕의 주장에 동조한 것이 확실한 이는 薛元賞237)과 환관 王踐言238) 이외에 달리 없고, 이 두 사람 모두

대부분 이른바 '李黨'으로 불리는 인물들이었다고 생각되는데(『新唐書』卷63, 「宰相表」下, p.1727에 의하면 당시 陳夷行・李紳・李讓夷・崔珙 등이 공경의 반열에 있었고, 대체로 이들은 李黨으로 간주된다), 이들의 논의 결론이 전술한 것처럼 牛僧孺를 앞세운 소극적인 대책이었다. 실제로 전게 「公卿集議」1, p.78에서 陳夷行은 牛僧孺와 함께 李德裕의 주장에 대립하였던 인물로 명기되어 있다.

235) 정사의 牛僧孺傳에서 "衆狀請如德裕之策"(『舊唐書』卷172, p.4471)이라거나 "帝使羣臣大議, 請如德裕策, 僧孺持不可."(『新唐書』卷174, p.5231)라 하고, 『資治通鑑』卷244 太和5年 9月下, p.7878도 "皆請如德裕策"이라고 한다.

236) 전게 「悉怛謀狀」, p.64.

237) 『新唐書』卷197, 「薛元賞傳」, p.5633에 따르면, 당시 西川의 漢州刺史였던 薛元賞이 李德裕의 주장과 마찬가지로 維州 접수를 '極言'하였다고 한다. 하지만 여기에는 薛元賞이 자신은 물론 아우 薛元龜까지 모두 李德裕에 의해 중용되었다가 宣宗 즉위 직후 그와 함께 두 형제 모두 좌천되었다는 李德裕와의 특별한 관계 역시 기록되어 있다.

238) 정사의 「李德裕傳」(『舊唐書』卷174, p.4519 ; 『新唐書』卷180, p.5332)과 『資治通鑑』卷244 太和5年 11月下, p.7880에서는 당시 西川의 監軍使로 있다가 입조한 王踐言이 維州 반환의 잘못을 지적하였다고 한다. 그런데 『册府元龜』卷669, 「內臣部 貪貨」, pp.20앞~뒤에는 西川節度使 李德裕가 監軍使로서 함께 있던 王踐言에게 회뢰를 행하여 재상이 될 때 도움을 받았다는 기록이 있다. 물론 전술한 것처럼 이 일화가 그대로 믿기 어려운 점도 있지만, 여기에서 두 사람 사이의 긴밀한 관계를 추측해 볼 수는 있을 듯하다.

李德裕와 특별한 관계가 있었음을 생각하면, 이들의 입장이 당시의 여론으로 일반화될 수 없다는 것 또한 분명하다. 그렇다면 正史와 『資治通鑑』의 내용이 도대체 어디에 근거한 기록인가 하는 것이 문제인데, 당시 牛僧孺의 墓誌銘과 碑銘에서 그의 維州 반환 주장이 지닌 독자성을 특별히 강조하고 있다는 사실에 주의하게 된다.[239] 그리고 정사와 『資治通鑑』의 내용을 세밀히 검토해 보면, 이 原史料들에서 牛僧孺를 칭송하려고 한 기록이 그 비난의 소재가 될 수도 있도록 뒤집어졌다는 느낌을 받는다.[240] 따라서 이미 살펴보았듯이 牛僧孺가 대내적인 안정과 평화라는 내치 우선의 논리로 維州의 반환을 주장하였음은 인정하더라도, 이러한 그의 입장이 당시 官界의 여론과 달랐다고 단정하기는 어려운 것이 아닌가 한다. 더욱이 앞서 지적한 바 太宗 시기의 투항 접수 선례와는 달리, 이 시기가 되면 吐蕃과의 우호관계를 이유로 그 투항자

---

[239] 杜牧, 「牛僧孺墓誌銘」, p.116과 李珏, 「牛僧孺碑銘」, p.5뒤는 모두 維州問題에 대하여 비교적 자세히 설명하고 있는데, 이 글들은 牛僧孺가 조정의 여론을 무릅쓰고 維州의 반환 주장을 거리낌없이 '公獨曰'하였던 것처럼 기록하였다. 하지만 維州 반환의 정당성과 牛僧孺에 대한 칭송 목적이 전제되어 있는 이 글들의 경우 牛僧孺의 이러한 주장이 갖는 독자성을 강조하면 할수록 그 논리가 더욱 설득력이 있어 보인다는 사실을 생각하면, 이러한 표현에 얼마간 과장이 담겨질 수도 있다는 것은 쉽게 예상되는 일이다.

[240] 『舊唐書』 「牛僧孺傳」의 維州問題 관련 기록이 대체로 杜牧의 墓誌銘에 의존함은 그 시기를 똑같이 大和6년으로 오기하고 있다는 것에서 단적으로 드러난다. 그리고 여기에서는 이 사건 이후 여론의 비난이 '怙德裕者'들에 의한 것이라고 해서 관료들이 모두 牛僧孺의 입장과 다르지는 않았던 사실을 간접적으로 표현하고 있다. 하지만 전술하였듯이 牛僧孺가 당시 사실을 왜곡하였다고 본 『新唐書』의 경우 "時皆謂僧孺挾素怨."이라고 하여 이러한 여론을 일반적인 것으로 적고 있으며, 이 시기 官界의 분위기 설명이 확연히 달라져 버렸다. 이것은 본래 墓誌銘이나 碑銘에서 牛僧孺에 대한 칭송 내용이던 것이 그 강조점이 바뀜에 따라 오히려 그에 대한 비난으로 되어 버리는 과정을 잘 보여주는 듯하다. 그리고 이처럼 상이한 평가 속에서 牛僧孺의 입장을 옹호한 『資治通鑑』(卷247 會昌3年 3月下, p.7978 참조)은 기본적으로 墓誌銘 등에 의거하여 당시 상황을 설명하면서도, 객관성을 표방하는 史書로서의 성격상 이 속에 있던 牛僧孺에 대한 칭송을 빼버림으로써, 이것 역시 원사료의 본의와 달리 牛僧孺의 주장이 여론에 반하였던 것처럼 되고 말았던 것 같다.

들을 받아들이지 말도록 한 조치가 있었을 뿐더러[241] 그 뒤 실제로 투항한 吐蕃人을 송환시켜버린 실례도 있었으므로,[242] 이러한 상황에서 牛僧孺의 주장이 결코 당시 관료들의 입장과 상이한 독단이었다고 생각되지는 않는 것이다. 李德裕의 下僚이던 令狐梅가 조정이 維州 접수를 받아들이지 않으리라고 사건 당시 이미 예측하였음을 생각한다면, 이와 같은 추측은 더욱 분명해진다.[243]

물론 唐과 吐蕃 사이의 교통로로 중요한 維州의 경우 중앙조정의 안위와도 관련된 군사적 요충지였다는 특수성이 있다. 즉 이 維州를 중심으로 한 '西山'地域[244]이(附圖 참조) 宗 廣德元年(763)경을 전후해 吐蕃에게 그 실제적인 지배권을 빼앗기게 되었지만,[245] 唐朝의 입장에서는 이것을 완전히 방기할 수 없었음이 사실인 것이다.[246] 그리고 전술하

---

241) 『唐大詔令集』卷70,「寶曆元年正月南郊赦」, p.393에 의하면, 敬宗 寶曆元年(825) "國家與吐蕃舅甥之好, 彼此無虞, 自今已後, 邊上不得受納投降人, 並擒捉生口等."이라고 하였다.
242) 『册府元龜』卷42,「帝王部 仁慈」, pp.21뒤~22앞.
243) "唐故棣州刺史兼侍御史敦煌令狐公(梅)墓誌銘,『全唐文補遺』6, 西安:三秦出版社, 1999年, p.169에 의하면, "李公德裕奪蠻所侵維州城, 使部將以兵據, 且飛奏. … 公獨請開, 謂朝廷必不然, 不如還之, 具道其狀."이라고 한다.
244) 唐代의 西山은 기록에 따라 조금씩 異同이 있지만, 대체로 成都 以西, 汶江(岷江) 상류의 산지 즉 維州와 松州·茂州 등 西川의 서북부지역을 가리킨다고 여겨진다(『資治通鑑』卷204 垂拱4年 12月下, p.6455 ; 卷234 貞元9年 5月下, p.7547의 胡三省 注). 그리고 『資治通鑑』卷234 貞元9年 5月下, p.7548에서 胡三省이 西山을 維州 경내의 '雪山'이라고도 하였음을 보면, 維州는 吐蕃과 접경한 이 西山 지역의 중심이었다고 보아도 좋을 것이다.
245) 『舊唐書』卷11,「代宗紀」, p.274 ;『新唐書』卷42,「地理志」6, p.1085 ;『資治通鑑』卷223 廣德元年 12月下, pp.7158~7159 등에서 唐後半期 동진해 오던 吐蕃의 維州 장악을 廣德元年의 일로 적고 있다. 그러나 이것은 기록에 따라 肅宗 乾元2年(『元和郡縣圖志』卷32,「劍南道」中, p.815. 어떤 版本은 乾元元年으로도 되어 있다고 한다), 혹은 上元元年 이후 20년 뒤 곧 德宗 시기(『舊唐書』卷41,「地理志」4, p.1690)라고 달리 나오기도 하여, 唐의 西山地域 상실 시기를 확정짓기는 어렵다.
246) 『新唐書』卷42,「地理志」6, p.1086에서는 唐이 西山 지역을 吐蕃에게 빼앗긴 이후에도 그 수령을 刺史나 司馬로 하여 '行州'로 삼았다고 하는데, 이것은 기본적으로 唐이 이 지역을 그만큼 重視했던 사실을 뜻하는 것이라고 보아도 좋을

였듯이 韋皐나 李德裕의 적극적인 수복 노력 또한 바로 이와 같은 상황에서 나온 것이 분명하다. 그러나 여기에서 간과할 수 없는 사실은 이것과 판이한 西川 현지의 분위기이다. 당시 이곳의 刺史로 있던 高適이 '茂州而西'의 이 西山地域을 빼앗기기 전에 이미 실리가 없는 이곳을 일부 포기해버리는 것마저 고려하였었고,247) 그보다 먼저 이 지역 출신인 陳子昻도 역시 이와 유사한 주장을 여러 차례에 걸쳐 한 적이 있었기 때문이다.248) 維州를 비롯한 吐蕃 접경의 山地인 西山 지역이 成都平原과 달리 경제적 효용이 거의 없었을 뿐더러 그 주민도 대부분 羌族으로 漢族이 아니었던 상황이었으므로,249) 현지의 주민들은 굳이 큰 방위비를 부담하면서까지 이 지역을 지켜야 되겠다는 생각이 없었다고 보인다. 적어도 이 지역은 조정에서 대외정책상 긴요하게 여긴 만큼 西川 안에서의 중요성이 컸다고는 생각되지 않는 것이다.

따라서 李德裕가 吐蕃에 대한 공격을 염두에 두고 維州를 접수한다거나 무력을 강화하였던 것은 바로 이러한 현지의 사정으로부터도 고려될 필요가 있다. 그의 離任 직후 西川에서는 덕정비의 건립이 운위될

것이다. 실제로 維州刺史란 명칭이 그 失陷 시기에도 보이는 것(郁賢皓,『唐刺史考』, 香港 : 中華書局 香港分局, 1987년, pp.2720~2721)은 이러한 이유 때문이라고 여겨지며, 앞서 지적한 바 韋皐의 維州 수복 여부에 대한 애매한 기록 또한 이와 무관하지 않을 듯하다.

247) 『舊唐書』卷111, 「高適傳」, pp.3329~3331 ;『全唐文』卷357, 高適, 「請罷東川節度使疏」, pp.14앞~15뒤에 따르면, 肅宗 시기 西川의 刺史로 부임한(이에 대한『舊唐書』의 기록은 조금 착오가 있는 듯하다. 당시 高適의 지위에 대하여서는 阮廷瑜,『高常侍詩校注』, 臺北 : 國立編譯館中華叢書編審委員會, 1980년 再版, pp.25~26과 劉開揚,『高適詩集編年箋註』, 北京 : 中華書局, 1981년, p.24를 참조하라) 高適은 西山三城의 置戍를 위해 여타 지역의 蜀民들이 져야만 되는 부담의 과중함을 지적하고 "西山不急之城, 稍以減削."까지 주장하였다.

248) 『全唐文』卷211, 陳子昻, 「上蜀川安危事」·「上蜀川軍事」·「上益國事」·「上軍國利害事」, pp.1앞~4뒤 및 pp.9앞~15앞.

249) 이와 관련하여서는 李紹明, 「唐代西山諸羌考略」,『四川大學學報』, 1980-1에 자세히 설명되어 있다. 게다가 杜甫, 「東西兩川說」, 仇兆鰲,『杜詩詳註』卷25, 北京 : 中華書局, 1979년, pp.2210~2212를 볼 때 분명하듯이, 이 지역의 羌族들이 漢族과 잘 융합되지 못하고 있었다는 사실을 간과할 수가 없다.

정도로 여론이 좋았다고도 하지만,250) 그의 재임 시 가혹한 징세로 이 지역의 백성이 도탄에 빠졌다는 비난 역시 존재하는 것이다.251) 그리고 전자의 경우 李德裕가 재상일 당시 나온 것으로서 그대로 믿기 어렵다고 생각되는 반면, 후자는 吐蕃으로의 진출을 준비하던 李德裕가 그 재원을 마련하기 위해 불가피하였으리라고 추측되어 상당한 설득력이 있는 듯하다.252) 게다가 전술한 것처럼 大和3년 南詔의 대규모 침입으로 피폐해 있었던 당시 西川의 상황을 생각하면 더욱 그러하다고 하겠다. 그리고 이보다 좀 앞선 시기의 일이지만, 維州의 상실 직후 四川에 있던 杜甫가 西川 지역의 '屠割'을 우려하면서 '軍用' 및 諸色雜賦의 경감 필요성을 강조하였던 것253)을 볼 때, 이로 인하여 초래될 현지의 반발은 짐작하기에 어렵지 않다. 뿐만 아니라 앞서 설명하였듯이 李德裕와 마찬가지로 중앙조정의 입장에서 維州로 출격하고 또 이곳을 수복하려 하였던 韋皐의 경우 실제로 '時論非之'란 여론의 비난을 샀으며,254) 이

---

250) 『全唐文』卷760, 張次宗, 「請立前節度使李德裕德政碑文狀」, pp.13앞~뒤.
251) 『唐大詔令集』卷57, 「李德裕袁州長史制」, p.305 ; 『資治通鑑』卷245 太和9年 4月下, p.7903.
252) 물론 이 글도 李德裕를 좌천시키기 위한 목적이 뚜렷하므로 신빙성이 없다고 할지도 모르겠다. 그러나 당시 일반적인 藩鎭에서 그 군비는 자체적으로 조달하는 것이 원칙이었다면(張國剛, 『唐代藩鎭研究』, 長沙:湖南教育出版社, 1987年, pp.113~116), 달리 재원을 마련하였다는 기록이 없는 李德裕가 '逋懸錢' 곧 체납된 세액을 철저히 징수하였다는 위 글의 내용은 그 개연성이 큰 듯하다. 따라서 이때 '加征'된 것이 宦官에게 뇌물로 주어졌다는 기록도 있지만(『冊府元龜』卷669, 「內臣部 貪貨」, pp.20앞~뒤), 李德裕의 무력 강화 사실이 분명한 만큼 이것이 그 재원으로 일부 사용되었으리라는 것은 충분히 예상할 수 있다.
253) 『杜詩詳註』卷25, 「爲閬州王使君進論巴蜀安危表」, pp.2193~2195.
254) 『舊唐書』卷140, 「韋皐傳」, p.3826에서 西川에서의 韋皐가 "重賦斂 … 蜀土虛竭, 時論非之."라고 하였다. 이것은 『唐國史補』中, p.32에서 그의 '聚斂' 결과 "軍府浸盛而黎甿重困."하였다는 기록과 상통한다. 하지만 "除租 … 蜀人德之."(『新唐書』卷158, 「韋皐傳」, p.5937)하였다는 이와 모순되는 기록도 존재한다. 그러나 이에 대해서는 본래 부세에 관대하였던 韋皐가 吐蕃과의 전쟁 때문에 늘어난 경비 마련을 위하여 중세하였던 결과 韋皐에 대한 여론이 나빠졌으리라는 王永興, 「論韋皐在唐和吐蕃·南詔關係中的作用」, 『北京大學學報』, 1988-2, p.40의 설명이 있다.

것은 대체로 李德裕에게도 적용될 수 있을 듯하다. 그러므로 李德裕의 입장과 달리 차라리 維州를 반환해버릴 것을 주장한 牛僧孺의 논리가 중앙조정의 이해관계와 다를지 몰라도 관료와 士人들의 인식 특히 현지에서의 여론은 분명히 반영하는 것이었다고 보아도 좋을 것이다.

3) 文學作品에 反映된 唐後半期의 對外認識

 이상에서 살펴본 바에 따르면, 관료·士人들과 긴밀한 관계를 가진 牛僧孺는 실제로 대외정책에서도 그들과 상응하는 인식을 가졌다고 하겠다. 이와 같은 시각에서 볼 때 주목되는 사실이 있으니, 大中3年 河湟지역에 대한 지배력을 되찾아가던 중에,

> (이 지역을 잃은 지) 거의 백년이 가까왔다. '進士試能'하여 그 좋은 계책을 다하지 않음이 없었고, 조정에서 議論하게 하여 모두 그 바른 말들을 들었다. (그러나 이러한 것들이) 다 변방에서 일이 생기지 않음을 永圖로 여기고 옛(현재) 땅을 지키는 것으로서 明理라고 생각하였다. 이와 같이 미적미적하다가 이때까지 이르렀으니, 이 지역을 수복할 방법이 없었다.255)

는 宣宗의 통탄이 그것이다. 이것은 당시 官界의 분위기가 厭戰的이라고 할 정도로 대외관계에서 소극적이었음을 극명하게 표현하고 있기 때문이다.256) 사실 이처럼 牛僧孺의 대외인식과 유사한 관료·士人들의

---

255) 『唐大詔令集』卷130, 「收復河湟德音」, p.709의 이 글은 『全唐文』卷79, pp.5 뒤~8앞에서 「收復河湟制」란 이름으로 나온다. 명칭이나 내용이 완전히 같지는 않으나, 인용한 부분은 『舊唐書』卷18下, 「宣宗紀」, p.623 ; 『唐會要』卷97「吐蕃」, p.2062 및 『册府元龜』卷20, 「帝王部 功業2」, pp.10앞~뒤에서도 확인된다. 단 여기에서 '進士試能'이란 것이 진사과를 특별히 가리키는 것인지 혹은 '士를 進'한다는 일반적인 의미인지가 불확실하나, 어떤 경우에도 당시 관료들의 실태를 보여주는 것임에는 틀림이 없다.

여론은 이 시기의 많은 詩들에서 구체적으로 드러난다. 廣德元年 維州를 빼앗길 때 失地의 고통과 그 수복에 대한 願望보다는 오히려 從軍의 고통을 주로 읊고 있는 杜甫의 시들257)이나 이 지역 출신의 詩人 雍陶가 大和3年 南詔의 침입을 당한 뒤에도 적개심만 있을 뿐 그 정치·군사적 雪怨의 의지를 거의 보이지 않는 것258) 등은 牛僧孺의 입장과 상통하는 그 전형적인 예들인데, 당시 劍南으로 들어가는 이에게 "不應誇戰勝"을 당부한 시259) 또한 마찬가지라고 하겠다.

물론 시와 같은 문학작품은 해석상의 난점으로 인하여 그 접근이 쉽지 않으나, 여기에서 간과할 수 없는 이가 白居易(772~846)와 元稹(779~831)이다. 이들의 文名은 다시 설명할 필요가 없겠지만, 牛僧孺·李德裕와 동일한 시기에 관료로 활동하면서도 특별히 어느 한 인물과 정치적 태도를 같이 하였다고 하기 어려운260) 이들을 통하여 당시

---

256) 『舊唐書』 卷196下, 「吐蕃傳」 下, pp.5266~5267은 무장과 대비하여 "儒臣多議於和親"이라고 하였다. 이것은 물론 어느 시대에나 통용될 수 있는 일반론인 것처럼도 보이지만(『漢書』 卷94下, 「匈奴傳下」, p.3830 참조), 이 시기 관료와 士人의 대외인식과 관련하여 이런 사실이 특기되고 있음도 무시할 수는 없을 듯하다.
257) 『杜詩詳註』 卷12, 「警急」·「王命」·「征夫」·「西山三首」, pp.1043~1048에 실린 여러 시들은 모두 廣德元年 維州 등지의 상실과 관련된 것인데, 특히 「征夫」의 "十室幾人在 … 官軍未通蜀."이란 표현처럼 征人의 고통이 곧 조정에 대한 원망으로 이어짐에 주목하지 않을 수 없다.
258) 『雍陶詩集』, 「蜀中戰後感事」·「哀蜀人爲南蠻俘虜五章」, 上海 : 上海古籍出版社, 1988年, p.35 및 pp.70~72.
259) 『全唐詩』 卷509 顧非熊, 「送李廓侍御赴劍南」, p.5788.
260) 앞서 설명한 것처럼 牛僧孺와 교유한 것이 분명한 白居易는 보통 牛黨으로 분류되고 元稹 역시 이들과 유사하다고 보기도 한다(陳寅恪, 『唐代政治史述論稿』, p.90 및 pp.107~108 참조). 하지만 李德裕와의 비교적 밀접한 관계를 부정하기 어려운 元稹의 경우 오히려 李黨으로 보아야 한다는 견해도 있다(毛漢光, 『唐代統治階層社會變動』, 臺北 : 政治大學高級研究生畢業論文, 1968年, p.354). 사실 이러한 논란이 있는 元稹은 물론 白居易 또한 이 정쟁에 개입되기를 스스로 회피하였다는 기록이 있는(葉夢得, 『避署錄話』 上, 文淵閣 四庫全書本, p.15 뒤) 만큼, 전게 胡如雷, 「唐代牛李黨爭研究」, pp.29~30에서 설명하고 있듯이 이들을 정치적으로 어떤 黨人이라고 단정하기는 어렵다고 생각된다. 물론 이들이 개인적으로 혹은 정서적으로 누구와 친분을 갖고 또 어떤 경향을 갖는가란 것

관료나 士人들의 일반적인 분위기를 엿볼 수 있을 듯하기 때문이다. 그런데 이들의 新樂府 가운데 韋皐를 비판한 「蠻子朝」261)와 回鶻과의 교류에 회의를 보인 「陰山道」262)가 존재한다는 사실은 중요하다. 전술한 牛僧孺의 입장과 이러한 시들 사이에서 드러나는 대외인식의 유사성은 黷武와 開邊을 경계한 白居易의 「新豊折臂翁」263) 그리고 이와 비슷한 내용을 가진 元稹의 「連昌宮詞」264)를 생각하면 더욱 분명해진다. 뿐만

은 별개의 문제이다.
261) 元稹과 白居易 모두 이 詩題로써 西川節度使의 南詔에 대한 정책 문제를 다루고 있는데(『元稹集』 卷24, 「蠻子朝」, 北京 : 中華書局, 1982年, p.288 및 『白居易集箋校』 卷3, 「蠻子朝」, p.190), 이것은 陳寅恪, 『元白詩箋證稿』, 臺北 : 里仁書局, 1982年(1950年 原刊), p.203에서 잘 지적하였던 것처럼 韋皐에 대한 비난을 主調로 한다.
262) 『元稹集』 卷24, 「陰山道」, pp.290~291과 『白居易集箋校』 卷4, 「陰山道」, p.231은 回鶻과의 絹馬貿易이 갖는 문제점이 그 주된 내용인데, 특히 白居易의 경우 이 互市에 대하여 '黠虜啓貪心'의 빌미를 주는 것이라고 날카롭게 비난하였다. 이 시기에 唐이 호시를 여는 등 回鶻에 대하여 優待하고 있었다고 하나, 陳祖美, 「評白居易"新樂府"中的邊塞詩」, 西北師範學院中文系・西北師範學院學報編輯部編, 『唐代邊塞詩研究論文選粹』, 蘭州 : 甘肅教育出版社, 1988年 pp.319~320 (이하 이 책은 『邊塞詩研究論文』으로 약칭함)에서 설명하고 있듯이 여러 士人들의 詩에서 回鶻에 대한 반감이 분명하고, 이들의 「陰山道」 역시 이와 같은 맥락에서 이해할 수가 있다. 아울러 중요한 것은 李德裕의 주장이 이처럼 白居易를 비롯한 당시 士人들의 작품에서 드러나는 분위기와 뚜렷이 다르다는 점이니, 『李文饒文集』 卷13, 「論太原及振武軍鎭及退渾黨項等部落牙市牛馬駱駝等狀」, p.74 ; 同 卷14, 「請市蕃馬狀」, p.79에서 그는 이민족과의 호시에 대해 긍정적인 태도를 보이고 있기 때문이다.
263) 『白居易集箋校』 卷3, 「新豊折臂翁」, pp.165~166은 南詔와의 전쟁에 징발되지 않기 위하여 스스로 팔을 잘라버렸던 한 老人의 입을 빌어 厭戰의 분위기를 설명한 뒤, "不賞邊功防黷武 … 邊功未立生人怨."이라고 읊었다. 그리고 그의 「城鹽州」(『白居易集箋校』 卷3, pp.179~180)에서도 이러한 염전 의식은 뚜렷이 드러나고 있다.
264) 『元稹集』 卷24, 「連昌宮詞」, pp.270~272가 물론 樂府 新題는 아니지만, 宮邊 老人을 통하여 "努力廟謨休用兵"을 말한 이것이 위 白居易의 「新豊折臂翁」과 그 내용이 일맥상통한다. 단 여기에서 陳寅恪, 『唐代政治史述論稿』, pp.107~108은 穆宗이 이 「連昌宮詞」 등을 '大悅'하였다는 『舊唐書』의 기록을 근거로, 이 시의 厭戰的인 주장이 穆宗의 뜻과 합당하였던 것처럼 적고 있음에 대해 해명하지 않으면 안될 것 같다. 만약 이것이 사실이라면, 앞서 강조하였던 바 이 시기 황제들의 적극적인 對外政策과 관료와 士人들의 소극적인 對外認識 사이의 차별

아니라 전래의 음악과 이민족의 음악을 대비시키면서 "胡音胡騎與胡妝, 五十年來競紛泊."265)이라고 비난한 元稹이나 "夷夏相交侵"을 우려한266) 白居易의 입장에서 두드러지듯이, 胡風에 대해 뚜렷한 혐오를 표현하고 있는 新樂府의 많은 시들은 華와 夷의 엄격한 구별을 그 基調로 삼고 있는 것이다.267) 그러므로 元稹과 白居易의 新樂府를 통하여 알 수 있는 바 이러한 華夷의 峻別이 본질적으로 전술한 牛僧孺의 소극적 대외인식 곧 이민족에 대한 배타적 차별화와 흡사하며, 李德裕나 황제의 적극적인 그것과는 명백히 구분된다. 따라서 이 新樂府 가운데 牛僧孺에게 호의를 표현한 듯이 보이는 귀절을 찾을 수 있다는 것은 어쩌면 당연한 일이다.268)

성이란 것을 일반화시키기 어렵다고 보이기 때문이다. 물론 이것을 예외적인 것이라고 할 수도 있겠지만, 사실 『舊唐書』 卷166, 「元稹傳」, p.4333의 기록에 따르더라도 穆宗이 특별히 이러한 「連昌宮詞」의 내용을 좋아하였다고 단정하기도 어려운 것이 아닌가 한다. 『新唐書』 卷174, 「元稹傳」, p.5228에서는 穆宗이 '大悅'한 것을 그의 '歌詞'라고 하였을 뿐 꼭 이 작품을 特記하지 않았을 뿐만 아니라, 실제로 『舊唐書』의 기록 또한 穆宗이 애호한 것은 이 시의 구체적인 내용이라기보다 妃嬪들에게 사랑을 받은 樂曲化한 元稹의 '歌詩'들 곧 그 일반적 양식이나 내용이라고 보이기 때문이다.

265) 『元稹集』 卷24, 「法曲」, p.282.
266) 『白居易集箋校』 卷3, 「法曲歌」, p.145.
267) 新樂府 가운데 元稹, 「五弦彈」·「立部伎」·「胡旋舞」(『元稹集』 卷24, p.280, 284, 286~287)이나 白居易의 「立部伎」·「胡旋女」·「時世妝」(『白居易集箋校』 卷3, pp.150~151, pp.161~162 및 卷4, pp.234~235) 등은 음악·무용·화장에서 당시 유행하던 胡風을 비난하고 있어, 華夷의 차별성에 대한 이들의 인식은 선명히 부각되어 있다. 따라서 이들이 전술한 「陰山道」에서 回鶻과의 교류를 반대하였던 것은 당연하니, 실제로 이들은 모두 「驃國樂」(『元稹集』 卷24, pp.285~286『白居易集箋校』 卷3, p.194)에서 외국과의 관계에 앞선 내치의 중요성을 강조하였고, 남방에서 보내온 동물을 內地에서 기를 수 없는 것이 治國의 도리임을 말한 「馴犀」 역시 동일한 논리의 연장선 위에 있을 듯하다(『元稹集』 卷24, p.283 ; 『白居易集箋校』 卷3, pp.185~186). 그리고 白居易가 『白居易集箋校』 卷4, 「八駿圖」, p.214의 "(漢)文帝却之不肯馬, 千里馬去漢道興."이란 말은 이처럼 漢과 胡의 차이를 전제로 한 극히 소극적인 대외인식을 수사적으로 표현한 것임에 틀림이 없다.
268) 陳寅恪, 『元白詩箋證稿』, pp.233~235에 따르면, 『白居易集箋校』 卷4, 「澗底松」, p.218에서 동정을 표하고 있는 '寒儁'의 困境은 바로 牛僧孺를 그 대상으로 삼고

단 元稹의 경우 西北邊에 대한 자기의 적극적인 관심을 황제에게 분명히 표명하였던 적이 있고,269) 이것은 지금까지 설명한 그의 新樂府에 담긴 대외인식의 소극성과 달라 의아스러운 느낌이 들기도 한다. 하지만 樂府 新題의 이 시들을 쓸 당시 元稹의 관직에 대한 열망을 간과할 수 없으니,270) 여기에서 당시 官界의 분위기가 바로 이와 같은 新樂府의 내용을 요구하고 있었다는 추측도 가능하다. 사실 白居易의 新樂府 역시 그가 制擧를 준비하기 위하여 만들었다는 策林271)과 유사한 내용이 적지 않은 것이다.272) 따라서 牛僧儒의 소극적인 대외인식·정책이 이 시기 관료나 士人들의 일반적인 분위기와 상통한다는 것은 오히려 더욱 설득력이 있어 보인다고 하겠다. 적어도 이러한 문학작품에서 반영된 대외인식이 앞서 설명하였던 것처럼 李德裕나 唐後半期 황제들에게서 두드러진 이민족에 대한 포용·복속의 의도와는 분명히 다르다고 하여도 좋은 것이다.

이와 관련하여 아울러 주목되는 것이 이른바 당시의 '邊塞詩'이다. 이것은 보통 邊塞 곧 변방에서의 전쟁과 생활·자연경관 등을 題材로 한 시를 뜻하는 것으로서,273) 이 시기 文士들의 대외인식을 이해하고자

있다고 한다. 그리고 위의 책, pp.291~293은 白居易의 「天可度」(『白居易集校箋』卷4, p.258)가 李吉甫를 비난한 것이라고 보는데, 이것 또한 이러한 新樂府의 성격과 무관하지 않을 듯하다.
269) 『元稹集』卷35, 「進西北邊圖經狀」·「進西北邊圖狀」, pp.406~407에서 알 수 있듯이, 元稹은 『京西京北圖經』·『京西京北州鎭烽戌道路等圖』·『盛唐西極圖』 등을 진상하여 西北地方에 대한 관심 나아가 그 경략 의도를 뚜렷이 밝히고 있다.
270) 靜永健, 「元稹『和李校書新題樂府十二首』の創作意圖」, 『日本中國學會報』 43, 1991年은 元稹이 이러한 시들을 적은 때가 관계 복귀를 열망하던 시기였으며 그 창작 목적이 求官에 있었음을 잘 설명하였다.
271) 『白居易集箋校』卷62, 「策林序」, p.3436.
272) 卞孝萱, 「白居易與新樂府運動」, 『文史知識』, 1985-1은 策林과 新樂府의 상관성을 지적하면서 그 정치성을 잘 설명하고 있다. 그리고 여기에서 언급되지는 않았으나, 사실 군비의 축소를 주장한 「銷兵數」나 이민족을 "不可剪而滅"·"不可臣而畜"이라고 하면서 우선 '國富'와 '人安'을 강조한 「御戎狄」(『白居易集校箋』卷64, pp.3509~3510 및 pp.3513~3515) 등과 같은 策林의 주장도 기본적으로 新樂府의 대외정책·인식 및 牛僧儒의 그것과 동일한 맥락 위에 있다고 하겠다.

할 때 간과할 수 없는 문제인 것이다. 주지하듯이 唐代文學史에서 岑參 과 高適을 대표적인 작가로 하는 이 邊塞詩가 보통 盛唐의 진취적인 분위기를 반영하는 것이라고 여겨졌으나, 최근 玄宗 시기 대외전쟁의 정당성 여부에 따른 그 '愛國主義'의 평가와 관련하여 종래의 연구 경향에 대한 반성이 있었고 지금까지 그렇게 주목되지 않았던 中·晩唐 시기의 邊塞詩 역시 학계의 관심을 끌게 되었던 사실을274) 생각하면 더욱 그러하다. 따라서 이러한 中·晩唐 시기 邊塞詩들의 성격을 통하여 이 시기 文士 곧 士人과 관료들의 일반적인 의식을 살펴볼 필요가 있다고 생각된다.

---

273) 邊塞詩란 말은 문학사에서 상당히 일반화되어 있음에도 불구하고 그 개념에 대한 논란이 없지 않은 듯하다(전게『邊塞詩研究論文』에는 譚優學, 「邊塞詩泛論」; 胡大浚, 「邊塞詩之涵義與唐代邊塞詩的繁榮」 등 이와 관련된 적지 않은 논문들이 실려 있고, 그 이후에도 劉眞倫, 「論邊塞詩的本質屬性」, 『江海學刊』, 1992-4 등의 많은 연구들이 나와 있다). 하지만 澗岩, 「關于唐代邊塞詩的討論綜述」, 전게『邊塞詩研究論文』, p.356에 따르면, 1984년에 열린 唐代文學學會에서 邊塞詩에 대한 집중적인 토론이 이루어졌을 때 이러한 개념이 대체적으로 받아들여졌다고 생각된다.

274) 1960年代 初에도 일시 논란이 있었던 邊塞詩의 평가를 둘러싸고 1980年代에 들어와 재차 활발한 토론이 진행되었다. 기존에 특히 文革時期 동안 田園詩와 대비된 邊塞詩가 적극적인 애국정신을 가진 것으로 높이 평가되었는데, 吳學恒·王綬靑, 「邊塞詩派評價質疑」, 『文學評論』, 1980-3은 玄宗時의 전쟁이 소수민족들을 압박한 정의롭지 못한 것이었다는 이유로 이러한 전쟁을 칭송한 邊塞詩들에 대하여 부정적인 평가를 내림으로써 새로운 논란이 시작되었던 것이다(이러한 연구사의 흐름은 劉德重, 「唐代邊塞詩評價問題散議」, 『上海敎育學院學報』, 1984-1 ; 同, 「唐代邊塞詩的評價」, 『唐代文學研究年鑑 1984』, 西安 : 陝西人民出版社, 1985年에 비교적 잘 설명되어 있다). 1984년의 唐代文學學會가 이 邊塞詩 문제를 주제로 삼았던 것도 그 결과였다고 생각되니(澗岩, 「中國唐代文學學會第二屆年會暨學術討論會綜述」, 『唐代文學研究年鑑 1985』, 西安 : 陝西人民出版社, 1987年 참조), 이때 많은 논문들이 발표되어 그 논문들의 일부가 전게『唐代邊塞詩研究論文選粹』로 출판되기에 이르렀다. 그리고 이러한 토론으로 인하여 邊塞詩에 대한 논의의 폭이 넓어짐으로써, 종래 변방에서의 전쟁에 대하여 소극적인 성격이 짙어 그다지 논의되지 않았던 盛唐 이후의 邊塞詩들 역시 전면적으로 연구되고 평가받게 되었다는 사실이 중요하다. 董乃斌, 「論中晩唐的邊塞詩」, 『邊塞詩研究論文』, pp.253~255의 경우, 이처럼 넓혀진 시각 위에서 中·晩唐 시기 邊塞詩의 융성 상황을 잘 설명하고 있다.

물론 여기에서 당시의 邊塞詩들을 개별적으로 분석하기는 어려우나, 기왕의 연구들에 따르면 中·晩唐 邊塞詩의 경우 感傷的인 침울한 情緒가 두드러진다는 일반적인 특징을 부정할 수 없다. 그런데 이것은 吐蕃·南詔 등의 계속된 침탈에 당면한 士人들의 저항감 즉 구토 수복의 강렬한 열망의 반작용이었다고만은 보이지 않는다.[275] 오히려 이러한 시들에서 강조되고 있는 전쟁의 고통이나 조정·邊將에 대한 비판들을 볼 때, 反戰的이라고 할 수밖에 없는 士人들의 의식 특징은 대외관계에 대한 적극성이 아니라 소극성으로부터 찾아야만 할 듯하다.[276] 실제로 盛唐에서 中唐으로 넘어가는 시기의 대표적인 邊塞詩 작자인 李益의 경우 변방으로 나가는 태도가 그 이전 高適이나 岑參의 적극적인 종군과는 달라 보이며,[277] 이후 士人들의 이러한 분위기가 더욱 분명하여지

---

[275] 董乃斌, 「論中晚唐的邊塞詩」, 『邊塞詩硏究論文』, pp.259~260은 황제로부터 일반 백성에 이르기까지 모두 失地 회복을 열망하고 있었던 상황에서 中·晚唐 詩人들의 '以身許國, 爲王前驅'의 '熱情'이 '冷遇'를 받자 이들의 시에 '凄凉, 悲哀 乃至 肅殺之氣'가 드러나게 되었다고 하고, 그 예로써 杜牧 등의 작품을 들고 있다. 하지만 그의 논리에 따른다면 실지 수복을 원하는 일반적인 분위기에도 불구하고 왜 시인들이 '冷遇'를 받을 수밖에 없었던가라는 의문이 생길 뿐더러, 그 역시 인정하고 있는 會昌3년의 太和公主 귀환과 大中3년 이후 河湟 지역 수복 이후의 승전 상황에서도 당시의 시들에서 여전히 가시지 않은 '烏雲'의 그림자(同上, pp.263~264)를 어떻게 설명할 수 있는지 의심스럽다. 그러므로 여기에서 당연히 전제되어 있는 듯한 이 시기 邊塞詩의 소위 '애국주의'를 그대로 인정하기는 어렵다고 생각한다.
[276] 王昌猷·周小立, 「試論中唐邊塞詩」, 『邊塞詩硏究論文』, pp.270~278은 이와 같은 내용의 邊塞詩의 實例들을 통하여, 그 특징을 '蒼凉, 沉郁'이라고 잘 설명하고 있다.
[277] 많은 從軍詩를 남긴 李益은 中唐 후기와 달리 盛唐의 분위기를 잇는 점도 있지만, 馬承五, 「李益邊塞詩抒情特色論析」, 『邊塞詩硏究論文』에서 잘 설명되어 있듯이 그의 시에 드러난 臨戰의 정서가 역시 盛唐의 그것과는 분명히 달랐다. "予本疏放士 … 誤落邊塞中"(『李益詩注』, 「自朔方還與鄭式瞻崔稱鄭子周岑贊同會法雲寺三門避暑」, 上海 : 上海古籍出版社, 1984年, p.32)이란 입장이 岑參의 "萬里奉王事, 一身無所求, 也知塞垣苦, 豈爲妻子謀."(陳鐵民·侯忠義 校注, 『岑參集校注』卷2, 「初過隴山途中呈宇文判官」, 上海 : 上海古籍出版社, 1981年, p.73)나 高適의 "孰謂萬里遙, 在我樽俎中 … 長城兼在躬."(『高適詩集編年箋註』, 「酬秘書弟兼寄幕下諸公」, p.213)라는 적극적인 氣象과 뚜렷이 대조되는 것은

는 것처럼 여겨진다.278) 그리고 이와 같이 우울한 厭戰的 분위기의 바탕에는 당시 士人들의 華夷 峻別意識이 개재되어 있다고 해도 좋을 테니, 당시의 시들에서 보이는 南詔에 대한 모멸적 표현은 盛唐 시기의 시에 반영된 華夷不分의 의식과 명백히 다른 것이다.279) 그리고 이러한 이민족에 대한 인식 차이는 전술한 바 士人·관료들의 대외인식의 변화와 무관하지 않다고 하겠다. 물론 이와 같은 변화를 절대시할 수는 없더라도,280) '戎夷蠻貊'까지 좋아하였다는 岑參의 시들이 유행하였던 盛唐 시기281)와 앞서 살펴본 바 新樂府와 같은 분위기를 가진 白居易의 諷諭詩들이 애송된 中唐 시기282)에는 분명한 차이가 있다고 하여도 좋

그 단적인 예이다.
278) 中唐의 邊塞詩가 가진 현실적인 '深沈'한 분위기는 戴偉華, 「論中唐邊塞詩」, 『內蒙古大學學報』, 1991-1에 잘 설명되어 있고, 이러한 邊塞詩의 성격이 梁超然, 「于濆邊塞詩的特色與晚唐邊塞詩的衰微」, 『邊塞詩硏究論文』에서 알 수 있듯이 晚唐 시기에 더욱 두드러지게 된다.
279) 余嘉華, 「試論唐代有關南詔的詩歌」, 『邊塞詩硏究論文』의 지적처럼 唐後半期의 邊塞詩에 자주 등장하는 南詔에 대한 표현이 대부분 멸시적인 것인데, 이것은 吳庚舜, 「談邊塞詩討論中的幾個問題」, 『文學評論』, 1981-6, pp.77~79에서 강조하고 있듯이 이민족에 대한 편견이 거의 보이지 않는 盛唐 시기의 邊塞詩와 무척 상이하다. 실제로 盛唐의 "胡人半解彈琵琶"(『岑參集校注』卷2, 「涼州館中與諸判官夜集」, p.144) 혹은 "胡兒十歲能騎馬"(『高適詩集編年箋註』, 「營州歌」, p.32)라는 詩句들은 胡族에 대한 편견보다 오히려 好感을 반영하고 있는 것이다.
280) 물론 盛唐의 시들 중에 反戰的인 내용이 없지 않고(戴世俊, 「論盛唐邊塞詩的反戰精神」, 『社會科學硏究』, 1985-3), 中唐의 邊塞詩들 가운데서도 河湟 지역의 수복을 칭송한 劉駕의 「唐樂府十首」, 『全唐詩』卷585, pp.6776~6778처럼 적극적인 대외인식을 담고 있는 시들도 찾을 수가 있다. 그러나 그 진취적 '愛國主義'에 초점을 맞춘 기왕의 邊塞詩 연구들 중에는 盛唐時期의 것만으로 邊塞詩의 개념을 제한하려는 경향까지 있었던 사실을 볼 때, 대체적으로 中唐 이후 즉 唐後半期의 邊塞詩가 그 이전의 것과 분명한 차이가 있다는 사실을 부정하기는 어려울 듯하다.
281) 『全唐文』卷459, 杜確, 「岑嘉州集序」, p.14뒤에 따르면, 당시 岑參이 "每一篇絕筆, 則人人傳寫, 雖閭里士庶, 戎夷蠻貊, 莫不諷誦吟習焉."하였다고 전한다.
282) 『元稹集』卷51, 「白氏長慶集序」, pp.554~555는 당시 白居易의 시들이 얼마나 유행하였던가를 잘 설명하고 있는데, 특히 '時人罕能知者'하였다는 그의 諷諭詩들은 '村校諸童'·'牛童馬走'의 일반인들에게까지 널리 애송되고 있었음을 주목

을 것이다. 그러므로 維州를 수복함으로써 생길지도 모르는 吐蕃과의 전쟁을 회피함은 물론 回鶻 유민들에 대해 방기적인 입장을 취하였던 牛僧孺의 대외정책은 본질적으로 이 시기 士人・관료들의 대외인식과 부합하였음을 또다시 확인할 수가 있으며, 바로 이와 같은 여론을 배경으로 하여 牛僧孺는 李德裕 나아가 황제들의 대외정책과 대립하는 것이 가능하였다고 보아도 과히 틀리지 않을 것이다.

5. 餘論

　牛李黨爭과 관련하여 그 붕당의 기반이나 당쟁의 쟁점 나아가 그 주체까지 분분한 논란 속에 빠져버린 작금의 연구 상황에서, 그래도 부정하기 어려운 李德裕와 牛僧孺의 갈등 사실을 일단 구체적으로 검토해보고자 했던 결과, 이 두 사람이 정책적으로 대립하고 있었음을 확인할 수가 있었다. 우선 투항해 온 維州의 접수 여부를 둘러싸고, 李德裕가 이를 계기로 吐蕃으로 진출하여 失地를 회복하려고 했던 반면 牛僧孺는 內治의 안정에 주력하여 오히려 이것을 吐蕃에게 되돌려줄 것을 주장함으로써 吐蕃 대책상 서로 확연히 달랐다. 뿐만 아니라 回鶻의 멸망과 함께 발생한 그 유민에 대하여서도, 李德裕가 "四夷皆同赤子."의 논리 위에 적극적으로 그들을 통합・복속시켜 가는 과정에서 牛僧孺는 內政을 중시하여 "來卽驅逐, 去亦勿進."이라고 방기적인 입장을 취함으로써 매우 상이한 태도를 드러냈던 것이다. 따라서 이와 같이 분명한 대외정책상의 대립은 기본적으로 이민족이나 변방에 대해 적극적인 李德裕와 소극적인 牛僧孺의 차이 곧 대외인식이 달랐기 때문에 생겼다고 보아도 좋을 것이다. 이 문제와 관계된 사료가 혼란스러워 그 이해가 쉽지는

하지 않을 수가 없다.

않지만, 이와 같은 두 사람의 차이는 종래 이들을 藩鎭對策 혹은 用兵의 적극성 여부에 의해 그 대립을 설명했던 것보다 좀 더 설득력이 있다고 여겨진다.

그런데 李德裕의 이러한 태도는 그를 재상으로 삼았던 武宗과 文宗은 물론 唐後半期 황제들의 일반적인 대외인식과 상통하는 면이 있다. 왜냐하면 '天可汗'이란 의식을 갖고 冊封과 外征에 무척 적극적이라는 점에서 唐前半期의 황제들과 크게 다르지 않던 이 시기의 황제들은 '胡漢 융합'의 귀결로 성립된 唐의 특징을 잘 간직하고 있는 것처럼 보이기 때문이다. 실제로 李德裕의 回鶻 유민 대책은 太宗의 突厥 유민 대책과 유사한 면이 있으며, 太宗 시기에도 비슷한 선례가 있는 維州의 접수 또한 일차적으로 황제를 정점에 둔 중앙 조정의 안위와 밀접히 관련되어 있다는 사실은 주목된다. 李德裕와 唐初 이래의 전통을 保持한 황제 사이의 긴밀한 이해관계 共調는 진사과에 대한 비판적 인식에서도 마찬가지이다. 기존의 연구들이 蔭으로 입사한 李德裕의 문벌적 경향이라고 주로 이해했던 이것도 실상 詩賦 시험의 폐지, 官學의 중시 그리고 진사과를 매개로 한 붕당 비판 등 실제 내용에서 황제 혹은 唐朝의 기본적인 정책과 일치한다고 여겨지는 것이다. 하지만 당시 진사과가 士林의 존중을 받고 있던 현실을 생각할 때, 이러한 李德裕의 태도가 이 시기 관료나 士人의 분위기와 어긋나고 있다는 점 역시 간과할 수 없다.

그렇다면 황제의 지지를 받고 있던 李德裕와 대립한 牛僧孺의 경우 그 기반이 어디에 있는지가 문제이다. 우선 분명한 것은 그가 재상이 되도록 도와주었던 李逢吉·李宗閔 등 이른바 牛黨 인사라고 불리는 이들의 존재이다. 그런데 아울러 주목되는 것은 牛僧孺가 行卷·진사과·벽소 등을 통해 당시 士人·관료들과 폭넓게 교제하였음과 동시에 古文運動 등 이 시기의 새로운 士人들의 분위기와 긴밀한 관계를 지녔다는 사실이다. 실제로 李黨이라고 간주되는 일부 인물로부터도 신임을 받을 정도였던 牛僧孺의 名望은 당시 누구도 부정하기 어려웠는데,

이것은 여론의 향배에 민감했던 그의 이러한 성격과도 무관하지 않을 듯하다. 이것은 回鶻 유민 문제에서 대다수 관료들이 그와 같은 입장이었다는 점 그리고 維州의 접수 거부 역시 이 시기 관료들의 뜻과 다르지 않았을 가능성이 클 뿐더러 西川 현지의 여론과는 확실히 부합한다는 점에서 보더라도 짐작할 수 있는 일이다. 이와 관련하여 중요한 사실은 唐後半期의 문학작품들에 두드러지는 厭戰的인 정서 및 그 바탕에 있는 華夷의 峻別 의식이다. 白居易・元稹의 新樂府는 물론 盛唐의 邊塞詩와 확연히 달라져 버린 中唐 이후의 邊塞詩에서 뚜렷한 이런 대외인식은 기본적으로 牛僧孺의 입장과 일치하고 있기 때문이다.

따라서 이상과 같은 牛僧孺・李德裕 관련 사실들은 牛李黨爭에서 무엇보다도 대외인식의 차별성이란 문제에 관해 새롭게 주의를 기울이게 한다. 그런데 이러한 결론에 이르기까지의 검토 과정에서도 몇 가지 주의하여야만 할 현상이 발견된다. 牛僧孺나 李德裕가 모두 두 차례 재상을 역임하며 중앙 조정에서 중요한 역할을 하였지만, 李德裕의 경우 牛僧孺에 비하여 황제와의 관계가 더욱 긴밀하였음을 우선 지적할 수 있다. 趙郡 李氏라는 名門일 뿐더러 누대에 걸쳐 고관을 역임한 가문 출신이라고 해서, 李德裕를 황제권으로부터 비교적 독립된 자율성을 갖는 소위 魏晉南北朝 이래의 '門閥貴族'的 성격을 갖는다고 보기에는 난점이 있는 것이다. 게다가 唐後半期에 이른바 '士族'의 독자적인 사회경제적 지위를 인정하지 않는 최근의 다수 연구들을 생각할 때, 당시 士族의 계층적인 정치세력화 가능성이 약해 보임과 동시에 李德裕 역시 이러한 士族 집단의 영수로서 상정하기도 어렵다고 하겠다. 따라서 唐代의 기록에서부터 나오기 시작하는 그의 '無黨說'이[283] 상당히 설득력이 있어 보이는 듯하다.

이것은 李德裕와 달리 당시 士人・관료들과 밀접한 관계를 맺고 있던

---

[283] 李德裕의 無黨說은 岑仲勉의 주장으로 유명하지만, 일찍이 『唐國史補』 中, p.44에서도 李德裕에 대해 '淸直無黨'이라고 평가하였던 적이 있다.

牛僧孺와 분명히 대조적이며, 牛僧孺의 이러한 성격 역시 좀 더 천착해 볼 필요가 있는 것 같다. 물론 牛僧孺를 비롯한 이른바 牛黨 관련 인물들이 주로 진사과를 통해 입사하여 상호 긴밀한 유대를 가졌다는 사실은 陳寅恪 이후 학계의 공통된 견해이지만, 진사과 출신자들은 비단 牛黨 여부를 떠나 私的 유대를 공고히 하면서 정치적으로 세력화하는 경향이 있었다. 과거를 매개로 한 座主·門生이나 同年이라는 관계가 주로 진사과에 제한되어 나타난다는 사실은284) 이들의 이런 활동이 지닌 특징의 한 단면일 것이다. 따라서 진사과 출신자의 정치적 비중이 뚜렷이 커진 德宗 이후의285) 상황에서, 진사과에 합격한 뒤 강한 정치적 결속력을 가진 집단을 형성해 나간 牛僧孺가 당시 관료들의 행태로서는 그렇게 특이한 예가 아니었다고 생각된다. 牛僧孺를 비롯한 牛黨 士人들에 대한 비난이 當代보다 宋代 이후 두드러지는 것은 바로 이러한 현실과 무관하지 않을 것이다.286)

---

284) 吳宗國, 『唐代科擧制度硏究』, 「座主門生關係的形成」, 瀋陽 : 遼寧大學出版社, 1992年은 이 시기의 이러한 관계가 형성되어 가는 과정 및 그 중요성을 잘 설명하였다. 하지만 여기에서 간과한 사실은 이 관계가 吏部試나 明經科의 경우에 적용되지 않았다는 점이다. 『全唐文』의 卷337, 顔眞卿, 「尙書刑部侍郎贈尙書右僕射孫逖文公集序」, pp.10뒤~12앞 ; 裴度, 卷538, 「劉府君神道碑銘幷序」, pp.15뒤~16앞 ; 呂溫, 卷631, 「祭座主故兵部尙書顧公文」, p.16뒤와 『樊川文集』卷14, 「吏部侍郎沈公行狀」, p.212 등에 나오는 知貢擧의 문생 수나 이름은 모두 진사과 합격자에 한정되어 있고(단 呂溫의 글에 나오는 王啓는 未詳), 혹 諸科 합격자들이 이러한 문생에 포함된 글도 있지만(『柳宗元集』卷30, 「與顧十郎書」, 北京 : 中華書局, 1979年, p.805 ; 『全唐文』卷611, 楊嗣復, 「丞相禮部尙書文公權德輿文集序」, p.9뒤), 이때에도 당시 진사과와 함께 가장 중요한 과거 과목이었던 명경과가 여기에 포함되지 않음은 분명하기 때문이다. 실제로 좌주·문생 및 동년이란 관계를 설명한 당시의 기록들 즉 『唐國史補』下, p.55(『唐摭言』卷1, 「述進士下篇」, p.4에 傳載)와 『唐摭言』卷3, 「慈恩寺題名遊賞賦詠雜紀」, p.29에서도 이것을 진사과 합격자와 지공거 사이에만 제한하여 서술하고 있다.
285) 吳宗國, 「科擧制與唐代高級官吏的選拔」, 『北京大學學報』, 1982-1 ; 同, 「進士科與唐朝後期的官僚世襲」, 『中國史研究』, 1982-1 및 傅璇琮, 「論唐代進士科出身及唐代科擧取士中寒士與子弟之爭」, 『中華文史論叢』, 1984-2.
286) 전게 傅錫壬, 『牛李黨爭與唐代文學』, 「黨爭與史料鑑別」, pp.73~119에서 잘 지

이와 같은 시각에서 본다면, 陳寅恪씨가 牛李黨爭에서 진사과 출신 여부를 중시한 것은 확실히 탁견이지만, 그가 이와 대비시켜 家門 문제를 거론한 것은 의문의 여지가 있다. 岑仲勉씨가 陳寅恪의 견해에 반대한 이유의 하나도 이것이니, 李德裕가 문벌적인 성격을 갖지 않으며 그의 李黨이란 것도 실제로 牛黨과 같은 모습으로 존재하지 않았을 가능성이 큰 것이다. 하지만 그렇다고 해서 牛僧孺의 結黨 행위를 인격적인 결함 탓인 듯 비난하면서 이와 다른 李德裕의 도덕성과 능력을 칭송한 岑仲勉씨 類의 견해 또한 받아들이기가 어렵다. 牛僧孺의 붕당은 唐後半期 진사과지향 士人들의 일반적 양태일 뿐만 아니라, 李德裕의 '無黨'이란 것 역시 이러한 움직임에 대해 危懼感을 지닌 황제의 입장을 대변하는 것이기 때문이다. 그리고 여기에서 이 두 사람의 행태가 갖는 중요한 역사적 의미를 찾을 수가 있으니, 이 시기에 두드러진 붕당 양상은 당시 진사과를 통해 입사한 士人들의 뚜렷한 정치적 성장을 뜻함과 아울러 이 과정에 개입한 황제의 존재가 이것을 당쟁의 모습으로 더욱 부각시키고 있다는 점이 바로 그것이다. 그러므로 牛僧孺와 李德裕를 중심으로 한 牛李黨爭은 관료들 사이의 政爭 문제로 한정해서 보기보다는, 황제의 입장이란 또 다른 정치적 변수 및 진사과의 정치적 중요성을 제고시킨 士人들의 동향이라는 정치·사회적 변화와 함께 고려할 때 비로소 그 진정한 의미가 밝혀지지 않을까 한다.

물론 지금까지 본 고는 牛僧孺와 李德裕 두 사람만을 대상으로 검토해왔고, 여기에서 얻어진 결론이 곧 牛李黨爭 전체의 성격을 설명할 수 있으리라고 섣불리 예단하지는 않는다. 다만, 牛李黨爭에 대한 기존의 이해 즉 士族·庶族이란 계층적 차이나 藩鎭 대책의 차별성 문제가 부정되면서 마침내 이것을 어느 시기에나 있을 수 있는 사적인 붕당 문제라고 보기에까지 이른 상황인 만큼, 이에 대한 인식의 폭을 넓힘으로써

적하고 있듯이, 『舊唐書』보다는 『新唐書』가 또 唐後半期의 필기자료들보다는 宋代의 그것이 牛黨에 대하여 더 비판적이다.

그 역사성을 확보해 보고자 하는 문제의식의 필요를 제기하려고 할 뿐이다. 따라서 이러한 문제 제기의 타당성은 더욱 실증적인 연구들에 의해 다방면에서 검증되어야만 할텐데, 이것은 앞으로의 연구를 기약할 수밖에 없을 듯하다. 하지만 이 글을 끝맺기에 앞서 다음과 같은 몇 가지 사실만은 간략하게나마 지적해 두고자 한다.

李德裕의 적극적인 대외인식과 당시 황제들의 입장 사이에 존재하는 유사성은 이미 설명하였지만, 牛僧孺에게서 확인한 바 이민족과 변방에 대한 소극적인 인식을 실제로 牛黨으로 간주되는 인물들이 어느 정도 공유하고 있다는 사실이다. 먼저 李德裕의 아버지이자 보통 李黨의 중심인물로 일컬어지는 李吉甫와 사사건건 대립하던 李絳의 경우를 보면, 변방 문제에 대하여 "其(夷狄)至也則驅除之, 其去也則嚴備之."라고 하여 牛僧孺와 유사한 그의 주장이 기본적으로 '仁義'를 모르는 '天性'을 가진 '夷狄'과의 和親이나 往來가 불가능하다는 논리에 또한 기반하고 있다.287) 게다가 이처럼 華와 엄격히 구분되는 夷에 대해 극히 배타적인 태도를 취한 李絳의 입장은 "黴邊徵之備, 竭運輓之勞."하였다고 비판된 李吉甫와 상이한 태도였음이 분명하며, 아울러 이러한 비난을 했던 張仲方을 좌천시켜 버렸던 憲宗의 입장과도 역시 달랐다고 생각된다.288) 따라서 전술하였듯이 牛李黨爭의 개시 시점에 대한 이견이 분분하나, 이른바 元和對策案이 문제가 되는 憲宗 시기부터 李絳과 李吉甫 사이에서 이후 牛僧孺와 李德裕의 대립과 비슷한 국면이 벌써 전개되고 있었다는 사실에 주목하여야만 한다.

그리고 牛黨의 대표적인 인물인 李逢吉과 長慶會盟의 관계는 무척

---

287) 『全唐文』卷645, 李絳, 「延英論邊事」, pp.8앞~9뒤.
288) 李吉甫의 諡號 문제와 관련하여 발생한 이 사건에 대하여서는 『舊唐書』卷171, 「張仲方傳」, pp.4443~4444에 가장 자세하게 실려 있고, 『全唐文』卷684, 張仲方, 「駁贈司徒李吉甫諡議」, pp.20앞~21뒤의 내용도 여기에 근거한 것인 듯하다. 그 외에 同上 卷99, 「張九齡傳」, p.3111 ; 同上 卷148, 「李吉甫傳」, p.3997 및 『新唐書』卷126, 「張仲方傳」, pp.4430~4431 ; 同上 卷146, 「李吉甫傳」, p.4743 등의 기록도 이와 유사한 사실을 전하고 있다.

흥미로운 문제를 가지고 있다. 唐과 吐蕃이 국경을 확정한 이 회맹에 牛僧孺가 참가하였음은 앞서 지적하였는데, 현재 拉薩(라사)에 남아 있는 長慶會盟碑에 새겨진 唐側 관료 중 첫 번째 인물의 이름이 지워져 있지만, 이것이 李逢吉일 가능성이 크기 때문이다.[289] 만약 이것이 사실이라면, 唐代의 羈縻政策과 다른 새로운 대외정책의 선례로 지목되기도 하는[290] 이것과 李逢吉 사이에 긴밀한 관계를 상정할 수가 있겠고, 곧 李逢吉의 입장은 宋代 이후 전형적으로 나타나는 華夷 嚴分의 논리에 입각한 새로운 대외정책·인식과 무관하지 않으리라고 짐작되기 때문이다. 따라서 宣宗이 吐蕃의 내분을 틈타 河湟 지역으로 진출하려고 하였을 때 周墀가 '開邊'에 적극 반대하여 황제의 뜻과 어긋나 좌천되었는데,[291] 여론의 지지 위에서 이러한 주장을 했던 그도 牛黨으로 간주되는 인물이란 사실[292] 역시 이와 관련하여 간과할 수 없다.

물론 牛黨의 모든 이들에게서 이와 같은 대외인식의 특징을 확인하기가 어려울 뿐만 아니라 오히려 이에 반하는 기록도 없지는 않다.[293]

---

[289] 애당초 비의 이 부분은 闕名이었다는 견해도 있으나(佐藤長, 「唐蕃會盟碑の研究」, 전게 『古代チベット史研究』, pp.897~898), 대부분 이것이 마모되었다고 보며 段文昌(전게 『八瓊室金石補正』 卷74, 「盟吐蕃碑」, pp.488~499) 혹은 裴度 (Fang-kuei Li, "The Inscription of the Sino-Tibetan Treaty of 821~822", T'oung Pao 44-1·2·3合, 1956, p.77) 등으로 그 이름을 추측해왔다. 하지만 이 분야의 大家인 王堯는 근래 「唐蕃會盟碑疏釋」, 『歷史研究』, 1980-4, pp.103~104에서 여러 가지 이유를 들어 이것이 李逢吉일 것이라는 견해를 제시하였다.

[290] 堀敏一, 「唐帝國の崩壞」, 전게 『古代史講座』 10, 1964年, pp.257~258.

[291] 『資治通鑑』 卷248 大中3年 2月下, p.8038.

[292] 『新唐書』 卷182, 「周墀傳」, pp.5370~5371에 따르면, 그의 주장이 世間에서 '直言'으로 여겨졌다고 한다. 또 여기에는 李宗閔에 의해 우대되었던 그가 李吉甫의 功을 과장한 李德裕를 비난하였다는 기록도 있다.

[293] 가장 대표적인 예로서, 牛僧孺가 방기하였던 維州를 수복한 杜悰이 李宗閔의 黨이라고 史書에 명기되어 있다는 것이다(『資治通鑑』 卷244 太和6年 12月下, p.7881). 하지만 西川節度使이던 그가 維州를 되찾는 과정에서 "不因兵力, 乃人情所歸也."라고 하였기 때문에(『舊唐書』 卷147, 「杜悰傳」, p.3985), 이것은 전술한 것처럼 현지의 피폐한 상황을 무릅쓰고 또 관료의 감축까지 감수하면서 대외 경략을 추구했던 李德裕의 경우와는 분명히 다르다. 실제로 杜悰은 韋皐 이

따라서 소극적인 대외정책이 牛僧孺에게 분명한 만큼 그를 둘러싼 붕당
의 중요한 쟁점이었다고 단정하기는 힘들지 모르나, 牛黨 인물들이 대
체로 이러한 경향을 갖고 있었다고 보아도 과히 틀리지는 않을 듯하다.
그리고 만약 이와 같은 사실을 인정할 수 있다면, 이것은 전술한 바 唐
後半期 관료·士人들의 여론과 함께 牛李黨爭의 역사적 의미를 더욱 명
확히 해 줄 가능성이 있다. 실제로 이 시기에 內治 우선의 대외정책을
주장한 陸贄294) 그리고 이 대외정책을 "華夏居土中."이란 중국 중심의
논리로 정당화한 杜佑와295) 상통하는 牛黨의 대외인식은 당시 韓愈를
중심으로 하여 전개된 새로운 정치적·사상적 움직임과 그 맥이 잇닿아
있다고 여겨지기 때문이다. 이것은 종래 牛李黨爭에 대한 연구가 정치
사적인 시각으로부터 출발하여 그 사회·경제적 배경까지 추구되어 왔
지만, 이 과정에서 이러한 사상사적 조명은 거의 이루어지지 않았음을
생각할 때 시사하는 바가 무척 크다고 하겠다.

여기에서 唐後半期의 사상적 흐름을 상론할 겨를이 없지만, 이와 관
련하여 韓愈를 중심으로 한 古文家들의 의식은 특히 주의를 기울여야만
한다. 앞서 行卷·傳奇를 매개로 한 牛僧孺와 韓愈의 밀접한 관계에 대
해 잠깐 언급하였는데, 실제로 韓愈의 「原道」나 「論佛骨表」296) 등에서

래 蠻族의 子弟들을 다수 成都에 유학시키고 있던 관행을 제한하였으므로(『資
治通鑑』卷249 大中13年 12月下, p.8078), 그가 대외정책에서 韋皐나 李德裕처
럼 적극적이었다고 할 수는 없고, 維州 수복 역시 특수한 정치적 상황 곧 당시
吐蕃의 내분으로 말미암아 일어난 사건이 아니었나 한다.
294) 『陸宣公翰苑集注』卷21, 「論緣邊守備事宜狀」, pp.2뒤~26앞은 이러한 陸贄의
인식을 잘 보여주는데, 특히 여기에서 그가 "彼(夷狄)求和則善待, 而勿與結盟.
彼爲寇則嚴備, 而不務報復."라고 한 것은 전술한 牛黨 인물들의 주장과 무척 유
사하다.
295) 『通典』卷185, 「邊防」1, 北京 : 中華書局, 1988年, pp.4978~4981은 歷代의
'黷武' 사실을 경계하고 이민족에 대해 "來則禦之, 去則備之."할 것을 주장하였는
데, 그 서두에 이처럼 '華夏'가 세계의 중심임을 강조하였다. 이것은 佛敎의 성행
과 함께 유행한 이른바 '天竺中土說'과 대비되는 입장으로서 그 사상사적 의미가
크다(吉川忠夫, 「中土邊土の論爭」, 『六朝精神史研究』, 京都 : 同朋舍, 1984年,
1972年 原刊 참조).

異端의 전형으로 佛敎를 배척한 주된 논거가 華와 夷의 엄격한 차별성에 있음은 두말할 필요가 없기 때문이다. 더욱이 이른바 元和對策案으로 牛僧孺·李宗閔과 함께 불이익을 받았던 인물이자 韓愈의 門下에 있던 대표적인 고문가의 한 사람이던 皇甫湜의「東晉元魏正閏論」은 '禮義'를 기준으로 한 中國과 夷狄의 구분을 엄격히 함으로써 결국 牛黨의 대외인식과 마찬가지로 이민족에 대한 배타적 차별화를 극명히 드러내고 있기도 하다.[297] 실제로 이와 유사한 논리는 다수의 고문가들에게서 확인할 수가 있다.[298] 그러므로 牛黨이 內治의 안정을 도모하기 위해 이민족이나 변방에 대해 방기적 태도를 보인 것과 이 시기 고문가들이 유교를 중심으로 한 '復古'的 正統主義를 표방하며 불교를 비롯한 夷狄의 문화에 대해 배격한 것은 결국 동일한 논리 구조 아래 있다고 해도 좋지 않을까 한다. 게다가 진사과 출신자들의 정치적 비중이 커져가는 唐後半期에 士人들의 華夷論的인 排佛論도 이들을 중심으로 뚜렷해지는 현상을 생각하면,[299] 이것은 결국 唐後半期에 진사과 출신자들을 축으로 하여 동일한 궤를 그리는 정치적·사상적 움직임이었다고 보이는 것이다.

물론 華夷論에 입각한 배불론은 일찍부터 있어 왔으며,[300] 진사과

---

[296] 『韓昌黎文集校注』卷1,「原道」, 上海: 上海古籍出版社, 1986年, pp.12~19; 同上 卷8,「論佛骨表」, pp.612~616.
[297] 『皇甫持正文集』卷2,「東晉元魏正閏論」, 四部叢刊本, pp.7~8. 이와 유사한 논리 구조는 同上 卷2,「送簡師序」, p.9에서 불교와 '夷狄'을 유교와 '人'으로 대비시키고 있음에서도 단적으로 드러난다.
[298] 전술한 孫樵의 韋皐 비판도 그렇지만(『唐孫樵集』卷3,「書田將軍邊事」, pp.18~20), 李翶의「去佛齋」(『李文公集』卷4, 四部叢刊本, pp.16~17)나 皮日休의「請韓文公配饗太學書」(『皮子文藪』卷9, 上海: 上海古籍出版社, 1981年, pp.87~88) 등은 그 전형적인 예라고 할 수 있다.
[299] 郭紹林,『唐代士大夫與佛敎』, 河南大學出版社, 1987年, pp.60~66은 唐後半期 士人들의 불교에 대한 열정의 쇠퇴를 잘 설명하였는데, 특히 湯用彤,『隋唐佛敎史稿』, 北京: 中華書局, 1982年, p.39에서 韓愈 이전 排佛論者들 중 다수가 진사과 출신자라고 한 것은 중요한 지적이라고 하겠다.
[300] 吉川忠夫,「中國における排佛論の形成」, 전게『六朝精神史研究』(1975年 原刊).

출신자들 가운데는 好佛·信佛者가 적지 않다.[301] 특히 唐末의 會昌廢佛이 牛黨과 대립하던 武宗과 李德裕의 집권 시기에 이루어졌다는 사실은 이러한 설명에 심각한 회의를 품게 할 수가 있다. 하지만 이것은 당시 관료·士人들의 전반적인 지지 아래 행해진 듯하고,[302] 이것을 추진한 당권자들의 입장에서는 華夷論의 문제가 아니라 국가 재정의 회복이란 경제적인 이유가 컸던 것이 아닌가 한다.[303] 실제로 文宗 시기에 이미 그 단초가 보이는 불교에 대한 금압 정책은[304] 宣宗의 復佛 이후에도 다수 士人들에 의해 지지를 받고 있었으니,[305] 武宗 시기에 이것이 폐불이란 극단적 형태로 나타난 것은 宣宗과 武宗 사이의 개인적 권력

단 여기에서도 華夷 준별 의식이 강한 唐初 傅奕의 논리가 中唐 이후 고문가들에게로 이어지고 있음을 지적하였다.
[301] 王維·裴休는 그 대표적인 인물이고, 柳宗元이나 白居易 등도 이런 경향이 있었다고도 한다. 하지만 柳宗元의 경우 「送僧浩初序」(『柳宗元集』, 卷25, pp.673~674)에서 韓愈의 排佛論 특히 그가 불교를 '夷의 것이기 때문에 배척하는 논리에 대하여 반대함이 분명하지만, 柳宗元의 불교에 대한 긍정 이유가 "不與孔子異道."였다는 사실 역시 중요하다고 생각한다. 이 시기 士人들의 개인적인 불교 신앙 문제는 앞으로 좀 더 검토해 보아야 할 부분이 많은 것 같다.
[302] 이 폐불에 대해 당시 관료나 士人들은 거의 반대하지 않았다. 사서에 기록된 유일한 반대자는 韋博일텐데, 그 역시 실무적인 문제점을 지적한 것이지 이 정책 자체에 대해 반대한 것은 아니었다(『新唐書』卷177, 「韋博傳」, p.5289 ; 『資治通鑑』卷248 會昌5年 8月下, p.8019).
[303] 會昌廢佛의 원인에 대한 설명은 종교적 문제(武宗과 李德裕의 道敎 신앙), 경제적 문제(사원과 승려에 의한 국가 재정 수입의 감소) 등 여러 가지가 있을 수 있다. 그런데 唐代 통치자의 反佛은 주로 경제적인 이유였다는 李斌城, 「論唐代反佛」, 『人文雜誌』, 1981-1이나, 구체적으로 唐後半期 황제들의 기본 입장이 祚命의 연장을 위한 '興敎'와 재정 확보를 위한 '限僧'이란 모순·갈등적인 것이었다는 張弓, 「衰相現前'崇禁失據」, 『中國史硏究』, 1992-4의 지적은 타당하다고 생각한다. 따라서 이 폐불 역시 기본적으로 경제적인 동기가 중요하다고 생각하니, 이에 대해서는 K. Ch'en, "The Economic Background of the Hui-ch'ang Suppression of Buddhism", HJAS 19-1·2합, 1956에서 잘 설명하였다.
[304] 文宗 즉위 직후 "浮屠氏不得有補於大化."란 여론이 있었고(『宣室志』卷7, 文淵閣 四庫全書本. p.12뒤), 그 결과 승려와 사원에 대한 규제 조치가 시행되었다(『全唐文』卷75, 文宗, 「南郊赦文」, p.18앞).
[305] 『資治通鑑』卷249 大中5年 7月下, p.8048 ; 『唐會要』卷48, 「議釋敎」下, pp.987~988 등에서 宣宗의 興佛에 대한 비판론들이 실려 있다.

투쟁의 결과라고도 볼 수 있다.306) 따라서 이 폐불 자체와 牛李黨爭의 직접적인 관계를 상정하기는 쉽지 않고,307) 이것을 이유로 전술한 牛黨의 대외인식에 대한 이해를 바로 부정하기는 어렵다.

그러므로 牛李黨爭에서 드러나는 대외인식의 특징은 진사과지향 士人들 특히 고문가들의 움직임과 함께 宋代로까지 이어지는 것처럼 보이고, 이와 같은 측면에서 중국사의 내재적인 전개 과정에서 차지하는 牛李黨爭의 또 다른 역사적 의미를 예상하는 것도 무리가 아닐 것이다. 즉 北宋 시기 新法黨과 舊法黨의 당쟁에서 드러나는 黨人들의 대외인식308) 문제와의 관계가 우선 주목될 뿐더러, 나아가 宋代에 두드러진 배타적 華夷觀의 주체로서 士大夫의 존재와 관련하여 더욱 폭넓은 논의의 가능성이 있을지도 모르겠다.309) 하지만 이 華夷觀 문제는 中國思想史에서 통시대적인 주제임과 동시에 中國人들의 의식 底層에 깔려 있는 心性과도 관련된 것으로서, 이에 관하여서는 더욱 정치한 연구가 필요하리라고 생각한다.

(『魏晉隋唐史硏究』 1, 1994)

---

306) 叔姪 사이면서 황제 즉위와 관련하여 갈등이 있었던 宣宗과 武宗의 특이한 관계는 이미 언급하였지만, 이 폐불 문제와 관련하여 전게 于輔仁,「唐武宗滅佛原因新探」의 설명은 무척 흥미롭다. 당시의 '墨衣(僧侶)天子' 등장 예언에 武宗이 큰 두려움을 느꼈던 것은 宣宗이 실제로 승려 경험이 있었기 때문이고, 武宗의 극단적인 불교 정책도 바로 宣宗과의 이 미묘한 긴장관계로부터 비롯되었다고 하는 것이다.
307) 이에 관하여서는 何燦浩,「會昌朝省官·廢佛與大中朝增官·興佛析論」,『寧波師院學報』, 1986-2가 잘 설명하고 있다.
308) 이에 대하여서는 李範學,「王安石의 對外經略策과 新法」,『高柄翊先生回甲紀念 史學論叢 歷史와 人間의 對應』, 서울 : 한울, 1984년 및 同,「蘇軾의 高麗排斥論과 그 背景」,『韓國學論叢』15, 1992년이 참고할 만하다.
309) 기왕에 이와 관련된 많은 연구들이 있으나, 대체로 宋代에 배타적인 화이관이 강해지는 까닭으로 주변 이민족들로부터의 정치적 압박을 강조하는 것이 통설인 듯하다. 하지만 이러한 외부적인 요인과 함께, 지금까지 살펴본 바 唐後半期 상황과의 연속성 곧 中國 내부의 자체 요인으로서 牛僧孺와 같은 과거 출신 관료·士人들의 의식도 아울러 고려해 볼만하다고 여겨진다.

〈元和15年(820)頃 唐과 주변 諸國〉

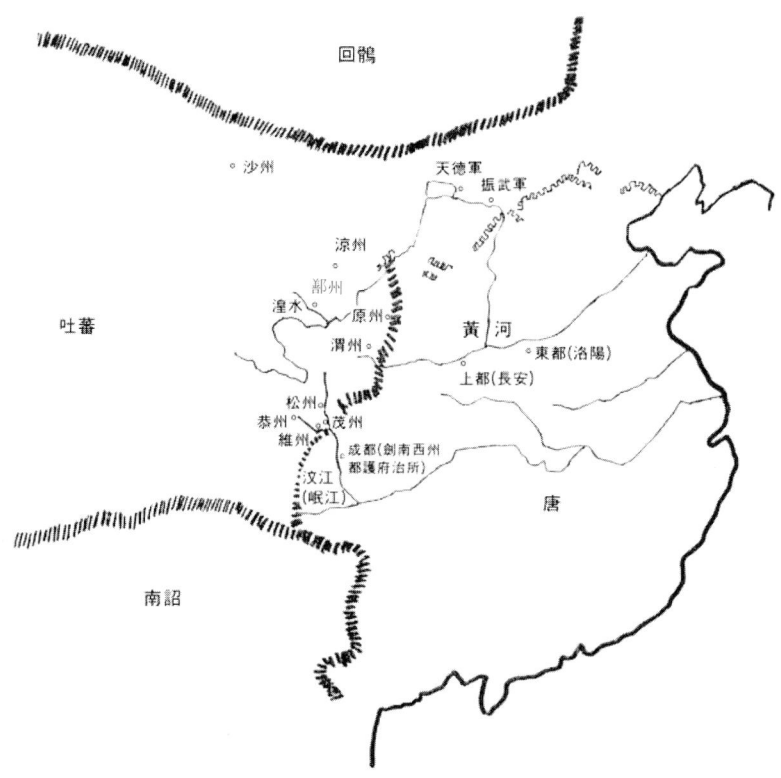

譚其驤 主編, 『中國歷史地圖集』 第5冊(隋唐五代時期), 上海地圖出版社, 1982에 의거하여 정리함.

〈附表〉

時期	可汗勢力과의 관계	嗢沒斯勢力과의 관계	備考
元年 11月	可汗이 天德軍으로 내려와 책봉을 요청(『通』, p.7957) * 본문참조	* 嗢沒斯는 이미 開成5年 天德軍으로 내려와 있었던 상태(『通』, p.7947)	
12月	14日: 王會 등을 보내 回鶻 可汗을 按撫(『通』, p.7957~58 및 『集』, 「遺王會等安撫回鶻制」, p.368)-可汗에게 舊土 회복 종용, 振武城의 借地 불가 주장(『集』, 「賜回鶻可汗書」, pp.369~370)		
2年 1月			○ 回鶻遺民이 있던 天德·振武의 북변으로 巡邊使 파견(『通』, p.7958) ○ 1月~3月中旬:「條疏太原已北邊備事宜狀」; 太原 이북의 備邊 강화(『集』, pp.372~373)
2月	可汗이 다시 양곡과 城의 借地를 요구하자, 唐은 전자만 허용(『通』, p.7958 및 『集』, 「賜回鶻書意」, pp.371~372)		
3月	25日頃: 可汗을 책봉하려고 하였으나 '可汗位定'을 기다리다가 결국 不行(『通』, p.7959) * 본문참조	嗢沒斯가 天德軍使에게 미리 알리고 휘하의 赤心 등을 죽이자, 那頡啜은 그 일부 세력을 이끌고 달아남(『通』, p.7959)	4日:「論天德軍投到回鶻生口等狀」; 투항하는 回鶻 유민들을 안치시킬 것을 건의한 李德裕(『集』, p.376) * 回鶻의 대규모 침입은 빨라도 이때부터(『通』, pp.7959~7960) * 본문참조
4月	○ 18日:「疏條應接天德討逐回鶻事宜狀」; 可汗에 대한 공격을 전제로 한 입론(『集』, pp.377~379)	○ 18日:「條疏應接天德討逐回鶻事宜狀」; 李德裕는 嗢沒斯에게 官爵을 빨리 줄 것을 요청(『集』,	○ 18日: 天德軍使가 回鶻의 侵擾에 대항한 出兵 상주(『通』, p.7960)-「條疏應接天德討逐回鶻事

		p.378) ◦ 20日 : 嗢沒斯 등 2200여 인 투항(『通』, p.7960) ◦ 18日~5月2日 : 「授嗢沒斯可特進行左金吾衛大將軍員外置仍封懷化郡王制」·「授歷支特勤以下官制」 ; 嗢沒斯를 비롯한 투항한 유민 일부에게 관작을 줌(『集』, pp.381~383)	宜狀」 ; 李德裕는 石雄을 기용하여 '攻討'를 도울 것 요청(『集』, P.378)
5月	◦ 盧龍節度使에게 쫒긴 那頡啜을 可汗이 '獲而殺之'(『通』, pp.7961~7162) ◦ 可汗은 양식·牛羊과 함께 嗢沒斯의 執送을 요구하였으나 唐이 거부(『通』, P.7962 및 『集』, 「賜回鶻可汗書意」, pp.376~377) ②	◦ 4日 : 「論嗢沒斯特勤等狀」 ; 嗢沒斯 등에게 물자 공급을 주장한 李德裕(『集』, p.383) ◦ 14日 : 張賈를 보내 嗢沒斯 등을 안무(『通』, p.7961) ① ◦ 嗢沒斯가 입조(『通』, p.7962)	那頡啜을 격파한 盧龍節度使는 그 투항자 '七千帳'을 받아들여 '分配諸道함(『通』, p.7962)
6月		◦ 21日 : 「論嗢沒斯下將士二千六百一十八人賜號狀」 ; 李德裕가 투항한 嗢沒斯勢力을 歸義軍化 하자고 주장(『集』, pp.383~384)-이들을 실제 歸義軍으로 삼아 嗢沒斯의 휘하로(『通』, pp.7962 및 『集』, 「授嗢沒斯檢校工部尙書兼歸義軍使制」, p.384) ◦ 22日 : 「請賜嗢沒斯鎗旗狀」 ; 嗢沒斯 등에 대한 우대를 주장한 李德裕(『集』, p.385) ◦ 22日~8月16日 : 「異域歸忠傳序」 ; 嗢沒斯의 투항을 높이 평가한 李德裕(『集』, pp.386~387)	
7月	◦ 19日 : 「奉宣嗢沒斯所請落下馬價絹便賜與可	◦ 李德裕는 嗢沒斯의 家를 太原에 안치하도록	

	汗隱便否奏來者狀」; 馬價의 지불을 可汗에게 하도록 함(『集』, p.389) ○ 可汗은 那頡啜을 죽이고 또 馬價를 지불받고도 不去(『通』, p.7963) ○ 月末:「代忠順報回鶻宰相書意」;回鶻유민의 침요 비난과 귀국의 종용(『集』, p.391)	함(『集』,「論嗢沒斯家口等狀」, p.390 및 『通』, p.7963) ○ 月末:「代忠順報回鶻宰相書意」; 嗢沒斯 포용 논리의 강조(『集』, p.391)	
8月	○ 1日:「論討襲回鶻事宜狀」; 回鶻 토벌의 결정 -7日:「論回鶻事宜狀」; 관료들의 반발로 토벌을 미룸(『集』, pp.393~394) ○ 10日:「請發陳許徐汝襄陽等兵狀」; 陳·許 등의 병력징발을 李德裕가 요청(『集』, p.395) - 이듬해 봄 回鶻의 驅逐을 준비하게 함(『通』, p.7963) ③ ○ 15日頃:「賜回鶻可汗書」; 回鶻의 可汗 등에게 토벌의 경고(『集』, pp.397~398 및 『通』, p.7965) -20日:「代劉沔與回鶻宰相頡于伽思書」; 回鶻의 재상에게 비난과 경고(『集』, pp.402~404 및 『通』, pp.7965~7966)	○ 16日:「授嗢沒斯賜姓李名思忠制」및「授回鶻內宰相愛耶勿歸義軍副使兼賜姓名制」; 투항한 回鶻유민 유력자들에게 皇姓을 하사(『集』, pp.400~401)-이때 皇姓을 받은 이는 이들 이외에도 다수 존재(『通』, p.7965)	○ 下旬: 北方 備邊의 강화(『集』,「條疏邊上要事宜狀」과「論振武以北事宜狀」, pp.404~406) ○ 27日:「驅逐回鶻事宜狀」; 回鶻의 토벌을 전제로 하여 내부의 이견을 조정하기 위한 '公卿集議' 개최를 요구한 李德裕(『集』, p.407 및 『通』, p.7966) * 牛僧孺와 李德裕의 정책 대립 노정(『舊唐書』권18上, pp.591~592 ; 본문 참조)
9月	○ 7日 이전: 回鶻 토벌 위한 지휘관 임용(『通』, p.7966 ;『集』,「授劉沔招撫回鶻使制」·「授張仲武東面招撫使制」, pp.409~410) ○ 12日:「徵發鎭州馬軍事狀」; 李德裕의 상주에 따라 河東 등의 大兵을	○ 初旬: 李思忠 곧 嗢沒斯를 西南面招討使로 삼아 回鶻 토벌하도록 함(『通』, p.7966) ○ 李思忠의 回鶻 공격 주장, 14日 그 휘하 병력을 늘림(『通』, p.7967)-13日 혹은 그 직후:「賜思忠詔書」; 李思忠에게	○ 2日과 7日:「公卿集議 須便施行其中有未盡處須更令分析聞奏謹具一如後狀」및「牛僧孺等奉敕公卿集議須便施行其中有未盡處須更令分析謹連如前狀」; 牛僧孺 등 公卿들과 대립한 李德裕의 적극적 回鶻

	내어 回鶻에 대응(『集』, p.413 및 『通』, p.7967)	특별한 공을 기대(『集』, pp.414~415)	정책(『集』, pp.407~408 및 pp.411~412)
10月	◦17日:「請賜劉沔詔狀」; 劉沔의 신속한 공격 허가를 재촉한 李德裕(『集』, p.418)	◦5日:「河東奏請留沙陀馬軍狀」;李思忠의 '蕃騎' 요청(『集』, p.417) ◦8日:「請何清朝等分領李思忠下蕃兵狀」;何清朝 등이 李思忠과 함께 蕃兵을 分領하게 함(『集』, pp.417~418)	◦點戛斯의 回鶻 토벌에 대한 관심(『通』, p.7968)
11月	劉沔 등이 이듬해초의 討伐을 청하며 進兵을 않았으나, 李思順은 李思忠과함께 공격할 것을 청함(『通』, p.7969)		1日:昭義節度使 劉從諫이 回鶻 토벌에 출병할 것을 요청하자 거절(『通』, p.7968)
12月	◦10日:「請發河中馬軍五百騎赴振武狀」;回鶻의 구축을 위해, 李思順의 증병요청에 호응한 李德裕(『集』, pp.419~420)-李思順의 回鶻 격파(『通』, p.7969) ◦27日:「賜劉沔張仲武密詔」;回鶻 구축의 당위 강조(『集』, p.421) ◦月末:「代劉沔與回鶻宰相書意」;재차 回鶻 유민에 대한 토벌 경고(『集』, pp.421~422)	27日:「請發李思忠進軍於保大柵屯集狀」;李德裕는 李思忠을 保大柵에 주둔하게 할 것을 주장, 실현됨(『集』, p.420 및 『通』, p.7969) ④	
3年 1月	◦25日:「討回鶻制」 및 「請更發兵山外邀截回鶻狀」;回鶻의 '殄滅' 의도 아래 可汗에 대한 전면 개전을 선언(『集』, pp.424~428)-30日:「殄滅回鶻事宜狀」;回鶻에 대한 철저한 제압을 재차 강조(『集』, p.428) ◦可汗에 대한 승리(『通』, pp.7971~7973)	李思忠 등 이전의 回鶻 降將들이 입조(『通』, p.7973)	

| 2月 | 25日 : 回鶻에 和蕃公主로 가 있었던 太和公主가 귀환함(『通』, pp.7974~7975) | 嗢沒斯 곧 李思忠이 거느리고 있던 歸義軍을 해체하여 諸道로 분산시킴(『通』, p.7973 및 『集』, 「停歸義軍敕旨」, pp.437~438) | |

※ 『資治通鑑』(『通』)과 전게 岑仲勉, 「李德裕"會昌伐叛集"編證上」(『集』)에 주로 의거하여 정리함.
※ 陰曆의 月·日을 모두 기재함을 원칙으로 하였으며, 그 日을 밝히지 않은 것은 분명하지 않은 경우임.

① 『資治通鑑』卷246 會昌2年 5月下, p.7961에서는 嗢沒斯를 懷化郡王으로 봉하는 등 유민들 일부에게 관작을 주었던 것 및 이들에게 물자를 공급한 일 모두를 이 안무 조치의 일환으로 설명하고 있으므로, 위 『李文饒文集』에 의거하여 이것을 4월의 일로 본 「會昌伐叛集」과 시기적으로 차이가 존재한다.
② 岑仲勉은 「會昌伐叛集」, p.377의 「賜回鶻可汗書意」 고증에서 『資治通鑑』에서 5月下에 기록된 이것을 4월의 일로 보았다.
③ 이것을 8月 庚午 곧 7日의 일로 적고 있는 『資治通鑑』卷246 會昌2年 8月下, p.7963의 기록은 의문이 있다. 왜냐하면 『李文饒文集』卷14, 「驅逐回鶻事宜狀」, p.77에서 이듬해 봄 回鶻을 討伐한다는 결정을 내린 것이 8월 9일이었다고 하였고, 이 「請發陳許徐汝襄陽 전 等兵狀」는 『李文饒文集』卷14, p.75에서 10일에 나온 것으로 명기되어 있기 때문이다. 따라서 8월 1일 토벌의 방침이 분명해진 뒤, 9일에는 그 시기가 확정되고, 그 결과 10일 이처럼 병력의 징발이 있었다고 보아야 순리에 맞을 듯하다.
④ 『資治通鑑』卷246 會昌2年 12月下, p.7969에서는 이것이 7일의 일로 되어 있지만, 위 李德裕의 글에서는 27일로 분명히 적혀 있다.

11세기 고려의 대외관계와 정국운영

朴 宗 基

1. 머리말
2. 거란과의 외교 재개
3. 거란 문제를 둘러싼 정치세력의 동향
4. 온건론과 강경론의 정국운영
  1) 온건론의 정국운영
  2) 강경론의 정국운영
5. 맺음말 －문치주의의 전개와 정국동향－

朴宗基

경북 경주에서 태어나 서울대학교 국사학과에서 문학박사학위를 받았으며, 현재 국민대학교 국사학과 교수로 재직 중이다. 저서로는 『고려시대 부곡제연구』(서울대출판부, 1990), 『5백년 고려사』(푸른역사, 1999), 『지배와 자율의 공간, 고려의 지방사회』(푸른역사, 2002), 『안정복, 고려사를 공부하다』(고즈윈, 2006) 등이 있고, 50여 편의 논문이 있다.

11세기 고려의 대외관계와 정국운영

1. 머리말

  고려 말 역사가 이제현(李齊賢)은 11세기를 고려의 전성기로 이해했다. 즉 현종(顯宗)·덕종(德宗)·정종(靖宗)·문종(文宗)의 80여 년간은 아비에서 아들로, 형에서 동생으로 이어지는 '성기(盛期)'였다고 했다.[1] 그러나 안정기로 알려진 11세기에도 대외 문제를 둘러싸고 정치세력 간에 대립과 갈등이 있었다. 이제현도 당시 對거란 외교 문제를 둘러싸고 정치세력 간에 강온(强穩) 양론(兩論)의 대립에 주목한 바 있다. 구체적으로 흥요국의 건국, 부마 필제(匹梯)의 반란으로 거란의 내부정세가 어수선한 틈을 타서 대거란 외교관계의 중단 여부를 둘러싼 고려 조정 내부의 대립갈등에 주목했던 것이다. 김철준은 이때의 대립을 12세기 묘청란에서 극명하게 나타나는 사대파와 보수파 간 대립의 시발점으로 파악했다.[2] 구산우는 이러한 갈등관계의 시발점을 거슬러 올라가 성종

---

[1] 『高麗史』 卷9 文宗37年, 「李齊賢 史贊」. "顯德靖文 父作子述 兄終弟及 首尾幾八十年 可謂盛矣 … (文宗)冗官省而事簡 費用節而國富 大倉之粟 陳陳相因 家給人足 時號大平 宋朝每錫褒賞之命 遼氏歲講慶壽之禮 東倭浮海而獻琛 北貊扣關而受廛 故林完 以爲我朝賢聖之君也."

대 거란戰을 계기로 중국의 제도 문물을 중시한 화풍(華風)파와 그렇지 않은 토풍(土風)파 간의 대립에서 찾았다.[3] 이는 김철준이 지적한 대립 구도와 크게 다른 것은 아니라고 생각되나, 김철준은 양자 간의 대립이 덕종 때 이후 12세기 묘청난까지 지속되었다고 한 반면에 구산우는 거란전을 계기로 화풍에서 토풍으로 반전되었다고 한 차이가 있다.

이 글은 먼저 덕종 때 중단된 대거란 외교가 정종 때 재개된 사실, 대거란 외교의 재개를 둘러싼 강경론과 온건론을 주장한 정치세력의 실체, 정종 이후 정국을 주도한 온건론의 내치(內治) 위주, 문치(文治)주의 성향의 정국운영론이 이후 고려 정국운영론의 기본 방향이 되었음을 논증하고자 한다. 따라서 이 글에서 언급한 강경론과 온건론을 각각 국풍주의자와 사대주의자, 전통사상과 유교사상의 대립으로 파악하고, 그것이 묘청난까지 지속되었다는 신채호 이래 여러 연구자들의 견해와는 다른 입장이다.

2. 거란과의 외교 재개

정종1년(1035) 5월 거란은 흥요국(興遼國)의 반란을 진압한 후 고려가 수년간 조회를 하지 않은 일, 석성(石城)을 쌓아 거란과의 길을 차단하고 군사를 주둔한 일을 문제 삼으면서 이는 거란의 황제를 노하게 하는 일이며 고려의 백성들에게도 결코 이로운 일이 아니라는 요지[4]의

---

2) 이에 대해서는 본론에서 구체적으로 언급하게 될 것이다.
3) 具山祐,「고려 성종대 대외관계의 전개와 그 정치적 갈등」,『韓國史硏究』78, 1992年.
4)『高麗史』卷6 靖宗元年 5月. "契丹來遠城使檢校右散侍常侍安署 牒興化鎭曰 … 昨因伐罪之年 至阻來庭之禮 旣剪除於凶逆 合繼續於貢輸 曷越數年 不尋舊好 累石城而擬遮大路 竪木塞而欲礙奇兵 … 唯獨東溟之域 未賓北極之尊 或激怒於雷霆 何安寧於黎庶 其於違允 自有變通."

첩문을 고려 조정에 보냈다. 거란의 첩문은 궁극적으로 고려가 중단시킨 외교관계의 재개를 요구한 것이었다.

고려 정부는 이해 6월에 답변 형식의 첩문을 거란에 보냈다. 즉 흥요국의 반란으로 길이 막혀 한때 사신파견이 중단되기는 했으나, 반란이 진압된 후 김가·이수화·채충현·류교·김행공이 거란에 사신으로 갔던 사실을 들어 반란 직후 사신 파견이 중단된 것은 아니라고 했다. 석성을 쌓은 일은 국토를 지키는 상규이며, 그것은 변민(邊民)의 안전을 도모하기 위한 것이지 황제의 정책을 거스르는 일이 아니라고 했다. 또한 고려만이 조회를 하지 않았다고 하나, 억류된 6명의 고려 사신을 돌려주고 우리 영토에 축성한 선(宣)·정(定)의 2성을 반환하면 조회를 할 수 있다고 했다.[5] 이를 통해 거란이 고려 사신을 억류하고, 고려 영토 내에 거란성을 축조한 것이 고려가 거란과 단교한 원인이었음을 알 수 있다.

그러나 이 두 사건은 일찍이 현종초년에 일어난 사건이었다. 고려 사신의 억류 문제는 현종원년(1010) 목종 시해를 빌미로 거란이 군사를 일으키자, 화친을 위해 거란에 파견된 고려 사신 이예균(李禮均)과 왕동영(王同穎) 등이 억류된 사건을 말한다.[6] 거란이 고려 영토에 축성한

---

[5] 『高麗史』 卷6 靖宗元年 6月條. "當國 於延琳作亂之初 是大國興兵之際 道途艱阻 人使寢停 厥後 內史舍人金哿慶克復於東都 戶部侍郎李守和續進獻其方物 先大王之棄國也 閤門使蔡忠顯將命而告終 先皇帝之升遐也 尙書左丞柳喬遹征而會葬 今皇帝之繼統也 給事中金行恭乘傳而朝賀 然則平遼以來 就日相繼 豈可謂致阻來庭之禮乎 又云累石城而挺遮大路 堅木寨而欲礙奇兵者 且義爻設險有土常規 魯國廢關 通人深誠 是以列茲城寨 備我提封 盖圖其帖息邊氓 非欲以負阻皇化 又云唯獨東溟之域 未賓北極之尊者 昨緣梯航六使被勒留於上國之中 宣定兩城 致入築於我彊之內 未蒙還復方切禱祈 幸遇皇帝陛下啓連惟新與民更始 天上之汪洋四洽 日邊之章奏 尋陳乞放行人倂歸侵地 無由得請以至于今 倘兪悉實之誠 敢怠樂輸之禮 祗在恩命何煩責言."

[6] 『高麗史』 卷4 顯宗元年 冬10月. "癸丑 契丹遣給事中高正閤門引進使韓杞來告興師 參知政事李禮均右僕射王同穎如契丹請和." 고려 정부는 이 문제에 대해 계속 관심을 가지고 여러 조치를 취했다. 같은 왕 5년 6월 고려는 억류된 사신의 관직을 승진시켰고, 11년 2월에는 그 가족들에게 곡식, 관작과 관직을 내렸다(『高麗

것은 현종6년(1015) 정월이었다. 즉 거란이 제3차 고려 침입을 시작하면서 고려 영내인 압록강 동쪽에 동서(東西)의 2성을 축성한 사실을 말한다.[7] 고려는 이를 매우 심각한 문제로 인식해 오다가, 마침내 덕종 때 거란이 약화된 틈을 타서 이 문제를 공론화한 것이었다.

즉 덕종 즉위년(1031) 10월 왕가도(王可道)는 거란 성종의 장례(7월에 죽음)와 흥종의 즉위식에 참석하는 사신편에 이 두 문제 해결을 거란에 공식적으로 요청하고자 했다. 그는 거란왕이 죽고 부마 필제(匹梯)가 반란을 일으켜 동경을 점거하고 있는 이때 압록강 성교의 철거와 억류된 사신의 귀환을 거란에 요구하고, 만약 거란이 이를 거절하면 외교관계를 단절하자고 제의했다.[8]

이해 11월 사신으로 갔던 김행공이 귀국하면서 거란이 고려의 요구를 거부한 사실이 알려지자, 고려 조정에서는 거란과 단교할 것을 주장하는 논의가 구체화되었다. 이해 12월 왕가도와 서눌(徐訥) 등 29인은 사신 파견을 중단할 것을 주장했다. 황보유의(皇甫俞義) 등 33인은 거란과의 단교는 백성을 피로하게 하는 것이라며 반대했다. 덕종은 왕가도의 건의를 받아들여 신왕 흥종 대신 죽은 성종의 연호만 사용하고, 거란에 사신을 파견하지 않기로 했다.[9] 이 결정이 내려진 후 덕종1년(1032) 정월 거란의 사신이 래원성(來遠城)을 통해 입국을 시도했으나,

---

史』世家 해당 年紀를 참조할 것). 위의 여러 기록에 따르면 억류된 사신은, 거란에 보낸 첩문에는 6명이라 했으나, 李禮均, 王同穎 외에 陳顗, 尹餘, 王佐暹, 金德華, 金徵祜, 金得宏 등 모두 8명이다.

7) 『高麗史』 卷4 顯宗6年 1月. "春正月 契丹作橋於鴨綠江夾橋 築東西城 遣將攻破不克." 위에서 거란이 축성한 성을 東, 西城이라 했으나, 앞의 註 5)에서는 宣, 定 兩城이라 했다.

8) 『高麗史節要』 卷3 德宗 卽位年 10月. "遣工部郎中柳喬如契丹會葬 金行恭賀卽位 王可道奏云 契丹與我通好交贄 然有并吞之志 今其主殂逝 駙馬匹梯叛據東京 宜乘此時 請毁鴨綠城橋 歸所留我行人 若不見聽 可與之絶 乃附表請之."

9) 『高麗史節要』 卷3 德宗 卽位年 12月. "金行恭還自契丹言 不從所奏 平章事徐訥等二十九人議告請不聽 宜勿通使 中樞使皇甫俞義等三十三人議絶交 其害必至勞民 不如繼好息民 王從訥及王可道議 停賀正使 仍用聖宗大平年號."

고려 정부는 이를 거부하고 삭주·영인진·파천현 등지에 축성을 하여 거란의 침략에 대비했다.10)

이로 미루어 보아, 거란이 고려에 보낸 첩문에서 고려가 수년간 사신을 파견하지 않았던 기간은, 거란의 주장과 같이 현종20년(1029) 흥요국의 반란11) 직후가 아니라, 그로부터 2년이 지나 거란 성종이 죽은 후부터 약 4년간이었다. 거란전이 종식된 현종11년(1020) 이후 고려와 거란 간에는 이때까지 큰 마찰이 없었다. 그러나 정종1년(1035) 거란이 외교관계의 재개를 요구하면서, 양국은 다시 대립과 갈등의 국면에 놓이게 되었다.

정종원년 거란의 외교관계 재개요구에도 불구하고 약 2년간 고려는 이에 응하지 않았다. 그러자 정종3년(1037) 9월 거란이 다시 고려에게 사신을 파견할 것을 요구했다. 고려는 문하시중 서눌 등 14인이 모여 의논한 결과 거란에 고주사(告奏使)를 파견하기로 했다.12) 이해 12월 최연하(崔延嘏)를 거란에 보내 전왕(前王 : 덕종)이 두 가지 일(억류사신 귀환과 압록강 거란성 철거)을 건의했으나, 이를 허락받지 못해 사신 파견이 중단된 것이라고 해명하면서 다시 사신 파견을 하겠다고 통보했다. 최연하는 다음 해 3월 고려가 거란에 조공을 하는 것을 허용한다는 거란 측의 회신을 갖고 귀국했다. 이해 4월에 김원충(金元冲)이 거란에 가서 새로 즉위한 거란 흥종의 연호를 사용할 것을 청했고, 이해 7월 이를 승낙한 거란 측의 답신을 갖고 귀환했다. 고려는 정종5년(1039) 2월 유선(庾先)을 거란에 파견하여 다시 압록강 동쪽에 설치한

---

10) 『高麗史』 卷5 德宗元年 1月. "乙酉契丹遺留使 來至來遠城 不納 遂城朔州寧仁鎭派川等縣 備之."
11) 흥요국은 발해국의 후손인 대연림이 현종20년(1029) 9월 반란을 일으키면서 세운 국가였으나 이듬해 9월에 거란에 의해 진압되었다.
12) 『高麗史』 卷6 靖宗3年 9月條. 이하 논지 전개에 꼭 필요한 자료가 아닌 일반적인 사실을 설명할 경우 典據를 밝히는 일은 생략한다. 구체적인 내용은 『高麗史』 世家와 『高麗史節要』 해당 年紀를 참조할 것.

거란의 성을 철거할 것을 요구하기도 했으나, 이 문제는 더 이상 양국 간에 중요한 현안이 되지 못했다.13)

고려가 거란성 철거 문제를 해결하지 않은 채 사신 파견을 재개한 이유에 대해서는 분명한 기록이 없다. 다만 다음의 기록을 통해 이 문제에 대한 해결방향을 추론할 수 있다. 정종5년 거란에 갔던 유선이 이 해 4월 귀국하면서 가져온 거란 측의 답변서에 따르면, 고려가 그곳 주민의 농경에 방해가 되기 때문에 거란의 성을 철거할 것을 요구하나 그 성은 변방을 지키기 위해 이미 선왕(先王) 때에 쌓은 것으로 지금 철수는 어렵다고 했다. 다만 그 지역에서 고려의 주민이 경작하는 것은 무방하며 거란도 그것을 방해하지 않겠다고 했다.14) 이로 미루어 보아 거란이 고려 영토에 성을 설치한 것을 고려 측이 양해를 하고, 거란은 그 지역에 고려인들이 경작하는 것을 허용하는 타협책으로써 양국 간 현안문제는 마무리된 것으로 판단된다. 같은 달 거란이 고려 국왕을 책봉하면서, 양국의 관계는 정상화되었다.

주목되는 것은 정종3년 최연하가 거란에 보낸 국서에서 양국 간의 관계 단절은 전왕(前王) 덕종의 결정이었다고 했다는 사실이다.15) 이는 거란과의 외교 단절은 전왕의 정책이며, 현 국왕인 정종의 대거란 정책은 전왕과는 다르다는 뜻을 우회적으로 표명한 것이다. 왜 정종은 현종대 이래 고려 정부가 거란과의 단교를 무릅쓰고 집착했던 거란성 철거

---

13) 徐訥은 庚先이 거란에 갈 때 다시 이 문제를 거란에 요청할 것을 주장했다(『高麗史』卷94, 「徐訥傳」참조).

14) 『高麗史』卷6 靖宗5年 4月條. "夏四月辛酉朔 庚先還自契丹 詔曰 省所告鴨江東城壁 似妨耕鑿事具悉 乃睠聯城置從先廟 盖邊隅之常備 在彊土以何傷 朕務守城規 時難改作 先臣欽會煩告奏致阻傾輸 卿襲爵云 初貢章纔至所欲當遵於義舊 乃誠更勵於恭勤 卽是永圖兼符至意 厥惟墾殖 勿慮驚騷."

15) 『高麗史』卷6 靖宗3年 12月條. "十二月丁亥 遣殿中少監崔延嘏 如契丹奏云 … 頃以先臣亡兄纂承祖業歸附皇朝 聞一德之君臨新須慶澤 將兩條之公事 專奏宸聰 未垂俞允之恩 轉積遲疑之慮 自從羲歲以到今辰 雖迭換於炎涼 且久停於朝貢 近蒙睿旨 頗慊鄙懷謹 當遵太后之遺言 固爲藩屛 撫小邦之弊俗 虔奉闕庭 更從文軌以輸誠 永效梯航而展禮."

문제를 포기하면서까지 거란과의 관계 회복을 시도했던 것일까? 이는 정종 개인의 결정이기보다는 당시 정국 운영의 변화, 즉 정치 주도세력의 변화와 관련이 있다. 이를 위해서는 정종 이전인 현종과 덕종 때의 거란관계를 둘러싼 정치세력의 동향에 대한 검토가 필요하다.

3. 거란 문제를 둘러싼 정치세력의 동향

이제현은 대거란 단교 문제를 둘러싼 정치세력 간의 갈등이 당시 정국의 동향에 큰 영향을 미쳤음을 지적했다. 그는 덕종 때 거란과 화친을 끊자는 왕가도의 단교론(이제현은 이를 '의절(義絶)론'이라 했음)은 거란과의 화호(和好)를 통해 민생을 안정시키자는 황보유의(皇甫兪義)의 화친론(이제현은 이를 '계호식민(繼好息民)론'이라 했음)만 못하다고 하면서, 정종3년과 4년에 고려 최연하와 거란 마보업(馬保業)의 상호 사신 왕래로 양국이 화해를 이룬 사실을 두고 정종을 높이 평가했다.[16]

이제현은 대거란 단교 여부를 둘러싼 왕가도와 황보유의로 각각 대표되던 정치세력 간의 갈등에 주목하면서, 그것이 고려 전기 정치사 전개에 중요한 계기가 되었다고 인식했다. 그는 황보유의의 입장에 찬동했다. 그의 주장의 타당성 여부를 떠나, 당시 거란과의 단교 여부를 두고 고려 조정 내에 정치적인 대립이 있었음을 확인하게 된다.

정종 때 거란과의 외교 재개는, 이제현의 지적과 같이, 황보유의로 대표되는 화친론의 입장에 섰던 정치세력이 주도했다. 한편 그 이전 덕종 때 거란과의 단교는 서눌과 왕가도로 대표되는 단교론의 입장을 지

---

16) 『高麗史』卷6, 「李齊賢의 靖宗 史評」. "李齊賢贊曰 … 德宗未及方剛之年 尤宜戒之在鬪 王可道義絶和親 不若皇甫兪義繼好息民之論也 靖宗嗣位三年 我大夫崔延嘏如契丹 四年契丹之使馬保業寔來 自是復尋懽盟感 匪由至誠致之 必有奇策 君子以爲 善繼善述 以保其國."

닌 정치세력이 주도했던 것이 분명하다. 이상과 같이 비교적 안정적으로 정국이 운영된 것으로 알려졌던 11세기의 대거란 정책을 둘러싸고 정치세력 간에 상당한 대립과 갈등이 있었던 것이다.

거란성 철거를 둘러싼 국내 정치세력 간의 대립은 그 이전에도 두 차례나 있었다. 첫째는 현종20년(1029)에 있었다. 이해 8월 발해의 후손인 대연림(大延琳)이 거란 동경에서 반란을 일으켜 흥요국을 건설했다. 9월에 대연림은 거란 공격을 위해 고려에 군사를 요청했다. 고려는 이를 거절했다. 대신에 고려 조정 내부에서는 이 틈을 이용하여 압록강 이동 지역에 거란이 축성한 2성을 공격하자는 쪽과 이를 반대하는 쪽으로 의견이 대립하였다. 공격하자는 쪽의 대표적인 사람은 곽원(郭元)이었는데, 이에 대해 최사위·서눌·김맹 등은 반대하였다. 결과적으로 곽원의 주장대로 공격했으나 실패하였으며 이로 인해 그는 죽었다.17)

둘째는 대연림이 이해 12월 동북 지역의 여진과 연합하여 거란을 공격하면서 다시 고려에 군사를 요청한 일에서 발생했다. 현종은 이 문제를 재상들에게 논의케 하였고, 그 과정에서 정치세력들 간에 의견이 대립하였다. 그러나 결과적으로 현종은 성보를 수축하여 사태를 관망하자는 최사위와 채충순 등의 의견을 수용해 역시 군사를 파견하지 않았다.18)

위의 사실에서 볼 때 현종20년 무렵에는 거란성 공격 혹은 거란 단교론이 정국의 주도권을 장악한 것은 아니었다. 그렇다고 온건론이 주도한 것도 아니었다. 거란 단교론이 대세를 이룬 것은 현종이 죽고 덕종

---

17) 『高麗史』 卷94, 「郭元傳」. "二十年契丹遣使救援 元密奏王曰 鴨江東畔 契丹保障 今可乘機取之 崔士威徐訥金猛等 皆上書不可 元固執 遣兵功之 不克 慚恚發疽而卒." 『高麗史』 世家에 따르면 곽원은 이해 11월에 죽었다.
18) 『高麗史』 卷94, 「崔士威傳」. "契丹東京將軍大延琳叛 自稱興遼國 刑部尙書郭元請乘機 取鴨江東岸 士威與徐訥等上書 以爲不可 元固執功之 竟不克 延琳所署太師大延定 引東北女眞 與契丹相功 遣使乞援 王議諸輔臣 士威與平章事蔡忠順言 兵者危事 不可不愼 彼之相功 安知非我利耶 但可修城池 謹烽燧 以觀其變 王從之."

이 즉위하면서부터였다. 그렇다면 덕종 때 이를 주도한 정치세력의 실체를 확인할 필요가 있다.

덕종 때 거란성 공격 혹은 거란 단교를 주장한 강경론의 대표적 인물로는 왕가도와 서눌 등이 있다. 왕가도가 억류사신 귀환과 거란성 철거를 거란에 요구하자고 제의했을 때 서눌 등 29인이 찬동했다고 하나, 나머지 인물들은 확인할 수 없다. 왕가도는 덕종이 즉위하자 자신의 딸을 왕비로 맞아들일 것을 요청하여, 덕종의 비부(妃父)가 되었다. 따라서 왕가도는 덕종 당시 정치적인 실권자였다. 왕가도의 거란단교론에 동의한 서눌은 거란과의 관계가 실질적으로 회복된 정종3년 이후에도 여전히 거란성 철거를 주장했다.[19] 성종 때 그의 아버지 서희의 활동상으로 미루어 보아 서눌 역시 거란에 대해 결코 우호적인 입장은 아니었다.[20]

덕종 때 왕가도가 거란단교론을 제의했을 때는 이미 죽었지만, 곽원 역시 왕가도와 정치적으로 같은 입장이었다. 같은 무렵 대연림이 동북여진과 합세하면서 다시 고려에 거란 공격을 위한 원병을 요청했다. 당시 유소(柳韶)는 사신 파견의 중단뿐만 아니라 거란성을 공격하기 위해 출병하자고 하였는데 왕가도와 이단도 이에 동의했다.[21] 이것으로 보아 유소와 이단은 왕가도와 같은 입장이었다. 한편 김맹(金猛)도 여기에 포함시킬 수 있다. 그는 곽원이 거란성 공격을 제의했을 때 서눌과 함께 반대했지만, 그의 정치적인 성향은 왕가도와 다르지 않았다. 구체적으로 그는 왕가도와 함께 현종6년에 김훈과 최질을 제거하고 현종의 왕권을 회복시키는 데 결정적인 공을 세웠다.[22] 그는 덕종 즉위 직전인

---

19) 『高麗史』 卷94, 「徐訥傳」 참조.
20) 한편 서눌은 金猛과 함께 곽원, 왕가도와 같이 거란성 공격과 같은 방식에는 반대했다(앞의 註 17) 참조).
21) 『高麗史』 卷94, 「王可道傳」. "平章事柳韶請攻破丹城 王下宰執議 訥及俞義黃周亮崔齊顔崔冲金忠贊等皆曰不可 可道與李端奏 時不可失 固請出軍 王命有司卜於大廟 不果出兵."

현종21년에 죽었는데, 덕종이 즉위하자 죽은 곽원과 김맹의 자손에게 관직을 제수했다. 김맹과 곽원의 사후에 자손들이 혜택을 받은 것은 정치적으로 같은 입장이었던 강경론이 당시 정국을 주도한 상황이었기에 가능했던 것이다.

이상과 같이 당시 거란에 대해 강경한 입장을 견지한 정치세력으로 곽원, 왕가도, 서눌, 유소, 이단, 김맹을 찾아볼 수 있다. 이들이 덕종 때 정국을 주도하면서, 거란과의 관계를 단절했던 것이다. 예를 들면 이들은 덕종원년에 거란 사신의 입국을 거부하고, 변방에 성을 쌓았다. 그리고 유소를 시켜 덕종2년에는 천리장성을 쌓았다. 그러나 덕종은 즉위한 지 4년 만에 죽게 되고, 그 후견인 왕가도 역시 덕종이 죽기 1년 전에 죽었다.

덕종과 후견인 왕가도의 죽음으로 대거란 강경론을 주도한 정치세력이 약화되면서 대거란 온건론이 정국을 주도할 수 있는 유리한 여건이 마련되었다. 거란과의 관계회복을 주도한 정치세력은 이전부터 거란단교론에 반대했던 황보유의 등의 이른바 '계호식민론자(繼好息民論者)'들이었다.

주지하듯이 황보유의는 현종5년 11월 경군(京軍) 영업전(永業田)을 빼앗아 관료들의 녹봉의 재원으로 충당하다가 무신들의 큰 반발을 불러일으켰고, 끝내는 김훈·최질 난의 빌미를 제공했다. 당시가 거란의 제3차 침략이 임박한 시점임을 감안할 때, 그가 단행한 군액(軍額) 축소 조치는 그의 정치적 성향이 대거란 강경론과는 거리가 있었음을 분명하게 해 준다. 그는 김훈·최질 세력에 의해 유배를 당하는 등 한때 정치적으로 실각하기도 했다. 김훈·최질을 제거한[23] 왕가도·곽원·김맹

---

22) 『高麗史』卷94,「王可道傳」. "可道 以和州防禦使 秩滿還京 在私第 心懷憤激 密謂日直金猛曰 王何不效漢高雲夢之遊乎 猛喩其意 密奏 王納之."

23) 김훈·최질을 제거하고 현종의 왕권을 회복한 이 사건을 최충은 反正이라 했다(『高麗史』卷5 顯宗18年條. "崔冲贊曰 … 然以姨母貽孼 戎臣構逆 強鄰伺釁 京闕俱燼 乘輿播遷 艱否極矣 反正之後 和戎結好 偃革修文…"). 왕가도·곽원 등이 황보유

등이 이후에 정치적으로 득세하게 되었다. 이로 인해 정치적인 입지를 상실했던 황보유의 등이 나중에 거란과의 화친론을 주도한 것은 우연한 일은 아니었다.

한편 황보유의와 같은 입장에 있었던 또 다른 인물로 최사위(崔士威)와 채충순(蔡忠順)을 들 수 있다. 현종20년 12월 흥요국의 대연림이 동북 여진과 함께 거란을 공격하기 위해 고려에 원병을 요청했다. 이때 최사위와 채충순은 성을 쌓고 봉수(烽燧)를 부지런히 하여 사태를 관망하는 것이 최선의 방책이라고 건의했다. 현종은 이들의 건의를 수용했다.[24] 채충순은 최항·유진과 함께 목종의 지시를 받아 대량원군(大良院君) 즉 현종을 옹립했다.[25] 당시 황보유의는 최항의 지시를 받아 직접 삼각산 신혈사로 가서 현종을 옹위하여 개경으로 왔다.[26] 또한 채충순은 거란의 개경 침입 때 현종을 호위해 남행(南行)하였다. 황보유의와 군인영업전 축소조치를 취한 장연우도 현종의 남행에 참여했다. 따라서 온건론에 속한 정치세력은 현종을 옹립한 인물들이었다. 이 외에도 역사서 편찬, 문풍(文風)의 진작 등 문치(文治)주의 확립에 주력했던 인물들이 거란과의 단교에 반대한 온건론의 입장을 견지했다. 구체적으로 황주량, 최제안, 최충, 김충찬이었다.[27]

이상과 같이 황보유의, 장연우, 채충순, 최사위, 황주량, 최충, 최제안, 김충찬 등이 대거란 온건론을 펼친 정치세력이었다. 이들은 이미 현종 즉위 때부터 정치세력으로 형성된 것으로 판단된다.

의를 대신해서 정치적으로 득세한 것은 충분히 예상할 수 있다.
24) 앞의 註 18) 참조.
25) 『高麗史』 卷93, 「蔡忠順傳」, "蔡忠順史失世系 穆宗朝累遷中樞院副使 王寢疾忠順 與劉瑨崔沆直宿銀臺 一日王召忠順入臥內 辟左右語日寡人疾漸 就平聞外聞有窺覦者 卿知之乎 對日 臣試聞之 未得其實 王取枕上封書與之."
26) 『高麗史』 卷94, 「皇甫俞義傳」 참조.
27) 앞의 註 21) 참조.

4. 온건론과 강경론의 정국운영

지금까지 이 시기 정치세력을 설명의 편의상 강경론과 온건론으로 분류해 설명했으나, 이로써 당시 정치사의 흐름을 정확하게 밝히는 데는 한계가 있다. 강경론과 온건론이 제기된 구체적인 배경이나, 그들이 지향했던 정국운영의 방향에 대한 검토 등을 통해 두 입장의 본질에 대해 이해할 필요가 있다. 특히 이들이 제기한 정국운영론은 11세기 정치사의 특성을 보여줄 뿐만 아니라 이후 고려시대 정치운영론의 토대를 마련하는 것으로서 의의를 지닌다.

이에 대해 주목한 연구는 일찍부터 있었다. 앞에서 소개했듯이 이제현도 왕가도의 단교론과 황보유의의 화친론을 당시 정치사의 향방을 가늠할 주요한 계기로 파악했다. 김철준도 이에 주목하여 왕가도·서눌 등의 의절론과 황보유의의 계호식민론의 대립양상을 북진파와 보수파의 대립으로 파악했다. 특히 덕종3년 5월 덕종의 비부였던 왕가도의 죽음과 곧 이어 9월 덕종의 죽음을 박술희가 죽자 혜종이, 왕식렴이 죽자 정종이 죽은 사실과 유사한 것으로 파악하면서 덕종의 죽음을 그 반대파에 의한 시해로 추정했다. 김철준은 인종대 묘청란에서 나타난 자주와 사대의 대립이 덕종대 이들 세력 간의 대립에서 시작된 것으로 파악했다. 나아가 그 중간 시기인 문종대와 예종대는 외척 인주이씨의 등장과 최충 일가가 문벌을 이루어 중앙 귀족세력이 정치적인 독점과 안정을 이루던 시기로 파악했다.[28]

김철준은 강경론을 북진파, 온건론을 보수파로 보았을 뿐, 역시 이들의 구체적인 정국 운영방식에 대한 설명은 하지 않았다. 이는 묘청의 난까지 한국사의 큰 흐름을 자주와 사대의 대립과정으로 파악한 신채호

---

[28] 김철준, 「高麗 中期의 文化意識과 史學의 性格」, 『韓國史研究』 9(『韓國史學史研究』, 서울대출판부, 1990, pp.243~246에서 재수록), 1973.

의 견해를 부연한 것에 불과했다. 따라서 지금부터는 당시 두 정치세력에 대한 검토를 통해서 당시 정국운영론의 내용과 성격을 살펴보기로 하겠다.

1) 온건론의 정국운영

온건론자 가운데 채충순과 황보유의는 목종의 지시를 받아 현종을 옹립했다. 또한 채충순과 장연우는 거란의 개경침입 때 현종을 호위하여 함께 남행(南行)을 했다. 현종은 남행 과정에서 전주절도사를 비롯한 지방세력으로부터 위협을 받을 정도로 당시 왕권은 매우 불안정했다. 이러한 경험이 최사위가 현종3년 황보유의·장연우와 함께 12주 절도사체제를 없애고 5도호 75도 안무사제를 신설하는 등[29] 군현제를 개편한 계기가 되었다. 성종14년에 설치된 절도사체제는 성종2년의 12목을 개편한 것인데, 거란전에 대비한 군사 징발의 목적에서 설치된 이 체제가 현종3년에 혁파된 것은 애초의 취지보다는 절도사를 칭한 지방세력이 발호하여 왕권을 위협하는 측면이 컸기 때문이었다. 결국 국가가 직접 지방을 장악하기 위해 절도사체제를 혁파하는 군현개편을 단행한 것이다. 황보유의와 장연우는 경군영업전을 축소하여 백관의 녹봉재원으로 삼는 등 일반 관료들의 재정적인 기반을 마련하고자 했다. 황주량은 거란전 때 소실된 태조에서 목종 때까지의 7대 실록을 다시 편찬했다. 최충 역시 고려시대 문풍(文風)을 크게 일으킨 인물이었다.

이상에서 볼 수 있는 것처럼 대거란 온건론을 주장한 정치세력은 현종을 옹립하였으며, 무장세력이나 지방세력의 발호를 막고 지방제도를 확립하는 등 왕권의 확립과 유지, 안정화에 기여했다. 또한 관료제를

---

[29] 『高麗史』卷94, 「崔士威傳」. "(顯宗)二年 叅知政事 轉吏部尚書 後與張延祐皇甫俞義獻議 罷東京留守 置慶州防禦使 又廢十二州節度使 置五都護七十五道安撫使."

안정적으로 운영하고자 했다. 구체적으로 무장세력의 반발을 무릅쓰고 경군영업전을 축소하여 일반 관료들의 재정기반을 마련했다. 또한 문풍을 고취하고 국가의 역사서를 편찬했다. 즉 이들은 궁극적으로 내치(內治)를 안정시키고 문치주의(文治主義)를 확립하는 것을 정국운영의 목표로 삼았다. 이들은 과거에 김치양과 강조세력 등이 정치적인 실권을 장악하면서 왕권의 불안정과 거란의 침입을 초래했던 쓰라린 경험을 체험한 바 있었다. 따라서 이들은 내치의 안정, 즉 왕권의 안정이 대외관계의 안정과 직결된다고 인식했다. 이들이 대외관계에서 강경론보다는 화친론을 견지한 것은 내치의 안정, 문치주의의 확립이라는 정국운영론과 밀접한 관련이 있었던 것이다. 현종 역시 자신의 정치적 입지를 강화하려 했기에 자신을 옹립했던 채충순·최사위·황보유의 등 온건론의 정국운영론에 동조했다.30) 이로써 이들은 현종 즉위 직후부터 정치적인 기반을 마련할 수 있었다.

그러나 내치(內治) 위주, 문치(文治)주의에 치중했던 정국운영론은 현종5년 김훈·최질의 난으로 그 주도세력이 정치적인 입지를 상실했고, 현종20년 이후 거란의 내분과 덕종의 즉위로 대거란 강경론이 정치를 주도하면서 덕종 때까지 대세로 자리잡지 못했던 것이 사실이다. 그러나 덕종과 그 후견인 왕가도의 죽음으로 강경론의 입지가 약화되면서 앞 장에서 살핀 바와 같이 거란과의 관계회복을 주도한 정종대 이후 고려시대 정국운영론의 대세로 자리잡기 시작했다. 이를 뒷받침하는 몇 가지 대표적인 예를 들면 다음과 같다.

---

30) 현종이 최사위가 올린 시정득실에 관한 상소를 참작하여 시행하도록 했다거나, 군현과 부곡지역 향리의 칭호를 바로잡자는 건의를 받아들이고, 그의 무례를 처벌하지 않은 사실에서, 현종이 이들의 정국운영론에 동조했거나 깊은 관심을 지니고 있었다는 것을 알 수 있다(『高麗史』卷94, 「崔士威傳」. "上疏論時政得失 王命有司 商確行之 又奏諸州縣長吏 稱號混雜 自今郡縣以上 稱戶長 鄕部曲津驛亭驛吏 只稱長 從之 臺官劾論 士威與左僕射朴忠淑 於毬庭禮會 醉舞不敬 請罪之 不允.").

예종 때 여진정벌로 획득한 9성을 여진에 돌려주자는 논의가 제기되었을 때, 김인존(金仁存)은 성을 빼앗고 사람을 죽이는 일은 성을 돌려주고 백성을 쉬게 하는 것만 못하다고 했다.[31] 김인존은 9성을 되돌려주자는 주장의 근거로 전쟁으로 인한 백성들의 폐해를 들었는데, 이는 황보유의의 이른바 '계호식민론(繼好息民論)'과 맥을 같이한다. 실제로 그의 주장대로 9성은 여진에게 되돌려 주었다. 김인존은 동궁시절의 예종에게 논어(論語)를 강(講)하고 『논어신의(論語新義)』를 편찬했으며 후에 「청연각기(淸讌閣記)」를 짓는 등 예종이 문치 위주의 정책을 펴는 데 크게 기여한 인물이다.

예종 때 역시 거란이 여진족을 정벌하기 위해 고려에 군사를 요청했다. 김부일(金富佾)은 한충(韓冲)·민수(閔脩)·척준경(拓俊京) 등과 함께 여진 정벌 후 군민(軍民)이 겨우 휴식을 취하게 되었는데 다시 출병하게 되면 문제를 일으켜 그 이해(利害)를 알 수 없다면서 출병에 반대했다.[32] 그의 주장 역시 대외 문제에 불필요하게 개입하여 민생의 동요와 내치의 불안정을 불러일으키는 일을 막자는 취지였다.

한편 거란을 멸망시킨 금나라가 고려에 형제맹약을 요구했다. 김부의(金富儀)는 한나라가 흉노에, 당나라가 돌궐에 칭신(稱臣)하거나 공주를 그들에게 혼인시킨 사실을 들어 금의 요구를 수용하자고 했다. 특히 김부의는 성종대 변방정책이 실패하여 거란의 침입을 자초했던 사실에서 교훈을 얻어야 한다고 했다.[33] 주지하듯이 그의 제의는 결국 수용

---

[31] 『高麗史』卷96,「金仁存傳」. "王將伐東女眞 大臣皆贊成之 仁存獨上疏極諫 不報 及尹瓘等破女眞築九城 女眞失窟穴 連歲來爭 我兵喪失甚多 女眞亦厭苦 遣使請和 乞還舊地 群臣議多異同 王猶豫未決 仁存言 土地本以養民 今爭城殺人 莫如還其地以息民 今不與 必與契丹生釁."
[32] 『高麗史』卷97,「金富佾」. "睿宗時 拜禮部郎中 遼將伐女眞 遣使來請兵 王會群臣議 皆以爲可 富佾與弟富軾及戶部員外郎韓冲右正言閔脩衛尉少卿拓俊京等言 國家自丁亥戊子兵亂之後 軍民僅得息肩 今爲他國出師 是自生釁端 其利害恐難測也."
[33] 『高麗史』卷97,「金富儀傳」. "金新破遼 遣使請結爲兄弟 大臣極言不可 至欲斬其使者 富儀獨上疏曰 臣竊觀漢之於凶奴 唐之於突厥 或與之稱臣 或下嫁公主 凡可

되어, 고려와 금은 형제맹약을 맺었다. 또한 그는 성종대의 대거란 강경론이 거란의 침입을 초래했다고 보았다. 이로 보아 김부의 역시 화친론, 즉 온건론의 입장에 서 있었음을 알 수 있다.

9성을 되돌려 주자는 주장이나 금과의 화친론을 제기한 김인존·김부일·김부의 등의 정치세력은 주지하듯이 예종·인종대 주도적으로 정국을 운영했다. 이들의 정국운영론은 거슬러 올라가면 황보유의 등의 입장과 맥을 같이한다. 따라서 황보유의 등이 주창한 화친론, 즉 내치 위주, 문치주의 성향의 정국운영론은 11세기뿐만 아니라 12세기에도 이어지는 것이며, 크게는 고려시대 정국운영론의 바탕이 되었다.

2) 강경론의 정국운영

내치 위주, 문치주의 성향의 정국운영론은 현종5년 거란전을 통해 성장한 김훈·최질 등 무장세력이 집권하면서 영향력을 상실했다. 최충(崔冲)이 현종에 대한 사평(史評)에서 반정(反正)이라 평가[34]했을 만큼 김훈·최질의 쿠데타세력을 진압한 사실은 현종의 왕권회복에 큰 의미를 지녔다. 따라서 현종6년 그들을 제거한 왕가도와 곽원 등이 정치적인 실권을 장악했다. 현종16년 2월에 왕가도와 곽원이 공신에 책봉되고 김맹이 작위를 받았다. 당시 이들이 공신과 작위를 책봉받은 이유는 분명하지 않으나 왕가도의 열전에 따르면 김훈과 최질을 제거한 직후 공신호를 받은 것으로 보아, 공신책봉은 이들을 제거한 공로 때문이었다. 현종6년에 이들을 제거했으나, 이때는 거란과 전쟁 중이었다. 현종10년에야 전쟁이 종식되었고, 그 뒷수습으로 이같이 공신책봉이 미루어

以和親者 無不爲之 今大宋與契丹迭爲伯叔兄弟 世世和通 以天子之尊 無敵於天下 而於蠻胡之國屈而事之者 乃所謂聖人 權以濟道 保全國家之良策也 昔成宗之世 御邊失策 以速遼人之入寇 誠爲可鑑 臣伏願聖朝 思長圖遠策 以保國家 而無後悔 幸樞無不笑且排之 遂不報."

[34] 앞의 註 23) 참조.

졌던 것으로 추정된다(곽원은 공신호, 김맹은 작위를 받았다). 같은 기사에 유소도 동지중추원사의 벼슬을 이들과 함께 받았다. 이를 통해 김맹·유소도 왕가도와 함께 김훈·최질 제거거사에 참여했음을 알 수 있다. 이들이 왕가도·곽원과 같이 거란에 대해 강경한 입장에 있던 인물이었던 점도 이를 뒷받침한다.

서눌과 왕가도의 딸은 모두 현종의 비(妃)였다. 왕가도의 딸은 덕종의 비이기도 했다.[35] 국왕의 입장에서도 이들의 외호(外護)가 필요했지만, 국왕과의 혼인으로 인해 이들도 왕권의 옹호와 안정을 바라는 위치에 있었다. 이들 세력이 김훈·최질을 제거한 것도 무장세력의 발호를 막고 왕권을 안정화시키려는 입장이 작용했기 때문이다. 이처럼 왕권의 안정과 강화라는 점에서는 대거란 강경론도 온건론과 차이가 있었던 것은 아니었다.

그렇다면 강경론과 온건론으로 대외관의 차이가 나타난 원인은 무엇인가 하는 점이다. 이는 당시 대외 현안 문제에 대처하는 정국운영의 방식과 사상적 기반에서 일정한 차이가 있었기 때문으로 추론된다. 주지하듯이 내치 위주, 문치주의 성향의 정국운영론은 유교정치이념과 밀접한 관계가 있다. 사료의 부족으로 정확한 내용을 밝히는 일은 어려우나, 대거란 강경론자에게서는 뚜렷한 사상적·이념적 기반을 찾아볼 수 없다. 이 점이 강경론의 정치세력이 결집된 세력으로 지속되지 못하고, 왕권의 향배에 따라 쉽게 무너지는 원인이 되었다.

다만 정국 운영방식에서 내치보다는 외치(外治), 즉 대외관계를 보다 중시했던 점은 하나의 특징으로 지적할 수 있다. 이들은 고려가 당면한 거란의 위협과 요구를 완화시키는 것이 국내의 정국안정을 가져오는 지름길이라고 인식했다. 이를 위해 송과의 관계를 이용해서 거란의 위협을 완화시키려는 외교전술을 구사했다. 그것은 당시 고려·송·거란·여

---

35) 『高麗史』 卷88, 「后妃傳」 顯宗·德宗篇 참조.

진으로 연결되는 다원적인 형태의 대외정세에서 비롯한 것이다.

거란의 대외정책은 고려와 송 사이의 관계를 차단하여 양국의 연합으로 인한 거란의 고립화를 해소시켜 거란의 안정과 동아시아에서의 주도권을 확보하는 것을 목표로 했다. 한편 송은 고려와 연결하여 거란을 제압하여 동아시아의 주도권을 확보하려는 연려제요책(聯麗制遼策)을 대외정책의 목표로 했다. 고려는 서로 연결을 원하는 양국의 팽팽한 대립관계를 이용하거나, 어느 한 쪽의 세력약화를 틈타서 서슴없이 실리를 추구하는 전형적인 실리외교의 대외정책을 구사했다.

구체적으로 성종12년(993) 거란의 1차 침입 후 고려와 거란은 강화를 맺었다. 강화의 조건은 송과의 관계를 끊고 거란과의 외교관계를 재개하는 것이었는데, 대가로 고려는 압록강 이동지역 280리를 획득하여 6성을 쌓는 실리를 얻었다. 또한 앞서 언급한 바 현종 말 거란이 내분과 흥요국의 반란으로 약화되자, 고려영토에 설치한 거란성을 공격하려는 강경론자의 입장도 그러한 실리외교의 전형적인 모습이었다. 강경론은 적극적인 대외정책을 중시했으며, 유리한 대외정세를 활용하여 내정을 안정시키고자 했다.

거란이 3차 침입을 개시하자 고려는 1차전 이후 외교관계가 중단된 송에 사신을 보내 관계개선을 통해 거란의 침입을 견제하고자 했다. 이를 주도한 인물이 곽원, 서눌, 김맹 등의 대거란 강경론자였다. 곽원은 거란이 제3차 침입을 하자 현종6년 11월 송에 가서 고려에 원병을 요청하였다. 현종8년에는 서눌, 11년에는 김맹이 송에 갔다. 이때는 이들이 김훈·최질의 난을 진압하고 정치의 주도권을 장악한 시점이었다. 송 황제에게 원병을 요청한 곽원의 요구가 매우 집요했으며, 송은 거란과 이미 화호(和好)관계에 있어 고려의 요구를 완곡하게 거절하면서 거란과의 화호를 권유했음은 기록36)에 잘 나타나 있다. 얼마 지나지 않아

---

36) 『高麗史』 卷94, 「郭元傳」. "勑元遊開寶寺 密使館伴員外郎張師德開諭 師德與元登寺塔 從容謂曰 今京都高屋大廈 摠是軍營 陛下一統寰海 猶且養卒 日習令戰以備

서눌과 김맹이 송에 갔던 것도 마찬가지의 목적이었을 것이다. 이같이 고려는 대륙의 한족(漢族)과 호족(胡族)의 대립을 이용하여 외교적인 실리를 얻는 형식의 마치 오늘날의 등거리 실리외교와 같은 외교방략을 구사해왔다. 즉 송과의 외교관계 재개를 지렛대로 거란의 요구나 의도를 무산시키거나, 반대로 외교적인 실리를 위해 거란의 요구를 들어주면서 송과의 관계를 서슴없이 단절하는 외교적인 방책을 구사했다.

이제현은 성종에 대한 사평에서 이지백이 토풍(土風)을 고수하여 거란의 침입을 물리치려 했던 계책을 비난했다.37) 이는 정종에 대한 사평에서 왕가도를 비난하고 황보유의 등의 계호식민론을 옹호한 그의 입장과도 일치한다. 주지하듯이 이지백 역시 서희와 함께 거란의 침입에 직면해서 서경 이북의 땅을 떼어주자는 할지론(割地論)을 편 유화론자와는 달리 대거란 강경론을 견지하면서 끝내 거란과의 담판을 통해 강동(江東) 6주를 획득한 실리외교를 펼쳤다. 거란전을 계기로 이지백 등 중부 지역 출신 정치세력이 경주계인 최승로를 대신하여 정국의 주도권을 장악했음은 기왕의 연구38)에서도 밝혀진 바 있다. 이들은 강경론을 바탕으로 한 실리적인 대외정책을 통해 국내에서 정국운영의 주도권을 장악할 수 있었다. 왕가도 등의 대외정책은 성종대 이지백 등의 입장과 다르지 않았는데 이들 역시 적극적인 대외정책을 통해 국내 정국의 주도권을 장악하고자 했다. 이는 국내 정국의 안정과 정국의 주도권을 장악하기 위해 대외정책에 적극 개입하는 정국운영방식이었다.

이러한 정국운영방식은 12세기 전반 숙종·예종 때 여진정벌론을 통해, 인종 때 금국정벌론을 통해 꾸준하게 제기되었으나 결집된 정치 세력집단으로 지속된 것은 아니었다. 내치 위주, 문치주의 성향의 온건론

北方 天子尙如此 況貴國與之連境 結好息民 是遠圖也."
37) 『高麗史』 卷3, 「成宗 史評」. "李齊賢贊 … 蕭遜寧爭能詑不恤民事 以興無名之師 李知白安敢援不革土風 以爲却敵之策乎."
38) 이기백, 「고려귀족사회의 형성」, 『한국사』 4, 국사편찬위원회, 1974.

자의 정국운영론이 정종대 이후 대세를 장악한 것은 당시 지배이념인 유교정치이념에 기반했기 때문이다. 유교정치이념이 점차 확산되기 시작한 당시 사상계의 동향에 크게 힘입었던 것이다. 이에 비해 강경론은 그것을 뒷받침할 이념적·사상적 기반을 갖지 못했다.

현종대는 두 형태의 정국운영론이 서로 견제와 균형을 이루는 가운데 정국이 유지되었다. 또 하나 지적할 것은 당시 정국운영을 둘러싼 대립구도는 거란성 철거 문제 등 정국 현안을 두고 온건론과 강경론을 지닌 신료들이 서로 대립하는 양상이었지, 국왕과 신료가 대립하는 양상은 아니었다는 것이다. 신료들 간 대립구도의 균형이 무너진 것은 덕종 때 왕가도 등이 정국의 주도권을 장악하고 거란과 단교를 하면서였다. 덕종과 그 후견인 왕가도의 죽음으로 다시 온건론이 정국의 주도권을 잡았고, 이들의 정국운영론이 이후 대세로 자리 잡았다. 다음 장에서는 이러한 정국운영론이 문종대 이후 어떤 양상으로 발전하는지 살펴보기로 하겠다.

5. 맺음말 −문치주의의 전개와 정국동향−

대거란 관계는 정종4년(1038) 이후부터 16년간 안정기였다. 이와 함께 내치의 안정, 문치주의 성향의 정국운영론이 고려 전기 정국운영론의 대세로 자리 잡았다. 앞 장에서 언급한 바 예종·인종 때 정국을 주도했던 김인존과 김부식 등의 정국운영론도 구체적인 예가 된다.

다음의 사실은 이러한 정국운영론이 문종대에도 구체적으로 나타나고 있음을 보여주고 있다. 그러면서도 정국운영을 둘러싼 대립구도는 이전과 다른 양상으로 전개되고 있다는 점이 주목된다.

문종8년(1054) 7월 거란이 다시 압록강 이동 지역에 궁구문란(弓口

門欄)을 설치하면서 다시 긴장관계에 접어들었다. 문종9년 7월에 도병마사는 국왕에게 사신을 거란에 보내 거란이 궁구문 설치 외에도 우역(郵驛)과 암자(庵子)를 설치한 사실은 영토침범 행위로 이의 철거를 강력하게 요구하자고 건의하였다. 문종11년(1057) 4월 문종은 이례적으로 직접 거란이 궁구문과 우정을 설치한 데 대해 항의하였으나 거란이 응하지 않았음을 지적하고, 거란이 최근 송령 동북에 토지를 개간하고 암자를 설치하는 것은 영토 침해행위이니 마땅히 사신을 보내어 이를 거란에 항의할 것을 지시하였다. 이에 대해 중서성은 지금 신황제가 즉위한 후(道宗, 1055) 회사사(回謝使)도 보내지 않았는데 또 다시 고주사(告奏使)를 보내는 것은 마땅하지 않다고 하면서, 회사사를 보낸 후에 고주사를 가을경에 보내자면서 문종이 지시한 고주사 파견을 반대하였다.39)

문종12년 문종이 송과 통교하려 하자 신료들이 반대했다. 신료들은 송과의 통교가 거란의 오해를 불러와 문제를 일으킬 수 있다는 점, 탐라 지역의 벌목이 백성들의 반발을 불러일으킬 수 있다는 점, 지금 문물과 예악이 번성하고 무역이 성행하여 온갖 물자가 조달되어 송과의 통교가 실익이 없다는 점을 이유로 들었다. 거란과 관계를 영원히 끊지 않는 한 송과의 통교는 무의미하다면서 반대한 것이다. 문종은 신료들의 반대로 뜻을 이룰 수 없었다.40) 결국 신하들은 거란과의 관계악화,

---

39) 『高麗史』 卷8 文宗11年 4月條. "去年遣使請罷弓口門外郵亭時未撤毀 又於松嶺東北 漸加墾田 或置庵子屯畜人物 是必將侵我疆也 當亟請罷之 中書省奏 彼朝時無擾邊 且新皇帝卽位 來加册命 今未回謝 先言疆場之事 似爲不可 王曰 彼若先置城柵 則非惟噬臍彼必謂我不覺也 宜於中秋 先遣使謝册 繼行奏請."

40) 『高麗史』 卷8 文宗12年 8月條. "王欲於耽羅及靈巖伐材造大船 將通於宋 內史門下省上言 國家結好北朝 邊無警急 民樂其生 以此保邦上策也 昔庚戌之歲 契丹問罪書云 東結構於女眞 西往來於宋國 是欲何謀 又尙書柳參奉使之日 東京留守問南朝通使之使 似有嫌猜 若泄此事 必生釁隙 且耽羅地瘠民貧 惟以海産 乘木道 經紀謀生 往年秋 伐材過海 新創佛事 勞弊已多 今又重困 恐生他變 況我國文物禮樂 興行已久 商舶絡繹 珍寶日至 其於中國 實無所資 如非永絶契丹 不宜通使宋朝 從之."

민심의 이반을 이유로 송과의 통교를 반대했다. 거란과의 불필요한 외교마찰로 문물과 예악이 번성한 현재의 정국을 변화시키지 않으려는 현실주의적인 정국운영론이 국왕의 결정을 번복시킬 정도로 문종대에 이미 하나의 대세로 자리 잡았음을 잘 보여준다.

내치 위주와 문치주의 성향의 정국운영론이 문종대에도 대세를 이루었음을 여기서도 찾아보게 된다. 주목되는 사실은 정국운영을 둘러싼 대립양상이 이전과 같이 강경·온건론을 중심으로 한 신료들 간의 대립이 아니라 문종대에는 국왕과 신료 간의 대립으로 그 양상이 바뀌었다는 사실이다. 정책결정에서 국왕권이 주요한 변수로 나타난 것이다.

채웅석 교수는 사서(士庶)의 구분, 문벌을 존중하려는 경향과 국왕의 위상을 강화하고 군신(君臣)관계를 강조하려는 경향이 병존하였다고 문종대 정치상황을 정리한 바 있다.41) 채 교수 역시 문종대 정국운영론이 국왕과 신료 간의 대립양상으로 나타나고 있음을 지적했다. 이는 내치 위주, 문치주의 성향의 정국운영론이 대세를 장악하면서 역설적으로 왕권이 그만큼 신장되었던 사실과도 무관하지 않았다. 문종의 대송 외교 재개시도는 마치 현종대 대거란 강경론의 신료들이 거란을 견제하기 위해 대송외교의 재개를 주장한 상황과 매우 흡사한 양상이다. 이러한 대립양상은 대외정책에만 국한되지 않았다.42)

---

41) 채웅석, 「고려문종대 관료의 사회적 위상과 정치운영」, 『역사와 현실』 27, 1998, pp.120~135.
42) 예를 들면 다음과 같다. 문종10년 9월 흥왕사 건립을 둘러싸고 역시 크게 대립하였다. 문종이 태조의 10훈요를 들어 사찰건립이 국가가 福慶을 누리는 것이라고 하자, 신료들은 당시 사찰 건립은 후삼국 통합의 원에 보답하고 풍수지리에 응하여 이루어진 것이라고 반대하였다. 사찰건립은 백성을 수고롭게 하고 산천의 기맥을 훼손시켜 폐해를 일으킨다고 반대의 논리를 폈다. 명분상으로는 태조 10훈요의 사찰 건립에 대한 해석을 둘러싼 논의였지만, 이 속에는 문종과 신료들 간에 정치운영에 있어서 크게 다른 입장이 반영되어 있다. 이러한 모습이 문종대 정치운영에 있어서 채웅석 교수의 지적대로 군신의 논리와 사서의 구분을 강조하는 국왕과 신료들 간의 정치운영론으로 갈라진 하나의 배경이 된 것이 아닌가 판단된다.

고려는 문종22년(1068) 7월 결국 송과 외교관계를 재개했다. 그러자 거란은 문종29년 고려에 압록강 이동 지역의 영토를 다시 획정할 것을 요청하였다. 현종대 이래의 잠복된 외교현안을 다시 들고 나오면서 거란은 고려를 압박했다. 또한 문종30년 거란은 정융진에 다시 암자를 설치하여 고려를 압박했고, 고려는 사신을 파견하여 이의 철회를 요청했으나 이 문제는 결국 문종대에 해결되지 못하였다. 선종3년(1086) 거란은 고려에 대하여 각장(榷場) 설치를 요구했고, 고려는 이를 반대하는 사신을 파견했다. 이 문제로 고려는 선종4년과 5년에 여러 번 사신을 파견하여 각장 설치의 중단을 요구했다. 선종5년 11월 거란이 각장 설치를 취소함으로써 고려와 거란 간의 외교적인 분쟁은 일단락되었다. 이후 거란이 멸망할 때까지 양국 사이에 외교적인 마찰은 없었다. 고려는 거란이 각장 요구를 철회한 대신 거란과의 관계를 송보다 우위에 두는 현실적인 대외정책을 채택했다.43) 이 역시 내치 위주, 문치주의 성향의 정국운영론의 연장선상에서 나온 것이었다.

이상 11세기는 관료제, 토지제도 등 여러 부문에서 고려의 전형(典型)이 마련된 시기였다. 정국운영론 역시 예외가 아니었다. 거란과의 외교관계가 재개되면서 온건파의 내치 위주, 문치주의 성향의 정국운영론이 정국운영의 대세를 장악했으며, 이후 고려 전기 정국운영론의 전형으로 자리잡는다.

마지막으로 11세기 후반 이후 내치 위주, 문치주의 성향의 정국운영론의 득세와 함께 정국운영에서 국왕권이 대두하는 양상을 어떻게 보아야 할 것인가 하는 문제가 남는다. 국왕권의 대두는 11세기 후반 밑으로부터 민의 유망현상이 가시화되고 지배층 내부에는 남경천도 등 국가위기론이 대두하는 정치정세의 변동과 무관하지 않았다. 이러한 변동이 국왕이 정치의 전면에 나서는 요인으로 작용했다. 또한 내치 위주, 문

---

43) 이상 대송외교 재개 이후에 관한 서술은 졸고, 「高麗中期 對外政策의 變化에 대하여-宣宗代를 중심으로-」, 『韓國學論叢』 16, 國民大, 1995년에 따른 것이다.

치주의 성향의 정국운영론도 상대적으로 국왕의 위상을 강화시켜 준 요인이 되었다. 이러한 여러 요인은 국왕이 정치의 전면에 나서는 계기가 되었다.

(『역사와 현실』 제30, 1998)

入宋高麗國使의 朝貢儀禮와 그 주변

金 成 奎

1. 머리말
2. 「高麗國使副見辭儀」成立의 背景
3. 「高麗國使副見辭儀」의 內容 分析
   1) 본문
   2) 校勘(『政和五禮新儀』와의 對比)
   3) 語釋
   4) 현대어 역
4. 入貢儀禮의 展開 過程에서 보이는 諸問題
   1) 의식의 전체적인 구도
   2) 의식 전개상에서의 몇 가지 구체적인 문제
5. 高麗使節團 活動의 一面 -맺음말에 대신해서-

金成奎

일본 와세다대학에서 학위 취득 후 미국 하버드대학 옌칭연구소 객원학자와 중국 하북대학 송사연구중심연구원을 거쳤다. 현재는 전북대학교 사학과 교수로 있으면서 '전통중국의 세계질서' 문제에 관심을 갖고 있다.

入宋高麗國使의 朝貢儀禮와 그 주변

1. 머리말

이념상 '法治'보다 '禮治'를 앞세운 중국의 역대 왕조에서 소위 '五禮'가 발달한 것은 자연스러운 일이지만, 그중에서도 '賓禮'는 그 밖의 '四禮'와는 의미를 달리하는 것이었다. 빈례는 중국 국내에서의 主客 관계, 즉 황제와 신하 간의 의례를 포함하는 것이지만, 특히 그것이 외국에까지 연장되고 있는 점에서 특이하다. 즉 빈례는 다른 '四禮'와 달리 中華는 물론 夷狄까지 포괄하여 천하에 군림하려는 중국 황제가 그것을 확인하는 의식으로서 외부의 사신을 초대하여 그 중심이 어디에 어떻게 존재하는가를 보여주려고 한 둘도 없는 무대 장치였던 것이다.

중국 왕조에서 그와 같은 빈례의 무대 공간이 어떻게 설정되고 또 어떠한 분위기 속에서 연출되었는지를 가장 잘 보여주는 것은 『大唐開元禮』(이하 『開元禮』로 약칭) 卷148~卷155에 걸쳐 보이는 수 篇의 빈례 관계 기사이다. 물론 당 이전에도 그러한 의례는 존재했지만 우리는 현재 『開元禮』를 통해서만 그 전반적인 내용과 성격의 윤곽을 비로소 알 수 있다. 또한 당대는 중국의 제도가 모든 영역에서 완비되는 국면에 이르렀을 뿐 아니라 그것이 후대의 왕조에게도 지대한 영향을 미쳤는데, 『開元禮』의 빈례 역시 마찬가지의 의미를 갖고 있다고 평가된다. 『開元禮』의 빈례는 현재 일본의 石見淸裕에 의해서 대부분 분석된 상태에 있다.[1]

唐에 이어지는 宋, 나아가 明代의 빈례도 그 원류가 『開元禮』에 구해지는 것은 부정할 수 없다. 다만 宋·明 시대는 당으로부터 적지 않은 시간이 흐른 상태이고, 또 당과는 크게 달라진 국제 환경 속에서 종전의 빈례 형식이 그대로 후대에 적용될 수 있는 것이라고는 보기 어렵다. 王安石이 "道有升降, 禮有損益, 則王之所制, 宜以時修之."(『周官新義』卷16, 秋官 3)라고 한 것은 바로 그와 같은 '禮'의 가변성을 설명한 것으로 볼 수 있다.

필자는 현재 이와 같이 이전과는 달라진 송대 동아시아 국제 질서의 다양성에 관심을 갖고 있으며, 그 일환으로 그것을 빈례를 매개로 접근하려고 하고 있다. 최근에 발표한 졸고 「宋代 東아시아에서 빈례의 成立과 그 性格」[2](이하 졸고 1)은 『開元禮』와의 비교를 통해서 새로운 현실에서 나타나고 운용된 송대 빈례의 일반적 특징을 『政和五禮新儀』(이하 『新儀』)를 중심으로 검토한 것이고, 또 다른 졸고 「外國朝貢使節宋皇帝謁見儀式復元考」(이하 졸고 2)[3]는 『新儀』의 「蕃國主來朝儀」를 토대로 外國朝貢使의 황제 알현 의식을 구체적으로 분석하고 『開元禮』와의 異同에 대해서도 밝힌 것이다.

그런데 이 두 논문에서 필자가 이미 지적한 것처럼 『新儀』는 외국의 '朝貢使'를 '蕃國主'와 '進奉使'의 경우로 나누어 그 의식을 각각 별도로 기술하고 있다. 이러한 방식은 이미 『開元禮』단계에서 보이고 있고 이

---

[1] 그 대부분은 石見淸裕, 『唐の北方問題と國際秩序』, 汲古書院, 1998年에 수록되어 있다.
[2] 졸고, 「宋代 東아시아에서 賓禮의 成立과 그 性格」, 『東洋史學硏究』 72, 2000年.
[3] 졸고, 「外國朝貢使節宋皇帝謁見儀式復元考」, 『宋遼金元史硏究』 4, 2000年.

후 宋代를 거쳐 명대의 『明集禮』에서도 나타나므로, 『開元禮』가 형식면에서 후대 왕조의 典範이 되고 있음을 알 수 있다. 하지만 그럼에도 불구하고 중국 왕조에서 조공이 외국 군주에 의해 직접 이루어진 사례는 매우 드물며, 그것은 그 군주 자신이 아니라 그가 보낸 조공사절에 의해 치러졌다는 것은 잘 알려진 사실이다. 따라서 송대에서 일반적으로 연출된 빈례로서의 조공 의례를 이해하기 위해서는 「蕃國主來朝儀」(졸고 2)에 국한하지 않고, '朝貢使(=進奉使)'의 입공 의례를 추가적으로 검토할 필요가 있는 것이다. 본 고의 검토 대상은 바로 이것이며, 이를 통해 보다 사실적이고 실질적인 빈례의 실상에 다가설 수 있으리라고 생각한다.

그 경우 『新儀』는 여러 외국 '進奉使'의 조공 의례에 관한 기사를 일괄적으로 설명하지 않고, 각각의 국가 내지 지역을 개별적으로 나누어 설명하고 있다. 즉 이 점은 『開元禮』에는 없는 송대 빈례의 중요한 특징으로, 예컨대 西夏라면 '夏國進奉使見辭儀', 高麗라면 '高麗國進奉使見辭儀'라는 식으로 되어 있다.

이들 각 의식은 내용상 유사성이 있는 한편 차이도 존재한다. 이 점에서 이들을 종합적으로 분석·비교하여 禮의 運營 裏面에 보이는 송대 중국의 국제질서를 파악할 수도 있다고 생각하지만, 본 고에서는 일단 여러 빈례 중의 하나인 『高麗國進奉使見辭儀』를 집중적으로 검토하여 송대 進奉使 入貢 儀式의 기본형 검출에 논의를 한정하고 싶다. 또 『高麗國進奉使見辭儀』는 송대 중기의 禮書인 『太常因革禮』에도 이미 보이고 있고, 『新儀』는 이를 토대로 뒤에 다시 편집된 것으로 보이므로, 본 고에서는 『太常因革禮』를 중심으로 분석하되 『新儀』도 같이 참고하기로 한다. 아울러 『高麗國進奉使見辭儀』에는 고려 사절단의 구성과 그들의 宋都 開封에서의 활동을 추측할 수 있는 몇 가지 단서가 보이므로 본 고에서는 이 점에 대해서도 약간의 私見을 아울러 피력하고 싶다.

2. 「高麗國使副見辭儀」成立의 背景

『新儀』가 성립되기 이전 송조에서는 이미 여러 종류의 의례서가 존재했으나 현재 우리가 접할 수 있는 것은 仁宗 嘉祐년간(1056~1063)에 歐陽修 등이 奉勅 撰集한 『太常因革禮』 一百卷이다. 『太常因革禮』의 성격과 그것의 『新儀』와의 관계에 대해서는 이미 졸고 1에서 상술한 바이나, 요컨대 그중에서 조공의례에 관한 부분은 양자 간에 編制의 相異가 있는 반면 내용은 후자가 전자를 기본적으로 답습한 것으로 볼 수 있다.

즉 『太常因革禮』는 '總例, 吉禮, 嘉禮, 軍禮, 凶禮, 廢禮, 新禮, 廟議'의 8門(항목)으로 구성되고, 여기서는 '빈례' 항목이 보이지 않는 대신 '新禮'에 조공의례를 편입시키고 있는 점이 주의된다. 다만 총 21卷으로 이루어져 있는 이 '新禮' 가운데서 외국사의 조공의례는 同書 卷83 新禮 16과 同書 卷84 新禮 17의 2卷에 불과하고, 나머지는 대체로 '吉禮'에 속하는 내용으로 되어 있다. 여기서 일반 외국 조공사의 의례를 기술한 新禮 17의 篇名을 제시하면 다음과 같다.

- 高麗國使副見辭
- 交州使副見辭
- 宜州西南蕃黎州等處蠻王子見辭
- 海外進奉蕃客見辭

'新禮'는 종래의 五禮 체제에 속하지 않는 특이한 항목이지만, 우리는 이 '新禮'가 성립되는 다음과 같은 과정을 통해서 빈례뿐 아니라 송대 의례 전반의 추이까지를 엿볼 수 있다.

먼저 구양수는 『太常因革禮』序에서 송대 禮書의 연혁을 서술하여,

1) 國初에 唐의 舊禮를 축약해서 『開寶通禮』를 만들었고,
2) 그 후 仁宗의 天聖中(1023~1031)에 禮官 王皥 등이 『已行之事』를 論次(意見을 밝혀 文書를 정리)하여 『禮閣新編』을 만들었는데 이것은 天禧5年(1021)까지를 대상으로 한 것이며,
3) 다시 그 뒤에 賈昌朝 등이 慶曆3年(1043)까지의 내용을 추가하여 『太常新禮』를 만들었지만,
4) 그럼에도 불구하고 嘉祐中(1056~1063)에 구양수 자신이 이들 禮書가 충분하지 못하고 남겨진 자료가 아직도 많다고 仁宗에게 건의한 결과, 그가 다른 禮官들과 함께 宋初의 建隆에서 嘉祐에 이르는 사항을 거의 망라하여 새로운 禮書를 만들고 英宗에게 『太常因革禮』라는 이름을 받기에 이르렀다.

라고 하고 있다.

여기에 따르면 송조에서는 『太常因革禮』에 앞서 『開寶通禮』를 비롯한 『禮閣新編』, 『太常新禮』 등의 禮書가 존재한 것을 알 수 있는데, 이들 新書가 계속해서 출현한 것은 요컨대 당의 舊禮 즉 『開元禮』를 축약해서 만든 『開寶通禮』로서는 새로운 현실에 대응할 수 없기 때문이었다. 구양수가 『太常因革禮』 序에서 新書 출현의 배경으로,

其後更歷三朝, 隨事損益, 與通禮異者, 十常三四, 苟新書不立, 而恃通禮以爲備, 則後世將有惑焉.

라고 한 것은 그와 같은 사정을 말하는 것이다. 『開寶通禮』는 송 초에 존재했던 『宋刑統』과 거의 마찬가지의 의미밖에 갖지 못했다고 할 수 있다.

여기서 '新禮'는 구양수가 말한 것처럼 『開寶通禮』에 있는 종전의 의례와 그 후에 새롭게 출현한 의례를 차별화하기 위한 필요에서 등장했다. 구양수는 이 점에 대해 다시 다음처럼 밝힌다.

> 開寶通禮者, 一代之成法, 故以通禮爲主, 而記其變, 其不變者, 則有
> 通禮存焉. 凡變者, 皆有所沿於通禮也, 其無所沿者, 謂之新禮. 通禮之
> 所有, 而建隆以來不復擧者, 謂之廢禮. 凡始立廟, 皆有議論, 不可以不
> 特見, 謂之廟議. 其餘皆卽用通禮條目, 爲一百篇.

여기에 의하면 『太常因革禮』의 본문은 『開寶通禮』를 위주로 하되 '변화된 사항'을 수시로 거기에 附記하는 형식으로 되어 있고, 이 점은 同書의 본문을 직접 一瞥해 보아도 알 수 있다. 하지만 '변화된 사항' 중에는 그 내용을 『開寶通禮』를 토대로 검토해 갈 수 있는 것이 있는 반면, 그렇게 할 수 없는 것이 있고, 그 경우 구양수는 후자를 특히 '新禮'라는 항목으로 독립시켜 취급하고 있다. 또 '新禮'와 반대의 경우로서 『開寶通禮』에 그 내용이 있음에도 불구하고 宋初부터 거론조차 되지 못하는 것도 있는데 구양수는 이를 '廢禮'로 취급하였다. 이 '新禮'와 '舊禮'가 『太常因革禮』 一書에 양존하는 것이야말로 송대에 있어서 당대 儀禮의 탈피를 극명하게 보여 주는 부분일 것이다. 그 밖에 '廟議'를 제외한 대부분은 『開寶通禮』의 형식을 그대를 따르고 있고 이 부분은 당대 儀禮를 계승한 부분으로 볼 수 있다.

이처럼 『太常因革禮』에는 新·舊의 의례가 동시에 실려 있으며, 그 중에서 특히 朝貢使에 의한 朝貢儀禮가 '新禮'로 편입된 것은 이 부분이 송대의 새로운 현실에 맞추어 출현한, 문자 그대로 '新禮'였기 때문일 것이다. 『開寶通禮』는 현재 존재하지 않지만 그것이 당의 『開元禮』를 축약했다고 하므로 거기에도 빈례가 존재했을 것이고, 그렇다면 그 빈례도 『開元禮』에 준하는 형태였을 것이다.[4] 하지만 송대가 되면 이미 강조한 것처럼 『開元禮』의 빈례와는 다른 변화된 국제 환경 속에서 각

---

[4] 『開元禮』는 卷79~卷80에서 외국사의 조공 의례를 '蕃國主'의 경우와 '蕃國使'의 경우 즉 당 황제를 알현하는 외국사의 신분에 따라 구별할 뿐, 국가 별로 그것을 나누지는 않고 있다.

국가 별로 거기에 맞는 조공의례가 제정·분화되는 경향이 있었고 그것이 다름 아닌 『太常因革禮』에 실린 前揭 新禮 17의 여러 篇名이라고 할 수 있다.

이러한 형태의 빈례는 이미 『太常因革禮』 단계 이전, 대체로 大中祥符 년간(1008~1016)에 만들어지기 시작한 것으로 보인다. 그것은 同書 卷84 新禮 17에 실려 있는 각 조공의례의 첫머리에 각각,

> 禮閣新編, 大中祥符元年, 高麗國使副入貢, 遂詔有司裁定儀注.
> 禮閣新編, 大中祥符元年, 交州使副入貢, 遂詔有司裁定儀注.
> 禮閣新編, 大中祥符元年, 宜州西南蕃黎州等處蠻王子入貢, 遂詔有司裁定儀注.
> 禮閣新編, 大中祥符二年, 海外蕃客入貢, 遂詔有司裁定儀注.

라고 하는 설명에 의해 알 수 있다. 大中祥符 년간을 전후해서 송조는 거란과 서하와의 관계가 안정되었고, 그에 따라 주변 각국에서도 사자의 왕래가 활발해진 결과 새로운 조공의례가 만들어진 것이다.[5] 본 고에서 주로 검토하게 될 「高麗國使副見辭儀」 또한 이와 같은 시대적인 상황을 배경으로 하고 있는 점은 마찬가지다. 이들 조공의례는 적어도 『禮閣新編』에는 실리게 된 것이 분명하지만 그것들이 어떠한 항목으로 분류되었는지는 알 수 없다.

한편 『太常因革禮』의 進奉使 朝貢儀禮는 이미 지적한 것처럼 그 내용이 政和년간에 편찬된 『新儀』에도 거의 비슷한 내용으로 보인다. 『新儀』는 『太常因革禮』와는 달리 吉·賓·軍·嘉·凶(喪)의 五禮 體裁로 『開元禮』에 준하는 형태를 갖고 있고, 따라서 進奉使의 조공의례도 빈례로 분류되어 있지만, 이 '新禮'에는 『太常因革禮』에는 보이지 않던 「夏國進奉使見辭儀」가 추가적으로 보이는 것이 다른 점이다. 송과 西夏는 '一

---

[5] 졸고 1, pp.57~67 참조.

戰―和'를 거듭하여 그 관계가 불안정했기 때문에 송 전기에는 그 조공 사절을 맞아들이는 빈례가 아직 정비되지 않은 것 같다.6)

3. 「高麗國使副見辭儀」의 內容 分析

그러면 각국 進奉使에 대한 이상과 같은 조공의례는 구체적으로 어떠한 내용을 갖는 걸일까? 이미 밝힌 대로 본 고는 고려를 대상으로 이 문제를 생각하고자 하므로 여기서는 그 내용을 검토하기 위한 준비로서 「高麗國使副見辭儀」의 본문과 그에 관련된 몇 가지 사항을 제시해 두기로 한다. 이하 검토의 편의를 위해서 「高麗國使副見辭儀」의 본문을 내용별로 나눈 뒤, 校勘으로서 『新儀』의 내용과의 비교, 중요 어구에 대한 '語釋' 및 '國譯' 등을 제시하기로 한다. 국역은 내용을 보다 분명히 하기 위해 「校勘」에 보이는 『新儀』의 해당 부분을 필요에 따라 참조하여 작성했다.

1) 본문

『太常因革禮』 卷84 新禮 17

Ⅰ. 高麗國使副見辭

A-a-1 使副已下一班(1)候見. 班絕(2)謝班前, 捧表函(3)入, 面西揖躬立候.

A-a-2 舍人(4)當殿通(5)高麗進奉使副某官某甲已下祗候(6)見, 應諾(7).

A-a-3 舍人一員引當殿, 跪進表函, 舍人接出, 送客省(8)進內.

A-a-4 舍人喝(9)拜, 大起居(10)訖, 出謝面天顏(11), 沿路館券(12),

---

6) 졸고 1 참조.

都城門外茶酒(13), 歸位.

A-a-5 又喝拜, 兩拜, 搢笏(14), 舞蹈(15), 三拜, 又出班奏, 附起居(16), 歸位, 又兩拜.

A-a-6 宣有敕賜某物(17), 兼賜酒食[原注：每句應喏(18)], 搢笏跪受, 箱(19)過, 俯伏興.

A-a-7 喝拜, 兩拜, 搢笏舞蹈, 三拜.

A-a-8 喝祗候(20), 出.

A-a-9 逐日前殿于侍衛司員僚後起居(21).

A-b-1 總管(22)押衙(23)已下, 次使副入.

A-b-2 不通名(24).

A-b-3 便引當殿, 喝拜, 兩拜, 奏聖躬(25)萬福.

A-b-4 又喝拜, 兩拜, 隨拜萬歲.

A-b-5 宣有敕賜某物, 兼賜酒食. 應喏, 跪受, 箱過, 俯伏興.

A-b-6 又兩拜, 隨拜萬歲.

A-b-7 喝各祗候, 出.

A-b-8 逐日更不起居(26).

A-c 將軍(27)已下, 并門見(28), 賜例物酒食.

B-a-1 其朝辭日, 使副已候辭, 班絕, 入, 面西揖躬.

B-a-2 舍人通高麗進奉使副某官某甲已下, 祗候辭應喏.

B-a-3 舍人一員引當殿.

B-a-4 喝拜, 兩拜, 奏聖躬萬福.

B-a-5 又喝拜, 兩拜, 出班致詞(29), 歸位, 又喝拜, 兩拜.

B-a-6 宣有敕賜某物, 兼賜酒食. 應喏, 搢笏跪受, 箱過, 俯伏興.

B-a-7 又兩拜, 搢笏舞蹈, 三拜.

B-a-8 喝好去.

B-b-1 總管押衙已下, 次使副入.

B-b-2 不通名.

B-b-3 便引當殿, 喝拜, 兩拜, 奏聖躬萬福.
B-b-4 又喝兩拜.
B-b-5 宣有敕賜某物, 兼賜酒食. 應喏, 跪受, 箱過, 俯伏興.
B-b-6 又兩拜, 隨拜萬歲.
B-b-7 喝好去, 出.

B-c 將軍已下, 門辭(30), 賜例物酒食.

2) 校勘(『政和五禮新儀』와의 對比)

제목:「高麗國使副見辭」→「高麗國進奉使見辭儀(原注：僧見辭付)」
A-a-1 →"見日. 使奉表函, 引入庭, 副使隨入, 西向立, 舍人揖躬."
A-a-2 →"舍人當殿, 躬通高麗國進奉使姓名以下祗候見."
A-a-3 →"引當殿, 引使稍前, 跪進表函(原注：舍人一員, 搢笏躬接表函, 出, 笏(?)捧詣客省接進)"
A-a-4 와 A-a-5 →"俯伏, 興起, 歸位, 大起居, 班首出班, 躬附起居, 歸位, 再拜, 又出班, 前(?)面天顏沿路館券都城外茶酒, 歸位, 再拜, 搢笏, 舞蹈, 俯伏, 興, 再拜(假日不舞蹈, 交州同)"
A-a-6 →"舍人宣有勅賜某物, 兼賜酒食(原注가 없음), 搢笏跪授, 箱馬過, 俯伏, 興"
A-a-7 →"再拜"
A-a-8 →"舍人曰各祗候, 揖西出"
A-a-9 →"[原注：每過(遇?)立班, 起居在侍御同員僚後入]"

A-b-1 →"次押物以下入"
A-b-2 →"不通"
A-b-3과 A-b-4 →"卽引當殿, 四拜起居"
A-b-5 →"宣有勅賜某物, 兼賜酒食. 跪授, 箱過, 俯伏興"
A-b-6 →"再拜起居"

A-b-7 → "舍人曰各祗候, 揖出"
A-b-8 → 대응하는 구절 없음.

A-c → 대응하는 구절 없음.

B-a-1 → "辭日, 引使副入殿庭, 西向立, 舍人揖躬"
B-a-2 → "舍人當殿, 躬通高麗進奉使姓名以下祗候辭."
B-a-3 → "引當殿"
B-a-4와 B-a-5 → "四拜起居, 班首出班致詞, 歸位, 再拜"
B-a-6 → "舍人宣有勅賜某物, 兼賜酒食. 搢笏跪授, 箱過, 俯伏興"
B-a-7 → "再拜"
B-a-8 → "舍人曰, 好去, 揖西出"

B-b-1~B-c → "次從人入辭如見儀[原注：使副疾, 謁告參日, 俟見班絕, 入, 通某姓名, 參假大起居. 使副知(衍?之?)] 加恩告謝, 俟謝班絕, 入, 管勾所, 前一日, 申閤門, 若使副以下授恩命, 謝恩各依常參官謝恩之儀. 若中謝擁物, 不拜, 勅止唱, 賜者唱, 再拜, 舞蹈, 俯伏, 興, 再拜. 僧見辭, 不通, 當殿, 奏聖躬萬福, 三呼萬歲. 宣有勅賜, 僧衣兼賜齋食, 三呼萬歲, 贊曰祗候(原注：辭贊曰, 好去), 三呼萬歲西出(原注：次, 本國使入, 後入者, 同)."

3) 語釋[7]

(1) 班 : 황제 앞에 堵列하기 위해 구성된 班列. 예를 들어 『新儀』 卷 155 「夏國進奉使見辭儀」에는 '見班,' '辭班'이라고 보이는데, 이 중 전자는 입국한 서하사절이, 후자는 귀국하려는 서하사절이 각

---

[7] 이 語釋은 本文에 대한 것만으로 이루어졌다.

각 宋帝에 대한 알현을 위해 갖춘 班列로 보아야 할 것이다.

(2) 絕 : 사전적인 字意로는 본문의 의미를 정확히 파악하기 어려우나, 본문에서는 문맥상 班列을 짓는 행위 등이 완료된 것으로 보았다.

(3) 表函 : 上表文을 넣은 상자.

(4) 舍人 : 通事舍人을 말한다. 화제가 臨席하는 朝會, 외국사절의 알현을 비롯한 外廷에서 公的인 의례 진행이 본래의 임무로, 이들은 內廷의 宦官과도 닮았다고 할 수 있다. 상세하게는 梅原郁, 『宋代官僚制度研究』, 同朋舍, 1985年, 2장 「宋代の武階」를 참조. 아울러 通事舍 人은 본문 중에서도 알 수 있는 것처럼 복수가 정원이었다.

(5) 通 : 여기서는 '傳하다'의 뜻.

(6) 祇候 : 이 말은 원래 梅原郁 전게서 p.135의 설명처럼 '모시다', '봉사하다'의 뜻을 갖지만, 여기서는 '행동의 이행'을 나타내는 뜻으로 생각된다. 즉 "고려사절인 ○○○ 등이 알현하게 되었다."라는 식으로 '見'을 꾸미는 서술어로 이해하고 싶다.

(7) 應諾 : 본문 '현대어 역'에서는 "그 응낙을 받는다."라고 처리했지만, 여기서는 사실 그와 같은 '응낙'의 주체를 확정하기 어렵다. 그것을 송의 관원 내지 황제로 보아야 할지, 아니면 정반대인 고려사절로 보아야 할지가 문제다. 다만 A-a-6과 A-b-5 등의 용례는 후자일 가능성이 크고, 여기서도 그렇게 보고 싶다. 또 그렇다면 여기서의 '응낙'은 현대적인 감각으로서의 그러한 의미보다 '예' 정도의 뜻이 아닐까?

(8) 客省 : 북송 전기에서 송의 外事를 중심적으로 수행한 기구로, 國都에 진입한 외국사절의 宋帝에 대한 알현에서 귀국에 이르는 여러 사무에 관여하고 있었다. 졸고, 「北宋의 開封과 外交」(『中國史研究』 第13輯, 2000年) 제2장 1절 「宋 前期의 外事機構」

참조.
(9) 喝 : 외치다.
(10) 大起居 : 朝班의 일종. 在京의 관료들이 5일에 한 번 내전에서 황제를 朝見하는 것을 '五日起居' 혹은 '百官大起居'라 했고, 송조의 관원들은 大起居 時에 황제를 향해 七拜의 禮를 행했다(龔延明 編著, 『宋代官制辭典』, 中華書局, 1997年). 본문에서 보는 것처럼 高麗使節團은 황제 알현 의식에서 再拜, 三拜를 거듭하고 있지만, 7회나 반복하는 大起居는 이때 한 번만 연출되고 있다. 아울러 역시 朝班의 하나인 常起居는 宰相, 樞密使 이하 중요관리들이 매일 내전에서 황제를 알현하는 것으로, 이 경우에는 '再拜之禮'가 행해졌다.
(11) 天顔 : 천자(황제)의 얼굴.
(12) 館券 : 송의 정부가 官員에게 宿食을 위한 비용을 면제시켜 주는 증명서. 예를 들어 『續資治通鑑長編』 卷103 天聖3年 8月辛亥와 『曾鞏集』 卷43, 「秘書丞知成都府雙流縣事周君墓地銘」에는 "君…, 其在仕也, 嫁姊之貧者, 君常分月俸三之一以奉之, 餘以與諸弟, 君與妻子或止食館券而已."라고 보인다.
(13) 都城門外茶酒 : 송조는 특히 都城에 들기 직전의 遼使에게 酒果를 비롯한 賜與를 口宣과 함께 보내고 있는 것이 常例였는데, 이러한 것이 다른 朝貢使副에게도 전해진 것으로 보인다. 遼使에 대한 것은 聶崇岐, 『宋史叢考』 下, 「宋遼交聘考」, 中華書局, 1980年 참조.
(14) 搢笏 : 笏을 삽입하는 것. 君臣이 朝見 時에 笏을 쥐는 것인데, 본래 이것은 備忘에 대비한 기록을 위한 것으로 사용하지 않을 경우에는 腰帶 위에 삽입하였다.
(15) 舞蹈 : '手舞足蹈'를 의미하는 중국 관리의 황제 알현 시의 의례의 하나. 『朱子語類』 卷128, 「法制」에 의하면 北宋代에는 문무

백관이 殿 아래서 舞蹈를 행한 뒤에 殿에 올랐지만, 남송대에는 단지 殿 아래서 兩拜하는 것으로 대신했다고 한다. 아울러 『朱子語類』는 이러한 무도의 기원을 北魏 말년의 夷狄의 풍습으로 보고 있다.

(16) 附起居 : 여기서는 "起居에 붙어서"라고 해석해 둔다. 進奉使가 '班'에서 나온 상태이므로, 자신의 본래 '位'로 돌아가기 위해서는 일단 떨어진 '起居'로 돌아갈 필요가 있다.

(17) 宣有敕賜某物 : 일반적으로 송대에서 '宣'과 '敕'은 "由中書頒發者稱敕, 由樞密院頒發者稱宣."[中國歷史大辭典(宋史)]으로 설명되나, 이 경우에는 그렇게 보기보다 朝廷을 거치지 않고 직접 주어지거나 中使 등을 통해 傳授된 '口宣'의 의미 내지는 단순한 '詔' 또는 '詔書'로 이해되며, '敕'도 비슷한 의미로 생각된다. 다만 여기서의 '敕賜'는 "詔로서 수여한다."의 의미이다. 또한 여기서는 송 황제가 내리는 賜物의 내용 즉 '某物'이 문제로 되지만 상세는 不明이다. 이 경우에는 衣服, 束帶, 銀器 등이 일반적으로 생각되며, 예를 들어 三佛齊와 遼使 등에게도 그러한 품목이 하사되고 있다. 三佛齊의 경우에 대해서는 白石晶子,「三佛齊の宋に對する朝貢關係について」(『お茶の水史學』7, 1964年)가, 遼使에 대해서는 『新儀』 卷150,「紫宸殿大遼使朝見儀」 등이 각각 참고로 된다.

(18) 每句應諾 : 아마도 이 경우에는 舍人이 敕賜하는 某物의 품명을 하나하나 열거하고 있던 상황이 생각되며, 따라서 '每句應諾'은 그 品名을 하나하나 열거할 때마다에 대한 고려사의 "應諾"으로 생각된다.

(19) 箱 : 보통의 상자, 단 덮개가 있는 竹器. 다만 이 경우 『新儀』 卷155 '高麗國進奉使見辭儀'에는 '箱'이 '箱馬'로 되어 있기 때문에, '箱'은 말(馬) 등에 올려놓은 것을 가리킬 가능성이 있다. 원

래 '箱'에 '車箱'의 뜻이 있는 점도 간과할 수 없다. 하지만 여기서 말하는 箱(馬)이 고려사에게 주기 위한 송조의 것을 말하는지, 아니면 그것을 받아서 담은 고려 측의 것인지는 분명치 않다.

(20) 祗候 : 본문에서는 "舍人이 각기 祗候를 외치면 (揖하고) 서쪽으로 나간다."라고 해석했지만, 여기서의 '祗候'는 고려사의 동작을 '出(나간다)'이라는 행동으로 이행시키는 신호 또는 명령일 것이다.

(21) 侍衛司員僚 : 侍衛親軍司의 관리. 侍衛司는 '侍衛親軍司'의 약칭이며 '員僚'는 관리 특히 무관을 의미하는 것 같다. 侍衛司의 이름은 五代 後漢 때에 처음 보이며 북송은 이를 따라 殿前司와 함께 二司라 했고, 眞宗 景德2年에는 侍衛司를 侍衛親軍馬軍司와 侍衛親軍步軍司로 나눈 후 여기에 종래의 殿前司와 합쳐 '三衙'라 칭했다.

(22) 總管 : 송대에는 각 軍路마다 최고 統兵官으로서 都部署를 두었는데 英宗의 避諱를 위해 이를 都總管 또는 總管으로 개칭했다. 고려에서도 文宗18年(宋 英宗 治平元年, 1064)에 按察使를 都部署로 고쳤다고 하며, 따라서 송과 고려 간의 도부서(총관)의 의미에는 약간 차이가 있지만, 아무튼 본문에서 말하는 총관은 이것을 의미하는 것 같다. 다만 여기서 말하는 總管은 송조가 자기식대로 판단한 이름을 붙였을 가능성이 있다. 麗 · 宋간의 관제 비교에 대해서는 周藤吉之,「宋と高麗との關係-宋側から見た高麗の官吏制度-」(『朝鮮學報』75, 1975年 ; 同,『宋 · 高麗制度史研究』, 汲古書院, 1992年)를 참조.

(23) 押衙 : 원래 중국에서는 "天子 護衛兵의 長"을 의미하지만, 이 경우에는 고려사절단을 호위하는 武官의 長으로 보인다. 이것도 고려의 관명을 중국인의 인식으로 표현한 것일 가능성이 있다.

(24) 不通名 : A-a-2와 대조되는 부분으로, 儀式의 전개에서 通名

은 高麗進奉使·副에 국한되고 있고, 그 밖의 人員의 通名은 행해지지 않고 있다.

(25) 聖躬 : 천자의 몸, 聖體.

(26) 逐日更不起居 : A-a-9의 "逐日前殿于侍衛司員僚後起居"와 대조되는 부분으로, 高麗進奉使副가 매일 起居하는 것에 반해 總管押衙 이하는 그것을 매일은 행하지 않음을 알 수 있다.

(27) 將軍 : 물론 군대의 장교를 의미하지만, 이것만으로는 정확한 의미를 특정하기 어렵다.

(28) 門見 : 門에서 알현한다는 뜻으로, 그렇다면 이것은 將軍 이하는 進奉使·副나 總管押衙처럼 황제의 面前에서 알현하지는 못하게 되어 있음을 말한다. 또 여기서 말하는 門은 外國使의 황제 朝見이 그 시기와 그 목적 등에 따라 장소를 달리하는 경우가 있으므로, 특정하기 어려운 점이 있으나, 예컨대 大慶殿 門은 그중의 하나이다.

(28) 致詞 : 致辭. 인사말을 서술하다.

4) 현대어 역

Ⅰ. 高麗國使副見辭

A-a-1 : 황제 알현 當日, (進奉)使·副 등은 한 조(一班, 班列)를 이루어 알현을 기다린다. 班이 갖추어지면(?) (진봉사는) 班 앞에서 예를 표한 뒤 表函을 들고 殿庭으로 들어가 西向하여 揖하고 서서 기다리고, 舍人도 揖한다.

A-a-2 : 舍人은 殿을 바라보고 高麗進奉使·副인 某官某甲 이하가 알현 인사함을 아뢰고 그 응낙을 받는다.

A-a-3 : 舍人 중의 一員이 진봉사를 殿 앞으로 인도하면 (진봉사

入宋高麗國使의 朝貢儀禮와 그 주변 | 159

는) 무릎을 꿇고 表函을 進上한다. 舍人은 表函을 接受하여 客省으로 보내 안으로 들인다.

A-a-4 : 舍人이 拜를 외치고 大起居가 끝나면 (進奉使)는 班에서 나와 天顔에 대한 알현과 沿路에서의 館券 및 都城門 밖에서의 茶酒를 내린 것에 대해 감사를 표하고 자기 位로 돌아간다.

A-a-5 : 舍人이 다시 拜를 외치면 兩拜, 搢笏舞蹈, 三拜하고 다시 班에서 나와 奏한 다음 起居에 붙어 位로 돌아가서 또 兩拜한다.

A-a-6 : (舍人이) 某物과 아울러 酒食을 敕賜함을 알리면(原注 : 여기서 每句마다 應諾한다), (진봉사는) 搢笏하여 跪受하고 상자가 지나가면 俯伏하였다가 일어난다.

A-a-7 : 舍人이 拜를 외치면 (진봉사·부는) 兩拜, 搢笏舞蹈, 三拜한다.

A-a-8 : 舍人이 각기 祗候를 외치면 (揖하고) 서쪽으로 나간다.

A-a-9 : 매일 前殿에서 班에 설 때는 侍衛司員僚의 뒤에서 起居한다.

A-b-1 : 總管押衙 이하는 使·副 다음에 들어간다.

A-b-2 : 通名하지 않는다.

A-b-3 : (舍人이 總管押衙를) 인도하여 殿 앞에 선 다음 拜를 외치면 兩拜하고 聖躬萬福을 奏한다.

A-b-4 : 또 (舍人이) 拜를 외치면 兩拜하고 拜에 따라 萬歲를 외친다.

A-b-5 : (舍人이) 某物과 아울러 酒食을 敕賜함을 알리면 응낙하고 跪受하며 상자가 지나가면 俯伏하였다가 일어난다.

A-b-6 : 또 兩拜하고 拜에 따라 萬歲를 외친다.

A-b-7 : 舍人이 각기 祗候를 외치면 (揖하고) 나간다.
A-b-8 : 매일(처럼) 다시 起居하지 않는다.

A-c : 將軍 이하는 모두 門에서 알현하며 例物과 酒食을 賜한다.

B-a-1 : 황제에게 귀국 인사를 하는 當日, (進奉)使·副는 辭를 (위한 알현을) 기다리다 班이 갖추어지면(?) (舍人에 인도되어) 殿庭으로 들어가 西向하여 揖하고 서서 기다린다(舍人도 揖한다).
B-a-2 : 舍人이 (殿 앞에서) 高麗進奉使·副 某官某甲 이하가 귀국 인사함을 아뢰고 그 응낙을 받는다.
B-a-3 : 舍人 一員이 (進奉使·副를) 인도하여 殿 앞에 나간다.
B-a-4 : (舍人이) 拜를 외치면 兩拜하고 聖躬萬福을 奏한다.
B-a-5 : 또 (舍人이) 拜를 외치면 兩拜하고 班에서 나와 致詞하고 位로 돌아간 뒤 다시 (舍人이) 拜를 외치면 兩拜한다.
B-a-6 : (舍人이) 某物과 아울러 酒食을 敕賜함을 알리면 (進奉使는) 이에 응낙하고 搢笏跪受하고 상자가 지나가면 俯伏하였다가 일어난다.
B-a-7 : 또 兩拜하고 搢笏舞蹈하고 三拜한다.
B-a-8 : (舍人이) 好去를 외친다(진봉사·부는 揖하고 서쪽으로 나간다).

B-b-1 : 總管押衙 이하는 進奉使·副 다음에 (殿庭으로) 들어간다.
B-b-2 : 通名하지 않는다.
B-b-3 : (舍人이 總管押衙를) 인도하여 殿 앞에 선 다음 拜를 외치면 兩拜하고 聖躬萬福을 奏한다.
B-b-4 : 또 兩拜를 외친다.

B-b-5 : (舍人이) 某物과 아울러 酒食을 敕賜함을 알리면 (總管押 衙는) 이에 응낙하고 跪受하고 상자가 지나가면 俯伏하였 다가 일어난다.

B-b-6 : 또 兩拜하고 拜에 따라 萬歲를 외친다.

B-b-7 : (舍人이) "好去"를 외치면 (總管押衙는) 나간다.

B-c : 將軍 이하는 門에서 辭하며 例物과 酒食을 賜한다.

4. 入貢儀禮의 展開 過程에서 보이는 諸問題

1) 의식의 전체적인 구도

전체적인 구도에서 볼 때 「高麗國使副見辭」는 A와 B로 크게 양분할 수 있고, 그중 A는 高麗國使 및 副使에 의해 치러지는 '見儀', 즉 入貢 인사에 관한 의례이고, B는 역시 그들에 의해 치러지는 '辭儀', 즉 귀국 을 앞둔 인사에 관한 의례이다. 이 경우 A와 B는 그 의식이 高麗使節團 전원에 의해서 동시에 치러지는 것이 아니라, 3개의 그룹으로 각각 나 뉘어져서 제각기 연출되고 있다. 즉 A는 '使副已下'에 의한 A-a, '總管 押衙已下'에 의한 A-b, '將軍已下'에 의한 A-c로 각각 나뉘어지고, B 도 '使副(已下)'에 의한 B-a, '總管押衙已下'에 의한 B-b, '將軍已下'에 의한 B-c로 각각 세분된다. 그리고 이들 의식은 예를 들어 A부분의 경 우 A-a가 완전히 끝나면 A-b가 이어지고 다시 그 다음에 A-c가 이 어지는 식으로 전개되고 있고, B부분에서도 그것은 마찬가지이다. 다 만 A-c와 B-c부분은 사실상 式場에 입장하지 않고 있는 것과 차이가 없으므로, 이것이 반드시 하나의 '단계' 내지 '과정'으로 이루어지고 있었다고는 보기 어렵다.

　아무튼 이렇게 볼 때 이러한 점은 필자가 이미 분석한 송대의 '蕃國主'가 직접 참가하게 되어 있는 '見儀'와는 상이한 점이 있는 것이 된다. 즉 졸고 2에 의하면 '蕃國主'의 경우도 송 황제에 대한 '見儀'가 '蕃國主'와 '蕃國諸官'으로 분리되어 거행되지만, 그 경우는 '蕃國主'의 의식이 한 단계 한 단계 끝날 때마다 그에 상당하는 '蕃國諸官'의 의식이 부분적으로 이어지고 있어, 본문에서 검토하는 경우와 다르기 때문이다. 바꾸어 말해 '蕃國主' 主體의 경우가 의례에 참가하는 모든 구성원이 동시에 입장하고 또 퇴장하는 것이었다고 한다면, '朝貢使·副' 主體의 경우는 상기한 개개의 그룹이 모든 의식을 마치고 퇴장한 뒤에 그 다음 그룹이 이어서 입장하고 있는 것이다.

　한편 A와 B의 의식은 朝貢使와 朝貢副使가 중심이 되고 있음은 틀림없지만, 그것이 구체적으로 어떠한 자들로 구성된 것인지는 알 수 없다. 즉 과연 A-a에는 朝貢使·副만이 입장한 상태에서 식이 거행된 것인지, A-b에서 말하는 "總管押衙已下" 및 A-c의 "將軍已下"는 어느 정도의 인원을 말하는지, 어느 것 하나 분명하지 않다. 송대 高麗使節團의 규모를 최대 300인 정도로 생각할 때,[8] 그 구성은 다양하겠지만 그들 모두가 이 셋 중의 어느 한 그룹에는 반드시 속해서 의식에 동참하고 있었던 것인지, 아니면 그들 중 특정한 자들만이 참가한 것인지는 분명치 않다. 예를 들어 『宋史』 卷487, 「外國三 高麗」에는,

> 天聖八年, 詢復遣遣御事民官侍郞元穎等二百九十三人奉表入見於長春殿, 貢金器, 闘刀劍, 鞍勒馬, 香油, 人蔘, 細布, 銅器, 硫黃, 靑鼠皮 等物. 明年二月辭歸, 賜予有差, 遣使送至登州.

라고 보여, 고려의 顯宗이 1030년(天聖8年, 高麗 顯宗21年)에 293인의

---

[8] 본문에 인용하는 『宋史』 卷487, 「外國三 高麗」를 참조.

사절단을 보내 入見했다고 되어 있는데, 이들이 실제로 전원 2~3개의 그룹으로 나누어 入見 의례에 참가했는지는 단언하기 어렵다.9)

아무튼 3개의 그룹이라고는 해도 본문을 一瞥해서 알 수 있는 것처럼 그 의식의 전개가 3者 모두 一律的이지는 않고, 역시 使·副의 의식이 가장 중심적이고 "總管押衙已下"는 그 보다 간략하다. 특히 "將軍已下"의 경우는 극히 형식적이고 사실상은 式場 내에 있는 것으로 보기 어려운 점이 있다.

이렇게 볼 때 의식의 전개를 이해하는 데 있어서 중심은 A, 그중에서도 A-a에 놓여 있으며, 그 이하의 A-b, A-c는 물론, B도 기본적으로는 A의 형식을 되풀이하거나 그것을 기준으로 하고 있는 것으로 볼 수 있다.

한편 우리가 검토하는 「高麗國使副見辭儀」의 기사는 이상과 같은 高麗使·副의 움직임만을 설명하고 있고, 그 밖의 송 황제 또는 官員의 동향에 대한 정보는 거의 보이지 않는다. 이 궁중 의례가 高麗國使·副의 見辭에 관한 것이므로 그들이 중심이기는 하지만, 송조의 儀禮書가 빈례는 물론 대부분의 경우에 式場의 設備 상황 또는 儀式 개시 직전의 황제 및 官員의 준비 상태 등을 並述하는 것이 보통이라고 볼 때,「高麗國使副見辭儀」의 설명 방식은 특이한 면이 있다. 졸고 2에서 검토한『新儀』의「蕃國主來朝儀」도 그 내용은 '遣使迎勞', '遣使戒見日', '陳設', '朝見'의 4부분으로 되어 있는데, 이와 비교해볼 때「高麗國使副見辭儀」는 '朝見' 부분만이 보일 뿐이다.「高麗國使副見辭儀」역시 당연히 그를 위한 무대 장치가 필요했고, 또 송 황제 및 일반 관료의 참여가 필요했을 것인데, 그러한 설명은 왜 보이지 않는 것일까.

---

9) 송조가 金國에 파견한 사절단의 구성 등은 사료를 통해 어느 정도 확인할 수 있는데, 이 점은 고려 등 주변국 사절단의 인적 구성을 생각하는 데에도 도움이 될 수 있다. 이에 관해서는 金毓黻,「宋代國信使之三節人」,『文史雜誌』1-12, 1942年을 참조.

필자는 그 이유를 이미 졸고 1에서 밝힌 것처럼 그 내용이 「蕃國主來朝儀」와 중복되기 때문이라고 본다. 즉 상술한 대로 『新儀』의 卷148에 실려 있는 「蕃國主來朝儀」에는 '遣使迎勞', '遣使戒見日', '陳設', '朝見'의 4부분이 이미 기술되어 있으므로, 同書 卷155 所收의 '高麗國使副見辭儀'를 비롯한 각국 朝貢使・副(進奉使・副)에 대한 설명에서는 그전 단계 또는 준비 과정에 해당하는 설명은 이를 생략하고 그 중심인 '見辭儀'만을 다룬 것이라 생각된다. 물론 생략된 부분이 '蕃國主'와 '朝貢使'라는 신분 차이에 따른 약간의 차이도 있었을 것이지만 그것은 대체로 대동소이한 것으로 보이거나 혹은 무시해도 좋다고 판단되었을지도 모른다. 아무튼 「高麗國使副見辭儀」는 이러한 점을 고려하지 않고는 온전하게 이해하기 곤란한 점이 있다.

2) 의식 전개상에서의 몇 가지 구체적인 문제

그것은 A를 구체적으로 분석해 보면 곧바로 부딪히게 된다. 예컨대 A-a-1에는 고려의 進奉使・副가 "表函을 들고 殿庭으로 들어"간다고 했는데, 이것만으로는 殿庭이 어디며 또 그곳으로 들어가기까지의 정황에 대해서 아무것도 알 수 없다. 하지만 졸고 2에 의하면 '蕃國主'는 皇帝에 '朝見'하는 당일, 宣德門을 통해서 大慶殿 門을 거쳐 大慶殿으로 들어가며, 거기에는 그와 관련한 다소 복잡한 과정이 뒤따르고 있음이 확인된다. 따라서 高麗進奉使・副의 경우도 대체로 이와 비슷한 방식으로 전개되었을 것으로 생각되며, 또 이들이 '蕃國主'의 경우처럼 '遣使迎勞', '遣使戒見日'의 의례를 통과했으며, 황제 알현 당일을 위한 '陳設' 준비가 있었을 것은 말할 필요도 없다. 단 송조에서 外國使의 황제 朝見은 그 시기와 그 목적 등에 따라 장소를 달리하는 경우가 있으므로, 여기에서의 장소는 특정하기 어렵다.

그렇다고는 하지만「蕃國主來朝儀」의 내용을 가지고 A-a의 설명을 모두 보충할 수 있는 것은 아니다.「高麗國使副見辭儀」는 그와는 달리 어디까지나 '蕃國主'가 아닌 朝貢使・副의 신분에 맞는 설명 방식에 따르고 있다고 생각되기 때문이다.

그렇게 볼 때 거기에서는「蕃國主來朝儀」에서 보이지 않는 몇 가지 특징을 발견할 수 있다. 먼저 순서대로 보아 가면 '高麗使・副'는 송 황제 알현에 있어서 昇殿하지 않고 있음이 주의된다. 즉「蕃國主來朝儀」에서는 蕃主가 송 황제 알현 의식에서 그가 帶同한 속관과는 달리 유일하게 升殿 허락을 받고 있지만,「高麗國使副見辭儀」에서는 그러한 升殿 행위가 보이지 않는다. 송 황제의 '外臣'으로 여겨지는 蕃主와 다시 그 陪臣으로 취급되는 蕃主의 속관이라는 관계에서 볼 때 이것은 오히려 당연한 것이라 할 수 있고, 사실 그러한 점은 양자를 비교해 볼 때 升殿 문제 이외의 곳에서도 발견된다. 이에 반해 通名, 再拜, 搢笏, 舞蹈 등은 양자에서 공통되는 禮로 이해된다.

다음에 중요한 문제가 되는 것이 A-a-1에 보이는 '捧表函入'의 문제이다. 즉「高麗國使副見辭儀」에서는 高麗使・副가 高麗國王이 송 황제에 올릴 表文 즉 國書를 담은 函을 들고서 입장했다는 것이다. 그리고 이 表函은 高麗使가 跪進하면 通事舍人이 받아들고 나가서 客省으로 보내고, 客省은 다시 이를 內殿(皇帝)에 進入하는 것으로 되어 있다(A-a-3). 이 부분은『宋史』卷166, 職官 6, 客省에 보이는 客省의 職掌과 그대로 부합하는 것으로 주목된다.

> 客省使, 副使各二人. 掌國信使見辭宴賜, 及四方進奉, 四夷朝覲貢獻之儀, 受其幣而賓禮之, 掌其饔餼飮食, 還則頒詔書, ….

아무튼 여기서는 表函이 송조에 정식으로 전달되고 있으며, 이 表文 전달은「高麗國使副見辭儀」의 주목적의 하나였다고 보인다.

表와 동시에 여기서는 貢物이 進上됐을 가능성도 있다. 蕃國主 또는 進奉使·副의 황제알현의식에서 貢物이 언제 進上되었는가의 시점이 문제가 되는데, 이 문제를 명확히 하는 기사는 보이지 않는다. 다만『宋史』卷116 禮 19 大朝會에 인용된 神宗 元豊元年(1078)에 宋敏求가 詳定해서 頒行되었다는『朝會儀』에는,

> 元正, 冬至大朝會, …, 陳輿輦, 御馬于龍墀, 繖扇于沙墀, 貢物于宮架南, 餘則列大慶門外(原注:冬至不設貢物).

라고 되어 있어, 貢物에 대한 陳設이 보인다. 이것은 大朝會에 해당하는 元正과 冬至의 궁중 의식에 外國使가 참가했을 경우를 상정한 것으로 보이며, 따라서 보통의 황제 알현에서도 貢物이 陳設됐을 가능성이 있다. 「蕃主來朝儀」에서도 '遣使迎勞'의 단계에서 송조와 蕃主 사이에 束帛과 '土物'이 교환된 것이 보이나[10] 이 '土物'은 貢物로 보기 어렵고, 따라서 황제 '朝見' 前에는 일단 貢物의 進上이 없었다고 생각된다. 그리고『宋史』卷119 禮 22 外國君長來朝에「蕃國主來朝儀」를 축약·소개한 끝에,

> 其錫宴與受諸國使表及幣, 皆有儀, 具載開寶通禮.

라는 것으로 보아 '幣' 즉 貢物을 증정받는 '儀'가 별도로 존재했다고 보인다. 그러면 이 '儀'가 어떤 것을 가리키는 것인지가 문제이나, 그것이 완전히 별개의 것일 수도 있지만, 이 인용문 중에는 '表' 및 '幣'라고 하므로 이들 양자가 동시에 進上됐을 가능성이 있고, 그렇다면「高麗國使副見辭儀」에서는 表가 進上되고 있으므로 이때 貢物도 동시에 진상됐

---

10) 졸고 2에도 그 일부가 보이지만, 「蕃國主來朝儀」를 극히 節約해서 소개한『宋史』卷119, 「禮」22, 外國君長來朝에서도 확인할 수 있다.

을 가능성이 있다. 이미 인용한 『宋史』 卷487 「外國三 高麗」에도 고려 사절 293인이 황제를 알현하면서 貢物을 진상한 것이 보인다. 아마 이 자리에 정식으로 진상된 공물은 이후 송조의 평가(勘定)를 거쳐 귀국 전까지는 回賜의 규모가 정해졌을 것이다. 이와 같이 볼 때 고려국 사절단이 송조에 진상하는 貢物은 황제를 처음 보는 알현의식 즉 본문에서 검토한 '見儀'에서였다고 생각된다.

한편 「高麗國使副見辭儀」의 A부분은 말하자면 入國 인사 자리이기도 하므로, 여기서 高麗使·副는 入國 과정에서 그들이 받은 接待에 대해서 송 황제에게 감사를 表하고 있다. A-a-4가 거기에 해당한다. 즉 進奉使는 송 황제를 알현할 수 있는 영광과 入宋 후 宋都 開封에 入京하는 과정에서 받은 宿食의 편의 및 都城 문밖에서 받은 茶酒에 대한 謝意를 표한다.

또한 이 자리에서 高麗使·副는 某種의 賜與와 酒食을 宋帝에게 받고 있음이 A-a-6을 통해 알 수 있다. 이것이 과연 고려의 朝貢(貢物)에 대한 소위 回賜에 해당하는지 어떤지는 분명하지 않다. 高麗國使·副는 귀국 인사에 해당하는 '辭儀'에서 B-a-6에 보이는 것처럼 A-a-6과 똑같은 형식으로 역시 某種의 賜與를 받고 있다. 송조의 외국에 대한 賜與는 朝貢品(貢物)을 검사하여 그 가격을 고려한 위에서 수여하는 것이 일반적이므로, 貢物을 받고서 바로 回賜할 수는 없었다고 생각된다. 정황상으로도 '見儀'의 A보다는 '辭儀'의 B자리에서 賜與하는 것이 자연스럽다고 여겨진다.[11] 그리고 전게한 客省使의 소임을 설명하는 기사에 "還則頒詔書"라고 되어 있으므로, 外國使가 귀국하는 자리에서는 송조의 詔書 즉 國書가 주어졌을 것도 충분히 짐작할 수 있다. 따라

---

11) 이러한 관점에서 前引한 『宋史』 卷487, 「外國三 高麗」에 보이는 고려사절 귀국 시의 "賜子·有次"라는 설명은 回賜라고 볼 수 있다. 다만 정확히 말하면 回賜 이외에 사절단 개개인에게도 下賜品이 있으므로 여기서는 그것에 해당하는 것처럼 보인다.

서 A-a-6은 定型的인 回賜라기보다 高麗使의 入國 인사에 대한 송 황제의 恩惠를 과시하는 간단한 禮物로 보인다.

이상과 같이 「高麗國使副見辭儀」의 '見儀'에서는 1) 高麗使・副가 升殿하지 않은 상태에서, 2) 表函을 포함해서 아마도 貢物을 進上하고, 또 3) 入宋 과정에 받은 접대에 대해서는 물론, 4) 별도의 하사품에 대해서도 감사를 표하는 것 등이 주요한 내용을 이루고 있다.

5. 高麗使節團 活動의 一面 -맺음말에 대신해서-

이상 『太常因革禮』의 「高麗國進奉使見辭儀」를 대상으로 고려사절의 朝貢儀禮를 검토해보았는데, 거기에는 부분적이나마 儀禮 그 자체 이외에 송조를 찾은 고려사절의 활동의 일부를 추정해 볼 수 있는 기사들이 발견된다. 이 점은 특히 『太常因革禮』만이 아니라 그와 거의 같은 내용을 취급한 『新儀』에도 나타나 있고, 양자의 대응관계는 본문 2절의 〈校勘〉에 나타낸 대로이다. 또한 그 밖에도 兩書에 똑같이 보이는 諸國進奉使의 見・辭儀를 참조하는 것도 고려사의 조공의례는 물론 그들의 동향을 파악하는 데 도움이 될 수 있다. 고려사절이 宋都 開封에 체재하면서 과연 어떠한 日程을 보냈는지는 사료 부족으로 분명하지 않지만, 우리는 단편적이나마 여러 자료를 종합해 봄으로써 그 대강에 접근할 수 있다. 필자는 이에 관련하는 자료들을 수집하여 專稿를 별도로 준비하고 있으므로, 여기서는 上記 兩書를 중심으로 그와 관련하는 몇 가지를 지적 내지 검토하는 것으로써 맺음말에 대신하고 싶다.

고려사절이 통상 개봉에 체류한 기간은 3개월 정도로 볼 수 있다. 이미 인용한 『宋史』卷487「外國三 高麗」天聖8年의 入貢 기사는 12월의 것이고,[12] 이들은 明年 2월 중에 떠난 것으로 보아야 하므로, 이때의 입공 목적은 賀正을 위한 것으로 생각되며, 따라서 이 경우에도 체재 일수는 길어도 3달(90일) 정도로 볼 수 있다.

이 기간 중에 고려사절은 본문에서 검토한 것과 같은 입공 의례(見儀)와 귀국을 위한 인사 의례(辭儀)를 거치는 것인데, 그 시기와 관련해서『太常因革禮』卷84, 新禮17「海外進奉蕃客見辭」의 말미 注文에는,

已上高麗交阯及海外蕃客入見及辭, 並須就百官大起居日.

라고 되어 있다. 고려 등 外國使節의 見儀와 辭儀가 대부분 송조에서 행해지는 百官大起居日에 맞추어지고 있는 것이다. 송조의 大起居는 보통 5일에 한 번 이루어지는데, 이와 같이 모든 在京 官吏들이 참여하는 날을 기다렸다가 고려사절의 見儀와 辭儀는 이루어진 것으로 생각된다.13)

그러면 皇帝 謁見 이후는 어떠했을까. 먼저 주목되는 점은 본문의 A-a-9에 보이는 "逐日前殿于侍衛司員僚後起居(매일 前殿에서 班에 설 때는 侍衛司員僚의 뒤에서 起居한다)"라는 부분과, A-b-8에 보이는 "逐日更不起居[매일(처럼) 다시 起居하지 않는다]"라는 부분이다. 즉 이것은 전자의 進奉使·副가 매일 송조의 궁전에 나아가 '起居'한다는 것을 말하는 것이고, 후자의 "總管押衙已下" 즉 進奉使·副 이외에는 매일 궁전에 나갈 필요는 없다는 것으로 볼 수 있다. 송대의 중앙 관리들은 대체로, 1) 侍從官 이상으로 매일 垂拱殿에 入朝하는 常參官, 2) 百司朝官 이상으로 5일마다 한 번 紫宸殿에 입조하는 六參官, 3) 朔望에 文德殿·紫宸殿에 입조하는 朔參官·望參官으로 분류되며,14) 이 경우 특히

---

12)『續資治通鑑長編』卷109 天聖8年 12月 壬辰에 "權知高麗國事王珣遣御事民官侍郎元穎等來貢方物."라고 보인다.

13) 단, 본문 A-a-5에 보이는 '舞蹈'가『新儀』의 해당 부분에는 '假日不舞蹈.'라고 보이므로, 송조 관원의 '暇日' 등에도 있을 수 있었던 갈다.

14) 平田茂樹,「宋代政治構造試論」,『東洋史研究』52-4, 1994년은 "正月元日·五月

1)을 常起居, 2)를 大起居라 했다. 따라서 이와 관련지어 볼 때 고려의 進奉使·副는 송조의 常參官의 예에 준하여 매일같이 궁전에서 常起居에 참가한 것이 된다. 그리고 이때 그들이 起居하는 위치는 侍衛司員僚의 뒤가 되는 것이다.

그런데 여기에는 그때그때 특별한 조치가 수반될 수도 있었던 것 같다. 예를 들어『宋會要』儀制 2-17, 元豊3年 2月 8日에는,

> 詔高麗進奉使五日一赴崇政殿起居, 班常起居之後.

라고 하여 高麗進奉使는 元豊3年(1080) 2월 시점에는 5일에 1회 꼴로 崇政殿에 起居하고 있었는데, 이것은 무엇을 의미하는 것일까. 송조의 궁전에서 內朝에 위치하여 통상의 일반적인 入朝가 없었던 崇政殿에 5일에 1회 꼴로 고려사절의 입조가 명해진 것은, 아마도 특별한 우대책으로 보여진다. 즉 고려사는 일반 常參官 수준으로 거의 매일같이 입조하면서 한편으로 5일에 한 번은 崇政殿에도 起居한 것이다.[15]

이와 같은 비교적 분주한 일정 속에서 高麗使·副는 身病이 발생할 수가 있고, 그러한 경우에 대해서도 송조는 다음과 같은 규정을 마련해 둔 것을 볼 수 있다. 즉 본문 B-b-1~B-c에 해당하는 부분을『新儀』는,

---

一日·冬至에 大慶殿에서 행하는 大朝會(이 중 5월 1일은 熙寧2년에 폐지), 매일 행하는 垂拱殿에서의 視朝, 文德殿에서의 常朝起居(단, 皇帝가 出御하지 않으면 常朝起居는 중지), 5일에 한 번 垂拱殿 내지 紫宸殿에서 행하는 內殿起居, 다시 朔望에 행하는 文德殿에서의 視朝(熙寧3년 文德殿 入閣儀가 폐지됨에 따라 제정되었고, 6년에 朔日은 文德殿에서 望日은 紫宸殿에서 행하도록 改定), 旬假 등의 假日에 崇政殿에서 행하는 視朝 등이 있다. 아울러 元豊官制改革時에는 황제의 出御가 거의 없게 되고, 또한 列席者도 적어져서 사실상 기능하고 있지 못한 文德殿에서의 常調起居·橫行參假가 滿中行의 제언에 의해서 폐지되고, 그에 따라 侍從官 이상으로 매일 垂拱殿에 朝하는 常參官, 百司朝官 以上으로 5일마다 한 번 紫宸殿에 朝하는 六參官, 朔望에 文德殿·紫宸殿에 朝하는 朔參官·望參官이라는 관료의 카테고리가 형성되어 간다."라고 설명한다.

[15] 崇政殿 起居와 관련해서는 졸고,「北宋의 開封과 外交」,『中國史研究』13, 2001년 참조.

次從人入辭如見儀.

이라고 한 다음, 그 原注에,

> a) 使副疾, 謁告參日, 俟見班絕, 入, 通某姓名, 參假大起居. b) 使副知(衍?之?))加恩告謝, 俟謝班絕, 入, 管勾所, 前一日, 申閣門, 若使副以下授恩命, 謝恩各依常參官謝恩之儀. 若中謝例物, 不拜, 勅止唱, 賜者唱, 再拜, 舞蹈, 俯伏, 興, 再拜."

라는 것이 보인다.

　이 중 a)에 따르면 高麗使·副는 질병이 있을 경우 3일의 휴가를 청할 수 있는 것으로 되어 있는 것은 분명하다. 다만 그 뒤의 관계는 반드시 분명하지는 않지만 아마도 알현 의식을 다른 大起居日에 거행하는 것을 말하는 것 같다. 즉 使·副 없이 알현 의식은 사실상 의미가 없으므로, a)는 그 경우에 관한 것을 설명하는 것이지, 알현 이후의 高麗使·副의 入朝와는 관계없는 것 같다. 하지만 알현 이후의 경우에도 高麗使·副는 입조가 불가능할 때 '謁告' 즉 휴가를 청할 수 있었을 것이다.

　아울러 b)는 高麗使·副가 모종의 '加恩'을 받았을 경우, 그 뒤에 날을 바꾸어 행하는 謝恩禮에 관한 것으로 보이며, 이때는 同文館管勾所가 미리 궁중에 연락을 넣어, 當日에는「常參官謝恩之儀」에 따라 '謝班'을 형성하는 것 같다. 따라서 高麗史·副는 비단 '見儀'와 '辭儀'뿐이 아닌 여러 형태의 궁중의례를 연출하거나 참가한 것으로 생각된다.

　여기에는 경우에 따라서 高麗使·副 이외의 人員들도 동참하겠지만, 이미 지적한대로 많은 경우에는 使·副가 제일 많았다고 보아야 하겠다. 그렇다면 "매일(처럼) 다시 起居하지 않는다."라고 한 '總管押衙已下'의 사람들은 3개월 정도의 기간을 어떻게 보내고 있었을까. 이들도 나름대로의 역할과 임무가 있었을 것이지만, 여기서는 다음의 과제로 넘기기로 한다.

마지막으로 지적하고 싶은 것은 『新儀』의 「高麗國使副見辭儀」 말미에 보이는 다음과 같은 僧侶의 입공 의례에 관한 설명이다.

> 僧見辭, 不通, 當殿, 奏聖躬萬福, 三呼萬歲, 宣有勅賜, 僧衣兼賜齋食, 三呼萬歲, 贊曰祇候(原注 : 辭贊曰, 好去), 三呼萬歲西出(原注 : 次, 本國使人, 後入者, 同).

고려의 승려들도 송조를 왕래했고, 그 경우 高麗國使·副의 그것에 유사한 입공의례를 행하고 있음을 알 수 있다. 고려뿐 아니라 서역과 '海外' 내지 일본 등지의 승려들도 송조를 찾았는데, 그들 역시 위에 준하는 의례를 거쳤다고 생각된다.16)

(『전북사학』 24, 2001)

---

16) 『新儀』 卷155 「海外進奉蕃客見辭儀」 말미에 "僧見辭如高麗僧見辭儀."라고 보인다.

에도 막부의 동아시아 국제사회로의 진입 노력
- 무로마치 막부와 비교하여 -

閔 德 基

1. 머리말
2. 조선과의 使節 외교
3. 對조선 외교상의 대마도 지위
4. 조선을 통한 對明 관계 회복 시도
5. 琉球 루트로의 對明 접근과 日·琉관계
6. 맺음말

閔德基

1954년 청주에서 태어나 청주대학교 사범대학 역사교육과를 졸업(1979년)하고 일본 와세다대학에서 문학연구과 일본사 석·박사 과정을 이수, 박사학위를 취득(1990년)하였으며 현재는 청주대학교 인문대학 인문학부 교수로 재직 중이다.

저서로는 『前近代東アジアのなかの韓日關係』(일본 와세다대학출판부, 1994), 『前近代 동아시아 세계의 韓·日關係』(경인문화사, 2007), 공저로 『朝鮮과 琉球』(아르케, 대우학술총서 450, 1999) 등이 있고, 논문으로는 「조선후기 對日 通信使行이 기대한 반대급부」(『한일관계사학회』 24, 2006) 등이 있다.

에도 막부의 동아시아 국제사회로의 진입 노력
―무로마치 막부와 비교하여―

1. 머리말

에도막부(江戶幕府 : 1603~1868)의 對外관계가 그 시대 이전의 대외관계보다 제도화되어 있었다는 데에는 異論의 여지가 없을 것이다. 그래서인지 이 시대의 대외체제는 아래처럼 여러 이론들로 설명되어지곤 한다.[1)]

우선 대표적인 이론은 鎖國論으로, 메이지시대 이후 줄곧 에도시대 대외체제를 설명하는 데 이 이론이 이용되어져 왔다. 그러나 '쇄국'이란 용어가 나가사키(長崎) 데지마(出島)의 네덜란드 商館에서 의사로 있었던 17세기 말의 독일인 켄페르가 지은 『日本誌』의 한 章을, 19세기 초 일본 학자 시즈키 타다오(志筑忠雄)가 번역하면서 그 표제로 '쇄국론'이라고 한 것에 기인한다는 점, 에도시대 조선·琉球(현 오키나와)와의 외교관계가 엄연히 존재하고 있었다는 점 등을 이유로 1960년대 이후 이 이론은 비판받고 있다.

다음은 다나카 다케오(田中健夫)에 의해 제기된 海禁論이다. '해금'이

---

1) 荒野泰典,『近世日本と東アジア』, 日本 : 東京大學出版會, 1988年, 序文.

란 원래는 明代에 왜구나 중국 내 불온분자와 國外 세력과의 연대를 방지하기 위한 정책이었으나, 동아시아 국가들이 自國 영역 내 인민의 私的인 해외 도항이나 해상무역을 금지하는 것을 중심으로 한 정책체계로 수용하였다고 보고 있다. 일본 또한 에도시대에·와서 이 정책을 엄격히 시행했다는 것이다. 그로 보아 쇄국론이 脫亞論的 이론이라면 해금론은 동양적 이론이라 할 수 있겠다. 이 외에도 나카무라 에이코(中村榮孝)가 제기한, 쇼군(將軍)의 對外的 칭호로 사용된 '다이쿤(大君)'을 가지고 해석한 '다이쿤 외교체제' 등이 있다.

최근에 제기된 이론으로는 아라노 야스노리(荒野泰典)가 주장한 '네 개 窓口'론이 있다. 이것은 에도시대의 대외관계가 4개의 창구에 의해 전개되었다는 것으로, 조선과의 관계를 매개하는 對馬藩(對馬口), 유구를 지배하고 있는 사츠마藩(薩摩口), 아이누족을 지배하는 마츠마에藩(松前口), 중국인과 네덜란드인과의 교역을 관장하는 나가사키(長崎口)로 구분하고 있다. 그리고 막부의 직할령이었던 나가사키를 제외한 3개의 창구를 통한 대외관계는 대마번의 宗氏·사츠마번의 시마즈(島津)氏·마츠마에번의 마츠마에氏가 각각 조선·유구·아이누를 제어하는 임무를 막부로부터 '家役'으로 부여받았다고 설명하고 있다.

한편 에도시대 막부 측이 스스로 주장한 '通信·通商之國'론이 있다. 즉 사절로서 신의를 교환하는 통신의 나라와 무역만을 행하는 통상의 나라로 양분한 이론이다.

이 양분론은 네덜란드 국왕 윌리엄 2세의 교역 권고에 대한 1845년 에도막부의 거부 논리에서 보이고 있다. 즉 "막부 초기엔 해외 여러 나라와의 通信과 무역관계에 대한 일정한 기준이 없었으나 그 이후 通信과 通商의 나라를 정하였다. 통신의 나라로서 조선과 유구를, 통상의 나라로서는 貴國과 중국으로 한정시켜서 이외와는 일체 새로운 통교관계를 허락하지 않았다. 일본은 귀국과 지금껏 통상은 있었으나 통신은 없었다. 통신과 통상은 별개이다."라는 답이 그것이다. 서양세력의 점증하는 개항 요구에 대응하여 에도막부가 1853년 하야시 아키라(林燿)로 하여금 집대성한 대외교섭 사료집 『츠코이치란(通航一覽)』의 序文에도, "간에이년간(寬永年間 : 1624~1643), 邪敎(기독교)로 일본풍습이 어지럽혀지는 일이 있게 되자, 朝廷(막부)은 통신으로는 조선과 유구를, 貿商으로는 중국과 화란(和蘭 : 네덜란드)으로 한정하여 제정해 그 외에는 일체 관계를 거부해 왔다."라고 밝히고 있다.[2]

그런데 본 고에서는 17세기 前半期의 에도막부가 '동아시아 국제사회'에 대하여 어떤 인식을 가지고 어떠한 노력을 하고 있었는가를 검토하여 보려 한다. 특히 무로마치 막부(室町幕府 : 1336~1573)의 대외관계를 비교 대상으로 삼아, 임진왜란이라는 '동아시아 국제전쟁'의 가해자였던 일본이 이 전쟁 경험 이후 어떻게 '동아시아 국제사회'의 구성원들을 인식하고 어떤 관계를 가지려 했는가를 살펴보고자 한다.[3]

여기서 '동아시아 국제사회'란 明朝와 冊封·朝貢 등을 통해 일정한 관계하에 있는 주변국을 포함한 세계를 말한다. 그러나 그 세계는 明의

---

[2] 中村榮孝, 『日鮮關係史の硏究』下, 日本 : 吉川弘文館, 1969年, pp.551~553에서 재인용. "我祖創業之際, 海外諸邦, 通信·貿易, 固無一定, 及後議定通信之國·通商之國, 通信限朝鮮·琉球, 通商限貴國與支那, 外此則一切不許新爲交通, 貴國於我, 從來有通商無通信, 信與商又各別也." "寬永中, 有以邪敎擾邦俗者, 於是, 朝廷定制, 通信則朝鮮·琉球, 貿商則支那·和蘭而已, 其他一切却之."

[3] 본 주제와 관련한 한국 측의 대표적인 기존연구로는 孫承喆, 『朝鮮時代 韓日關係史硏究』, 지성의 샘, 1994년 ; 李敏昊, 『朝鮮中期 對日外交硏究』, 단국대학교 박사학위논문, 1987년 ; 李啓煌, 『東アジア國際情勢と朝日國交再開』, 京都大學 박사학위논문, 1994년 ; 홍성덕, 「17世紀 朝·日 外交使行 硏究」, 전북대학교 박사학위논문, 1998년 ; 閔德基, 『前近代東アジアのなかの韓日關係』, 日本 : 早稻田大學出版部, 1994년 등을 들 수 있다.
일본 측의 연구로는, 中村榮孝, 「江戶時代の日鮮關係」, 『日鮮關係史の硏究』下, 日本 : 吉川弘文館, 1969年 ; 田中健夫, 「鎭國成立期における朝鮮との關係」, 『中世對外關係史』, 日本 : 東京大學出版會, 1975年 ; 田代化生, 『書き替えられた國書』, 日本 : 中央公論社, 1983年 ; 荒野泰典, 「大君外交体制の確立」, 『講座日本近世史2 鎖國』, 日本 : 有斐閣, 1981年 ; ロナルド·トビ, 「初期德川外交政策における『鎖國』の位置づけ」, 日本 : 社會經濟史學會 編, 『新しい江戶時代史像を求めて』, 1977年 ; 三宅英利, 「德川政權初回の朝鮮信使」, 『朝鮮學報』82, 日本, 1977年 등이 있다.

간섭에 의해 주변국 상호 간의 활발한 橫的관계는 형성되지 않은 국제사회로 규정한다.[4]

2. 조선과의 使節 외교

임진왜란의 일본군이 조선에서 철수한 직후부터 일본의 講和를 위한 움직임은 시작되었다. 그러나 일본 측의 본격적인 교섭 움직임은 도쿠가와 이에야스(德川家康)가 일본 정국을 장악하는 1600년의 세키가하라의 싸움 이후였다.[5] 이때의 일본 측 요구는 강화를 언급한 서한과 이를 지참한 조선 使者의 파견이었다. 일본 측은 또한 요구관철을 위해 조선을 再侵한다고 위협하는 한편으로 납치해 간 조선 및 중국 被虜人을 적극 송환하겠다는 자세를 표명하였다.

당시 조선은 일본의 조선 재침 가능성에 촉각을 곤두세우면서도, 일본 측의 강화교섭을 대마도의 恣意에 의한 것으로 간주하기에 이른다.

---

[4] 민덕기는 「室町幕府의 對明朝貢 仲裁요청과 朝鮮의 대응」, 『일본역사연구』 1, 일본사학회, 1995, p.58에서 "明은 冊封·授職을 매개로 주변국가·민족(몽고나 여진족)들과 縱的인 君臣관계를 형성하여, 그들 상호간의 橫的관계가 중국변방의 安寧에 영향을 미치는 단계의 대립상황일 때, 또는 安寧에는 직접적인 영향을 끼치지 않더라도 천하의 지배자로서의 '天子'의 위엄에 손상을 가하는 특정국가·민족 간의 극한대립에는 '四海一家'·'天子의 赤子'란 명분으로 이에 개입했다. 반대로 그들의 橫的관계가 긴밀해져 중국을 위협하는 것으로 인식될 때는 '義無私交'란 명분으로 그 橫的관계를 차단하려 했다. 이러한 明의 對外정책에 의거한다면 당시 동아시아 국제사회는 상호 有機的인 관계가 형성될 수 없다. 오직 明과의 單線的인 縱的관계만이 기능할 뿐 橫的관계는 상호 斷絶的이었다고 볼 수 있다. 주변국가·민족들 또한 自身의 입장을 전제로 明이 내건 명분들을 적절히 구사하여 橫的관계를 전개해 나갔다고 볼 수 있다." 라고 동아시아 국제사회를 논하고 있다.

[5] 본 절은 민덕기, 「임진왜란 이후의 朝·日講和교섭과 대마도」 1·2, 『史學硏究』 39·40, 한국사학회, 1987·1989 ; 「朝鮮後期 朝·日講和와 朝·明관계」, 『國史館論叢』 12, 국사편찬위원회, 1990 참조.

그러므로 대마도가 조선 피로인 송환에 성의를 다하면 和를 허용하겠다(許和)고 대응하게 된다. 조선에서 볼 때 대마도에 대한 이러한 피로인 송환이란 조건 제시는, 임진왜란에서 대마도가 일본군의 길잡이(嚮導)役을 수행한 것에 대한 속죄조건으로, 이것을 대마도가 수행하면 그 반대급부로서 '허화'를 부여한다는 것이 된다. '허화'란 대마도에 조선과의 무역관계를 재개시켜 주겠다는 것을 의미한다.

1601년 조선은 대마도에 '허화' 부여를 전제로 한 기미(羈縻)정책을 정식 채택한다. 즉 왜구집단화되지 않게 대마도의 관심을 조선에 묶어 두면서 쇠잔한 국력을 회복한 후에 제한된 '허화'를 부여하겠다는 것이었다. 그러나 세이이 다이쇼군(征夷大將軍)이 되어(1603년 2월) 바야흐로 에도 막부를 여는 이에야스로서는 이를 승인하는 의미를 가지는 조선 사절의 도일이 더욱 절실해졌다. 이에 그는 대마도를 통해 1603년 말 피로인 金光을 귀국시켰고, 그를 통해 조선 조정에 일본의 동향을 전하게 한다.

김광은 조선이 강화를 明의 결정사항이라고 핑계대어 통신사 파견을 계속 미루면 도요토미 히데요시(豊臣秀吉)의 잔여세력을 무마하기 위해서라도 조선을 재침해야 한다는 이에야스의 입장을 보고하고 있다. 이에 이르러 조선의 기미정책의 전략(明의 권위를 빌려[借重之計] 일본의 강화 요구에 대해 둘러대는 지연작전[遷就之計])이 폭로됨으로써 일본의 再侵 우려가 조선에서 심각하게 논의되게 된다. 그리고 지금까지의 대마도에 대한 '허화'정책에서 이에야스의 강화 요청에 대응하지 않으면 안 된다는 인식을 갖기에 이른다. 이에 2년 전부터 '허화'부여와 일본정탐을 목적으로 계획했던 사명당(惟政)의 대마도 파견을 실행하기로 한다.

1604년 7월 대마도에 '허화'를 부여하기 위해 파견된 사명당은 대마도의 권유에 의해 교토에 도착하고, 이듬해 3월엔 이에야스에게 접견된다. 이때 이에야스는 대마도주 宗氏에게, 금년에 쇼군職을 아들인 히데타다(秀忠)에게 양위할 것이니 근간에 꼭 信使를 파견하여 새 쇼군에게 禮를 표할 수 있게 하라고 명하고 있다. 이에야스는 이미 쇼군직을 자식에게 양위하여 도쿠가와(德川)氏에게 권력이 세습됨을 일본 전국에 알리려고 의도하고 있었으며, 그 새 쇼군에게 조선의 정식사절인 신사가 파견되길 희망하고 있었던 것이다. 이로 보아 조선 사절의 渡日을 통해 쇼군의 권위과 막부의 정통성을 과시하려는 이에야스의 강력한 희망을 읽을 수 있다. 이에야스는 또한 사명당의 도일을 성사시킨 대마도주에 대해 일본의 對朝鮮 외교를 대행하도록 공식 허용한다.[6]

한편 조선은 사명당이 이에야스의 강화를 언급한 서한을 획득하지 못하고 귀국하자, 대마도를 통해 講和 성립을 위한 조건으로서 '二件'을 제시하기에 이른다. '2건'의 하나는 '先爲致書'의 요구조건이다.[7] 그것은 즉 이에야스가 먼저 강화를 요청하는 서한을 보내야만 조선은 이에 답하는 회답의 서계를 지참한 사절을 파견할 수 있다는 조건이다. 이 요구는 일본이 임진왜란의 침략행위를 사죄하지 않으면 강화에 응할 수 없다라고 하는 강한 결의를 나타낸 것이라고 할 수 있다.

조선은 '선위치서'를 행할 경우의 서한 양식에도 조건을 달고 있다. 즉 이에야스가 '日本國王'이라고 서명해야 할 것이며, 그래야 이에 대한 조선의 답서에도 이에야스를 '일본국왕'이라 칭할 수 있게 된다고 설명하고 있다.[8]

---

[6] 일본 중앙정권이 대마도에 위임해 對조선 교섭을 행한 예로는 히데요시를 곧 떠올릴 수 있겠다. 그러나 15세기 후반에 이미 무로마치 막부가 대마도에 외교행위를 일시 위임하고 있었던 적이 있다. 〈표 1〉에서 보듯 1474년과 1491년에 대마도를 통해 明에의 朝貢 중재를 조선에 요청하고 있다.

[7] '二件'의 다른 하나는 '犯陵賊縛送'으로 임진란에 왕릉을 파헤친 일본군을 압송하라는 요구이나 본 고에서는 언급을 보류한다.

[8] 에도시대 초기 아시아 여러 나라가 일본에 보낸 외교문서에서 칭한 일본 통치권자는 '日本國王'이었다(藤井讓治, 「17世紀の日本」, 『岩波講座 日本通史 卷12 近世 2』, 1994年, p.37). 이는 明의 책봉 여하와는 관계없이 일본의 통치권자가 동아시아 여러 나라로부터 '국왕'이라 불려지고 있었음을 말해 주고 있다.

〈표 1〉 무로마치(室町)막부의 仲裁요청과 조선의 대응 및 막부의 對明 조공 내용

室町幕府의 仲裁요청과 조선의 대응					室町幕府의 對明 朝貢 내용				
요청순번	요청년도	요청방법	요청배경	조선의 대응	조공순번	조공出發年	朝貢船 내용	朝貢船數	持參勘合
1	1429 (세종11)	口頭	朝貢 재개	묵살	1	1432	幕府 外	5	永樂勘合
					2	1434	幕府 外	6	宣德勘合
2	1448 (세종30)	口頭	왜구 소란	報告	3	1451	寺院船 大名船	9	宣德勘合
3	1458 (세조4)	國書	使節 소란	仲裁 수행	4	1465	幕府 1 細川氏 1 大內氏 1	3	景泰勘合
4	1474 (성종5)	대마도 代行	勘合 문제	거부	5	1476	幕府 2 相國寺 1	3	景泰勘合
5	1475 (성종6)	國書	勘合 문제	거부					
					6	1483	幕府 2 朝廷 1	3	景泰勘合
6	1489 (성종20)	國書 (未傳達)	朝貢 확대		7	1493	幕府 1 細川氏 2	3	景泰勘合
7	1491 (성종22)	대마도 代行	朝貢 확대	거부					
					8	1506	大內氏 2 細川氏 1	3	弘治勘合
					9	1520	大內氏 3	3	正德勘合
8	1525 (중종20)	國書	被虜人 송환	묵살	10	1538	大內氏 3	3	未詳
9	1543 (중종28)	國書	勘合 문제	묵살	11	1547	大內氏 4	4	未詳
10	1581 (선조14)	國書	朝貢 재개	거부					

* 이 표는 민덕기, 「室町幕府의 對明朝貢 仲裁요청과 朝鮮의 대응」, 『일본역사연구』 1, 1995, p.59에서 轉載.

그러나 무로마치시대 조선은 쇼군의 '일본국왕'의 사용여하에 대해 전혀 관심을 두지 않고 있었다. 예를 들어 1419년 일본국왕사 료게이(亮倪)가 조선에 가지고 온 쇼군 요시모치(義持)의 서한에는 '日本國 源義持'라고 서명되어 있을 뿐으로, 1402년 永樂帝로부터 그 아버지 요시미츠(義滿)가 받은 책봉칭호 '일본국왕'을 조선에의 서한에서 사용하고 있지 않았다. 그러나 조선 측은 아무런 이의를 표명하지 않았다. 오히려 明의 책봉을 회피한 요시모치가 '征夷大將軍'이라 자칭하고, 일본 국내에서는 '御所'라 칭하고 있으므로 '王'號를 회피하는 것은 당연하다고 이해했다.9) 반대로 1448년의 쇼군 요시마사(義政)가 조선에 보낸 국서에는 요시모치의 그것과는 다르게 '국왕'이라 자칭하고 明 연호까지 사용하고 있었다. 그러나 조선은 이에 대해서도 아무런 평가를 내리지 않았으며 그러한 국서를 지참한 사절에의 접대에도 아무런 변화를 주지 않았다.10)

그렇다면 조선은 왜 이때에 이르러 일본 측의 '국왕' 자칭을 필수 조건으로 제시한 것일까? 武力 외교를 취하고 있던 히데요시가 조선에 보낸 서한이 상하관계를 나타내는 언어를 사용하며 조선의 臣服을 강요하는 내용이었던 것은 이미 알려진 사실이다.11) 이러한 서한에 대해 조선은 그 수정을 요구하고, 신복의 강요에는 이를 무시하는 입장을 취하고 있었으나, 그 후 얼마 지나지 않아 히데요시의 조선침략이 시작되었다. 이러한 경위에서 조선은 이에야스의 서한 양식이나 내용을 '敵國'(대등국가)에 대한 것으로 하도록 요구해야만 했다고 여겨진다. '일본국왕' 칭호사용은 그 서한 양식을 대등한 '敵禮'的인 것으로 한정시킬 수 있다. 조선은 이러한 의도에서 '일본국왕' 사용을 절대조건으로 하여, 강

---

9) 『세종실록』元年 12月 丁亥. "義持父道義, 帝嘗封爲王, 義持不用命, 自稱征夷大將軍, 而國人則謂之御所, 故其書只曰, 日本國源義持, 無王字."
10) 『세종실록』30年 6月 乙亥.
11) 金誠一, 『海槎錄』 4, 「答玄蘇書」, 『國譯 海行摠載』 1, 民族文化文庫刊行會, 1974年.

화 이후의 '적례'적 관계의 재편에 대비하려 한 것이리라.

　1606년 11월 '日本國王'이라 서명한 이에야스의 서한이 조선에 전달되었다. 그 내용은, 대마도에 지금까지 강화교섭을 명하여 온 것은 자신이었다고 밝히고, 임진왜란의 침략행위를 '前代非'라고 평가하며 조속한 통신사 파견을 요청하고 있는 것이었다. 이에 조선은 다음해 정월 제1회 回答兼刷還使를 일본에 파견한다.

　그러면 이에야스가 어찌하여 조선의 '先爲致書' 요구에마저 응하여 조선에 강화를 요청하는 서한을 내고 있는 것일까? 이는 조선과의 강화가 이에야스 정권에게 중대한 과제였음을 보여주는 것이라 하겠다. 도요토미(豊臣) 정권을 무너뜨리고 에도막부를 연 이에야스에게 조선과의 강화는 히데요시가 남긴 대외적 과제를 청산하는 것이 되며, 일본국내에서는 反이에야스 세력에 대한 막부의 정통성이 확보되기 때문이었다.

　이렇게 볼 때 대마도가 일본 측의 강화교섭을 대행하지 않으면 안되었던 이유는 대마도가 아닌 이에야스에게 있었음이 확실해진다. 이에야스는 조선에의 강화 요청을 대내적 위신 때문에도 스스로 개시할 수는 없었을 것이다. 그런 면에서 대마도에 대행시키는 것이 안성맞춤이었을 것이다. 그리고 조선의 '先爲致書' 요구를 이행하면서도 일본 국내상으로는 그 행위를 숨기지 않으면 안되었다. 이를 위해서 그는 자신에게 보낸 '회답'을 지참하는 조선의 제1차 회답겸쇄환사를 現 쇼군 히데타다(秀忠)에게로 향하게 하고, 그로 인해 조선의 회답도 자연스레 來書로 개작할 필요가 있었다. 이 경우, 대마도라는 존재가 절대적으로 필요하게 된 셈이다. 조선사절을 안내·접대하는 역할을 맡고 있던 대마도에게는 조선 국서를 개작할 기회는 충분했기 때문이었다.

　〈표 2〉에서 볼 수 있듯이 1607년 이후 조선의 사절은 합 12회에 걸쳐 일본에 파견된다. 쇼군이 새로 취임할 때마다 주로 파견되는 조선 사절은 쇼군의 권위를 고양시키는 존재로 막부에게 환영받아 극진한 대접을

〈표 2〉 에도막부에 파견된 琉球사절과 朝鮮사절

유구사절					조선사절				
순번	연도	명칭	인원	유구왕	쇼군	순번	연도	명칭	인원	조선국왕	쇼군
						1	1607	回答兼刷還使	504	宣祖	秀忠
						2	1617	회답겸쇄환사	428	光海	秀忠
						3	1624	회답겸쇄환사	460	仁祖	家光
1	1634	慶賀・謝恩使	미상	尙豊	家光						
						4	1636	통신사	478	仁祖	家光
						5	1643	통신사	477	仁祖	家光
2	1644	경하・사은사	70	尙賢	家光						
3	1649	사은사	63	尙質	家光						
4	1653	경하사	71	尙質	家綱						
						6	1655	통신사	485	孝宗	家綱
5	1671	사은사	74	尙貞	家綱						
6	1682	경하사	94	尙貞	綱吉	7	1682	통신사	473	肅宗	綱吉
7	1710	경하・사은사	168	尙益	家宣						
						8	1711	통신사	500	肅宗	家宣
8	1714	경하・사은사	170	尙敬	家繼						
9	1718	경하사	94	尙敬	吉宗						
						9	1719	통신사	475	肅宗	吉宗
10	1748	경하사	98	尙敬	家重	10	1748	통신사	477	英祖	家重
11	1752	사은사	94	尙穆	家重						
12	1764	경하사	96	尙穆	家治	11	1764	통신사	477	英祖	家治
13	1790	경하사	96	尙穆	家齊						
14	1796	사은사	97	尙溫	家齊						
15	1806	사은사	97	尙灝	家齊						
						12	1811	통신사	328	純祖	家齊
16	1832	사은사	98	尙育	家齊						
17	1842	경하사	99	尙育	家慶						
18	1850	사은사	99	尙泰	家慶						

* 이 표는 민덕기, 「에도시대 朝鮮使節과 琉球使節」, 『朝鮮과 琉球』 대우학술총서 450, 아르케, 1999, p.95에서 轉載.

받았다. 그러나 1764년 제11회를 마지막으로 通信使가 에도를 왕복하는 관례가 생략되고 1811년 제12회엔 대마도를 왕복하는 것으로 바뀌게 된다. 이는 통신사 접대에 소요되는 막대한 경비를 막부가 더 이상 부담할 능력이 없었기 때문이었다.

이에 비해 무로마치 막부에 파견된 조선의 通信·回禮使는 朝·日관계가 정비되는 세종대 이후로 보면 7회에 불과했으며 그것도 모두 세종대에 파견된 것이었다.12) 그러나 이 7회의 사절도 막부에 의해 냉대를 받곤 했다. 예를 들어 1443년 통신사 변효문은 교토로의 上京을 일시 거부당하기도 하고, 상경 이후에도 薄待가 이어졌으며, 귀국하는 도중엔 일본 호송인들의 습격을 받기도 했다. 또한 같은 해 조선에 내항한 '請經使' 고겐(光嚴)은, 통신사가 도일할 적마다 쇼군이 살해 또는 病死하는 등의 이변이 생긴다고 조선의 사절 파견 계획을 반대하였다.13)

3. 對조선 외교상의 대마도 지위

1634년 대마도주 종씨와 그의 家臣인 야나가와[柳川]氏가 서로 상대를 막부에 提訴한 데서 國書僞造事件이 폭로된다. 이 사건은 대마도의 외교적 지위를 비롯한 양국 간의 외교가 정비되는 계기가 되었다. 그럼 대마도의 국서 위조가 어떤 과정에서 이루어지고 있는지 살펴보자.14)

1614년 이에야스의 뜻을 받아 대마도가 조선에 사절 파견을 요청하게 된다. 조선의 반응이 없는 가운데 다음 해엔 오사카의 전쟁(오사카城의 히데요시의 아들 히데요리[秀賴]에 대한 이에야스의 공격)의 승리를 이유로, 1616년에 가서는 히데요리 세력을 멸망시킨 것은 조선을 위한 보복도 되므로 이에야스에게 축하 사절을 파견하라는 요청을 하고 있다. 이에 이르러 조선은 전번처럼 국서를 요구하게 되었고, 어쩔 수

---

12) 세조대인 1460년에 파견된 통신사는 海上 조난으로 좌절되었고, 성종대에도 두 번에 걸쳐 파견되었으나 일본의 내란[오닌(應仁)의 난]으로 중지되었다.
13) 閔德基, 「朝鮮朝前期의 '日本國王觀'」, 『朝鮮學報』 132, 日本, 1989年, pp.129~130.
14) 본 절은 閔德基, 『前近代東アジアのなかの韓日關係』, 日本 : 早稻田大學出版部, 1994年의 5장 「幕藩體制確立期의 朝鮮·幕府·對馬關係」 참조.

없는 대마도는 '日本國王 源秀忠' 명의의 서한을 날조하여 조선에 제출했다. 이에 회답이란 명분을 갖게 된 조선이 사절을 파견하게 된다. 1617년의 제2차 회답겸쇄환사다.

이 사절이 지참한 국서는 제1차 때처럼 당연히 회답형식이었으므로 대마도는 전처럼 來書의 형식으로 위작해야 했다. 그런데 조선사절에게 건네진 히데타다의 답서가 대마도의 '日本國王' 명의의 요청에도 불구하고 다시 1607년처럼 '日本國 源秀忠'으로 작성되자,15) 조선과의 관계 파탄을 염려한 대마도에 의해 '王'字가 삽입되어 '日本國王 源秀忠' 명의로 위작된다.

1624년의 제3차 회답겸쇄환사의 파견에도 제2차 때와 똑같은 양상이 반복된다. 우선 조선사절의 파견을 막부로부터 명령받은 대마도가 '日本國王 源家光'이란 명의의 날조된 국서를 조선에 보내자 조선사절은 회답서를 가지고 도일한다. 대마도는 이 답서를 來書로 위조해 막부에 제출한다. 막부가 '日本國主 源家光' 이란 명의로 국서를 내자 대마도는 명의의 '國主'를 '國王'으로 改書한다.

여기서 보듯 막부는 대마도에 조선사절의 渡日을 명령하면서도 일본측 국서를 우선조건으로 회답사를 파견하려는 조선에 서한을 발급할 의지가 전혀 없었다. 이것이 대마도가 국서를 날조해야 하는 첫 단계 사유였다. 그리고 회답서는 날조된 국서에 대한 조선의 답서이므로 막부에 제출할 때엔 다시 來書로 위조해야만 했다. 이에 막부가 낸 국서가 '日本國王'을 명의로 하지 않자 또다시 위조하게 된다. 이 같은 세 단계의 국서위조행위는 모두 조선과의 관계유지를 원하면서도 상대국의 입장을 무시한 막부의 조치에 대해 대마도가 불가불 행한 대응책이었다. 이러한 과오를 막부도 인정하여 국서위조 사건의 판결에서 敗訴한 야나가와씨를 극형이 아닌 流刑에 처하고 있다.

---

15) 1607년의 사절은 이 문제 등으로 朝廷에서 처벌이 논의되게 된다(三宅英利, 『近世日朝関係史の研究』, 日本 : 文献出版, 1986年, p.175).

그런데 막부는 勝訴 측의 宗氏에게도 책임을 물어 그의 외교고문인 겐포(玄方)를 유형에 처했다. 종씨의 그간의 외교행위가 조선 측에 편향되어 있다는 야나가와씨의 주장을 인정하여 그 책임을 물은 것이었다. 야나가와씨는 종씨를 제소할 때, 종씨의 외교가 조선의 藩臣 입장에서 행해져 왔고, 대마도 사절을 조선에 파견해서는 君臣의례인 庭下拜(뜰 아래에서 御座를 향해 절하는 것)를 기꺼이 행케 하므로 종씨의 굴욕적인 對조선 외교를 방치해서는 안된다고 주장했었다. 그러므로 막부는 겐포의 처벌뿐만 아니라, 이후로는 조선 편향적 외교를 않겠다는 서약서마저 종씨로 하여금 제출케 하고 있다.

막부는 종씨에게 마지막 조건을 제시하게 되니, 조선의 '通信使'를 渡日케 하라는 명령이었다. 야나가와씨의 주장처럼 종씨가 지금껏 굴욕적인 조선외교를 전개하여 양국관계가 유지된 것이라면, 또한 회답이란 명분 없이는 조선이 사절을 파견하지 않는다면 통신사는 도일하지 않을 것이며, 그리되면 종씨를 처벌하고 대신 야나가와씨를 對조선 외교에 앉힌다는 것이었다.

그러나 조선은 회답 명분을 고집하지 않고 '통신사'라 칭한 사절을 1636년에 파견하고 있다. 또한 막부의 요청대로 지참한 국서에 쇼군을 '日本國王'이 아닌 '日本國大君'이라 칭하고 있다. 새로 제시된 이에야스의 묘[東照宮] '유람' 요청에도 통신사가 기꺼이 응함으로써 대마도의 대조선 외교 대행 역할은 유지되게 된다. 조선이 외교분쟁을 일으키지 않고 막부의 제반 개혁에 응한 것은, 藩臣처럼 자리매김해 온 종씨를 막부로부터 보호해야 할 필요에서였다고 볼 수 있다.

그러면 여기서 막부가 조선의 對日국서에 '日本國王'으로 쇼군을 칭해 온 것을 방치하고 있다가 이때 '日本國大君'이라 바꿔 칭하게 한 것에 대해 검토해 보자. 그간의 '일본국왕' 칭호에 대한 방치는 무로마치시대 이래의 관행을 답습한 결과에 지나지 않는다. 이 시기에 이르러 바뀐 이유는 '대군' 칭호를 설정한 주자학자 하야시 라잔(林羅山)의 설명에서 알 수 있다. 즉 그는, '將軍'은 중국에선 中下의 官吏에 지나지 않으므로 對外的 칭호로는 부적절하며, 그렇다고 天皇을 참칭하는 '王'을 칭할 수도 없으므로, '王'보다 아래인 의미로 '大君'을 칭하게 하자고 하고 있다. 이처럼 '大君'은 내정상 '왕'의 의미와 대외적으로 '장군'이 갖는 의미가 고려되어 만들어진 것이다.16) 또한 이때부터 막부는 조선에의 답서에 일본 연호를 사용하기 시작한다. 이는 조선의 明 연호사용에 대응한 것으로 조선에 대한 일본의 자주의식을 높이기 위한 것으로 여겨진다.

국서위조사건 이후 막부는 대마도 종씨를 對朝鮮외교 대행자로 재설정하면서도 그 행위를 감시하는 제도로서 이테이안(以酊庵) 輪番制를 실시했다. 즉 특정사원의 승려를 대마도 이테이안에 윤번으로 체류시켜 조선과의 외교문서 등에 관여·감독케 한 것이다.

무로마치시대 癸亥約條(1443)를 통해 대마도를 기미권(羈縻圈)에 편입시킨 바 있는 조선은, 에도 막부와 강화를 체결한 지 2년되던 해 다시 己酉約條를 통해 대마도를 기미권에 재편입시킨다. 이에 대마도는 조선에 朝貢的 무역을 행하며 조선의 회유와 통제를 받게 된다. 그러나 무로마치시대와 다른 점은, 조선의 藩臣과 같은 대마도 종씨가 에도시대에 와서는 일본의 對조선 외교를 관장하는 禮曹의 기능까지 가지게 되었다는 것이다.

4. 조선을 통한 對明 관계 회복 시도

히데요시의 死後 정권을 주도한 이에야스가 임진왜란 때 연행했던 明의 인질 茅國科를 시마즈씨(島津氏)를 통해 중국 福建 루트로 송환한

---

16) 민덕기, 「日本史上의 '國王'칭호−일본 중·근세를 중심으로−」, 『한일관계사연구』 13, 한일관계사학회, 2000, pp.150~151.

것은 1600년 8월이다. 茅國科를 대동하고 福建을 통해 北京에 들어간 사츠마(薩摩)의 商人 시마바라 무네야스(鳥原宗安)는 시마즈씨 등 3人 名義의 '大明總理軍務都指揮 茅國器 앞으로 발송하는 서한을 지참하고 있었다. 그 내용을 보면 "本邦(일본)은 조선과 강화한 후에 皇朝(明)에 무로마치 때처럼 金印과 勘合을 가지고 왕래하고 싶다."라고 하여, 우선 조선과의 국교를 회복하고 그 이후 明으로부터 金印과 勘合符를 받아 통교관계를 회복하고 싶다는 의향을 표명하며, 이어 중국 인질들을 조선을 통해 송환하겠다는 것이었다.17) 이 서한은 이에야스의 명령으로 외교고문인 죠타이(承兌)가 작성한 것이었다.18) 여기서 주목해야 할 것은 '金印'을 요청한 점이다. 무로마치시대의 例로 보아 '日本國王之印'이라 새겨질 이 '金印'을 요청했다는 것은 明의 책봉을 받겠다는 것을 의미하기 때문이다. 그러나 明朝는 아무런 반응을 보이지 않았다.

　일본의 對朝鮮 강화교섭 과정에서는 조선을 통한 明에 대한 접근 시도가 전혀 나타나고 있지 않다. 조선과의 강화 자체가 일본의 중요한 외교현안으로 인식되고 있었기 때문이었을 것이다. 그러나 1607년의 回答兼刷還使는 일본 측으로부터 進貢件, 즉 明朝에 조공을 바치려 하니 조선이 이를 중재해 달라는 요청을 받기에 이른다. 당시 사절단의

---

17) "本邦朝鮮作和平, 則到皇朝, 亦如前規, 以金印勘合, 可作往返." 여기서 勘合符란 조공해 오는 나라의 '國王'에게 주어 朝貢船 파견 시 지참케 한 것으로 일종의 입국비자와 같은 것이었다. 1383년 暹羅(샴)·占城(참파)·眞臘(캄보디아)에 급여한 것을 시초로 그 후 일본을 포함해 15개 국에 급여되기에 이른다. 明은 寧波·泉州·廣州를 朝貢船의 입항장으로 설정하여 勘合을 받은 나라들이 朝貢船을 보내오면 이들이 지참한 勘合의 眞僞를 조사하여 入國如何를 허락하고 있다. 민간무역의 금지와 왜구를 비롯한 해적의 출몰을 경계하여 제도화된 이 勘合은, 최초 급여 시 100道가 지급되며 이를 받은 상대국 國王은 朝貢船을 파견할 때마다 勘合의 裏面에 조공내용을 상세히 기록해야 한다. 즉 正使·副使를 포함한 파견인원, 進貢物 및 附帶貨物(貿易品) 등을 기록하되 朝貢船 1척당 勘合 1道씩 기록해야 한다. 황제의 즉위 때마다 새 勘合 100道가 지급되며 잔여분의 옛 勘合은 회수하게 된다.
18) 伊地知季安·季通 編, 『薩藩舊記雜錄』, 日本 : 鹿兒島縣, 1971年, 後編 卷45, 1600년 1월 27일부의 告文.

副使였던 경섬의 기행록인 『海槎錄』을 통해 이를 검토해 보기로 하자.19)

進貢件이 최초로 제기된 것은 5월 10일로 이에야스의 측근인 승려 겐포(元豊)를 통해서였다. 그 다음은 6월 21일과 윤6월 1일로 대마도의 조선외교를 담당하고 있던 야나가와 토시나가(柳川智永)와 다치바나 토시마사(橘智正)를 통해서, 마지막은 윤6월 7일로 이때에는 두 사람이 같이 제기하였다.

최초로 이를 제기한 5월 10일은 사절이 에도에 도착하기 전이지만, 두 번째인 6월 21일은 조선국왕의 국서를 쇼군에게 전달하는 傳命禮의 의식을 마치고(6월 6일) 이에 대한 쇼군의 答書를 받아(6월 11일) 에도를 출발한 지 8일째 되는 날에 해당한다. 마지막인 윤6월 7일은 歸路의 교토에서였다. 그러므로 進貢件은 주로 사절의 귀로 중에 제기되고 있다고 할 수 있다. 또한 윤6월 7일 이전까지는 외교현안을 결정할 수 있는 使臣(正使·副使·從事官인 三使)에게는 제기하지 않고 譯官들에게만 거론하고 있으며 윤6월 1일조에는 특히 사신에겐 아직 이러한 문제를 알리지 말라고 일본 측은 당부하고 있다. 역관에게 제기했다는 것 자체가 사신에게 전달될 것을 전제로 한 것이 되며, 사신도 처음 제기되는 5월 10일부터 이를 알고 있긴 하다. 그러나 정식으로 사신에게 요청하는 것은 마지막인 윤6월 7일이었다. 이는 일본 측의 進貢件 요청이 극히 소극적이었음을 입증하는 것이다.

만약 일본이 進貢件을 양국 강화의 전제이며 절실한 외교현안으로 여겼다면 조선사신을 접견하는 날 쇼군이 직접 거론하던가, 조선국왕에 대한 답서에 삽입하여 요청하던가, 막부 로쥬(老中 : 총리)가 조선 禮曹參判에 보내는 답서에 넣었어야 할 것이었다. 그러므로 뒤늦게 귀로에서 私的으로 進貢件을 거론하는 일본 측의 의도를 조선사신이 의아

---

19) 慶暹, 『國譯 海行叢載』Ⅱ, 「海槎錄」, 민족문화문고간행회, 1974년.

하게 받아들이는 것은 당연한 일이었다(윤6월 7일조).

이 같은 의문에 대해 일본 측은 다음처럼 두 가지로 이유를 설명하고 있다. 즉 6월 21일조에서는, 쇼군이나 막부의 衆論이 조선국왕에 대한 답서에 進貢件을 넣어 요청하려 했었지만, 막부의 외교고문 죠타이가 "일본에는 天皇이 있으므로 天子가 있는 明과 대등한 사이인데('相等之國') 어찌 대등한 나라인 明에 신하라 자칭하면서까지 進貢해야 할 것인가." 하고 반대하여 중지했다고 전하고 있다. 그러나 윤6월 7일조에서는, 쇼군이 사신을 접견했을 때 이를 거론하려 했고 조선국왕에의 답서에도 삽입하려 했지만 그리하면 조선국왕이나 조선사신을 번거롭게 하는 것이 되므로 중지했다고 하고 있다. 다소 상반된 설명이긴 하지만 이로써 알 수 있는 것은, 일본의 進貢件 요청에 대한 소극적 자세가 죠타이의 의견에서 보이듯 明에 君臣관계를 맺으면서까지 조공관계를 회복할 필요는 없다는 막부의 국가의식과, 이제 갓 조선과 관계정상화를 이룬 상황에서 進貢件을 요청하는 것은 양국관계에 장애를 초래할지도 모른다는 우려에 의한 결과였다는 것이다.

그러나 막부의 이러한 소극적 자세는 국가의식 때문이라기보다는 조선과의 관계를 더 중시한 결과로 보인다. 왜냐하면 대마도 루트를 통해 進貢件을 그 후에도 조선 측에 타진하고 있기 때문이다. 즉 윤6월 7일조에 보면 막부는 대마도의 禮曹參議에의 답서에 이를 삽입하여 요청하는 방법을 택하려 하고 있다. 대마도는 일본에서는 일개 藩에 불과하지만 조선에서는 전통적으로 藩屛과 같은 존재로 간주되고 있었다. 이를 아는 막부가 대마도로 하여금 進貢件을 요청하는 형태를 취한 것이다. 그리하여 양국관계에 직접적 파문을 일으키지 않고 막부의 체면도 손상당하지 않으려 한 것으로 보인다.

경섬은 윤6월 7일조에서 일본 측의 요청에 대하여 조선에 進貢을 의뢰하지 말고 직접 明 황제에게 요청할 것이며, 조선 땅을 빌려 貢路로 삼지 말고 무로마치시대에 이용했던 海路를 이용하라고 일축하고 있다.

또한 대마도를 통해 요청해 오는 방법에 대해서도 양국관계의 파탄을 초래하는 행위라고 거부하고 있다. 이로써 조선의 길을 빌려 明에 조공하고 싶다는 이른바 貢路件도 일본 측이 요청하고 있음을 알 수 있다.

그런데 경섬의 이와 같은 거부에 대해 일본 측은 조선과 明이 한몸과 같은 나라(一體之國)이므로 進貢을 의뢰하는 것이라고 답하고 있다. 이는 일본의 조선관의 일면을 보여주고 있다는 점에서 주목된다(윤6월 7일조). 무로마치 막부가 조선에 對明 조공 중재를 요청할 때도, 조선이 중국과 인접해 상호 聘問이 빈번하므로 이를 요청하게 되었다고 하고 있다(〈표 1〉의 제3·5·9회 요청 시). 또한 요청 시의 국서 내용엔 明을 '大明'으로 하고 조선은 '上國'이라 칭하거나(〈표 1〉의 제3·5회 요청 시), 明 황제를 '大明上皇' 조선국왕을 '陛下'라 칭하고도 있다(〈표 1〉의 제8회 요청 시). 이를 통해 조선·明간의 긴밀한 책봉·조공관계에 대한 일본 측의 인식의 일단을 엿볼 수 있다.[20]

그 이후 進貢件이 다시 제기되는 것은 1609년 3월이다. 당시 조선에 내항한 대마도의 외교 승려 겐소(玄蘇) 등이 전년 초에 死去한 宣祖의 영전에 진향하기 위해 상경하고 싶다는 요청과 함께 貢路件을 요청하고 있다. 이에 대해 備邊司는 貢路件 요청을 書契로 하지 않고 구두로 한 것을 가지고, 이는 막부의 의사가 아닌 대마도의 恣意에서 나온 것으로 조선을 시험하려는 뜻이라고 단정 짓고 있다.[21]

여기서 주목해야 할 것은 대마도 측이 貢路件과 상경을 동시에 요청하고 있다는 점이다. 당시 조선과의 관계에 있어 대마도의 가장 큰 현안은 무역관계의 회복이었다. 임진왜란으로 단절된 조선과의 무역관계를 전쟁 이전의 상황으로 복구시키는 것이 제일의 관건이었다. 그러나

---

[20] 민덕기, 「室町幕府의 對明朝貢 仲裁요청과 朝鮮의 대응」, 『일본역사연구』 1, 일본사학회, 1995, p.56.
[21] 이하의 본 절 내용은 민덕기, 「朝鮮·琉球를 통한 江戶幕府의 對明접근」, 『한일관계사연구』 2, 한일관계사학회, 1994, 2절 참조.

조선은 임진왜란 때 일본군의 선봉 역할을 한 대마도를 징벌한다는 의미에서나 국가재정의 부담을 경감한다는 측면에서 대마도와의 무역관계를 축소 재편한다는 방침을 이미 對日講和 이전에 세우고 있었다. 상경 또한 조선 內地의 정탐기회를 봉쇄한다는 측면에서 금지할 예정이었다.

조선의 이러한 방침을 감지한 대마도는 조선 측이 도저히 수용하지 않을 貢路件을 상경과 함께 요청하여, 조선과의 무역 재개교섭에 유리한 고지를 선점해서 상경 요청만은 관철하려 한 것으로 보인다. 마침 宣祖의 영전에 진향하기 위해서라는 그럴듯한 상경 요청의 명분도 있었다. 상경을 허용받는다는 것은 국왕에 대한 肅拜 의례, 禮曹의 연회, 漢城 왕복기간의 소요식량 지급 등이 수반되므로 막대한 물질적 수혜가 보장되는 것을 의미한다. 그러므로 대마도로서는 막부의 의향을 대신하여 요청하는 貢路件보다 오히려 상경 요청에 중심을 두고 있었음에 틀림없다.

이러한 대마도의 의도를 입증시켜 주기라도 하듯이 한동안 貢路件 요청은 양자 간의 교섭에 보이지 않고 있다. 그 후 대마도 측의 貢路件 요청이 다시 있었음은 1614년 예조참의 金緻의 대마도 종씨에 대한 답서를 통해 알 수 있다. 여기서도 대마도는 貢路件을 무역관계의 확대와 상경 등의 요청과 더불어 제기하고 있다.

결국 대마도는 貢路件 요청을 무역관계의 확대와 상경을 성취하기 위한 수단으로 부수시킨 것이라 할 수 있다. 이러한 대마도의 자세에 의해 막부의 貢路件 요청은 이미 그 의미를 상실했다고 봐야겠다. 그 후 1617년과 1624년에 제2·3차 '回答兼刷還使'가 渡日하지만 그들의 기행록에 進貢·貢路件이 일본 측에 의해 다시 제기되었다는 기록은 없다. 이로 보아 일본의 조선을 통한 對明접근은 1609년을 전후하여 이미 단념한 것으로 간주된다.

1627년 1월 조선이 後金의 침략(정묘호란)을 받자 대마도는 같은 해

3월 조선에 사자를 보내왔다. 그리고 후금의 遼東 함락을 즉시 보고하지 않았다고 쇼군 이에미츠(家光)가 대마도의 외교고문인 야나가와 시게오키(柳川調興)를 문책했으나 요동이 조선땅이 아님을 알자 이를 불문에 그쳤다는 것, 요즘 일본에서는 조선에 援兵을 파견하자는 움직임이 있다는 것 등을 보고해 왔다. 이 보고에 의하면 막부가 조선의 전란에 대해 비상한 관심을 갖고 원병 파견까지 고려하고 있는 듯이 보인다. 그러나 이는 일본의 원병파견 여하가 대마도의 노력 여하에 달려있다는 것을 조선에 강조하기 위한 술책으로 간주할 수 있다. 즉 조선은 임진왜란의 경험으로 일본의 여하한 이유에서의 군대 파견을 경계하고 있었고, 이를 잘 파악하고 있던 대마도는 일본의 원병파견 중지는 대마도에 一任하라고 시사하고 그 대신 조선과의 무역관계를 확대시켜 보려 했던 것이다.

1629년 막부의 명령으로 대마도 종씨의 사자 겐포(玄方)가 특단의 조치로 漢城에 상경한다. 이때 그가 조선에 전달한 막부의 의사는 조선길을 빌려 일본군을 파병하여 요동을 평정하고 이를 토대로 明에 進貢하겠다는 것이었다("借路平遼, 通貢大明"). 이에 대해 조선은 대마도가 무역관계를 확대하기 위해 만든 구실이라 간주해 일축한다. 이때 겐포가 초지일관 조선과 벌인 교섭의 초점은 종씨의 무역상의 이익확보였지 막부의 명령에 관한 것이 아니었음이 이를 입증한다.

이처럼 대마도를 통한 막부의 進貢·貢路 요청은 1609년을 전후하여 이미 그 의미를 상실하고, 조선에 대한 대마도 자체의 이권 확대를 위한 위협수단으로 철저히 이용당하고 있었다. 1620년대 후반기 이후 막부는 후금과 관련한 대륙정세에 민감한 관심을 보이긴 하나, 이는 明에 접근하기 위한 것이기보다 대륙정세가 일본 안보에 미칠 파장을 중시한 것으로 여겨진다.

에도시대 초기 막부가 조선 이외의 아시아 나라와 통교한 과정을 살펴보면, 1614년까지는 베트남(安南)·루손(呂宋)·캄보디아(柬埔寨)·

참파(占城 : 남부 베트남)·샴(暹羅 : 타이) 등이었다. 이후 베트남·캄보디아·참파·샴과 한동안 관계가 이어지지만 1630년대 이후에는 모두 단절되고 오직 조선 1개 국에 국한된다.[22)]

한편 무로마치시대 조선에의 對明 조공 중재 요청은 〈표 1〉에서 보는 바와 같이 10회에 이른다.[23)] 그러나 그 요청의 배경을 보면 단절된 조공관계의 회복을 위한 것은 단 2회에 불과하다(제1·10회). 오히려 왜구의 중국 침구로 인한 조공의 곤란이나(제2회), 일본 조공사절의 중국에서의 소란에 대한 사죄와 寧波의 亂(1523)에 잡아온 중국인을 송환하겠다는(제3·8회) 명분으로 조공관계에 대한 明의 통제강화나 단절을 우려하여 조선에 요청하는 경우가 있었다. 그 외에 明에 제출해야 할 勘合을 지참할 수 없게 되었다거나(제4·5·9회) 反幕府 세력에 의한 조공을 차단하기 위해서(제4·5회), 또는 明의 조공 통제 완화에 대한 기대를 가지고 조선에 요청하는 경우가 있었다(제6·7회).

이러한 일본 측의 10차례에 이르는 요청에 대해 조선은 世祖代 1회를 제외하고는 일본의 요청에 일관되게 소극적이었다. 조선의 이러한 대응의 배경에는 일본의 일관성 없는 조공자세에 대한 懷疑(제1회), 정치적 외교관계가 아닌 무역관계만을 추구하는 일본의 對明 조공태도에의 반감(제5·9회) 등이 작용했지만, 무엇보다도 明에 비밀로 하고 있는 對日관계가 중재 수락으로 明側에 탄로 나는 것을 우려했기 때문이었다(제5·9회). 그러므로 일본의 요청에 대한 소극적 대응이 결코 對日관계의 소극화를 의미하는 것은 아니었다. 成宗이 일본의 제5회 요청을 거절하고 4년 후 통신사 이형원을 파견하는 것이 그 단적인 예이다.

---

22) 藤井讓治, 「17世紀の日本」, 『岩波講座 日本通史 卷12 近世 2』, 1994年, p.36.
23) 이와 관련하여서는 민덕기, 「室町幕府의 對明朝貢 仲裁요청과 朝鮮의 대응」, 『일본역사연구』 1, 일본사학회, 1995 참조.

5. 琉球 루트로의 對明 접근과 日·琉관계

1606년 6월, 만성적인 재정적자를 琉球 점령으로 해결하려는 사츠마 藩은 유구 정벌을 이에야스에게 요청했고 이에야스는 이를 허가하면서도 조선과의 講和 이후로 그 시기를 연기시켰다. 유구 침략이 조선에 알려지면 일본의 강화의도를 의심한 조선이 강화교섭 자체를 외면할지도 모른다는 우려 때문이었을 것이다.[24]

유구 침략을 연기시킨 막부는 같은 해, 유구의 왕 尚寧에 대한 明의 책봉사가 유구에 도착했다는 정보를 접하자, 明과의 관계 회복 의향을 시마즈씨를 통해 책봉사 측에 전달했다. 시마즈씨는 이어 책봉사에게 서한(「呈大明天使書」)을 보내 중국 商船이 사츠마에 와 무역할 수 있게 해달라고 요청하였다. 동시에 유구왕에게도 서한을 보내 유구에서 日·中 상선이 무역할 수 있게 明에 요청해 달라고 부탁하였다.

그러나 明으로부터 아무런 반응이 없자 시마즈씨는 1609년 3월 3,000명의 군대를 파견해 5월에는 유구왕을 비롯한 1,000여 명의 유구인을 포로로 잡아 귀국한다. 사츠마가 유구왕을 포로로 하여 신속히 귀환하고 있는 것은 유구왕 구원을 위한 明의 유구 출병에 대비하여 이를 회피하기 위한 것이 아니었을까 생각된다.

다음 해 9월, 유구왕을 데리고 에도에 온 시마즈씨에게 쇼군 히데타다는 유구에 대한 조세징수를 허용하여 그 지배를 인정하는 대신, 유구는 대대로 尚氏가 다스리는 나라이므로 다른 姓을 가진 사람을 국왕으로 세우지말라고 하여 기존의 유구왕국의 존속을 명령했다.[25]

그러면 여기서 일본의 유구 복속 의미에 대해 검토해 보기로 하자. 가미야(紙屋)는 유구 침략을 허가하는 막부의 의도를, 1606년 단계에서

---

[24] 본 절은 민덕기, 「朝鮮·琉球를 통한 江戸幕府의 對明접근」, 『한일관계사연구』 2, 한일관계사학회, 1994, 3절 참조.
[25] 林輝 編, 『通航一覽』 卷3, 「琉球國部」 3, 日本 : 國書刊行會, 1912年, p.31.

는 일본과 유구와의 관계 성립을 서둘러 그해 明 册封使의 유구 입국을 기회로 對明 통교회복 교섭을 행하기 위함이었다고 추정하고 있다. 그리고 유구 복속 직후에 그 왕을 존속시킨 막부의 조치에 대해서는, 明의 조공국인 유구를 對明정책의 중개자로 설정하여 福建 루트를 통한 對明교섭에 동원하기 위함이었다고 논하고 있다.[26] 아라노(荒野)도 유구왕을 온존시킨 것은 유구와 明의 기존관계를 존속시켜 일본의 對明외교 루트를 확보하기 위해서였다고 분석하고 있다.[27]

그러나 이러한 견해는 유구 침략이 초래할 明의 반응을 막부가 全的으로 고려하지 않았다는 일방적인 논리가 되고 만다. 明이 동아시아 국제사회의 중심을 자처한 것은 책봉을 통해 주변국과의 君臣관계를 성립시켰기 때문이며, 더욱이 유구는 조선에 이어 明의 華夷관념적 對外질서를 구현하는 데 중요한 존재였다. 무로마치시대 일본의 貢期(朝貢週期)가 10年1貢이었던 것에 반하여 유구는 1년1공이 관례였고, 국왕의 즉위 때마다 책봉사를 파견하여 册封儀式을 직접 행해 준 나라도 조선에 이어 유구뿐이었다. 그러한 유구를 정복하여 막부가 明과의 관계회복을 도모했다는 것은 수긍하기 어렵다. 조선을 침략했다가 그 宗主國인 明의 원병을 맞아 싸운 경험이 있는 일본으로선 더욱 그렇다. 유구를 복속하면 이를 통해 일본의 입장이 明에 적극적으로 전달되리라 예상했는지는 모르지만, 明의 반발로 오히려 對明 관계회복에 절대적인 장애를 초래할 것이 뻔하기 때문이다. 실제로 보아도 유구침략 3년 뒤인 1612년 明은, 유구의 貢期를 2년1공에서 10년1공으로 대폭 제한하고 유구의 貢物에 일본산 물품이 섞여있다고 그 수납을 거부했을 뿐만 아니라 입항한 조공사절의 입국마저도 거부했다. 유구에 대한 이러한 응징조치는 이를 복속한 일본을 겨냥한 것이었다.

이렇게 볼 때 막부의 유구 침략 허용은 그 자체로 막부의 對明관계의

---

[26] 紙屋敦之, 『幕藩制國家の琉球支配』, 日本 : 校倉書房, 1990年, pp.24~25.
[27] 荒野泰典, 『近世日本と東アジア』, 日本 : 東京大學出版會, 1988年, p.178.

회복 의지가 이미 폐기되었음을 의미하는 것으로 봐야겠다. 또한 그 직후 유구왕국을 존속시킨 조치도 종주국인 明의 체면을 유지시켜 明과의 전면적인 대치상황을 회피하기 위함이었으리라 보여진다. 明의 책봉국인 유구왕국 그 자체를 멸망시키면 明과의 대립은 더욱 첨예화될 것이고 이는 막부로서도 큰 부담이 아닐 수 없었을 것이다. 나아가 막부로서도 유구왕국을 존속시켜 쇼군에게 정기적으로 來朝케 함은 막부의 권위를 드높이기 위해서도 필요했을 것이다. 아울러 유구를 복속시켜 실질적 지배를 획책하고 있는 시마즈씨를 견제하기 위해서도 유구왕국의 존속은 고려됐을 것이다.

그러면 유구 침략을 전후하여 계속된 막부의 福建과 유구 루트를 통한 對明 접근은 무엇을 획득하기 위함이었는가? 전술한 1600년에 있었던 일본 측의 '金印'요청으로 보아 막부가 원래 희망했던 것은 책봉관계의 회복이었다고 볼 수 있다. 그러나 明이 반응을 보이지 않자 책봉을 전제로 한 국교회복 의도를 포기하고 대신 勘合符만을 요청하기에 이른 것으로 보인다. 이는 1610년 12월 일본에 온 중국상인 周性如에게 막부가 위탁한 서간, 즉 내용상으로는 이에야스가 明 황제에게 보내는 것이지만 형식상으로는 막부의 閣僚 혼다 마사즈미(本多正純)의 명의로 福建省 총독 앞으로 보낸 서간을 통해서도 파악할 수 있다.[28]

그 내용은 이에야스의 일본 통일 이후 조선·유구가 일본에 대해 신하라 칭해 왔을 뿐만 아니라 동남아시아 여러 나라들도 복종의 뜻을 나타냈다고 피력하며, 明과의 관계회복을 요청하는 것이었다. 그리고 福建의 상선이 나가사키에 와서 무역을 행할 수 있게 해줄 것을 요청하고, '大明天子'가 勘合符를 '賜'한다면 일본은 大船 한 척을 보내겠다는 내용이었다. 즉 중국 상선을 나가사키에 보내 일본과 무역케 하고, 일본 또한 중국연안에 가서 무역할 수 있게 감합부를 급여해 달라는 요청을

---

[28] 京都史蹟會 編, 『林羅山文集(上)』 卷12, 日本 : ぺりかん社, 1979年, p.131.

하였다.

그런데 이 서간의 내용으로 보아서는 막부의 감합부(각주 17) 참고) 요청은 책봉을 전제로 하지 않고 있는 듯하다. 만약 막부가 책봉을 통한 조공무역의 회복을 원했다면 明 황제의 신하 입장으로서의 恭順을 표했어야 할 것이나, 오히려 明과 조공관계에 있는 동남아시아 나라들, 더욱이 明이 藩屬國으로 간주하고 있는 조선이나 유구까지도 일본에 복종하고 있다고 표현하고 있기 때문이다. 그리고 감합부를 받아 大船 한 척을 중국에 보내겠다는 내용으로 봐도 그렇다. 무로마치시대에는 조공무역 시 최소한 대선 3척을 파견하고 있었다.29) 만일 책봉을 전제로 한 감합부의 요청이라면 중국과의 무역을 갈망하고 있는 막부로서는 3척 이상의 배를 파견하겠다고 했음에 틀림없다. 그러므로 막부가 요청한 감합부는 책봉을 전제로 한 것이 아니라, 일본상선이 중국 연안에 가서 무역을 할 수 있게 허가해 주는 증서 정도로 간주하여 요청한 것이라 볼 수 있다.

이러한 막부의 자세는 1613년 봄 시마즈씨―유구 루트를 통해 유구왕 명의로 福建軍門에 보냈다는 다음과 같은 내용의 「與大明福建軍門書」에서도 보이고 있다.30)

유구는 300년 전부터 사츠마에 方物을 헌납해 왔으나 최근에 '貢期'를 태만히 하여 사츠마의 군사를 맞게 되었고 이에 유구가 황폐하게 된 것은 하늘의 뜻이었다. 자신(유구왕)이 사츠마에 3년간 있으면서(억류 기간) 시마즈씨로부터 귀빈으로 후대를 받았다. 일본이 희망하는 것은 첫째로는 일본상선이 중국의 변방에 가서 무역하는 것, 둘째로는 중국 상선과 일본상선이 유구에 와서 무역하는 것, 셋째로는 중국상선이 일본에 와서 무역하는 것이라고 한다. 이 세 가지 중에 하나라도 이뤄지면

---

29) 田中健夫, 『對外關係と文化交流』, 日本 : 思文閣出版, 1982年, pp.19~20.
30) 薩藩叢書刊行會 編, 『新薩藩叢書』 卷4, 日本 : 鹿兒島縣 歷史圖書社, 1971年, p.508.

양국의 인민이 부유해질 것이고 중국의 입장에서도 왜구에 대한 방비 부담이 없어질 것이지만, 그러나 이 중에 한 가지도 허락치 않으면 '日本西海道九國 數萬之軍'을 중국에 보낼 것이고 그리하면 중국연안은 반드시 피해를 당할 것이라고 일본 측은 말하고 있다. 중국이 일본의 이러한 요청을 허용한다면 유구는 영원히 '藩職'을 준수할 수 있을 것이다.

여기서도 막부는 明의 책봉국인 유구를 사츠마의 조공국으로 명언하고 있고 일본의 요청을 거부할 때에는 武力 행사도 사양치 않겠다는 위협적인 태도를 보이고 있다. 또한 막부가 요청하는 세 가지 무역방법 중에 조공무역의 형태는 보이지 않는다.

이로 보아 막부의 對明정책을 기존연구에서 보이듯이 '국교회복', '勘合무역의 부활'을 일관되게 의도한 것이라는 견해는 타당하지 않다고 하겠다.31) 유구 침략 이전까지는 '국교회복'을 의도했지만, 그 이후는 무로마치 막부와는 다르게 단지 무역의 재개만을 요구하고 있기 때문이다. 그러므로 이를 무로마치시대의 對明관계의 '회복', '부활' 요구로 규정지울 수는 없고 단순히 '私貿易 관계의 체결' 요구로 보는 것이 타당하다 하겠다. 즉 막부는 책봉에 의한 조공무역의 재개가 좌절되자, 明의 허락을 전제로, 福建 等地의 중국연안에서 양국상인이 행하는 무역, 유구에서 양국 상인이 무역하는 방법, 1610년을 전후해서는 나가사키에 중국상인이 와서 무역하는 것을 주로 희망하고 있었다고 볼 수 있다.

막부는 특히 나가사키에 집중적으로 중국상선을 내항케 해 이를 통해 對明무역의 독점을 꾀하고 있었다. 1606년 막부가 사츠마에 내항하는 중국상선에 대해 시마즈씨로 하여금 이를 중국의 市舶司와 같은 임무를 띤 나가사키 부교(奉行)에게 통보케 했다거나, 1610년 나가사키에 내항한 중국상인에게 前例를 깨고 일본상인에게만 지급하던 슈인죠(朱印狀 : 쇼군의 날인한 무역허가증)를 급여한 것이 이를 반영하는 것이

---

31) 幕府의 對明정책이 '國交회복'이나 '勘合무역의 부활'을 의도한 것이라는 관점은 일본의 관련학자들의 공통된 것이다.

다.32) 전술하듯 막부가 1610년과 1613년에 明 측에 보낸 서한에서 공순하기는커녕 위협적인 내용을 담을 수 있었던 것은, 그 요구가 이러한 私貿易 정도의 무역관계의 체결 요구였고, 또 실제로 중국 상선이 사사로이 나가사키에 와서 무역행위를 하고 있었기 때문으로 보인다.

그러므로 유구 복속 이후의 막부의 對琉球정책에는 對明 국교회복의 도가 전혀 반영되고 있지 않다고 보아야 한다. 시마즈씨가 유구 복속 직후인 1611년부터 시행한 유구에 대한 일본 同化정책을 막부는 1616년부터 중지시킨다. 오히려 막부는 유구왕의 정치적 주체성을 부여하고 일본과의 이질성을 강조하여 유구에 대한 일본화를 금지시킨다. 이를 기존연구에서는 막부의 對明정책의 실패로 보고 있다.33)

그러나 이는 막부가 유구왕의 존속을 명령한 1610년부터 이미 예정되어 있었다고 보아야 한다. 그 뒤 1624년 시마즈씨에 의해 유구왕이 수도 首里의 王府領에 대한 지배와 재판권·祭祀權을 인정받는 것도,34) 1634년 유구의 막부에 대한 謝恩使의 파견도, 막부의 對琉球정책이 일본의 '異國'으로 유구를 규정하여 막부의 영광을 드높이는 존재로 만들려 한 결과였다. 〈표 2〉에서 보듯 에도시대 막부가 유구에게 18차례나 慶賀·謝恩使를 보내어오게 하는 것은 유구의 '異國'化 정책 때문이었다. 그 결과 유구는 사츠마의 지배하에 있으면서도 明과의 조공관계를 지속할 수 있었던 것이다.

그러면 무로마치시대 유구를 중재로 한 日·明 교섭 사례를 검토해 보자. 쇼군 이에모치의 책봉 거부로 1410년 이후 관계가 단절된 일본에 1432년 明은 유구왕을 중개로 칙서를 일본에 전달케 하려 한 적이 있었다.35) 그 후 무로마치 막부가 1474년 유구에게 對明 조공 중재요청을

---

32) 中村質,「東アジアと鎖國日本」, 深谷克己 外 編,『幕藩制國家と異域·異國』, 日本 : 校倉書房, 1989年, p.343 ; 林鴻章,「近世日本と日中貿易」,『東アジアのなかの日本歷史』 4, 日本 : 六興出版, 1988年., p.41.
33) 紙屋敦之,『幕藩制國家の琉球支配』, 日本 : 校倉書房, 1990年, p.29.
34) 紙屋敦之, 위의 책, p.309.

하기도 했다.36) 영파의 난 직후엔 특히 유구를 동원하여 日·明 간의 교섭이 진행되었다. 우선 明이 유구를 통해 무로마치 막부에 勅諭를 전달하였고, 이에 막부가 또 유구를 경유해 表文을 明에 올렸다. 이에 대한 明의 칙서가 재차 유구를 통해 막부로 전달되었다.37) 이로 보아 유구를 중재로 하여 양국이 외교 문제를 해결하려는 움직임이 일찍부터 있었음을 알 수 있다.

6. 맺음말

이상의 검토를 통해 다음과 같은 점이 명확해졌지 않았을까 여겨진다.

첫째, 무로마치 막부와는 다르게 에도막부는 조선의 권위를 높이 평가했다는 점이다. 즉 역대 쇼군이 바뀔 때마다 거대한 접대비용을 부담하며 '조선통신사'를 초청하고 있기 때문이다. 이는 조선 사절이야말로 쇼군의 권위를 고양함에 더할 나위 없이 소중한 존재로 인식하고 있음을 시사하는 것이다. 무로마치시대의 조선 사절이 쇼군의 신체에 액운이나 몰고 오는 존재로 기피되었다면 더욱 그렇다. 이것은 조선 인식의 변화에 기인한 것으로서, 임진왜란은 조선이 선진문화국임을 일본 전역에 알려준 轉機였지 않았을까 여겨진다. 에도시대 조선과의 외교를 '使節外交'라 할 수 있으나, 막부에서 조선으로는 사절이 파견되지 못하였으므로 一方向的 사절외교라 할 수 있다. 막부 측 사절이 조선에 파견되지 못한 것은 임진왜란에 의한 영향으로 일본 측에 조선 內地를 정

---

35) 민덕기, 「室町幕府시대의 對明 册封관계의 성립과 변화」, 『淸大史林』 6, 청주대학교 사학회, 1994, p.200.
36) 민덕기, 「室町幕府의 對明朝貢 仲裁요청과 朝鮮의 대응」, 『일본역사연구』 1, 일본사학회, 1995, p.47.
37) 민덕기, 「寧波의 亂과 朝鮮·日本·明의 관계」, 『한국사학논총』, 1996, p.366.

탐당하지 않기 위해서 조선 측이 반대한 결과였다. 그러나 조선과 대마도 사이엔 상호 慶弔事를 중심으로 사절왕래가 빈번하였으니, 조선이 파견한 사절은 譯官으로 問慰官이라 했으며 대마도가 파견한 사절은 '差倭'라 했다.

둘째, 대마도의 외교상 지위가 에도시대에 와서 변화했다는 점이다. 무로마치시대 대마도는 계해약조를 계기로 조선과 君臣관계에 처해있었다. 또한 조선은 대마도주에게 文引 발급을 허락해 주어 일본에서 오는 모든 使者는 대마도주가 수수료를 받고 발급해 주는 문인을 받아와야만 입항할 수 있게 하였다. 대마도주는 문인 제도로 일본 국내에서의 정치적 입지를 강화하고 경제력을 확충할 수가 있었으며, 조선은 왜구 금압이나 反조선적 동향에 대한 정보를 대마도에 기대할 수 있었다. 16세기 중반 이후 무로마치 막부가 지방정권처럼 쇠락하자 대마도는 제멋대로 '日本國王使'를 파견하는 등 일본의 조선외교마저 농단하기에 이르렀다.

그러나 중앙정권으로서 전국을 강력히 통제할 수 있었던 에도막부가 들어서자 대마도는 막부의 조선외교를 공식적으로 대행하게 되었고, 그 결과 이전의 조선의 東藩과 같은 입장에 일본의 對조선 외교를 관장하는 禮曹의 기능까지 가지게 되었다. 이러한 朝·日에 兩屬한 대마도가 가진 외교 기능은 메이지 정부가 직접 조선과의 외교를 外務省에서 관장할 때까지 계속되었다.

셋째, 에도막부의 明에의 책봉을 통한 국교재개 의욕은 1609년 유구 침략을 전후로 상실된다는 점이다. 막부는 1607년 파견된 조선 사절에게 최초로 책봉을 위한 중재를 요청했으나 이런 요청은 무로마치시대에도 前例가 있었다. 그러나 조선은 日·明 관계에 동원되는 것을 기피하여 왔었고, 히데요시가 책봉을 받고서도 정유재란을 일으켰으므로 明에 이를 上奏해 봐야 노여움만 살 것으로 인식하여 거부하게 된다.

한편 유구는 사츠마의 지배하에 놓이면서도 尙氏 왕조는 유지되어

明·淸朝와 책봉 조공관계를 유지하는 한편, 막부에 慶賀·謝恩使를 파견하여 '異國'으로 그 지위를 보전하였다. 경하사는 쇼군의 취임을 축하하기 위해서이고, 사은사는 새로 유구왕이 즉위했을 때 그 감사의 표시로 파견되었다. 그러므로 조선의 신의를 교환한다는 '通信使'와는 성격을 달리하는 것이었다. 유구왕조의 종식은 메이지 정부에 의한 오키나와현(沖繩縣)의 설치에 의해서였다(1879).

넷째, 1610년 이후 막부의 對明 접근은 책봉을 통하지 않은 勘合符에 의한 私貿易 관계를 가지기 위해서였다고 볼 수 있다. 그러면 왜 에도막부는 책봉을 전제로 하지 않고도 감합부 획득이 가능할 수 있으리라 여겼을까? 무로마치시대 明이 책봉사를 일본에 파견하는 것은 1434년을 끝으로 이후 1547년 최후의 조공사절을 중국에 파견할 때까지 책봉 없는 조공관계가 계속되었다. 明은 황제가 바뀔 때마다 일본에서 오는 조공사절에게 헌 감합을 반납케 하고 새 감합을 급여하였다. 이러한 전례 때문에 감합을 책봉 없이 급여받을 수 있는 것으로 에도막부에 인식되었다 여겨진다.[38]

에도막부가 책봉에 의한 明과의 국교 수립을 단념한 배경에는, 책봉을 받은 히데요시가 정유재란을 일으켰던 것 때문에 明이 재차 일본과 책봉관계를 가지려 하지 않을 것이라는 예상이 영향을 주었을 것이다. 반면 明의 책봉을 받으면 쇼군이 天皇의 신하에서 明의 신하 입장으로 바뀐다는 것에 대한 일본 내정상의 반대여론은 그다지 크게 작용하지 않았을 것으로 보인다. 1403년 永樂帝로부터의 요시미츠(義滿) 책봉에도, 1443년 宣德帝로부터의 요시노리(義敎) 책봉에도 그러한 반대여론은 있었지만 조공무역의 경제적 實利가 중시되어 잠재워진 선례가 있었

---

[38] 민덕기, 「室町幕府시대의 對明 冊封관계의 성립과 변화」, 『淸大史林』 6, 청주대학교 사학회, 1994, p.211. 이러한 감합부 인식은 임진왜란기의 히데요시도 같았다(曾根勇二·木村直也 編, 『新しい近世史2-国家と対外関係』, 日本 : 新人物往来社, 1996年, pp.17~19). 그렇다면 이에야스가 그로부터 이런 인식을 승계한 것이라고도 할 수 있겠다.

기 때문이다.39)

  1619년 6월 浙直(浙江・直隷省) 總兵官이 나가사키에 사자를 파견하여 왜구의 금지를 청한 적이 있었다. 이에 막부가 1621년 6월에 낸 회답에는, 明과 일본 간의 교섭은 이제 조선에서 대마도를 통해 막부에 전달하는 루트로 한정하였으므로 조선을 통해 전달하라고 거부하고 있다.40) 이로써 이미 조선과의 국교가 회복된 일본에게 明과의 국교회복은 불필요한 것으로 수용되고 있었음을 알 수 있다. 1635년 이후 막부는 중국 상선을 나가사키에만 내항케 하여, 明을 이른바 '通商之國'으로 자리매김하기에 이른다.

  마지막으로 조선 후기에 해당하는 에도시대에 '동아시아 국제사회'를 표류민 송환체제와 연관시켜 생각해 보고 싶다. 에도시대 일본에 표착한 외국인은 일정한 송환체제에 의해 본국으로 송환되었다. 즉 모든 표착 외국인은 나가사키로 일단 이송되어 조사를 받았으며, 조선인의 경우엔 대마도를 통해 無償으로, 중국인의 경우엔 자기부담으로 귀국시켰다.41) 조선의 경우엔 前期와는 조금 다르게 후기의 송환체제를 보면, 일본인인 경우엔 부산의 倭館에서 대마도를 통해 무상으로 송환되었고, 유구인은 중국에 파견되는 사절편에 동반시켜 北京에 온 유구사절에게 인계되었다. 유구에 표착한 조선인 또한 중국에 파견되는 사절편에 북경으로 호송되어 조선사절에게 인계되었다. 중국 또는 동남아시아에 표착한 일본인의 경우엔 나가사키로 오는 중국 상선에 의해 송환되었

---

39) 민덕기, 「室町幕府時代의 對明 册封관계의 성립과 변화」, 『淸大史林』 6, 청주대학교 사학회, 1994, p.193, 201.
40) 近藤守重撰, 『外蕃通書』 第9冊, 『改訂史籍集覽』 第21冊, 日本 : 臨川書店, 1967年, p.78. "大明・日本之通信, 近代自朝鮮告對馬, 對馬奏上之, 今猥無由執奏之, 忽邊邦, 而以朝鮮譯通, 可述所求之事也."
41) 무로마치시대 외국인 표류자에 대해 표착지역의 일본인들이 살해・약탈을 행해도 이를 통제할 국가권력이 존재하지 않았다. 그러나 에도시대에 이르러 표류민에 대한 송환체제가 성립되기에 이른다(荒野泰典, 『近世日本と東アジア』, 日本 : 東京大學出版會, 1988年, p.120).

다. 동남아시아에 표착한 조선인의 경우에도 중국상인을 통해 귀국하였다.[42] 이로 볼 때 '동아시아 국제사회'란 책봉·조공체제에 의해서가 아니라 표류민의 송환을 둘러싸고 力動的으로 가동되고 있지 않았을까 생각된다. 또한 표류민의 송환에는 책봉·조공체제 외에 무역상인(주로 중국인)이 중요한 역할을 수행하고 있지 않았을까 한다. 이 '동아시아 국제사회'와 '표류민 송환체제'와의 관계를 앞으로의 전망으로 제시해 보고자 한다.

(『日本思想』 6, 2004)

---

42) 閔德基, 「漂流民을 통한 조선과 琉球의 情報 교류」, 村井章介 代表, 『8~17世紀の東アジア地域における人·物·情報の交流－海域と港市の形成, 民族·地域間の相互認識を中心に－(下)』「平成12年度~平成15年度科学研究費補助金研究成果報告書」, 2004年, p.131. 1687년에 베트남에 표류한 제주도 출신 高商英 등이 중국상인에 의해 송환된 것이 그 한 예이다.

대외무역

10~13세기 宋商과 麗·宋 貿易政策

朴玉杰

1. 麗·宋 交流史의 성격
2. 高麗에 온 宋 商人들
3. 宋商의 규모와 활동
    1) 來航 시기별 특징과 성격
    2) 출신지역과 개인적 특성
4. 高麗의 무역정책
5. 宋의 海商 무역정책
6. 麗·宋 交流의 주인공

朴玉杰

성균관대학교 사학과에서 박사학위를 받았고, 현재 아주대학교 사학과 교수로 재직하고 있다. 저서로『高麗時代의 歸化人 硏究』(국학자료원, 1996)이 있고, 논문으로는「高麗 道領에 관한 再檢討」(한국사학회,『史學硏究』58·59합집, 1999),「武臣亂과 鄭仲夫政權」(백산학회,『白山學報』54, 2000),「高麗의 歸化人 同化策」(『江原史學』17, 2002) 외 다수가 있다.

10~13세기 宋商과
麗·宋 貿易政策

1. 麗·宋 交流史의 성격

 高麗와 宋 양국 간의 교류는 송이 건국한 962년부터 南宋 멸망 직전인 1278년까지 공식적인 사절단의 내왕과 商人들의 海商 무역활동을 통하여 300여 년 동안 이어졌다. 이 가운데 특히 주목되는 것은 사절단을 통한 정식 외교관계보다는 송 상인들의 활동이 더욱 왕성하였다는 것이다. 그 배경으로는, 우선 당시의 동북아시아 국제정세에서 契丹, 女眞 등 북방민족의 발호로 인하여 송이 중국의 정통 통일왕조로서의 역할을 온전히 수행할 수 없었다는 점에 주목할 필요가 있다.
 원래 중국과 아시아 주변국과의 전형적인 국제관계 질서는 德化와 事大의 관계였다. 德化를 앞세운 冊封, 朝貢과 謝恩이라는 의례적·통상적 관계를 통하여 중국은 전통적인 中華主義의 실현을 목적으로 하였으며, 주변 국가들은 정치적 안정과 경제적 이익, 선진 문화수입의 효과를 기대할 수 있었다. 그러나 宋代에 오면서 이와 같은 中華主義는 종래와는 다른 양상을 띠게 되었다. 德化와 事大의 관계로 이어졌던 중국과 주변 국가들은 변화하는 상황에 대처하기 위하여 새로운 관계를 모색하지 않으면 안 되었던 것이다. 특히 고려와 송의 관계에 있어서 이러한 점은 두드러졌다.

고려와 송은 초기에는 전통적인 외교관계인 조공과 책봉 형식을 고수하려 하였으나 점차 거란의 세력이 강대해지면서 이러한 관계는 깨지고 말았다. 宋 太祖 建隆3年(962), 고려는 처음으로 송에 사신을 파견하고 이듬해인 963년 송의 册封使가 오면서 이 해부터 建隆 年號를 사용하는 등 정식 국교관계가 성립하였다. 그러나 成宗15年(996) 고려가 거란의 압력으로 책봉을 받으면서 30여 년 만에 송과의 공식 외교관계는 중단되었다. 이와 같은 연유로 고려가 송으로부터 정식 책봉을 받은 것은 光宗, 景宗, 成宗 등 3대뿐이었다. 책봉에 이은 加封도 景宗 때 2회, 成宗 때 4회에 불과할 뿐 11세기 이후에는 전혀 그러한 사례를 찾아볼 수 없다.

그러나 국교 단절 이후에도 고려와 송의 교류는 계속되었다. 事大와 책봉이라고 하는 전통적 틀에서 탈피하여 양국은 海洋 무역상인을 매개로 한 새로운 관계를 전개하게 되었다. 11세기 이후에도 고려에서는 여러 차례 송에 사신을 파견한 일이 있고, 宋 神宗 熙寧3年(1070)에는 송과의 국교가 다시 재개되기도 하였으나 역시 책봉과 事大라고 하는 전통적인 관계는 아니었다. 다시 말해 고려와 송 양국은 사절의 왕래를 통한 교류의 경우에도 더 이상 책봉과 조공의 전통적 관계에 집착하지 않았다.

이러한 사정은 睿宗5年(1110) 6월, 고려를 방문했던 송의 사신 兵部尚書 王襄과 中書舍人 張邦昌이 가지고 왔던 詔書와 은밀히 휴대하였던 密書, 다음 달 이들이 귀국할 때 고려에서 보낸 문서의 내용에 분명히 드러나 있다. 먼저 송 황제의 밀서에,

王受訖上殿 使副就王前 傳密諭曰 皇帝明見萬里 諒王忠恪之誠 欲加恩數 聞王已受北朝册命 南北兩朝通好百年 義同兄弟 故不復册王

> 但令賜詔 已去權字 卽是寵王以眞王之禮 且此詔 乃皇帝御筆親製 北朝必無如此禮數 文王肅王 亦不會有此等恩命….[1]

이라 하였고, 고려가 보낸 문서에는,

> 又答密諭曰 …崇寧中 國信使劉侍郎吳給事 奉聖旨 咨聞行册禮事 先考以當國地接大遼 久已稟行爵命正朔 所以未敢遵承上命 以實懇辭 擧國惶恐 未之暫安….[2]

이라 하였다. 정상적 외교 관례에서 벗어난 송 황제의 밀서 내용에 고려가 北朝인 거란으로부터 册命을 받은 사실을 이미 알고 있을 뿐 아니라 그것을 그대로 인정하면서 거란과 비교할 수 없을 만큼 고려에 특별한 대우를 강조한 대목이 주목된다. 고려에서 보낸 문서는 7년 전인 宋徽宗 崇寧2年(1103) 6월, 송의 戶部侍郎 劉達과 給事中 吳拭이 고려에 사신으로 와 책봉 의사를 타진했을 때 고려에서 거란과의 관계를 내세워 사양했던 일을 두고 말한 것으로 이 문제에 관해서는 송도 일단 양해한 바 있다. 이로써 고려와 송 양국이 똑같이 책봉, 正朔과 事大, 조공의 관계에 더 이상 집착하지 않게 되었음을 알 수 있다.

고려와 송의 교류는 시종여일 海商을 통해 이루어졌으므로 상인들의 왕래는 물론 양국 사절의 使行路도 모두 선박을 이용하였다. 사절단의 교환을 통한 정식 외교관계로 보았을 때 두 나라 사이에 사신왕래가 중단되었던 것은 960년부터 남송이 멸망하는 1279년까지 320년 기간 중 총 5차례에 걸친 186년간이었다.[3] 모두 5차례에 걸친 이 기간 중 마지막 두 차례, 138년의 기간은 실제로 몽고에 쫓긴 송이 杭州로 遷都한

---

[1] 『高麗史』 卷13 睿宗5年 6月 癸未.
[2] 『高麗史』 卷13 睿宗5年 7月 戊戌朔.
[3] ① 995년~998년(4년), ② 1004년~1013년(10년), ③ 1037년~1070년(34년), ④ 1139년~1161년(23년), ⑤ 1165년~1279년(115년) 등 총 186년간임.

남송 시기에 해당하는 기간이므로 나머지 3차례의 중단기간은 48년에 불과하다. 그러나 이처럼 양국 간의 사신왕래가 중단되었던 기간 중에는 오히려 송의 海商 무역 상인들의 활동이 더욱 왕성하였음을 볼 수 있다. 이는 양국 간의 정식외교관계가 두절되면서 송 상인들이 외교적인 역할까지 담당하게 되었기 때문이었을 것이다.

　本稿에서는 이러한 점에 유의하여 고려와 송의 교류관계에서 사신을 통한 정식 외교보다 더 큰 의미를 지닌 송 상인들에 대하여 몇 가지 측면에서 검토해봄으로써 그 실체의 일단을 밝혀보고자 한다. 송과 고려 간의 교류에 관해서는 그 중요성이나 비중이 작지 않으므로 그동안 많은 연구자들의 관심의 대상이 되어 왔다.[4] 기존의 연구 성과를 토대로 하여 본 연구에서는 고려에 來航한 송 상인들의 사례를 보다 정밀히 검토하고, 그 규모와 출신지역, 개인적 특성 등을 분석함은 물론 고려와 송 양국의 海商 무역정책을 통하여 그것이 이들의 활동에 어떤 영향을 미쳤는가를 규명하고자 한다.

---

[4] 고려와 송의 交流에 관한 것으로 다음과 같은 논문들이 있다.
　金庠基,「麗宋貿易小考」,『震檀學報』7, 1937年.
　＿＿＿,「海商의 活動과 文物의 交流」,『國史上의 諸問題』4, 1959年.
　徐炳國,「高麗・宋・遼의 三角貿易攷」,『白山學報』15, 1973年.
　全海宗,「高麗와 宋과의 關係」,『東洋學』7, 1977年.
　＿＿＿,「高麗와 宋과의 交流」,『國史館論叢』8, 1989年.
　金渭顯,「麗宋關係와 그 航路考」,『關東大 論文集』6, 1978年.
　孫兌鉉・李永澤,「遣使航運時代에 關한 硏究」,『韓國海洋大學論文集』16, 1981年.
　羅鍾宇,「高麗時代의 對宋關係」,『圓光史學』3, 1984年.
　鄭起燉・金容完,「麗・宋關係史 硏究」,『忠南大 人文科學硏究所 論文集』12-1, 1985年.
　申採湜,「10-13世紀 東아시아의 文化交流-航路를 通한 麗・宋의 文物交易을 中心으로」,『中國과 東亞細亞世界』, 國學資料院, 1996年.
　朴龍雲,「高麗・宋 交聘의 목적과 使節에 대한 考察」上・下,『韓國學報』81・82, 1995年.
　森克己,「日本・高麗來航의 宋商人」,『朝鮮學報』9, 1956年.
　＿＿＿,「日・宋과 高麗와의 私獻貿易」,『朝鮮學報』14, 1959年.
　丸龜金作,「高麗と宋との通交問題」1・2,『朝鮮學報』17・18, 1960~1961年.

2. 高麗에 온 宋 商人들

송 상인의 고려 來航은 顯宗3年(1012, 宋 眞宗 大中祥符5年) 10월에 시작되어 남송이 멸망하기 1년 전인 1278년까지 260여 년 동안 이어졌다. 그런데 송의 건국 이후 한동안 상인들의 왕래가 없다가 50여 년이 경과한 후 비로소 이들의 來航이 시작된 이유를 보면, 우선 이 기간에 麗·宋 양국 간의 정식 외교관계가 수립되어 사절의 왕래가 빈번5)하였기 때문에 무역을 위한 상인들의 활동욕구나 왕래의 필요성이 아직 절박하지 않았을 것이며, 또한 993년부터 거란의 제1차 고려침입이 시작되는 등 전쟁으로 인한 동북아시아 정세의 불안이 고조된 것도 한 원인으로 작용하였을 것이다.

이후 거란의 세력이 강대해지고 수차의 군사대결에서 송이 패배함에 따라 중국의 판도는 宋·遼의 남북대결 구도로 재편성되었다. 이러한 가운데 고려와 송의 관계는 정식 외교관계가 어렵게 되었으며 점증하는 양국 간 교류의 필요성으로 인하여 海商 무역이 활발하게 전개되기에 이르렀다. 송 상인들은 힘난한 항로를 무릅쓰고 고려에 왕래하였는데 이들의 빈번한 來航은 남중국 江南地域의 경제발전과 송의 무역장려책 그리고 당시의 시대적 상황에 기인한 것이었다.

송과 고려는 거란의 압력으로 陸路가 봉쇄되었던 탓에 불가피하게 海路를 통한 교역로를 이용할 수밖에 없었다. 따라서 고려와 송의 교류에는 남중국 연안과 한반도 西南島嶼를 斜斷으로 연결하는 항로가 전 기간에 걸쳐 예외 없이 이용되었다.

고대 이래 고려시대에 이르기까지 한국과 中國을 연결하는 항로로는 세 가지가 있었다. 1) 한반도 서해 중부연안을 출발하여 해안을 따라 북

---

5) 실제로 이 기간 동안 양국 사절단의 파견 횟수를 보면 고려가 송에 파견한 사절은 20회, 고려를 방문한 송의 사절단도 9회에 달하였다.

쪽으로 올라가 鴨綠江 河口를 통과한 후 서쪽으로 渤海灣을 건너 山東 半島로 들어가는 북방항로와, 2) 한반도 서해 중부연안을 출발하여 직접 서해를 횡단, 山東半島에 도착하는 서해횡단 항로, 3) 서해 중부연안을 출발, 해안을 따라 남쪽으로 내려간 다음 서남해 島嶼를 거쳐 계속 서남진하여 남중국연안에 들어가는 남방항로가 그것이었다.

 중국 대륙이 宋·遼 남북대결구도로 고착된 이후 북방항로는 거란과의 외교관계상 麗·宋 양국이 모두 기피할 수밖에 없는 형편이었고, 서해횡단 항로 또한 심한 풍랑으로 海難事故가 자주 일어나는 등 劣惡한 항해조건으로 초기 약 1백여 년 동안 간간이 使行路로 이용된 사례가 보일 뿐 송 상인의 交易路로 이용된 사례는 한 번도 없었다. 文宗28年 (1074, 宋 神宗 元豊元年)부터는 송의 동의를 얻어 使行時에도 이 항로를 이용하지 않게 됨6)에 따라 북방항로와 서해횡단 항로는 완전히 폐쇄되었고, 남방항로만이 유일한 통로로 이용되기에 이르렀다. 이렇게 고려에 來航하는 송 상인들이 시종여일 남방항로만을 고집하였던 것은 송의 경제가 남중국에 집중되어 있었을 뿐 아니라 항로의 안전과 편리함 때문이었다. 실제로 남방항로는 계절풍의 이용이 용이하였고 대량의 화물을 운송하기에도 편리한 항로로 인식되고 있었다.

 송 상인들이 明州를 출항하여 고려의 禮成江 하구 碧瀾渡까지 오는데는 대략 25일 전후에서 40일 가량이 소요되었다. 이들이 송으로 돌아가는 데도 비슷한 시일이 소요되었을 것이므로 송 상인들은 고려 왕래를 위하여 왕복 2개월 정도의 험난한 항해를 감수해야 했다. 이들이 이용한 선박은 布帆船이었다. 당시 客舟라 불리었던 兩浙, 福建地方의 中型 무역선의 크기는 선박의 길이 10여 丈, 깊이 3丈, 넓이 2丈 5尺, 적재량 2,000石, 승선인원 60여 人정도7)로 2~4개, 혹은 5, 6개의 돛을

---

6) 『宋史』卷487, 「高麗傳」에 "往時 高麗人往反 皆自登州 七年(1074, 宋 神宗 熙寧7年) 遣其臣金良鑑來言 欲遠契丹 乞改塗由明州詣闕 從之."라 하였고, 또한 同書, 同傳에 "昔高麗人使 率由登萊 山河之限甚遠 今直趨四明."이라 하였다.

달았으며, 造船術의 발달로 풍랑에도 잘 견디고 계절풍의 이용이 용이하여 빠른 항해속도를 낼 수 있도록 설계되어 있었다.8) 이들이 고려로 오기 위해서는 서남 계절풍을 이용해야 했으므로 6, 7월경 남중국을 출항하여 8월경 고려에 도착하는 경우가 가장 많았으며, 11월 이후 서북 계절풍을 이용해 고려를 출발, 귀국하였다.

다음은 『고려사』 등의 기록에 보이는 송 상인의 來航 사례를 연도순으로 열거한 것이다.

顯宗 3年(1012) 10月　　陸世寧(南楚, 淮安?) 等　　　　方物
　〃　 8年(1017)　7月　　林仁福(泉州人) 等 40人　　　　方物
　〃　 9年(1018)閏4月　　王肅子(江南) 等 24人　　　　　方物
　〃　10年(1019)　7月　　陳文軌(泉州人) 等 1百人　　　土物9)
　〃　 〃 (1019)　7月　　虞瑄(福州人) 等 1百餘人　　　香藥
　〃　 〃 (1019) 10月　　忘難(兩浙人) 等 60人
　〃　11年(1020)　2月　　懷贄(泉州人) 等　　　　　　　方物
　〃　13年(1022)　8月　　陳象中(福州人) 等　　　　　　土物
　〃　 〃 (1022)　8月　　陳文遂(廣南人) 等　　　　　　香藥
　〃　17年(1026)　8月　　李文通(廣南人) 等 3人　　　　方物
　〃　18年(1027)　8月　　李文通(廣南人) 等　　　　　　書册 597卷
　〃　19年(1028)　9月　　李鄩(泉州) 等 30餘 人　　　　方物
　〃　20年(1029)　8月　　莊文寶(廣南人) 等 80人　　　土物
　〃　21年(1030)　7月　　盧遵(泉州人) 等　　　　　　　方物
德宗元年(1032)　6月　　陳惟志(台州商客－浙江省 臨海地方) 等 64人

---

7) 『高麗圖經』 卷34, 客舟 참조.
8) 申採湜, 위의 논문, p.72 참조.
9) 『高麗史』 卷4 顯宗10年 9月, 重陽節宴會에 송, 耽羅, 黑水靺鞨 등을 위하여 연회를 配設하였는데 陳文軌와 虞瑄 등 상인들은 이 연회에 참석하였을 것이다.

德宗	2年(1033)	8月	林藹(泉州商 都綱) 等 55人	土物
靖宗	卽位年(1034)	11月	宋商	土物(八關會 參席)
靖宗	元年(1035)	11月	宋商客	土物(八關會 參席)
〃	2年(1036)	7月	陳諒(宋商) 等 67人	土物
〃	(1036)	11月	宋商	土物(八關會 參席)
〃	3年(1037)	8月	朱如玉(宋商) 等 20人	
〃	(1037)	8月	林贊(宋商) 等	方物
〃	4年(1038)	8月	陳亮(明州商), 陳維績(台州商) 等 147人	方物
〃	5年(1039)	8月	(陳?)惟績10)(宋商) 等 50人	方物
〃	7年(1041)	11月	王諾(宋商) 等	方物
〃	11年(1045)	5月	林檍(泉州商) 等	土物
文宗	元年(1047)	9月	林機(宋商) 等	土物
〃	3年(1049)	8月	徐贊(台州商) 等 71人	珍寶
〃	(1049)	8月	王易從(泉州商) 等 62人	珍寶
〃	6年(1052)	8月	林興(宋商) 等 35人	土物
〃	(1052)	9月	趙受(宋商) 等 26人	土物
〃	(1052)	9月	蕭宗明(宋商) 等 40人	土物
〃	8年(1054)	7月	趙受(宋商) 等 69人	犀角, 象牙
〃	(1054)	9月	黃助(宋商) 等 48人	
〃	9年(1055)	2月	葉德寵(宋商) 等 87人	娛賓館(寒食日 賜宴)
			黃拯(宋商) 等 105人	迎賓館(寒食日 賜宴)
			黃助(宋商) 等 48人	淸河館(寒食日 賜宴)
〃	(1055)	9月	黃忻(宋商) 아들 蒲安, 世安 歸化(蒲安 歸國要請 許之)	
〃	10年(1056)	11月	黃拯(宋商) 等 29人	土物
〃	11年(1057)	8月	葉德寵(宋商) 等 25人	土物

---

10) 惟績은 1년 전인 靖宗4年(1038) 8월 陳諒과 함께 왔던 台州商 陳維績과 동일인인 듯하다.

文宗 11年(1057)	8月	郭滿(宋商) 等 33人	土物
" 12年(1058)	8月11)	黃文景(宋商-泉州人) 等	土物
" 13年(1059)	4月	蕭宗明(宋商-泉州人) 等12)	
" " (1059)	8月	傅男(宋商) 等	方物
" 14年(1060)	7月	黃助(宋商) 等 36人	土物
" " (1060)	8月	徐意(宋商) 等 39人	土物
" " (1060)	8月	黃元載(宋商) 等 49人	土物
" 15年(1061)	8月	郭滿(宋商) 等	土物
" 17年(1063)	9月	郭滿(宋商) 等	土物
" " (1063)	10月	林寧, 黃文景(宋商)	土物
" 18年(1064)	7月	陳鞏(宋商) 等	土物
" " (1064)	8月	林寧(宋商) 等	珍寶
" 19年(1065)	9月	郭滿, 黃宗(宋商) 等	土物
" 22年(1068)	7月	黃愼(宋人) 來13)	
" " (1068)	7月	林寧(宋商) 等	土物
" 23年(1069)	6月	楊從盛(宋商) 等	
" " (1069)	7月	王寧(宋商) 等	土物
" 24年(1070)	8月	黃愼 來 (2차 방문)	
" 25年(1071)	8月	郭滿(宋商) 等 33人	土物
" " (1071)	9月	元積(宋商) 等 36人	土物
" " (1071)	9月	王華(宋商) 等 30人	土物

---

11) 같은 해, 같은 달 고려의 內史門下省이 송과의 通交를 반대하였다.
12) 宗廟에 祭祀를 지내러 가는 왕의 행차를 길에서 참관할 것을 원하므로 허락하였다. 같은 해 8월, 泉州商 黃文景, 蕭宗明과 醫員 江朝東이 송으로 돌아가려 하니 王이 蕭宗明, 江朝東 등 3명은 남아있게 하라고 명하였다.
13) 『宋史』卷489, 「高麗傳」에는 文宗21年(1067, 宋 英宗 治平4年) 9月, 江淮兩浙荊湖南北路 都大制置發運使 '羅拯'이 황제의 뜻을 받들어 상인 '黃愼과 '洪萬'을 보냈다고 하였다.

文宗25年(1071)	10月	許滿(宋商) 等 61人		土物
〃 27年(1073)	11月	宋人		禮物(八關會)
〃 29年(1075)	5月	王舜滿(宋商) 等 39人		土物
〃 〃 (1075)	6月	林寧(宋商) 等 35人		土物
〃 31年(1077)	7月	林慶(宋商) 等 28人		土物
〃 〃 (1077)	9月	楊宗盛(宋商) 等 49人		土物
〃 33年(1079)	8月	林慶(宋商) 等 29人		土物
〃 35年(1081)	2月	林慶(宋商) 等 30人		土物
〃 〃 (1081)	8月	李元績(宋商) 等 68人		土物
〃 36年(1082)	8月	陳儀(宋商) 等		珍寶
宣宗 2年(1085)	4月	林寧(宋商) 等		與義天 渡宋[14]
〃 4年(1087)	3月	徐戩(宋商) 等 20人		新註 華嚴經板[15]
〃 〃 (1087)	4月	傅高(宋商) 等 20人		土物
〃 6年(1089)		顏顯, 李元積(泉州商) 等		義天과 宋의 通信연락[16]
〃 〃 (1089)	10月	楊註(宋商) 等 40人		土物
〃 〃 (1089)	10月	徐成(宋商) 等 59人		土物
〃 〃 (1089)	10月	李球, 楊甫, 楊俊(宋商) 等 127人		土物
〃 7年(1090)	3月	徐成(宋商) 等 150人		土物
獻宗 卽位年(1094)	6月[17]	徐祐(宋 都綱) 等 69人		方物(賀卽位)

---

14) 金庠基,「大覺國師 義天에 對하여」,『국사상의 제문제』제3집, 1959年, p.80.
15) 蘇東坡集(國學基本叢書本),『奏議集』卷6,「論高麗進奉狀」에 "福建의 挾雜 商人들이 고려와의 交通을 專橫하여 暴利를 취했는데 徐戩과 같은 자가 특히 심했다. 들으니 徐戩은 고려로부터 미리 재물을 받고 杭州에서 夾注華嚴經을 彫板한 바 비용이 많이 들었다. 印板이 이루어짐에 공공연히 배에 실어 갔다."라고 하였다.
16)『大覺國師文集』卷3 등에 이들을 비롯한 宋都綱, 海客, 泉州商의 성명이 많이 나타난다(金庠基, 앞의 논문,『국사상의 제문제』제3집, p.92 참조).
17) 1090년 이후 송 상인들의 來航이 중단되었다가 4년 만에 재개된 이유는 고려와의 交流에 반대하였던 蘇軾 등의 주장으로 徐戩이 구속되는 등 고려 내항 상인에 대한 현지 분위기가 악화되어 있었기 때문인 것으로 보인다.

獻宗 卽位年(1094)	7月	徐義(宋 都綱) 等		土物	
〃 〃(1094)	8月	歐保, 劉及, 楊保(宋 都綱) 等 64人			
〃 元年(1095)	2月	黃冲(宋商) 等 31人		與慈恩宗僧惠珍 來	
〃 〃(1095)	8月	陳義, 黃宜(宋商) 等 62人		土物	
肅宗 元年(1096)	10月	洪輔(宋商) 等 30人		土物	
〃 2年(1097)	6月	愼奐(宋商) 等 36人[18]			
〃 3年(1098)	11月	洪保(宋商) 等 20人		土物, 書册?[19]	
〃 5年(1100)	9月	李琦(宋 都綱) 等 30人			
〃 〃(1100)	11月	宋商		土物(八關會)	
〃 6年(1101)	11月	宋商		土物(八關會)	
〃 7年(1102)	6月	黃朱(宋商) 等 52人			
〃 〃(1102)	閏6月	徐脩(宋商) 等 3人			
〃 〃(1102)	閏6月	朱保(宋商) 等 40餘 人			
〃 〃(1102)	9月	林白徇(宋商) 等			
〃 8年(1103)	2月	楊炤(綱首) 等 38人		與明州敎練使 來朝	
〃 9年(1104)	8月	朱頌(宋 都綱) 等		土物	
睿宗 5年(1110)	6月	李榮(宋商) 等 38人			
〃 〃(1110)	7月	池貴(宋商) 等 42人			
〃 8年(1113)	5月	陳守(宋 都綱)		白鸇, 漂風人 送還	
〃 15年(1120)	6月	林淸(宋商)		花木	
仁宗 2年(1124)	5月	柳誠(宋商) 等 49人			
〃 6年(1128)	3月	蔡世章(宋 綱首)		宋 高宗 卽位詔 傳達	
〃 9年(1131)	4月	卓榮(宋 都綱)		政治的 使命	

---

[18] 이들의 來航 6일 후 송이 송환한 漂風人 子信 등 3인의 기사가 나오는데 愼奐 등의 船便으로 왔을 가능성이 있다(『高麗史』卷11 睿宗2年 6月 甲午 참조).

[19] 1개월 후인 같은 해 12月, 송이 보낸 『開寶正禮』 1부를 왕이 禮部에 주었다고 했는데 洪保 등이 來航할 때 가져온 것으로 보인다(『高麗史』卷11 肅宗6年 12月 丙申 참조).

仁宗 14年(1136)	9月	陳叙(商客) 告對金關係明州牒	
〃 16年(1138)	3月	吳迪(宋商) 等 63人 持明州牒 來報	
毅宗 元年(1147)	5月	陳誠, 黃鵬(宋 都綱) 等 84人	
〃 〃(1147)	8月	黃仲文(宋 都綱) 等 21人	
〃 2年(1148)	8月	陳誠, 郭榮, 莊華, 黃世英, 林大有(宋 都綱) 等 330人	
〃 〃(1148)	10月	彭寅(宋 都綱)　宋人 張喆 가담 逆謀事件[20]	
〃 〃(1148)	12月	陳寶, 譚全(宋) 等 14人	
〃 3年(1149)	7月	徐德榮, 丘迪(宋 都綱) 等 105人	
〃 〃(1149)	8月	寥悌(宋 都綱) 等 64人	
〃 〃(1149)	8月	林大有, 黃辜 等 71人	
〃 〃(1149)	8月	陳誠(宋 都綱) 等 87人	
〃 5年(1151)	7月	丘通(宋 都綱) 等 41人	
〃 〃(1151)	7月	丘迪(宋 都綱) 等 35人, 徐德英 等 67人	
〃 〃(1151)	8月	陳誠(宋 都綱) 等 97人	
〃 〃(1151)	8月	林大有 等 99人	
〃 6年(1152)	7月	許序(宋 都綱) 等 49人	
〃 〃(1152)	7月	黃鵬(宋 都綱) 等 91人	
〃 〃(1152)	8月	寥悌(宋 都綱) 等 77人	
〃 11年(1157)	7月	宋商　　　　　進獻 鸚鵡, 孔雀, 異花	
〃 16年(1162)	3月	侯林(宋 都綱) 等 43人　　持明州牒報 來	
〃 〃(1162)	6月	鄧成(宋 都綱) 等 47人	
〃 〃(1162)	6月	徐德榮(宋 都綱) 等 89人, 吳世全 等 142人	
〃 〃(1162)	7月	河富(宋 都綱) 等 43人	

---

[20] 李深, 智之用, 宋人 張喆이 공모하여 송 太師 秦檜에게 금을 정벌한다는 명분으로 출동하고 자신들이 응하면 고려를 점령할 수 있다는 내용의 밀서와 柳公植 家藏『高麗地圖』를 宋商 彭寅 편에 보냈는데, 이때 宋 都綱 林大有가 고려에 오는 길에 그것들을 가지고 와 고발함으로써 발각된 사건이다(『高麗史』 卷17 毅宗 2年 10月 丁卯).

毅宗	17年(1163)	7月	徐德榮(宋 都綱) 等	孔雀 등. 宋帝의 密旨	
明宗	3年(1173)	6月	徐德榮	宋에서 派遣	
〃	5年(1175)	8月	張鵬擧, 謝敦禮, 吳秉直, 吳克忠(宋 都綱) 等		
〃	22年(1192)	8月	宋商	書册[21]	
熙宗	元年(1205)	8月	宋商	治罪者 罷免[22]	
高宗	8年(1221)	10月	鄭文擧(宋商) 等 115人		
〃	16年(1229)	2月	金仁美(宋 都綱) 等 2人	漂風人 送還[23]	
〃	18年(1231)	7月	宋商	崔瑀에게 水牛 4匹 進獻	
元宗	元年(1260)	10月	陳文廣(宋商) 等	物品收奪, 金仁俊에 申訴	
忠烈	4年(1278)	10月	馬嘩(宋商)	方物. 設宴會	
〃	27年(1301)	8月	江南 商客	爲王 壽康宮 享宴[24]	

　이상 예시한 총 135건의 사례는 거의 전부가 고려 측 기록에서 추출한 것으로 마지막 1301년의 江南 商客은 송이 멸망한 이후에 來航한 사례이기는 하나 포함하였다. 이들 135건의 사례에 보이는 고려 來航 송 상인의 총 인원수는 확인이 가능한 숫자만 하여도 4,976명, 미상인 사례의 인원까지 추산하여 모두 합산할 경우 7,000여 명이 넘는 방대한 숫자가 된다. 그러나 고려에 來航한 송 상인의 실제 사례나 인원수는 이보다 훨씬 더 많았던 것이 틀림없다. 『高麗史』, 『高麗史節要』 등에

---

21) 宋商이 『太平御覽』을 바치니 왕이 그에게 白金 60근을 주고 崔詵에게 명하여 잘못된 곳을 校訂하게 하였다(『高麗史』 卷20 明宗22年 8月 癸亥).
22) 監檢御使 安琓이 귀국하는 송 상인의 물품을 점검하다가 禁令을 어긴 송상 수명을 발견하고는 혹독하게 笞刑을 가하였는데 崔忠獻이 이 말을 듣고 安琓을 파면하고 侍御 朴得文에게도 책임을 물어 파면하였다(『高麗史』 卷21 熙宗元年 8月 條 참조).
23) 濟州 표풍인 梁用才 등 28명이 이들의 선박에 편승하여 같이 왔다(『高麗史』 卷22 高宗16年 2月 乙丑).
24) 『高麗史』 卷32 忠烈王27年 8月 戊子 및 『高麗史節要』 卷22 忠烈王27年 8月條. 송이 멸망한 후에도 南中國 상인들이 왕래하였음을 보여준다.

고려 來航 송 상인과의 관련 가능성이 높은 기사들이 자주 발견되고 있기 때문이다.

이를테면, 건국 이래 매년 11월에 거행되었던 八關會 행사에는 송 상인을 비롯해 耽羅, 女眞 등에서 모여든 상인들이 참관했고, 고려에서는 이들을 위해 향연을 베풀어주는 것을 恒例로 삼았다25)고 했는데 실제로 八關會에 참석했던 송 상인의 사례는 6건에 불과하다. 八關會가 열렸던 11월에 來航한 송 상인의 사례가 전부 합해 9건밖에 안 된다는 사실도 선뜻 납득되지 않는다. 또한 앞의 사례에 일단 포함하였던 1148년 10월 宋人 張喆 관련 逆謀事件, 1230년 崔瑀에게 水牛 4필을 바친 송 상인의 예를 비롯하여 1113년 2월 왕궁의 花園을 꾸미기 위하여 송 상인들로부터 진기한 花草 등을 사들이느라 國庫가 낭비되었다26)고 한 기사 등에서 볼 수 있듯이 누락된 송 상인 관련 사례가 상당수 더 있었을 것으로 짐작된다.

3. 宋商의 규모와 활동

1) 來航 시기별 특징과 성격

고려에 來航한 송 상인들의 來航 시기별 분석 중 우선 연도별 특징을 보면 대체로 1017년부터 1104년까지는 중간에 5년 이상의 공백기간이 없었다. 이 기간 동안 송 상인들은 거의 매년 빠짐없이 來航했는데 간혹 간격이 있다 해도 1~2년, 길어야 5년을 넘지 않았다. 특히 이 기간

---

25) 『高麗史』 卷6 靖宗卽位年 11月 庚子. "設八關會 御神鳳樓 … 翼日大會 又賜酺觀樂 … 宋商客東西蕃耽羅國 亦獻方物 賜坐觀禮 後以爲常."
26) 『高麗史』 卷13 睿宗8年 2月. "置花園二于宮南西 時 宦寺競以奢侈媚王 起豪榭峻垣墻 括民家花草 移栽其中 以爲不足 又購於宋商 費內帑金幣不貲."

중 1년에 2건 이상의 사례가 있었던 연도는 총 25개 년이나 되었다. 그 내용을 보면 4건의 사례가 있었던 해가 3개 년, 3건의 사례 4개 년, 2건의 사례가 18개 년으로 88년 동안 모두 93건의 사례를 기록했는데, 1년 평균 1건을 상회하고 있는 셈이다.

그러나 12세기에 들어선 1105년 이후 송이 멸망하는 1279년까지 175년간의 來航 사례를 볼 때 1147년부터 1163년까지 17년간을 제외하면 5년 이상에서 30년의 공백기간을 보이는 경우가 11차례나 되었으며, 앞의 17년 기간을 제외한 나머지 158년 동안의 來航 사례가 단 17건에 불과하여 그 이전 시기와 비교해 현저한 차이를 보이고 있다. 1105년 이후 고려에 來航하는 송 상인의 숫자가 왜 이렇게 급격히 감소하였는지, 또한 이 기간 중 앞에서 제외하였던 17년 동안은 특별히 22건의 사례가 보일 정도로 빈번한 來航이 있었는데 그 이유는 무엇인지 의문이 가지만 분명한 해답을 찾기는 용이하지 않은 것 같다. 다만 대체로 두 가지 점에서의 추측이 가능하다고 본다.

첫째는, 1127년 4월 靖康의 變을 계기로 北宋時代가 끝나고 남송시대가 시작되는 동북아시아 국제정세의 변화를 이유로 꼽을 수 있다. 거란이 망하고 女眞의 금이 등장하면서 고려와 송 양국의 여건이 바뀌게 된 것이다. 둘째, 고려의 국내사정의 변화인데 고려는 1125년과 1136년 李資謙의 亂과 妙淸의 平壤遷都運動 등으로 政情이 어지러웠고, 1170년에는 武臣亂이 발발하여 1백 년 동안 武臣政權이 계속되었다. 또한 13세기 초 이후 蒙古의 침입을 받으면서 고려는 정치적·사회적으로 혼란과 고통을 겪게 된다. 이러한 고려 측의 불안한 내부사정이 고려에 來航하는 송 상인들에게 결정적인 영향을 주었을 것이다. 특히 1232년 고려가 江華로 천도하여 1270년 開京으로 환도하기까지의 기간은 蒙古와의 전쟁기간으로 단 1건의 來航 사례를 제외하고는 송 상인의 來航이 발견되지 않는다는 점을 주목할 필요가 있다.

다음 〈표 1〉은 송 상인의 계절별 來航 특징을 살펴보기 위해 확인이 가능한 사례를 기초로 하여 표로 정리한 것이다.

〈표 1〉 월별 宋商 來航事例와 인원

월	來航사례	인원 명시 사례	미상 사례	확인 총 인원수	비고
1월					
2월	8건	7건	1건	341명	
3월	5건	4건	1건	276명	
4월	5건	2건	3건	44명	閏 4월 1개 포함
5월	5건	3건	2건	172명	
6월	13건	9건	4건	615명	閏 6월 2개 포함
7월	23건	15건	8건	913명	
8월	40건	26건	14건	1,771명	
9월	13건	8건	5건	289명	
10월	11건	7건	4건	492명	
11월	9건	2건	7건	49명	
12월	1건	1건		14명	
기타	2건				來航 월 미상
계	135건	84건	51건	4,976명	

이상 〈표 1〉에서 보았을 때 고려에 來航한 송 상인의 사례는 8월이 40건으로 압도적으로 많았으며, 7월이 23건, 다음으로는 6월과 9월이 각각 13건씩이었다. 10월과 11월이 각각 11건과 9건의 사례를 보이는 것은 고려의 八關會 행사와 관계가 있었을 것이며, 그 밖에 3, 4, 5월과 12월은 아주 낮은 분포를 보이고 있다. 특이하게도 2월에 8건의 사례가 있었음에 비해 1월은 단 1건의 사례도 없었다. 이와 같은 현상은 이미 앞에서도 언급하였듯이 고려에 來航하는 송 상인들은 계절풍을 이용하는 것이 편리하였으므로 대개 남서계절풍이 부는 6, 7월에 남중국연안을 출발하여 8월경 고려에 도착하였던 것 같다. 이들의 귀국 시기에 대하여 명시된 것은 없으나 대부분 11월 이후 북서계절풍을 이용하여 귀

국하였을 것으로 추측된다.

2) 출신지역과 개인적 특성

고려에 來航한 송 상인에 관한 기록의 내용은 대부분 疏略하다. 대표격인 船主나 都綱(綱首)27)의 성명, 동행한 인원 그리고 方物(土物) 등을 바쳤다는 기사가 전부인 경우가 대부분이다. 이러한 까닭에 이들이 어느 지방에서 온 상인인지, 어떤 화물을 적재하고 와서 어떻게 거래하고 언제 돌아갔는지 등의 구체적인 내용을 파악하기가 쉽지 않다. 따라서 고려에 來航한 송 상인의 지역 및 개인별 분석도 기록에 의해 확인이 가능한 극히 일부만을 대상으로 할 수밖에 없었다.

고려에 來航한 송 상인과 관련한 총 135건의 사례 중 實名이 전하는 인물은, 막연히 '宋商', '宋商客', '宋都綱', '宋人' 등으로 표기된 10건의 경우를 제외하면 108명에 불과하다. 이들 108명 중 2차례 이상 來航했던 상인은 모두 27명인데 郭滿·林寧·徐德榮28) 등은 각각 5차례, 陳誠은 4차례, 李元績·林慶·林大有·黃助·黃文景 등 5명은 각각 3차례, 丘迪·徐成·徐義29)·徐戩·葉德寵·蕭宗明·楊甫30)·楊從盛·廖悌·李文通·趙受·陳諒31)·陳維績·陳儀·洪保32)·黃鵬·黃愼·黃拯 등 18명은 각각 2차례씩 來航했다. 이렇게 2차례 이상 來航했던 송 상인들의 사례를 모두 합산하면 70건이 되며, 그들과 동행한 인원은 미상인 22건의 사례를 제외하고도 도합 2,600명에 달하고 있다. 이 숫자

---

27) '綱'은 원래 貨物數量의 稱으로 '綱首', '都綱'은 買辦 혹은 상인 頭目의 稱이라고 하였다(金庠基, 「麗宋貿易小考」, 『震檀學報』 7, 1937년, p.7 참조).
28) 毅宗5年(1151) 7月 來航한 徐德英은 徐德榮과 동일인인 듯하다.
29) 文宗14年(1060) 8月의 徐意와 獻宗卽位年(1094) 7月의 徐義는 동일인인 듯하다.
30) 宣宗6年(1089) 10月의 楊甫와 獻宗卽位年(1094) 8月의 楊保는 동일인인 듯하다.
31) 靖宗2年(1036) 7月의 陳諒과 靖宗4年(1038) 8月의 陳亮은 동일인인 듯하다.
32) 肅宗3年(1098) 11月의 洪保는 肅宗元年(1096) 10月의 洪輔와 동일인인 듯하다.

는 사례나 동행 인원으로 볼 때 전체 來航者의 절반을 넘고 있다. 따라서 송 상인의 來航은 이들이 주도했다고 해도 과언이 아니다.

그러나 이렇게 왕래가 빈번했던 상인들에 대해서도 출신지를 비롯한 구체적인 내용이 명시되어 있는 경우는 드물다. 5차례나 來航했던 郭滿의 경우 막연히 '宋商'으로 표기되어 있을 뿐이며, 다만 來航 시기가 1057년부터 1071년까지였던 점과 한 번 올 때마다 33명 정도의 인원을 인솔하였으며 8, 9월에만 來航하였다는 점 등을 확인할 수 있을 뿐이다. 1063년부터 1085년까지 5차례에 걸쳐 來航했던 林寧은 특히 1085년 大覺國師 義天의 渡宋을 도와준 인물로 매번 35명 정도 규모의 상단을 이끌었던 상인이었으나 역시 '宋商'이라고만 표기하고 있다. 또한 1149년부터 1173년까지 5차례에 걸쳐 來航했던 徐德榮은 67~89명 정도의 비교적 대규모 상단을 인솔하였던 '宋都綱'으로 來航 시기는 6, 7월이었다.

그 밖에 특이한 경우로 1148년에는 陳誠, 郭英, 莊華, 黃世英, 林大有 등 5명이 330명이라는 대규모 船團을 구성하여 來航한 사례가 있다. 이들 중 陳誠은 네 차례나 來航했던 경력자로 87~97명 정도의 상단을 인솔하는 大商이었다. 또한 1052년 9월 來航하였던 蕭宗明은 1059년 4월 宗廟에 祭祀를 모시러 가는 국왕의 행렬을 街路에서 참관할 것을 요청하여 허락을 받았다[33]고 했는데 동년 8월 黃文景과 함께 귀국을 요청하자 "蕭宗明, 江朝東 등 3인을 滯留하도록 했다."[34]라고 한 기사가 있었던 것으로 보아 黃文景을 제외한 이들은 귀국하지 못하였던 것 같다. 黃文景은 4년 후인 1063년 10월 다시 고려에 來航하지만 蕭宗明의 이름은 1059년 이후 발견되지 않는다. 이처럼 고려에 來航한 송 상인

---

33) 『高麗史』 卷8 文宗13年 4月 丙子. "親祼于大廟 宋商蕭宗明等 乞就街路瞻望法駕 許之."
34) 『高麗史』 卷8 文宗13年 8月 戊辰. "宋泉州商黃文景蕭宗明醫人江朝東等 將還 制 許留宗明朝東等三人."

중에는 고려에 永住 歸化한 이들도 많았다.35) 그런데 黃文景, 蕭宗明을 '宋商'이라 했던 來航 사례 기록과 달리 여기서는 이들을 '泉州商'으로 표기하고 있다. 이로 보아 '宋商', '宋都綱'이라 한 것은 泉州, 明州 등 兩浙, 福建, 廣東地域 상인을 가리키는 포괄적인 호칭이었던 것 같다.

이렇듯 자주 고려에 왕래하였던 송 상인들의 출신지 확인이 여의치 못한 까닭에 총 135건의 來航 사례에 등장하는 108명의 상인 중 출신지가 확인되는 경우는 26명에 불과하다. 따라서 나머지 82명은 출신지에 대한 구체적인 언급 없이 막연히 '宋', '宋人', '江南', '宋商', '宋商客', '宋都綱' 등으로 표기되고 있다. 그러므로 이들 내용만으로 전모를 파악하기는 부족하나 그래도 개략적인 분위기의 파악은 가능하다고 본다. 출신지가 명시된 26명을 보면 泉州商人이 12명으로 가장 많고, 廣南36)人 4명, 台州商 3명이며, 福州와 明州, 江南商人이 각각 2명 그리고 南楚(淮安?), 兩浙商人이 각각 1명 순이다. 이러한 결과를 놓고 볼 때 역시 고려에 來航한 송 상인의 대부분은 浙江, 福建, 廣南 등 남중국 연안지역 상인이었다는 사실을 재확인할 수 있다. 특히 揚子江 하류 浙江省의 明州는 고려와의 交易港으로 일찍부터 중요시되던 곳이었다.

한편 108명의 상인 중 동일한 姓氏가 많은 점이 특히 주목된다. 숫자가 많은 성씨 순으로 보아 陳氏 14명(明州商 陳諒, 泉州商 陳文軌, 福州商 陳象中, 台州商 陳維績 등 4명 포함), 黃氏 13명(泉州商 黃文景 포함), 林氏 11명(泉州商 林仁福, 林藹, 林禧 등 3명 포함), 徐氏 7명(台州商 徐贊 포함), 王氏 6명(江南商 王肅子, 泉州商 王易從 등 2명 포함), 李氏 6명(廣南商 李文通, 泉州商 李都, 李元績 등 3명 포함), 楊氏 5명 등이다. 이 밖에도 2명 이상 동일한 성씨를 사용하고 있는 상인들이 많

---

35) 宋人의 歸化에 대해서는 朴玉杰, 『高麗時代의 歸化人硏究』, 國學資料院, 1996년에 상술되어 있다. 『宋史』 卷487, 「高麗傳」에는 "王城有華人數百 多閩人 因賈舶至者 密試其所能 誘以祿仕 或强留之終身."이라고 하였다.

36) 廣南은 兩浙地方인데 여기서는 지금의 廣東을 가리키는 듯하다(金庠基, 앞의 논문, 『국사상의 제문제』 4, 1959년, p.45 참조).

은데 혹 이들 중에는 親屬이나 특별한 親緣關係에 있는 경우도 있었을 것으로 짐작된다. 특히 林氏 11명 중 3명이 모두 泉州商이었던 점으로 보아 나머지 8명 중 일부, 혹은 전부가 泉州商이었을 가능성이 있다고 본다.

다음 〈표 2〉는 고려에 來航한 송 상인들의 상단 규모를 분석하기 위하여 來航事例를 기초로 하여 작성한 것으로 고려에 來航한 송 상인의 사례 총 135건 중 來航 인원수의 확인이 가능한 86건의 사례만을 추출하여 정리하였다. 여기서 가장 먼저 눈에 띄는 것은 고려에 來航한 송 상단의 규모인데 20명에서 69명까지가 도합 61건으로 이 숫자는 전체 86건의 사례 중 71%를 차지한다. 특히 30명에서 39명 규모가 18건으로 가장 많다는 사실은 고려에 來航한 송 상인 가운데 大商보다는 中小商이 높은 비율을 차지하였음을 시사하고 있다.

한편 14명 이하가 4건이나 되는데 그중에서도 특히 2, 3명 단위의 사

〈표 2〉 來航 송 상단별 인원 규모

규모(인원수)	사례 수	합산인원	비고
14명 이하	4건	22명	2명(1건), 3명(2건), 14명(1건)
20명~29명	11건	262명	
30명~39명	18건	614명	
40명~49명	15건	668명	
50명~59명	4건	216명	
60명~69명	13건	840명	
70명~79명	3건	219명	
80명~89명	5건	427명	
90명~99명	3건	287명	
100명~109명	4건	410명	
110명~119명	1건	115명	
120명 이상	5건	896명	
합계	86건	4,976명	

례 3건은 정상적인 商團으로 보기는 어렵다. 그 인원으로는 交易 화물을 적재하고 항해하기가 불가능하였을 것이기 때문이다. 아마도 이들은 海難事故를 당한 표류자거나, 혹은 기록의 오류일 것이다. 반면에 127명 이상 330명에 이르는 대규모 상단의 사례도 5건이나 되었다. 물론 330명의 선단은 5명의 都綱 이름이 함께 기록된 것으로 보아 5개 상단이 합동하여 來航한 사례이며, 147명(都綱 2명)과 127명(都綱 3명)의 사례도 단일 상단의 사례이기보다는 합동 혹은 연합 상단이었던 것으로 보인다.

다음으로 이들 송 상단 1개 단위 당 평균 來航 인원과 전체 來航者 수를 몇 명으로 추정하느냐에 관한 문제인데 여기에 이용한 86건의 사례는 來航 사례 위주로 정리한 것이므로 2~5개 상단이 연합하여 來航한 것을 1건의 사례로 처리한 경우도 많았던 것으로 보인다. 그러므로 연합 상단을 구성하였던 개개의 상단을 각기 별개로 보아 환산한 결과 86건의 사례에 56개가 追加되어 모두 142개의 상단이 되는 것으로 파악하였다. 이렇게 보았을 때 1개 상단의 규모는 확인이 가능한 인원을 모두 합한 4,976명을 142개의 상단으로 나눈 것이므로 대략 평균 35명 정도의 규모가 된다는 사실을 확인할 수 있는데 이것은 위의 〈표 2〉에서 보듯 30명부터 49명까지가 가장 많은 분포를 차지하고 있는 것으로도 입증이 된다.

또한 전체 來航者 수는 인원 未詳의 사례를 어떻게 보느냐에 달려 있다고 할 수 있는데 우선 총 135건의 來航 사례 중 인원 확인이 가능한 86건을 제외하면 49건의 인원 미상인 사례가 남는다. 49건의 인원 미상 來航 사례 중 다시 1건의 사례에 2~4개 상단이 통합되어 있는 것을 각각의 상단으로 분류, 환산하여 15개를 추가한 결과 모두 64개의 상단이 되었다. 이를 1개 상단 단위 당 평균 수치인 35로 곱하면 2,240명이라는 숫자를 얻을 수 있다. 여기에 4,976명을 합하면 총 7,200여 명의 숫자가 되는데 이것이 고려에 來航한 송 상인의 연인원 총 규모라고 할 수 있다.

이렇게 보았을 때 총 135건의 사례에 나타난 고려 來航 송상의 연인원 총수는 7,200여 명 정도이며, 평균 35명 규모의 상단들이 단독 혹은 연합 船團을 편성하여 왕래하였다는 사실을 확인할 수 있다.

4. 高麗의 무역정책

고려에 來航하는 송 상인의 왕래가 활발하게 이루어질 수 있었던 요인으로는 당시의 동북아시아 국제정세의 추이가 중요하게 작용하였던 것이 사실이기는 하나 그 보다는 고려와 송 양국의 海商 무역정책이 이들의 활동에 결정적인 촉진제 역할을 하였다고 할 수 있다. 고려와 송 양국의 구체적인 海商 무역정책을 분석해봄으로써 이러한 정책들이 송 상인들에게 어떤 영향을 주었는가에 대하여 살펴보기로 한다.

고려는 전통적인 使臣貿易 이외에는 별도의 海商 무역정책은 물론 상인들을 통한 무역 자체에 대해서도 그리 적극적이지 못했다. 이러한 까닭에 海商 무역정책에 관한 구체적인 예를 찾아보기가 쉽지 않다. 사신무역에 관한 것이기는 하나 成宗元年(982) 崔承老가 올린 時務 28條 가운데 다음의 내용이 있다.

> … 然猶數年 一遣行李 以修聘禮而已 今非但聘使 且因貿易 使价煩夥 恐爲中國之所賤 且因往來 敗船殞命者多矣 請自今 因其聘使 兼行貿易 其餘非時買賣 一皆禁斷[37]

이 내용은 중국에 보내는 사절단 파견 횟수를 축소하자는 요지의 주장인데 그 이유로 사절단의 공식임무 이외에도 무역으로 인하여 번잡함

---

[37] 『高麗史』 卷93, 列傳, 「崔承老傳」.

을 더하고 있어 이를 중국이 천하게 여길 것이 염려되며, 또한 使行時 海難事故로 죽는 자가 많으므로 사신으로 하여금 무역을 겸행하게 하고 그 밖의 일체의 매매행위는 금해야 한다는 주장을 피력하고 있다. 이것은 당시 고려의 지식인이나 정책 입안자들이 무역에 대하여 어떤 인식을 지니고 있었는가를 보여주는 단적인 예로 이를 통하여 고려가 무역에 대하여 적극적이지 못하였다는 사실을 확인할 수 있다.

고려의 무역에 대한 이러한 소극적인 자세는 來航하는 송 상인들에 대한 정책에도 그대로 반영되었다. 즉, 고려는 이들에 대해 적극적인 태도를 취하기보다는 방임하는 자세로 일관하였다고 할 수 있다. 이들에 관한 업무를 전담하는 부서를 별도로 두지도 않았고, 商稅의 징수제도조차 체계를 갖추지 못하였던 것 같다. 다만 이들을 접대하고 숙소를 제공하기 위하여 客館을 설치한 것이 유일한 시책일 뿐이었던 것으로 보인다.

고려에서는 商稅 대신 공식적인 사신외교와 마찬가지로 토산물이나 방물 등을 進獻받는 형식을 취했다. 이렇게 來航한 송 상인들로부터 진헌품을 받으면 그 가격을 계산하여 수 배에 해당하는 답례품을 줌으로써 入貢貿易의 형식을 취한 것으로 보인다. 따라서 송 상인들은 官府와의 교역이 끝난 다음에 일반을 위한 市易을 행하였다.

송 상인들은 자신들이 가지고 온 물품을 왕실이나 관청, 관료들에게 공급하기도 하였으나 일반 시장에서 거래하기도 하였으며, 또한 선금을 받고 특별히 주문을 받아 다음 來航時에 납품하는 주문거래를 행한 예도 있었다. 宣宗4年(1087) 3월, 徐戩이 先給金을 받아 杭州에서 제작한 華嚴經板을 進獻한 사례[38]와 高宗18年(1231) 7월 송 상인에게 布를 주고 水牛角을 구입하려 한 사례[39] 등이 그것이다. 이때 水牛角이 고려에서 활을 만드는 데 쓰인다 하여 송의 국외 반출이 금지되었던 禁輸品

---

38) 앞의 註 15) 참조.
39) 『高麗史節要』 卷16 高宗18年 7月.

이었던 까닭에 물품을 구하지 못한 송 상인이 綵緞을 바치자 崔瑀가 都綱 등의 처를 가두고 綵緞을 剪裁하였는데 뒤에 송 상인이 살아있는 水牛 4필을 바치니 崔瑀가 인삼 50근과 布 300필을 주었으며 이 水牛가 끄는 御輦을 만들어 왕이 타고 다녔다.40) 이들은 國都인 開京에 한하여 許入되었는데 송 상인과 관련된 문제들은 禮賓省에서, 進獻·答禮 등 교역에 관한 사항은 大府寺 內侍院41)에서 관장하였다.

송 상인들에 대해 고려의 정책이 이렇게 특별한 제약을 가하지 않았던 관계로 이 점이 오히려 이들의 상업활동을 촉진하는 요인이 되었던 것 같다. 그러므로 당연한 결과이기는 하나 왕실이나 官府, 관료들의 구매욕구가 높을수록 송 상인들의 來航 빈도도 증가하였다. 앞에 제시했던 송 상인의 연도별 來航사례 분석에서 고려의 文宗(1047~1083년 재위) 년간과 毅宗(1147~1170년 재위) 년간에 이들의 來航 빈도가 매우 높은 것을 보았는데 특히 毅宗 년간은 그 전후 시기에 송 상인들의 來航 빈도가 극히 저조했던 것과 비교하여 볼 때 특이하다고 할 수 있다. 이것은 이 기간에 왕과 귀족들의 송 物貨 구매욕구가 특별히 높았기 때문이었을 것이다.

고려가 무역 자체에 대하여 소극적인 인식을 가졌던 것과는 달리 客館을 설치하여 來航 송 상인들의 편의를 도모한 것은 왕을 비롯한 지배계층의 관심을 대변한 것이라고 할 수 있다. 고려에서는 송 상인을 위한 숙소로 迎賓館, 會仙館, 娛賓館, 淸河館, 朝宗館을 비롯하여 淸州館, 忠州館, 四店館, 利賓館 등의 客館을 開設, 運營하는 등42) 이들에 대해

---

40) 『高麗史』 卷129, 列傳, 崔忠獻 附 怡傳. 高宗16年에 있었던 내용이라 하였으나 『高麗史節要』에는 2년 뒤인 高宗18年 7月條에 실려 있다.

41) 『高麗史』 卷25 元宗元年 10月 甲寅條에 "宋商陳文廣等 不堪大府寺內侍院侵奪 道訴金仁俊曰 不子直而取綾羅絲絹六千餘匹 我等將垂橐而歸 仁俊等不能禁."이라 하였는데 大府寺 內侍院은 왕실의 물자를 운영하는 기구이므로 송 상인들이 가지고 온 물품도 여기에서 취급하였던 것이다.

42) 1011년 迎賓館, 會仙館을 설치(『高麗史』 卷4 顯宗2年 4月條 참조)한 이후 娛賓館, 淸河館, 朝宗館 등을 개설하였으며, 『高麗史』 卷7 文宗9年 2月條와 『高麗圖

마치 準使節團을 맞이하듯 우대하기도 하였다.

다음으로 사례가 많지 않아 그 구체적인 내용은 알 수 없으나 송 상인들이 귀국할 때 가지고 갈 수 있는 물품에 대한 制裁나 금지 규정이 있었던 것 같다. 熙宗元年(1205)의 다음 기록을 통하여 그와 같은 내용을 확인할 수 있다.

> 宋商船將發禮成江 監檢御使安琓行視闌出之物 得犯禁宋商數人 笞之太甚 忠獻聞之罷琓 又論不擇遣御使 罷侍御朴得文[43]

위의 내용으로 보아 고려에서는 監檢御使가 禮成江을 출발, 귀국하는 송 상선의 화물을 점검하여 금지품이 있는지를 확인하고 법을 어겼을 경우 笞刑을 가하는 등 처벌을 하였음을 알 수 있다.

한편 남송 말기인 元宗元年(1260)에는 송상 陳文廣 등이 값을 주지 않고 明紬絲와 緋緞 6,000필을 빼앗은 大府寺 內侍院의 수탈을 金仁俊에게 고발한 사건[44]이 있었는데 고려에서는 12세기 초 이후 국내정국이 불안한 데다가 동북아시아 국제정세마저 안정을 잃고 말아 송 상인들의 활동 여건이 악화되었다. 이 사건 역시 그러한 시대적 상황을 배경으로 하여 발생하였던 불상사 중 하나였을 것이다. 결국 송 상인들의 來航은 그나마 나름대로 형성이 되어 있던 고려의 海商 무역정책의 기틀이 무너지면서 쇠퇴하게 되고 남송의 멸망과 더불어 막을 내리게 되었다.

經』 卷27, 客館條에 여러 客館의 명칭이 보인다.
[43] 『高麗史』 卷21 熙宗元年 8月.
[44] 『高麗史』 卷25 元宗元年 10月 甲寅.

5. 宋의 海商 무역정책

　당대 이래 아라비아 등 외국선박의 빈번한 출입으로 造船과 항해기술이 발전함에 따라 건국 이후 송의 해운업은 비약적인 발전을 하였다. 이를 바탕으로 적극적인 海商무역정책을 펼침으로써 송은 당시 동북아시아 정세의 변화에 적절히 대응하여 갔다. 지역적 산업생산의 발전과 화폐경제의 보급으로 인한 物貨의 폭발적 증가는 송의 海商 무역발달에 결정적인 요인으로 작용하였다. 조선기술의 발달로 대형 선박의 건조가 이루어졌으며 나침반을 이용한 항해기술의 발달로 대량의 화물을 적재한 선박들의 원거리 항해가 가능해진 것이다.
　송의 해양무역은 兩浙, 福建, 廣東 등 남중국 연안지방을 중심으로 활발히 전개되었다. 이들 지역의 中型 무역선은 길이가 10여 丈, 깊이 3丈, 폭 2丈 5尺으로 화물 적재량은 2,000石, 승선 인원은 60여 人 정도이며, 풍랑에도 잘 견딜 수 있게 설계되었다[45]고 했다. 고려에 왕래하던 상인들의 선박은 대부분 이와 같은 중형 무역선이 주종을 이루었던 것 같다. 宋 徽宗 宣和4年(1122) 황제의 명에 의하여 특별히 건조되어 徐兢 일행이 타고 來航했던 '神舟'는 중형 무역선의 약 3배에 이르는 대형 선박이었다. 당시 고려에 來航하는 송 상인들의 무역선은 목선으로 2~4개의 돛을 달고 풍력을 이용하여 항해했다. 대형의 경우는 5, 6개 혹은 9, 10개의 돛을 달기도 하였다.
　해양무역의 발달과 더불어 송은 廣州, 明州, 杭州 등 남중국 연안지방에 市舶司를 설치하여 국내외 무역선박으로부터 출입세 명목의 商稅를 징수함으로써 막대한 수입을 올렸다. 이러한 상세는 국가재정에 큰 비중을 차지하였던 관계로 건국 이래 1040년경까지 송의 정책은 원칙상 무역허가제가 시행되는 중에도 대체로 해양무역을 보호하고 장려하

---

45) 『蒙梁錄』 卷12, 「江南船艦」(申採湜, 앞의 논문, p.72 참조).

는 경향을 보였다. 그러나 해양무역의 성행으로 국가에서 금지하는 물품이 국외로 반출되거나 밀무역행위 등이 증가함에 따라 강력한 무역금지나 통제 조치가 필요하게 되었다. 물론 이러한 조치들이 시행된 이후에도 무역을 장려하는 분위기는 여전하였기 때문에 市舶司의 관리나 中外의 상인 가운데 특별히 대외무역에 공헌이 있거나 海難 당한 외국 상선을 구제한 자에 대해서는 포상을 하고 이와 반대로 해외무역을 방해한 자는 처벌을 하는 등의 條例가 정해져 시행되기도 하였다.46)

송이 국외반출을 금지하는 물품은 무기라든가 서적, 동전 등과 같이 국가의 기밀이나 이익과 직접 관련된 것이었는데, 이는 특히 군사적으로 대치상태에 있던 거란에 이러한 물품들이 반입되는 것을 막기 위해서였다. 그러나 시간이 경과할수록 이러한 금지조치를 어기는 사례가 빈발함에 따라 이를 고심하던 송으로서는 강경한 통제조치를 취하지 않을 수 없었다. 밀무역행위를 근절시키고 해외무역의 질서를 바로잡기 위해 1041년부터 1093년까지 5차에 걸쳐 시행되었던 해외무역에 대한 송의 강경조치는 무역금지와 제한조치였다. 이러한 조치들의 시행목적은 대부분 거란을 의식한 것이었으나 그 범주 안에는 고려도 포함되어 있었다. 그러나 5차에 걸쳐 시행되었던 이러한 조치들은 실질적으로 고려를 왕래하는 송 상인들에게 아무런 영향을 주지 못한 무력한 조치들이었다.

구체적인 경과를 보면, 제1차 1041~1048년 慶曆編勅 기간에 송 상인의 고려 來航 사례는 3건에 불과했으나, 제2차 嘉祐編勅 기간인 1056~1063년간에는 12건, 제3차 熙寧編勅 기간인 1068~1077년간에는 14건의 來航 사례가 있었다. 또한 제4차 1086~1090년 元祐編勅 기간에는 7건의 來航 사례가 있었으며, 강력한 단속의지를 가지고 慶曆編勅과 嘉祐編勅을 재시행한 1091~1093년 기간에는 송 상인의 來航이 일시 중단

---

46) 『宋史』 卷185, 食貨志 香條 및 『宋會要輯稿』, 職官 44(申採湜, 앞의 논문, p.83 참조).

되었다.47) 그러나 이 마지막 조치기간 중 송 상인의 來航이 중단되었던 이유는 다른 데 있었던 것 같다. 우선 그 시행기간이 3년에 불과한 단기간의 조치였다는 점과 특히 1093년 2월에는 麗・宋 간 공식외교의 재개를 위한 접촉이 이루어지고 있었던 점48) 등으로 보아 이것은 일시적 현상이었을 뿐 강력한 단속의 결과는 아니었던 것이다.

이상의 사실들로 보아 송의 海商 무역정책 중 고려 來航 상인들에 대한 부분은 대체로 소극적인 제한책과 적극적인 보호, 장려책의 성격을 띤 것이었다고 할 수 있겠다.

6. 麗・宋 交流의 주인공

이상 11세기 이후 남송이 멸망하는 13세기 후반에 이르기까지 약 300년 동안 고려에 來航한 송 상인들의 來航 사례, 그 내용의 분석과 특징, 송 상인과 관련된 麗・宋 양국의 무역정책 등에 관하여 살펴보았다. 고려에 來航한 송 상인은 그 전부가 해상을 통한 무역상으로 송의 조선업과 항해기술의 발달을 기반으로 하여 왕성한 무역활동을 전개하였다. 특히 활동의 촉진제가 되었던 것은 전체적으로 보아 무역의 장려와 보호를 기조로 하였던 고려와 송의 海商 무역정책이었다.

앞에서 이미 보았듯이 고려에 來航한 송 상인의 사례를 면밀히 검토한 결과 135건의 사례를 발견할 수 있었으며, 전체 來航 인원수도 확인이 가능한 5,000명과 미상인 사례 2,000여 명을 합산할 경우 약 7,200여 명에 달한다는 사실을 확인하였다. 이 수치는 전후 300년이라고 하

---

47) 徐炳國,「高麗・宋・遼의 三角貿易攷」,『白山學報』15, 1973年, pp.89~95 참조.
48) 이때에 宋 明州報信使 黃仲이 왔는데 그 5개월 후에는 고려에서 謝恩, 서적 구입을 목적으로 黃宗慤과 柳伸을 파견하였다.『宋史』卷487,「高麗傳」과 哲宗本紀에는 宋 哲宗 元祐7年(1092) 고려의 사신이 왔다고 하였으나 이는 誤記이다.

는 장구한 기간과 송 상인들의 왕성한 활동에 비추어볼 때 결코 많은 것이라고 할 수 없다. 그러므로 여기에 제시한 송 상인의 고려 來航 사례나 전체 來航 인원수는 추후 연구결과에 따라 상당 부분 추가될 수 있을 것으로 예상된다.

이들의 來航 사례를 연도별로 보았을 때 1017년부터 1104년까지가 가장 빈번한 시기였는데 특히 1071년과 1089년, 1102년과 같은 해는 연간 4건의 來航 사례가 발견되었고, 1052년과 1094년에는 연간 3건의 來航 사례가 있었다. 남송시대가 시작된 이후에도 1149, 1151, 1162년과 같은 해에는 특별히 연간 4건의 來航 사례가 있기도 하였으나 12세기에 접어들면서부터 5년 이상에서 30년까지 송 상인들의 來航이 중단되는 공백기가 자주 나타났다. 그래도 이들 송상의 來航은 1279년까지는 간간이 이어졌다.

송 상인들은 전적으로 風力에 의존하는 항해를 해야 했기 때문에 남서계절풍이 부는 6, 7월경 송을 출발, 8월경 고려에 도착했다가 11월경 북서계절풍을 이용하여 귀국하는 경우가 많았다. 이들은 전 기간을 통하여 시종여일 남방항로를 이용했는데 浙江, 福建, 廣東 등 남중국연안의 출항지에서 동북방향으로 항진해 한반도의 서남단 도서지방에 도달하는 항로였다. 고려의 영역에 들어와서는 서해연안을 따라 북상하여 禮成江 하구 碧瀾渡에 도착하였는데, 거란과의 외교상의 문제도 있었겠지만 그 보다 더 큰 이유는 이 항로가 계절풍의 이용과 대량의 화물을 운송하기에 가장 유리한 항로였기 때문이었을 것이다. 남방항로를 통할 때 남중국에서 고려까지는 약 25일에서 40일이 소요되었으므로 이들의 고려왕복에는 대략 2개월 정도의 기일이 소요되었던 셈이다. 이들이 이용했던 선박은 대부분 布帆船인 중형 무역선으로 1개 상단은 평균 35명 정도의 인원이 동행하였는데 이들은 2명 내지 5명의 都綱을 중심으로 대규모 선단을 편성하여 來航하기도 하였다.

고려에 來航한 송 상인 가운데 '宋商', '宋都綱' 등 막연한 호칭을 사용한 경우를 제외하고 실명으로 기록된 상인은 총 108명이다. 이들은 1차례 來航으로 끝나는 경우가 대부분이었으나 개중에는 2~5차례까지 來航한 상인들도 상당수 있었다. 郭滿, 徐德榮, 林寧 등 27명이 그들인데 이들의 고려 來航은 도합 70차례에 달했고, 동행했던 인원의 총계도 2,600명 이상이 되었다. 이 숫자는 송 상인의 고려 來航 전체 사례와 동행 인원 총계의 절반을 상회하는 것으로 송 상인의 고려 來航은 결국 이들에 의해 주도되었다고 할 수 있다. 송 상인들의 출신지역은 극히 일부만이 확인이 가능하나 대부분 泉州, 台州, 廣州, 明州, 福州 등 남중국의 兩浙, 福建, 廣南 지역인들이었다.

　이러한 송 상인들의 무역활동을 촉진시켰던 가장 중요한 요인은 고려와 송의 무역정책이었다. 고려는 商稅 대신에 來航하는 송 상인들이 들여오는 물품을 進獻, 貢獻의 명목으로 받고 그 가격을 계산하여 수배에 달하는 답례품을 주는 일종의 入貢貿易 형태를 취하고 있었다. 이들을 관장하는 별도의 부서나 명확한 조례를 정해 시행한 것은 아니었으나 체류 중 편의를 제공하기 위해 숙소인 客館을 마련해주는 등 來航 송 상인을 準外交使節과 같이 인식하여 비교적 관대한 처우를 해주었다. 그러나 국내정치의 혼란이나 대외적인 문제로 곤경에 처하면서부터 정상적인 상거래 질서가 파괴되고 이들에 대한 횡포까지 자행되는 사례가 발생해 후기에 오면서 점차 고려에 來航하는 송 상인의 숫자도 감소하게 되었다.

　송의 海商 무역정책은 초기부터 허가제를 원칙으로 하고 있었다. 그러나 남중국연안의 明州, 廣州, 杭州 등 要港에 市舶司를 설치하고 商稅의 징수, 物貨의 전매 등을 행함으로써 여기에서 들어오는 수입이 국가재정의 상당 부분을 점유하게 되었기 때문에 결과적으로 해양무역에 대한 송의 근본 취지는 보호와 장려에 있었다고 할 수 있다. 그러나 시간이 경과하면서 금지품목의 불법적인 거래와 밀무역의 성행, 거란에 대한 경계심 등으로 인하여 무역의 금지나 제한조치가 취해지기도 하였다. 하지만 이러한 조치들은 고려에 來航하는 송 상인들에게는 실질적으로 효력을 발휘하지 못하였다. 송은 오히려 고려에 출입하는 상인들로 하여금 외교적 역할까지 담당하게 함으로써 이들의 활동을 후원하기도 하였다.

고려에 來航한 송 상인들은 물자의 교역, 문화와 인물의 교류, 정치적 역할의 수행 등 다양한 활동을 통해 자신들의 활동영역을 꾸준히 확대해 간 매우 특이한 존재라고 할 수 있다. 그러므로 앞으로 이들은 고려와 송의 교류사 측면에서뿐 아니라 전근대 동북아시아 상업사의 주인공으로서 중요하게 다루어져야 할 것이다.

(『大同文化硏究』 32, 1997)

12세기 고려와 금의 경제교류에 대하여

朴 漢 男

1. 머리말
2. 麗金 朝貢貿易
    1) 官貿易
    2) 使臣貿易
3. 麗金 民間貿易
4. 맺음말

朴漢男

성균관대학교 사학과에서 박사학위를 받았고, 현재 국사편찬위원회 자료정보실장 겸 한국외국어대학 국제지역대학원 한국학과 겸임교수로 재직하고 있다. 박사학위 논문으로 『高麗의 對金外交政策研究』이 있고, 공저로는 『崔瀣의 生涯와 文學』(국학자료원, 2003), 『韓國史의 國際環境과 民族文化』(한국사연구회편, 경인문화사, 2003) 및 『韓中關係史研究論叢』(香港社會科學出版社有限公司, 2004) 등이 있다.

12세기 고려와 금의 경제교류에 대하여

1. 머리말

고려와 여진의 접촉은 태조4년(921), 黑水酋長 高子羅가 170여 명을 이끌고 내투한 것에서 시작된다. 그 후 10세기 말 거란의 흥기로 잠시 중단된 적도 있으나 고려의 적극적인 기미정책의 결과로 많은 여진인들이 고려에 歸付하거나 來朝하였다. 이러한 여진의 來朝는 그들의 생명과 재산을 보호받기 위한 것뿐 아니라 그들의 토물을 바치고 고려로부터 회사품을 얻어가는 경제적 접촉을 전제로 한 것이었다. 정종3년(948) 여진인 蘇無蓋가 700필의 말(馬)을 바치자 고려가 말의 등급에 따라 銀과 錦絹으로 값을 계산해 준 것이 고려와 여진과의 경제접촉의 전형적인 모습이라 하겠다.[1] 물론 당시의 무역 방법은 전업 商人이 있었던 것이 아니라 추장의 인솔하에 수십 명씩 무리를 지어 일정기간 고

---

[1] 『高麗史』卷2 定宗3年 9月, 世家 2. 당시 700필의 말을 끌고 온 東女眞 蘇無蓋가 고려 초기의 文官階 상위직인 大匡이었다는 점과 또 700필의 말을 이끌고 개성까지 올 수 있었던 것은 고려 정부의 협조하에 가능하였으리라는 점에서 이때의 내헌무역은 일회적인 것이 아니라 이미 오래전부터 있어 왔던 무역행위였다고 생각된다.

려에 머물면서 그들이 가져온 토산품을 팔고 그 대가, 즉 回賜品를 받아갔으므로 여진인들의 入朝貢獻은 일종의 公貿易이라고 할 수 있다. 그리고 고려는 이들의 편의를 위하여 송이나 일본 등의 외국상인과 마찬가지로 迎仙館·靈隱館 등의 숙소를 지어 안정된 상태에서 무역을 하게 해 주었다.[2]

여진에 대한 이 같은 대우로 인해 고려는 거란의 착취나 부족 간의 싸움으로 지친 여진인들에게 그들의 재산과 생명을 보장해 줄 수 있는 '父母'와 같은 존재로 인식되었다. 나아가 고려의 여진에 대한 회사무역은 비록 그 규모에 있어서 거란이나 송과는 비교할 수 없는 것이었으나 고립분산적이었던 여진인으로 하여금 여진족의 통일과 금이라는 국가를 수립하는 데 기여했다는 점에서 그 의의를 갖는다.[3]

하지만 금 건국 이후 고려와 금과의 교류, 정확히 표현하면 인종4년(1126) 고려가 금에 대한 '臣下의 禮'를 표한 이후 행해진 양국 간의 朝貢貿易의 의미는 좀처럼 찾아지지 않는다. 즉 비슷한 시기 송과의 교류 결과가 고려왕조의 문물제도의 정비에 도움을 주었다던가, 거란과의 교류가 불교발전에 도움을 주었다던가 하는 따위의 의미가 보이지 않는다는 것이다. 따라서 麗金 경제교류에 대하여는 금나라의 후진적인 문화수준 때문에 선진의 고려의 입장에서는 별 이득이 없는 관계였다는 것으로 결론지어 왔었다.[4]

그러나 과연 100여 년 동안 통교를 유지하였던 고려의 금에 대한 사대관계는 경제적인 측면에서 전연 의미가 없는 것이었을까. 그렇다면 이미 송조차 금측이 가지고 있던 경제적 가치에 대하여 촉각을 세우고 있었다는 사실은 어떻게 설명될 수 있을까. 12세기 초 金國의 힘이 날

---

[2] 『高麗圖經』 卷27, 客館.
[3] 이세현, 「고려 전기의 麗·眞관계에 대하여-여진의 來朝와 來投를 중심으로-」, 『群山敎育大學論文集』 4, 1971.
[4] 홍희유, 「녀진 및 금과의 무역」, 『조선상업사』 고대·중세, 사회과학출판사, 1989, pp.106~109.

로 강성해지자 거란에게 빼앗긴 하북의 연운16주를 되찾기 위하여 송은 금나라와의 제휴를 계획하고 고려가 그 중개를 맡아 줄 것을 부탁하였다. 이에 당시 송조정에 가 있던 고려사신 李資諒이 여진인의 야만성을 들며 이 계획을 만류하였다. 그러나 당시 송 고위 관료들은 이러한 고려의 충고를 고마워하기는커녕 고려가 진기한 女眞의 生産物品을 독점하기 위하여 宋·金提携를 방해하고 있다고 의심하였다.5)

이외에도 금과 통교 후 많은 고려인들이 對金使行의 이익을 노려 서로가 사신의 대열에 참여하기를 바랐다는 사례가 자주 나타나고 있는 것이라던가, 숙종 때 만들어진 화폐인 銀甁의 국내 사용이 금과의 교류 시기에 자주 보이고 있는 것 등은 어떻게 설명될 수 있을까. 이러한 몇 가지 여·금 통교시기에 나타나는 양상에 대한 답을 찾기 위하여 일단 양국관계에 있어서 경제교류, 즉 조공무역의 양상을 검토해 볼 필요가 있을 것 같다.

일반적으로 고려의 대외무역은 그 거래 형태에 따라 정치적 조공관계를 통한 朝貢貿易과 일반 상인들에 의한 民間貿易으로 크게 대별될 수 있다. 그런데 이 조공무역도 單線的인 것이 아니라 국가 간의 朝貢과 回賜의 형식을 통한 官貿易(협의의 朝貢貿易)과 使臣들의 공적인 公貿易, 사신이 개인 자격으로 교역하는 附帶貿易(私貿易)의 세 가지 형태로 구분된다. 그리고 民間貿易으로는 국가의 공인을 받은 상인들에 의한 榷場貿易(또는 互市)이 있다. 물론 이상의 것이 국가의 許可를 전제로 한 것이라면 이와 달리 국가의 허가를 받지 않은 채 관행되는 密貿易 등의 거래 형태가 있는데6) 이러한 중세 조공무역의 일반적인 형태

---

5) 당시 송에서는 "여진 땅에는 진기한 물자가 많이 생산되는 까닭에 고려에서는 전부터 여진과 교역을 하였습니다. 그런데 이제 고려사람들이 교역의 이익을 우리에게 빼앗길까 꺼리어 고의로 방해하려는 것입니다."라고 하면서 고려의 태도를 비난하였다(『高麗史』卷95, 列傳 8, 李子淵 附 資諒).
6) 지금까지 중세 무역의 형태에 대하여 官貿易·公貿易·私貿易·密貿易으로 구분 짓는다던가 혹은 官認貿易(公認貿易)·民間貿易 또는 朝貢貿易·附帶貿易 등으

가 고려와 금의 경우는 어떠한 특성을 가지고 전개되었는지, 또 그 사회적 영향과 한계는 무엇이었는지 살펴보기로 하겠다.

2. 麗金 朝貢貿易

금나라 건국과 이에 의한 거란의 멸망과 송의 남천이라는 국제정세 변화에 능동적으로 대체하기 위하여 고려는 금에 대한 事大政策을 채택하였다. 따라서 고려의 금에 대한 경제관계는 朝貢貿易의 형태로 바뀌게 되었다.

일반적으로 조공무역은 약소국에 대한 강대국의 보호명목으로서, 세금의 일종으로 공물을 바치는 것이었다.[7] 그러나 금 건국 이전부터 지녀왔던 고려에 대한 인식 — 부모의 나라 또는 은혜의 나라[8] — 에서인지 금왕조는 고려에 대하여 宥和政策을 견지하였기 때문에 그들은 훗날 몽고처럼 고려의 경제사정에 부담을 주는 막대한 규모의 공물을 요구하지는[9] 않았다. 물론 수교 초 保州지역 소유권 문제를 둘러싸고 고려에 지나친 '요구'를 제기한 적도 있으나 그들은 보주할양에 대한 대가로 막대한 공물을 요구한 것이 아니라 上國으로서 事大儀禮를 제대로 받고 싶어 했을 뿐이었다. 따라서 고려가 금과 통교한 100여 년 동안 조공품

로 연구자에 따라 다양한 용어를 사용하고 있어 보다 타당성을 지닌 용어의 선택이 요망된다는(全海宗, 「中世韓中貿易形態小考」, 『韓國과 中國』, 知識産業社, 1979年, pp.127~130) 지적에는 동의하지만 특별한 대안은 없다. 단지 이 글에서는 무역 행위의 主體를 기준으로 官貿易・使臣貿易・民間貿易 등으로 구분하여 논지를 전개하고자 한다.

[7] 李春植, 「殷(商)代 朝貢의 성격에 대하여」, 『宋甲鎬敎授停年退任記念論文集』, 1993年, pp.19~25 참조.
[8] 『金史』 卷1, 本紀 1, 世紀 始祖 函普.
『高麗史』 卷14 睿宗12年 3月 癸丑, 世家 14.
[9] 『高麗史』 卷22 高宗8年 8月 甲子, 世家 22 및 卷23 高宗18年 12月 甲戌・丁丑・庚辰, 世家 23 등.

을 둘러싼 마찰은 전혀 일어나지 않았다.

특히 金 太宗 天會4年(1123 : 고려 인종元年) 燕京 등 6주 할양을 조건으로 협약을 맺고 군대를 철수하게 된 金軍은 金銀錢物과 民家의 寺院을 소탕하여 絹 5,400萬匹・大物段子 1,500萬匹・金 300萬錠・銀 800萬錠 등 헤아릴 수 없을 정도로 많은 진기한 보물과 또 옛 거란 대신들이 소유했던 儀仗・車馬・玉帛・輜重을 확보하였기 때문에10) 종전 東北面 僻地에 불과한 금의 上京 會寧府는 자연히 고급 문화를 지닌 한민족과 거란족의 舊大臣들이 붐비는 도시로 변하였다. 그러나 당시 지배자인 여진인들의 생활은 건국 이전과 크게 달라진 것이 없었다.

> 여진인들의 의복은 주로 布衣였으며 … 富者들은 珠玉으로 장식한 黑裘, 細布, 貂鼠 靑鼠, 狐貉 따위의 가죽을 입기도 하였으나, 貧者들은 牛, 馬, 猪, 羊, 猫, 蛇, 大魚 등의 가죽을 걸쳤다. 食器는 주발 같은 것은 없고 모두 나무 쟁반을 사용하였을 뿐이다. 봄, 가을에는 나무로 된 큰 통에다 사람 수 만큼 죽을 부으면, (사람들은) 긴 자루가 달린 국자나 작은 나무 바가지를 사용하여 둘러 앉아 함께 퍼먹었다.11)

이처럼 여진인은 상류층의 의상조차도 아직 비단과는 거리가 먼, 기껏해야 그 나라에서 산출되는 珠玉을 장식한 검은 베옷이나 貂鼠, 靑鼠의 동물 가죽을 입었을 뿐이었다. 더구나 金 太宗도 조악한 음식에 수저와 주발을 제대로 갖춰놓지 못한 원시적인 器皿을 사용하고 있을 정도였다.12) 따라서 당시 인질로 잡혀 온 송이나 거란의 지배층의 수준과

---

10) 徐夢莘, 『三朝北盟會編』 卷16 宣和5年 4月 17日 庚子.
11) 徐夢莘, 『三朝北盟會編』 卷3 重和2年 11月 丁巳. "其衣服 則衣布 好白衣 … 富者 以珠玉爲飾 衣黑裘細布 貂鼠靑鼠狐貉之衣 貧者衣牛馬猪羊猫蛇大魚之皮 … 食器 無瓠陶無碗筋 皆以木爲盤 春秋之間 止用木盆注?粥 隨人多寡盛之 以長柄小木杓子數柄 回環共食."
12) 李龍範, 「回鶻商賈와 金代의 女眞」, 『中世 滿洲蒙古史의 硏究』, 同和出版社,

는 비교도 되지 않는 소박한 상태에 있었다. 따라서 중원 통일을 통하여 얻은 물자는 당시 여진인들이 소비하기에는 벅찬 것이었다고 할 수 있다. 물론 熙宗의 漢化政策과 海陵王의 燕京遷都 등으로 호화로운 한족문화의 접근이 수월해지자 종래 순박하기만 하였던 여진 지배계층인 猛安謀克까지도 "盡服紈綺 酒食遊宴"하는 사치스러운 생활을 하였으며, 이에 世宗이 "故俗復歸"를 호소하였을 만큼 그들의 소비문화가 변했던 것도 사실이다.[13] 그러나 금 세종이 이러한 亡國의 사치풍조에 대하여 法令을 발표해 비단의 사용을 금지한 사실만 보더라도 금 조정 스스로가 솔선하여 고려로부터 소비를 자극하는 많은 물품을 요구할 이유는 이 시기에도 없었다고 보여진다.

요컨대 당시 금은 송조차 관심을 가질 정도의 많은 자원을 갖고 있었으며, 또 靖康의 變 이후 송으로부터 해마다 받는 막대한 歲幣와 서역 상인들의 활약으로 온갖 물자가 충분히 공급되고 있었던 상태였다. 반면 이를 소비할 금인의 생활수준은 이에 미치지 못하였으며 더구나 전통적인 금의 고려에 대한 유화정책으로 볼 때, 여·금 간의 조공무역의 규모가 정치 현안으로 확대될 가능성은 거의 없었다고 보여진다. 따라서 양국 간의 무역은 특별히 기록할 정도의 내용이 없었다. 하지만 제한된 사료를 통해서라도 여·금 간의 무역 규모가 비슷한 시기 대송, 대요관계와 어떠한 同異性이 있는지 살펴보는 것도 의미있는 일이라 하겠다.

1) 官貿易

우선 협의의 朝貢貿易이라 할 수 있는 官貿易에 대하여 살펴보자. 조공무역은 바로 歲貢을 말하는 것으로 이를 알기 위해선 당시 양국 간에

1988年, p.247.
13) 『金史』卷47 世宗 大定21年 正月, 志 28, 食貨 2, 田制.

왕래한 사신의 규모를 살펴보아야 할 것이다. 고려는 인종4년(1126) 4월부터 고종즉위년(1213)까지 108년 동안 17종의 사신을 339회에 걸쳐 금나라에 파견하였으며, 반면 금은 고려에 11종의 사신을 137회 파견하였다. 이것은 두 나라의 관계가 이전 거란(239회 : 232회)이나 송(48회 : 45회)의 관계보다 훨씬 활발했다는 것을 보여주는 것이다.[14] 그 가운데 세공을 전하는 方物使(進奉使)는 51회만 보이고 있어 '2년 1貢'인 인상을 주고 있다. 하지만 이것은 사료의 부재로 보이며, 적어도 고려 인종이 금으로부터 책봉을 받은 인종20년 이후부터 해마다 파견하였을 것으로 보인다.

물론 당시 고려에서 금측에 전한 조공품은 歲貢을 전하는 進奉使만 전한 것은 아니었다. 賀正使, 節日使, 謝生日使, 謝橫宣使 등의 정기 사행뿐 아니라 책봉을 사례하거나, 등극을 축하할 때, 또 풀어야 할 외교현안이 발생했을 때 파견된 告奏使, 密進使 등 여러 비정기 사행의 경우에도 방물은 전해졌던 것으로 보인다. 또 중앙의 황제에게만 예물을 바치는 것이 아니라 고려사신이 반드시 거치게 되어 있는 요동의 東京留守에게도 정식의 예물이 전해졌다.[15] 물론 이에 반대급부로 回賜品이 전해진 사실은 말할 필요도 없다.

이와 같이 여러 임무를 띠고 금 조정에 파견된 고려사신은 會同館에서 빈례를 거행하는데,[16] 우선 일종의 고려왕 문안편지에 해당하는 「入金起居表」를 올린 후 이어 「進奉表」와 함께 예물명세서인 「物單」과 예물에 대한 설명서인 「物狀」을 올렸던 것으로 보인다.[17] 하지만 현재 남아 있는 사료 가운데 물단은 전해지지 않고 있어 고려에서 금측에 보낸

---

[14] 졸고, 『高麗의 對金外交政策 硏究』, 성균관대 박사학위논문, 1993, pp.99~113 참조.
[15] 崔瀣, 『東人之文四六』 卷4, 事大表狀 與東京留守大王交聘狀 및 與金東京交聘狀 참조.
[16] 『金史』 卷38, 志 19, 禮 11, 外國使入見儀.
[17] 崔瀣, 『東人之文四六』 卷3, 事大表狀 참조.

방물의 구체적인 품목은 알 수가 없다. 또한 이러한 고려측 예물에 대하여 금측의 회사품이 전해졌겠지만, 『金史』에도 '賜宋高麗使之物 其數則無所考'18)로 되어 있을 뿐이다. 이처럼 양측 조공무역의 규모에 대해 분명히 전해 주는 사료는 찾을 수가 없다.

그런데 인종8년(1130) 3월 금에 파견한 告奏使 盧令琚나 같은 해 12월 고주사 金端 등을 통해 고려가 전한 예물은 '御衣·衣帶·銀器·茶' 등으로 간단히 적혀 있다. 물론 이들 고주사가 전한 예물은 정식의 조공품에 비해 그 규모가 적었으리라 여겨지는데, 어의와 의대가 구체적으로 무엇을 칭하는지 알 수 없다. 하지만 인종4년 4월 고려에서 처음으로 금나라에 사신 鄭應文과 李侯를 보내 사대관계 수립의 의향을 전하자, 금 태종은 宣諭使 高伯淑과 烏至忠을 파견하여 "고려는 무릇 사신을 왕래하는 데 있어서 마땅히 모두 遼의 舊制에 따라야 할 것."이라는 칙명을 전한 바 있다.19) 따라서 여·금 간의 조공무역의 규모는 일단 여·요 간의 조공무역의 규모와 같았다는 사실을 알 수 있다.

A-1 新羅國(高麗 : 필자 주)貢進物件 : 金器 200兩, 金抱肚 1條50兩, 金沙鑼 50兩, 金鞍轡馬 1匹50兩, 紫花錦紬 100疋, 白綿紬 500疋, 細布 1千疋, 粗布 5千疋, 銅器 1千觔, 法淸酒醋 共 100瓶, 腦元茶 10觔, 藤造器物 50事, 成形人蔘 不定數, 無灰木刀俪 10個, 細紙墨 不定數目.

A-2 契丹每次回賜物件 : 犀玉腰帶 2條, 細衣 2襲, 金塗鞍轡馬 2匹, 素鞍轡馬 5匹, 散馬 20匹, 弓箭器仗 2副, 細綿(錦의 誤字인 듯)綺羅綾 200匹, 衣著絹 1千匹, 羊 200口, 酒果子 不定數.20)

B-1 고려에서 송에 보낸 진봉물 : 御衣 1領, 黃闕衫 1領, 紅闕便服

---

18) 『金史』 卷38, 禮志 11, 新定夏使儀 末尾.
19) 『高麗史』 卷15, 仁宗4年 9月 辛未, 世家 15. "高麗凡遣使往來, 當盡循舊遼."
20) 『契丹國志』 卷21, 外國貢進禮物.

1領, 金腰帶 1條重40兩, 金束帶 1條重30兩, 闕勒帛 2條, 金盤盞 2副
重40兩, 金注子 1副重65兩, 金鈔鑼 1隻重150兩, 紅闕倚背 6隻, 黃闕
倚背 4隻, 紅闕褥 6隻, 黃闕褥 4隻, 細弓 4張, 哮子箭 24隻, 細鏃箭
80隻, 金鍍銀裝闕器仗 2副, 白銀裝黑皮器仗 1副, 銀裝長刀 20隻, 白
錦外袋 10箇, 靑錦外袋 10箇, 細馬 4匹, 香油 200缸, 松子 2,200斤,
人蔘 1千斤, 生中布 2千匹, 生平布 2千匹.[21]

　　B-2 송에서 고려에 보낸 국신물 : 國王衣 2對(1對 : 紫花羅夾公服
1領·淺色花羅汗衫 1領·紅花羅繡夾三襜 1條·紅花羅繡夾包肚 1條·
花羅繡勒帛 1條·白綿綾夾袴 1腰) 靴 1緉, 腰帶 2條, (鞍)馬 4匹, 鞭
2條, 金花銀器 2千兩, 盆 10面, 蓋椀 10副, 雜色川錦 100匹, 色花羅
100匹, 色大綾 100匹, 色小綾 200匹, 色花紗 500匹, 白絹 2千匹, 別
賜(龍鳳茶 10斤·杏仁煮法酒 10瓶·紅黃碌牙柏板 10串·紅黃牙笛 10
管·紅黃牙篳篥 10管·龍鳳燭 20對).[22]

　위의 사료 A는 거란이 송 및 고려, 서하 등과 교류한 조공무역의 규모를 전하고 있는 『契丹國志』에 의거하여 고려에서 거란에 보낸 국진물(A-1)과 거란에서 고려로 보낸 회사품(A-2)을 옮겨 적은 것이며, 사료 B는 여·송 간의 수수된 국신물의 규모를 알아 보기 위하여 비교적 자세한 기록을 전하고 있는 『高麗史』世家 문종26년과 32년의 기록을 정리한 것이다.[23]
　우선 사료 A-1을 통해서 고려에서 거란에 보낸 조공품 가운데 금그릇 200냥과 구리그릇 1,000근이 있었음을 알 수 있다. 이외에도 금사

---

21) 『高麗史』 卷9 文宗26年 6月 甲戌, 世家 9.
22) 『高麗史』 卷9 文宗32年 6月 丁卯, 世家 9.
23) 단, 당시 고려에서 송에 예물을 보낼 때는 각 예물마다 금박을 놓은 붉은 비단 겹보자기(銷金紅羅袂複)에 싸고, 금도금에 은장식을 단 상자(銀鈒鏤裝烏漆箱)에 담아 금 또는 은도금한 자물쇠로 채워, 다시 홍매화 수를 놓은 비단 겹수건(紅梅花羅袂帕)을 덮어 보냈으나, 당시 여·송 간의 국신물의 종류와 여·금(여·요) 간의 국신물을 비교하기 위하여 당시 포장하기 위해 사용된 물품에 대한 설명부분은 생략하여 인용하였다.

라(금대야) 50냥, 무게 50냥되는 금포두(배싸개)24) 1조, 금안비마 50냥 등이 있는데 고려에서 거란에 보내진 금의 무게는 350냥이 된다. 당시 금 1냥은 布(베) 40필에 상당했다는 것을 기준으로 한다면25) 금 350냥은 포 14,000필에 해당하는 분량이다. 그런데 송에 보낸 금제품 – 즉, 금요대 40냥·금합 60냥·금반잔 40냥·금주전자 65냥·금사라 150냥 – 에 사용된 금의 무게가 355냥이어서 거의 비슷한 규모임을 알 수 있다.

다음 동그릇 1,000근이 있는데, 물론 고려 후기에 이르면 銅이 부족하여 銅器 대신에 木器를 써야 한다는 주장도 있었으나26) 당시 고려의 銅器 제조기술이 중국보다 훨씬 뛰어나 많은 송의 사신들이 고려 동기를 입수하려고 노력하였던 사례를 볼 때,27) 고려 전기 高麗銅器는 특산품의 하나로 중시되었음을 알 수 있다. 더욱이 金 章宗 때 고려에 파견되었던 사신들로부터 그들이 입수한 銅器를 정부에서 매도하게 한 사실에서28) 고려정부에서 金使들에게 개인적인 禮物로 준 銅器가 금 화폐의 원료로 요긴하게 쓰였을 것으로 보인다.

'금도금한 안장을 갖춘 말'(金鞍轡馬)에 대하여 구체적으로 살펴 보

---

24) 사료 B-2에 의하면 송에서 고려로 보낸 포두(배싸개)는 紅花羅에 수를 놓은 겹포두였다. 따라서 고려에서 보낸 금포두 역시 황금의 金을 뜻하는 것이 아니라 비단 錦을 뜻한다고도 보여진다. 하지만 포두의 단위가 금의 무게를 나타내는 兩으로 표기되어 있어 비단으로 된 배싸개일 가능성은 희박해진다.
25) 『高麗史』卷80 成宗12年 2月, 志 34, 食貨 常平義倉.
26) 『高麗史』卷82 恭讓王13年 3月, 志 39, 刑法 2. "鍮銅 本土不産之物也 願自今禁 銅鐵器 專用資木 以革習俗."
27) 고려의 구리세공 기술은 중국에서 배워온 것이나 宋代에 이르면 고려 기술이 중국보다 훨씬 월등해져 고려 동기는 송인들의 귀한 소장품의 하나가 되었다. 일예로 蘇軾은 입수한 고려 동기를 진기한 仇冶石 위에 올려놓고 감상하였으며, 曾鞏은 고려 친구에게 銅器를, 蔡襄向은 고려에 파견되는 楊康功에게 이를 구매해 달라고 부탁할 정도였다(王儀, 『趙宋與王氏高麗及日本的關係』, 臺北 : 中華書局, 1980年, pp.136~137).
28) 『金史』卷48 章宗 明昌5年 3月, 志 29, 食貨 3. "又諭旨有司 凡使高麗還者 所得 銅器 令盡買之."

자. 이 안장에 사용한 금이 50냥이라 하였으나 송에 보낸 細馬의 안장이 100% 순금이 아니라 금 또는 은도금한 안장이었다는 점에서[29] 거란에 보낸 안장 역시 도금한 것이었을 가능성이 높다. 한편 말 안장에 대하여 자세히는 알 수 없으나 고려에서 송에 보낸 예물인 細馬의 안장 부속품으로 金銀 도금한 안장 장식품과, 모직(罽)으로 만든 다래(韂), 紅羅로 된 언치(참), 안장 보료(鞍褥) 등이 있었던 것으로 보아 금안비마의 안장도 이와 비슷하였을 것으로 보인다. 대신 송에 보낸 것은 4필이었지만 거란에 보낸 것은 1필이었다. 거란과의 전쟁을 위해서도 송에게 말은 중요한 전쟁도구였으므로 많은 말 수입을 위해 적극적이었지만, 거란은 유목민족으로 말이 풍부하며 또 西夏로부터 말의 수급이 넉넉하였으므로 굳이 고려로부터 말을 받을 필요가 없었다. 따라서 1필의 말은 형식적 의전품으로 보냈던 것이라 생각된다.

다음으로 직물에 대하여 살펴 보자. 고려에서 보낸 비단은 紫花綿紬와 白綿紬,[30] 가는 베(細布)와 굵은 베(粗布)가 있었다. 이 綿紬는 평직의 견직물 가운데 가장 질이 낮은 견직물로,[31] 송에 보낸 계와 비교가 된다. 즉 고려에서 송에 보낸 예물이 황색 계삼, 홍색 계편복, 계륵면(허리띠), 홍・황색의 계의배(안석), 褥(보료) 등과 같이 모두 罽로 되어

---

[29] 위 사료 B-1의 '細馬 4匹'에 대한 『高麗史』 卷9 文宗26年 6月 甲戌條, 世家 9 참조.

[30] 이 綿紬에 대하여는 『渤海國志』에 "綿布卽紬也."라는 기록과 日本 正倉院 西寶庫 南倉에 소장된 "白陵縟綿"이라 적혀있는 요를 조사해 본 결과 그때 쓰인 솜(綿)은 면화솜이 아니라 누에고치에서 나온 풋솜이었다는 연구결과에 따라(布目順郎, 『絹と布の考古學』, 雄山閣, 1988年, p.48) 綿紬와 錦紬는 같이 絹類로 본다.

[31] 견직물의 품질에 대하여는 당시 『高麗史』 卷80 祿俸 睿宗10年條, 志 34, 食貨 3. "三司改定祿折計法 大絹1匹米1石7斗 絲綿・小絹各1匹折7斗 小平布1匹折1斗2升5合 大綾1匹折4石 中絹1匹折1石 綿紬1匹折6斗 常平紋羅1匹折1石7斗5合 大紋羅1匹折2石5斗."에 의거해 구분지을 때 가장 좋은 견직물은 한 필에 米 4섬이었던 大綾이었으며, 다음 大紋羅 → 常平紋羅 → 大絹 → 中絹 → 絲綿・小絹 → 綿紬 순이었다. 따라서 고려에서 보낸 면주는 견직류 가운데 가장 낮은 품질의 것임을 알 수 있다.

있는 데 비하여 거란에는 계로 된 제품이 보이지 않는다. 또 고려에서
송에 예물을 보낼 때 紅花羅 보자기와 銷金紅羅 수건을 으레 사용하였
으므로 고급 견직물인 羅가 송에 많은 양으로 보내 진 것을 알 수 있
다.32) 이처럼 송과 거란에 보낸 고려의 견직물에 차이가 나는 이유는
무엇일까. 다음의 사료가 이를 이해하는 데 어느 정도 도움을 줄 수 있
을 것 같다.

> 양잠에 서툴러 絲線과 織紝은 모두 상인을 통하여 山東이나 閩折로
> 부터 사들였다. 아주 좋은 文羅·花綾이나 緊絲나 錦·罽를 짜는데 그
> 동안 北虜의 항복한 졸개에 工技가 많았으므로 더욱 기술이 정교해지
> 고 염색도 예전보다 나아졌다.33)

이 자료는 인종원년(1123) 6월 國信使 路允迪과 함께 고려에 온 서장
관 徐兢의 견문록의 일부이다. 이로써 국초에는 고려의 직조기술이 서
툴러 송 상인으로부터 사들여야 했으나 12세기에 오면 문라·화릉·
금·계를 짤 정도로 발전한 것을 알 수 있다. 그런데 이러한 직조기술의
발달에는 고려에 귀화한 北虜 기술자 즉 거란 귀화인의 도움이 컸다34)
는 것을 알 수 있다.

원래 거란은 견직물을 생산하지 못하여 거의 송이나 고려, 일본 등의
견직물에 의존하였다가 뒤에 적극적인 한인사민정책을 통해 大凌河유
역을 견직물 생산지로 개발하였다는 사실에서35) 당시 고려에서 거란에

---

32) 물론 당시 거란에 보낸 예물에도 일일이 紅羅로 된 보자기와 수건을 사용했을
  가능성이 매우 높다.
33) 『高麗圖經』 卷23, 雜俗 2, 土産.
34) 북로는 여진인과 거란인으로 추정해 볼 수 있는데, 『高麗圖經』 卷19, 民庶 工技
  條에 "亦聞契丹降虜數萬人 其工伎十有一擇其精巧者 留於王府 比年器服益工…"
  이라는 것에서 일단 북로를 거란인으로 보았다.
35) 日野開三郎, 「國際交流史上より見た朝鮮の絹織物」, 『東洋史學論集』 9, 1984年,
  pp.394~395.

보낸 견직물 가운데 일종의 원료인 綿紬만 있고, 거란에서 발달해 있었을 鬫가 들어있지 않았던 이유를 추정할 수 있다.

한편 마직의 예물로 고려는 거란에 細布 1,000필과 粗布 5,000필을 보냈는데 이에 비하여 송에는 生平布와 生中布 2,000필을 보내었다. 布는 고려 三稅(租·布·役) 가운데 하나로 평포·중포·저포 등을 거두었던 바 국가 재정의 기간이 되었다. 특히 麻布(5升布·麤布)는 국가의 적극적인 지원에서 시작된 화폐인 銀甁보다 더욱 광범위하고 대중적인 교환수단이었다. 그런데 세포는 細麻布(또는 黃麻布)라 하여 고도의 방적 기술을 요하는 제품이었다. 이처럼 거란에는 가장 대중적인 것과 가장 고품의 마직물을 보냈으며, 송에는 마의 원료인 생포를 보냈다는 차이점을 발견할 수 있다.

이 밖에 거란에 대한 고려의 국진물은 법청주·뇌원차·등나무 공예품·인삼·칼·종이와 먹 등의 문방용품이 있었는데 인삼을 제외하고는 송에 보낸 활·화살·장도·외대·향유·잣 등과 역시 차이가 있다.

이제는 고려의 국진물에 대한 거란의 회사품을 살펴보기로 하자. 거란은 무소뿔로 만든 허리띠와 금도금한 안장을 한 말 2필, 금도금하지 않은 안장을 한 말 5필, 그리고 안장 없는 말(散馬) 20필, 羊 200마리 등 유목민족의 전통을 보이는 회사품이 많았다. 또 견직물은 고려에서 보낸 것보다 양은 적으나 고려의 綿紬보다 질이 우수한 綺羅綾 200필과 衣著絹 1,000필을 보내왔다.

한편 송에서 보낸 국신물은 거란보다 다양하였다. 즉 어의 2벌과 허리 띠, 요대, 안마 4필, 채찍 2개, 은그릇 2,000냥, 대접 10개, 뚜껑있는 그릇 10벌과 10여 가지 색을 갖춘 川錦·花羅·大綾·小綾·花紗·白綃 등 다양한 고급견질물이 3,000여 필 전해졌다. 그리고 別賜로 용봉차 각 5근씩, 살구를 달여 만든 법주 10병, 용봉촛대 20벌과 악기로 보이는 柏板·牙笛·牙篳篥[36] 등이 전해졌는데 이는 '별사'라 하였듯이 문종32년에 특별히 하사한 것으로서 일상적인 송의 회사품에 들어있는 것은 아닐 것으로 보인다.

　그런데 송과의 교류에서는 거란과의 교류에서 없었던 銀器 2,000냥이 보이고 있다. 뿐만 아니라 인종10년 2월 송의 원병요청과 가도요구를 거절한 것에 대한 해명을 위하여 파견되었던 사신 禮部員外郞 崔惟淸, 閤門祗候 沈起가 송 조정에 전한 공물 "金 100냥·銀 1,000냥·綾羅 200필·人蔘 500근"에도 은이 들어있다.37) 이처럼 여·송 간에는 서로 금보다 많은 수량의 은 또는 은기가 수수되었는데 당시 국제통화로서 그 가치가 높았기 때문으로 보인다. 하지만 비록 위의『거란국지』에서는 보이지 않았으나 이미 거란과의 관계에서도 銀은 거래되었다. 靖宗6년 夏季問候使 金元冲이 전한 예물 "金吸甁·銀藥甁·幞頭·紗紵布·貢平布·腦原茶·大紙·細墨·龍鬚簦席"에 은약병이 있었다.38) 하지만 이때의 은약병은 고려의 정식 화폐인 은병이 제조된 숙종6년 이전의 일이므로 단순히 은으로 된 약병일 가능성이 높다. 하지만 이미 국초 정종 때 여진인이 가져온 은주전자·은합 등의 銀器로서 값을 계산해 주었듯이 이 은약병의 교환가치는 무시할 수 없었을 것이다.

　이상 고려는 契丹에 대하여는 금·은·동으로 된 그릇과 면주·모시·베·뇌원차·인삼·종이·먹·화문석 등을 보냈으며 거란으로부터는 馬·羊·綺羅綾의 견직물을 예물로 받았다는 사실에서 금과의 관계에서도 대략 이 정도의 국신물의 교환이 있었다고 추측할 수 있다.

　그러나 비록 金 朝廷에 보낸 물품은 아니나 고종7년(1220) 2월 당시 고려 경내에 피난해 왔던 金의 元首 于哥下가 義州叛亂軍이었던 別將 韓恂과 郞將 多智를 잡아 난을 진압시킨 답례로 보낸 예물을 통해 실제 고려에서 금에 보낸 조공품의 종류를 보다 직접적으로 확인할 수 있지 않을까 싶다.

---

36)『高麗史』卷71, 志 25, 樂 2, 唐樂 樂器.
37)『宋史』卷487 仁宗10年 閏4月, 列傳 246, 外國 3, 高麗傳.
38)『高麗史』卷6 靖宗4年 7月 甲寅, 世家 6.

(고종7년) 3월에 銀尊·銀盤·銀盂 각 한 개씩, 銀盞 2개, 細紵布와 細紬布 각 50필, 廣平布 500匹과 쌀 1千石을 于哥下에게 보내 그 공을 갚았다.39)

요컨대 금의 지도층에 있는 자에게 銀으로 만든 주전자·쟁반·사발 등의 각종 銀器와 세저포·세주포·광평포 등의 베와 모시 그리고 쌀 등을 보내었다. 여기에서 견직류는 보이지 않으나 은기의 사용이 눈에 띈다. 그런데 비슷한 시기 고려를 침입한 契丹遺種 金山과 金始을 물리쳐 준 대가로 蒙古가 著古與를 보내 요구한 懲物은 이와 종류를 달리하고 있다.

水獺皮 1만 장, 細紬 3,000필, 細紵 2,000필, 縣子 1만 근, 龍團墨 1千 丁, 筆 200管, 紙 10萬 張, 紫草 5근, 紅花·藍筍·朱紅 각 50근, 雌黃·光漆·桐油 각 10근.40)

하지만 이 가운데 당시 몽고 사신은 水獺皮만 빼고 나머지 공물 세주·세저·푸솜 등의 직물과 먹·붓·종이 등의 문방용구 및 자초·홍화·남순·주홍 등 염료와 동백기름 등은 버리고 갔다는 사실에서41) 몽고가 가장 필요하였던 것은 수달피뿐이었으며 나머지는 그들에 대한 고려의 태도를 실험하기 위하여 지금까지 고려가 금에 朝貢으로 보내왔거나 고려의 토산품으로서 널리 대외에 알려졌던 물건을 요구했던 것이라고 보여진다.

특히 금의 역대 왕 가운데 가장 漢文化에 도취되었으며 당대의 畫家이기도 한 장종은 늘 고려 靑磁紙를 애용하여 그림을 그렸을 정도로42)

---

39) 『高麗史』 卷22 高宗7年 3月 丙申, 世家 22.
40) 『高麗史』 卷22 高宗8年 8月 甲子, 世家 22.
41) 『高麗史』 卷22 高宗11年 正月 癸丑, 世家 22.
42) 韓致奫, 『海東繹史』 卷27, 物産誌 2, 書目條. "金章常書高麗靑磁紙."

이미 北宋 때부터 그 명성이 높았던 고려의 문방용품은43) 여전히 金人들에게 인기 있는 수입품의 하나였다. 또한 저고여가 요구한 남순, 홍화, 자초, 주홍 등의 각종 염료 또는 염색된 직물류가 금에 수출되었을 가능성이 높다. 특히 고려는 朱黃, 丹, 淡黃, 緋, 藍, 綠, 靑, 鴉靑色 등의 염색을 맡은 都染署가 있어 다양한 색깔의 직물을 제조하여44) 이미 혜종 때 이곳에서 만들어진 다양한 색깔의 장신구와 옷감이 後晉에 보내졌다.45) 아울러 徐兢이 고려의 염직기술에 대하여 칭찬을 아끼지 않은 것에서46) 이들 염료가 금나라에 수출되었을 가능성은 높다고 하겠다.

끝으로 거란이 고려에서 보낸 新羅酒를 가지고 송에 국신물로 보낸 것이라던가47) 송으로부터 茶를 수입하고 소금을 수입해 갔던 西夏의 경우를 볼 때48) 고려는 거란과 마찬가지로 금에도 腦原茶와 法酒를 보냈을 것이다.

이상의 사실을 통하여 고려는 금나라에 金·銀·銅의 금속류와 이들 세공품 및 비단, 비단실, 염료 또는 염색된 비단, 베, 모시 등의 衣料와 묵, 종이, 붓, 인삼, 법주, 뇌원차 등 과거 거란이나 송대부터 널리 알려졌던 물품을 여전히 수출하였을 것으로 추측할 수 있는데, 그 가운데

---

43) 우리나라에서 생산되는 지류는 이미 고대부터 대륙무역품의 대종을 이룬 것으로 그 명칭만 보아도 모두 白硾紙(白紙), 翠紙, 靑磁紙 등 그 종류가 많았다. 고려시대 종이 생산에 대하여 "楮市橋邊 民家三百餘戶火."(『高麗史』 卷53 元宗12年 2月 戊申, 志 7, 五行 1)라고 하였듯이 저시교 부근 민가 300여 호는 종이를 만들어 판매하는 곳으로 보인다. 또 송에서 유통되는 대표적 문방용구로 "鼠狼尾筆, 玳瑁筆, 松絪墨, 猛州墨, 順州墨, 龍團墨"을 칭하였듯이 고려의 용단묵은 그 명성이 대단하였다(王儀, 앞의 책, 1980년, pp.138~139 및 韓致奫, 『海東繹史』 卷27, 物産誌 2, 紙條).
44) 『高麗史』 卷77, 志 31, 百官 2, 都染署.
45) 『高麗史』 卷2 顯宗2年, 世家 2.
46) 纈이란 비단을 이어서 물들여 도안을 만드는 것을 말하는데 徐兢은 무늬 비단에 황색과 백색을 섞어 만든 정교한 고려의 '힐' 기술에 대하여 감탄을 그치지 않았다(『高麗圖經』 卷28, 供張 1, 纈幕).
47) 葉隆禮, 『契丹國志』 卷21, 「南北朝饋獻禮物」, "契丹賀宋朝生日禮物."
48) 申採湜, 「宋·西夏貿易考」, 『歷史敎育』 10, 1967년, pp.223~228.

특히 金·銀·銅의 세공품과 문방구의 수출을 주목할 필요가 있을 것이다.
앞에서 『契丹國志』를 통해 금으로부터 받았을 회사품을 유추해 본 적이 있다. 하지만 이것은 금의 직접 사료가 아니라는 한계성이 있다. 따라서 가장 규모가 크다고 할 수 있을 고려왕 冊封 때 보내온 儀物과 別賜에 대한 기록을 통해 회사품의 종류를 유추해 보려 한다.

① 九旒冕 1頂, 九章服 1副, 玉圭 1面, 金印 1面, 玉册 1副, 象輅, 馬 4匹 및 別賜로 衣服, 匹段, 器用, 鞍馬 3, 散馬 4.[49]
② 九旒冕 1頂, 九章服 1副, 玉圭 1面, 金印 1面, 玉册 1副, 駝紐象輅, 馬 4匹 및 別賜로 衣 5對, 細衣著 200匹段, 細弓 1張, 鵰翎大箭 28隻, 鞍轡 2匹, 散馬 7匹.[50]
③ 車服, 金印, 匹段, 弓箭, 鞍馬.[51]
④ 車服, 金印, 匹段, 弓箭, 鞍馬.[52]

금나라는 왕을 책봉한다는 글과 함께 그에 따르는 하사품으로 구류관 하나, 구장복 한 벌, 옥규 하나, 금인 한 개, 옥책 하나, 수레 하나, 말 4필 등의 儀物과 별도의 禮物로 그릇, 안장을 갖춘 말 3필, 안장 없는 말 4필을 보내왔다. 이것은 앞에서 인용한 문종32년(1078) 송에서 國信使 安燾를 통하여 전한 國信物 100種 6,000여 物品에 달하였던 경우에 비하면 보잘 것 없는 것이었다.[53] 이 밖에도 통교 초 금에서 보내온 예물인 衣帶, 犀, 金銀, 絹, 匹段 등이나[54] 橫宣使를 통해 전달되는 2,000마리 정도의 羊 이외에는 별로 특별한 것이 없는 것이 사실

---

49) 『高麗史』 卷17 仁宗20年 5月 庚戌, 世家 17.
50) 『高麗史』 卷19 明宗2年 5月 壬申, 世家 19.
51) 『高麗史』 卷21 神宗2年 4月 乙酉, 世家 21.
52) 『高麗史』 卷21 康宗元年 7月 壬申, 世家 21.
53) 『高麗史』 卷9 文宗32年 6月, 世家 9.
54) 『高麗史』 卷17 仁宗5年 9月 己酉, 世家 17.

이다.55)

그런데 일반적으로 금나라의 토산품으로 알려진 것에는 말, 大珠, 꿀, 細布, 松實, 白附子, 매 등이 유명하고 각종 동물과 가죽이 이미 고려에 수출되었던 점을 감안해 볼 때56) 고려가 금에서 받은 회사품도 위의 거란의 경우와 마찬가지로 말과 화살 등 의장품 및 細綿綺羅綾의 비단 등이 대종을 이루었을 것이라고 추정된다. 그런데 위의 국왕 책봉때 보낸 別賜品目에 보이듯, 거란이 고려에 犀玉腰帶를 보낸 것에 비해 금나라는 처음으로 金印을 보내기 시작하였다. 이는 그 國名의 어원에 대하여 "完顏部가 위치한 按出虎水지방에 많은 金이 생산되므로 金으로써 國號를 삼았다."라고 할 정도로57) 많은 金을 갖고 있었다는 점에서 고려는 이 金印 이외에도 금나라로부터 金을 回賜받았을 가능성이 높다. 이외에도 絲·絹을 받기도 하였다.

> 의종 때 금에서 보낸 絲·絹 등의 물건은 그 절반은 內府에 들여보내 御用에 쓰게 하고 나머지 절반은 大府로 들여 보내 경비에 충당하게 하였는데 왕(명종)이 즉위하자 그 전부를 內府에 두어 여러 폐첩들에 내려주니 나라의 창고가 비게 되었다.58)

지금까지 금으로부터 받은 회사품은 왕실 경비와 일반 국가 경비로 활용하기 위해 반씩 나누어 內府와 大府의 창고에 비축하였다. 그러나 명종 때 와서 이들 絲·絹을 모두 御用 창고인 내부에 들여 사치를 하였다는 것이다. 이는 무신정권 초기 허약한 왕위를 보존하기 위하여 주위의 권신들에게 내려주었기 때문으로 해석된다. 그런데 여기서의 금 회

---

55) 『高麗史』 卷18 毅宗8年 6月 戊戌 및 同王 23年 11月, 世家 18.
56) 金渭顯, 「金開國以前의 諸問題」, 『遼金史硏究』 篇2, 裕豊出版社, 1985年, pp.131~156.
57) 徐夢莘, 『三朝北盟會編』 3 重和2年 正月·11月 丁巳 ; 葉隆禮, 『契丹國志』 卷26, 諸蕃記 ; 周致中, 『異域志』 上, 臺北 : 光文書局, 1968年.
58) 『高麗史節要』 卷13 明宗15年 正月.

사품의 絲·絹은 일반적인 비단실도 있었겠으나 금의 관료조직 가운데 織染署나 文繡署는 외국에 보내는 예물용 金線을 전담하는 기관이라고 명시되어 있고[59] 일반 絹絲나 契丹絲와 달리 眞絲로도 표현된 경우가 있어,[60] 금을 잘게 잘라서 만든 片金線法에 의해 직조한 金線이 아니었나 추측된다.[61]

이미 성종 이래 양잠을 장려한 고려는 조세로서 각 州府로부터 1년에 쌀 30섬, 金 10냥, 絲錦 40근을 거둬들였다.[62] 이처럼 絲錦은 麻布와 함께 국가의 주요 稅源이었다. 그러나 여전히 絲蠶이 적어서 羅 1필의 값이 銀 10냥 정도로 비싸 많은 사람들이 麻紵布로 된 의복을 입었다는 것으로 미루어 보아도 알 수 있듯이[63] 당시에는 양잠을 권하여 비단실 공납을 받아도 宋, 金으로부터 수입한 비단실이 모자랐을 정도로 비단

---

59) 『金史』 卷56, 志 37, 百官 2, 文繡署 및 織染署. "織染文繡兩署金線 幷三國生日 等禮物."
60) 毅宗11年 4月 왕이 '眞絲' 400斤으로 平章事 文公元의 집을 사서 巡御所로 삼고, 같은 책, 毅宗19年 4月 內侍 左·右番이 의종에게 駿馬 등을 바치자 왕은 그 답례로 白銀과 '丹絲'를 하사 하였다는 기록 등을 통해 眞絲와 丹絲는 바로 女眞의 비단실과 거란의 비단실을 구분해 칭한 것이 아닌가 생각된다(『高麗史』 卷18 毅宗11年 4月 乙巳 및 毅宗19年 4月 甲申, 世家 18).
61) 織金錦은 간략하게 織金이라고도 하는데, 중국에서 加金織物의 製織은 대략 全國時代부터 시작되었다고 하지만 女眞 즉 金 이후 본격적으로 사용되기 시작하여 元代에 이르러 극에 달하였다. 당시 의복에 금을 사용하는 종류로는 모두 鎖金, 縷金, 間金, 創金, 圈金, 鮮金, 易金, 捻金, 陷金, 明金, 泥金, 榜金, 背金, 欄金, 盤金, 影織金, 金線 등이 있었는데 金箔을 하는 鎖金法과 金線을 만들어 직물을 제직하는 縷金法이 가장 대표적이다. 縷金法은 일종의 織金法으로, 여기서 사용된 金線의 종류는 금을 얇게 펴 切金한 후 실에 감은 撚金線과 종이 위에 금을 얇게 입힌 다음 0.1~0.2cm로 잘라서 만든 片金線이 있다. 송 이전에는 쇄금법이 유행하였으나 원대에는 직금법이 매우 성행하였으며 織金에 쓰이는 金線은 주로 片金의 방법으로 만들었는데 이처럼 元代에 직금법이 유행하게 된 것은 금나라의 경내에 이주하여 살고 있던 위그르인들에 의한 것으로 금의 풍부한 金 매장량 덕분에 이들이 이 분야의 기술을 발전시킬 수 있었다는 다음의 연구가 있다(趙孝淑, 『韓國 絹織物 硏究－高麗時代를 中心으로－』, 세종대 박사학위논문, 1993年, p.71).
62) 『高麗史』 卷78 靖宗7年, 志 32, 食貨 1, 田制 租稅.
63) 韓致奫, 『海東繹史』 26, 物産誌·紵布條.

에 대한 수요가 급증하였다.64) 다시 말하면 고려는 중국으로부터 비단 실로 짠 완제품 비단을 수입했을 뿐 아니라 국내 세원이 태부족하여 수입 비단실을 가지고 많은 견직물을 제직하여 국내의 소비와 국외에 다시 수출했다고 할 수 있다.65)

그 밖에 특수한 회사품으로는 주로 橫宣使를 통해 전달되는 羊이 있었다.66) 물론 양을 횡선사를 통해 전하는 풍습은 이미 거란의 유습이었다. 그런데 이 양에 대하여 "원래 거란측 産物로 거란을 지배하던 금이므로 거란지역에서 수입하여 고려에 보냈다."라는 견해도 있으나67) 이미 遼·金 교체기에 나타난 流民들 가운데 압록강의 거란 유민들이 많은 양을 이끌고 왔던 것으로 보아68) 이 양은 그들이 평소 기르고 있던 것이며 압록강 유역에 살고 있는 사람은 원래가 여진족 즉 契丹籍 女眞 人이었음으로 금의 횡선사가 가져온 양은 거란에서 일부러 수입해서 고려에 가져온 것이 아니라 고려와 가장 가까운 지역의 여진인들에 의해 길러진 양을 공물로 회수하여 가져온 것으로 보인다.

이렇게 거란이나 금으로부터 가져온 양의 용도 역시 文武 參上 이상의 관리나 近臣에게 차등있게 나누어 주었다는 기록과69) 왕공 귀인이 아니면 양고기를 먹지 않았다는 견문록을 통해서 추측해 볼 때70) 횡선사가 가져온 수천 마리의 양은 모피를 얻기 위해 방목되었기 보다는 직급에 따라 관리들에게 분배되어 이들의 食用으로 쓰인 것 같다.71)

---

64) 『高麗史』 의종 및 명종조 기록은, 비단에 대한 수요가 많았다는 사실을 전해 주고 있다.
65) 趙孝淑, 앞의 논문, p.31.
66) 『高麗史』 卷19 毅宗23年 7月, 世家 19. "金遣橫賜使 符寶郎徒單懷貞來 賜羊二千口."
67) 李龍範, 「麗丹貿易考」, 『韓滿交流史硏究』, 同和出版社, 1989年, p.261.
68) 『高麗史』 卷14 睿宗11年 4月 戊寅, 世家 14. "遼來遠抱州 二城流民 驅羊馬數百來投."
69) 『高麗史』 卷20 明宗16年 6月 甲子, 世家 20.
70) 『高麗圖經』 卷23, 雜俗.
71) 仁宗13年 妙淸의 亂 진압 때 官軍이 먹은 식량 가운데도 羊이 있었다(『高麗史』

다음으로는 이처럼 주로 양을 전달한 횡선에 대한 답례로 고려가 무엇을 보냈는지를 살펴보자. 물론 이에 대한 기록은 『거란국지』가 유일한데, 고려에서는 멥쌀 500石, 찹쌀 500석 등의 곡식과 織成五彩御衣金 不定數를 보냈다고 했다.72) 이는 유목 민족인 거란이 그들의 토산품인 양을 보낸 것에 대하여 농업국인 고려가 농산물로 답한 것으로 보인다.73)

그런데 횡진물로 쌀과 함께 보내진 織成五彩御衣에 대하여 이것이 정교한 공예품으로 보이기 때문에 고려의 생산품으로 볼 수 없다며 송상인으로부터 구입한 물건을 다시 거란에 보낸 것이라고 파악하는 견해도 있다.74) 그러나 이미 10세기 중엽 後晉에 보낸 국신물 가운데 '紅地金銀五色線織成日月龍鳳'의 요와 이불 또는 '紅地金銀五色線織成花鳥闘金錦'으로 된 보료, 의배 등을 보내 극찬을 받은 적이 있으며75) 또한 고려가 거란에 보낸 貢物의 주종이 세공을 거친 그릇과 직물이었듯이 고려의 직조기술이 뛰어난 수준에 있었다는 사실에서 이처럼 상용적으로 보내는 공물에 매번 송상인으로부터 구입한 金細工御衣를 거란에 보냈다고는 생각되지 않는다.

2) 使臣貿易

조공무역의 기회에 공식적으로 행해진 무역의 형태로는 使臣貿易이 있다. 그러나 사신무역은 公貿易의 형태로만 나타나는 것이 아니라 使行을 이용하여 使臣이나 從人들이 개인자격으로 상거래를 하는 附帶貿

卷98, 列傳 11, 金富軾).
72) 葉隆禮, 『契丹國志』21, 外國貢進禮物. "橫進物件."
73) 졸고, 「高麗 前期 '橫宣使' 小考」, 『卓村 申延澈敎授停年退任紀念史學論叢』, 일월서각, 1995年, pp.501~524.
74) 稻葉岩吉, 「契丹橫宣賜の名稱」, 『史林』17-1, 1931年.
75) 『高麗史』卷2 惠宗2年, 世家 2.

易(또는 私貿易)의 형태도 있다.

일반적으로 송이나 거란에 파견된 고려 사신은 상대국의 군주를 만나 행하는 의례가운데 "使副私獻入, 列置殿前 … 宣賜衣物."라 하였듯이 양국의 군주에 대한 문안인사가 끝나면 양국의 禮物이 교환되고 그 다음 사신 개인의 물품이 공식적으로 거래되었다.[76] 그리고 거란의 경우는 이에 대한 답례로 고려 사신 및 수행원들에게 물품을 주었는데 사료들을 통해 그 종류와 규모를 알 수 있다.[77] 마찬가지로 거란 사신 高遂가 "개인적으로 바친 綾羅彩段이 매우 많았다."라고 한 것처럼 고려에 파견된 외국사신 역시 개인적으로 물건을 바치면 고려는 그에 상당한 물품을 답례로 주는 공인된 사무역도 있었다.[78]

그런데 금의 경우 고려사신을 맞이하는 의례를 보면 貢物과 私獻을 구분하지 않고 단지 "禮物右入左出 … 兼賜湯藥諸物等"으로만 기록되어 있어 확실한 것을 알 수가 없다.[79]

> 금 世宗 大定5年(1165 : 고려 의종19년) 당초에 高麗 使臣이 개인적으로 禮物을 바치는 것을 상례로 삼았는데 이해에 上(世宗)은 사신이 개인적으로 (예물을) 바치는 것은 宋이나 夏使에게는 없는 典禮라 하여 詔勅으로 폐지시켰다.[80]

---

[76] 『遼史』卷51, 志 20, 禮志 4, 賓儀·高麗使入見儀. 『宋史』卷119, 志 72, 禮 22, 賓禮 4, 契丹夏國使副見辭儀 高麗附.
[77] 葉隆禮, 『契丹國志』21, 外國貢進禮物. "契丹賜各使物件."
[78] 거란 사신 高遂의 경우처럼 파견된 외국사신들도 사적으로 綾羅, 彩緞 등 그들 특산품을 고려왕에게 바치고 禮物로 酒食과 衣對, 鞍馬를 받는 것이 사신무역의 일반적 모습인 것 같다. 그런데 文宗32년 송의 國信使 安燾는 40餘年間 중단되었던 여·송 외교가 재개되자 파견된 최초의 사신이라 하여 安燾에게 고려왕과 國人들이 배에 실을 수 없을 정도의 많은 金, 銀, 寶貨, 米穀과 雜物 등을 예물로 주었는데 그는 이 물건들을 모두 국제화폐로 이용되는 銀으로 바꿔갔다(『高麗史』卷10 獻宗元年 5月 癸丑, 世家 10 및 卷9 文宗32年 秋7月 乙未, 世家 9).
[79] 『金史』卷38, 志 19, 禮 11, 外國使入見儀.
[80] 『金史』卷135 世宗 大定5年, 列傳 73, 外國 下, 高麗傳.

12세기 금 세종은 금나라와 교류를 하고 있는 나라 가운데 고려의 使臣만이 私獻을 하고 있다며 폐지시켰던 것으로 보아 이때까지 고려 使臣의 私獻貿易은 관행으로 되어 왔음을 알 수 있다. 그러나 금측의 이러한 조치로 사신의 공적인 무역은 폐지되었을지라도 사행을 통한 부대무역은 더욱 극성을 이루었다. 해마다 使命을 받들고 금에 가는 자들이 貿易의 利益을 노려 많은 물품을 가져감으로 운반하는 驛吏들이 고통스러워 할 정도였다고 한다. 물론 이러한 폐단을 막기 위해 휴대 물품을 일정량으로 제한하기도 하였으나 별 효과를 거두지는 못하였다.[81]

그렇다면 사신이 국가의 공인을 받고 가져갈 수 있었던 그 규모는 어느 정도였을까. 이에 대하여 정확치는 않으나 인종10년 2월 南宋에 파견되었던 禮部員外郎 崔惟淸이 公物로 金 100냥, 銀 1,000냥, 綾羅 200필, 人蔘 500근을 조공하였고, 私獻物로는 公物의 3분의 1을 바쳤다는 기록으로 보아 사신들의 공식적인 私獻 무역의 규모가 얼마나 컸었는지 짐작할 수 있다.[82]

12세기 금나라를 중심으로 한 국제관계에 있어서 당시 고려의 국제적인 예우위치는 宋 다음이거나 때로는 宋, 西夏 다음으로 대우받았던 만큼 高麗와 西夏의 국제적 위치는 비슷하였다. 이미 거란에서도 外國貢進物과 回賜品에 대한 규정을 할 때 고려와의 무역 규모를 설명한 다음 西夏에 대하여 "契丹은 羊을 제외한 나머지 회사품은 新羅, 즉 高麗와 똑같다."라고 하였듯이 西夏와 고려가 받는 회사품 규모는 비슷했던 것으로 보인다.[83] 따라서 西夏의 사신을 대하였던 금의 예우를 보면 고려가 금으로부터 받았을 회사품의 종류와 규모를 미루어 짐작할 수 있을 것이다. 금에서 夏國使臣에게 준 回賜 물품으로 正使와 副使에 대하

---

81) 『高麗史』 卷20 明宗13年 8月, 世家 20.
82) 『宋史』 卷487 高麗 紹興 2年 閏4月, 列傳 246, 外國 3.
83) 葉隆禮, 『契丹國志』 卷21, 外國貢進物. "西夏國公進物件 … 契丹回賜 除羊外餘竝 與新羅國同 惟玉帶改爲金帶 勞賜人使亦同."

여 각각 3벌의 衣對를 주고, 上節人부터 下節人에 이르는 수행원들에게는 각각 2벌의 衣對를 儀物로 주었다. 그 외 別賜로는 正使와 副使에게 幣帛 140필, 그리고 綾羅 39필, 帛 62필, 布 4필과 金帶 3, 金 도금한 銀束帶 3, 금도금에 은장식을 단 안장말 3필, 금도금에 은 책보 및 문서통을 각각 1개씩 하사하였다. 그리고 다시 사신이 귀국할 때 上節 이하 수행원들에게 銀 235냥과 絹 235필을 주었다.[84]

이상의 기록을 통해 볼 때, 금이 외국사신에게 준 회사품은 과거 거란이 유목 민족의 잔재로서 각종 말이라던가 양, 弓矢와 같은 의장용구와 비단실 등을 하사했던 것과 달리 금나라는 金 또는 銀이나 金鍍金한 각종 은 장신구와 帛, 綾羅 등의 비단 등을 하사했다는 차이점이 있다. 그리고 앞서 染織署와 文繡署의 역할에서도 확인되었듯이 금나라는 고려왕 생일에는 金線이라는 고급 비단을 보냈다.[85]

물론 위의 회사품목은 서하가 지난 10여 년간 벌인 금과의 전쟁을 끝내고 금 哀宗 正大2年(1225 : 고려 고종2년) 夏金間에 兄弟之盟을 맺고 후 일종의 西夏에 대한 우대정책으로 만든 빈례 조항에 있는 것이다. 옛날에는 입조한 사신들에게 주었던 貂裘를 대신하여 은과 비단을 주기로 하였으나 이것도 곧 폐지할 수밖에 없을 정도로 당시 금의 재정은 형편없었다. 그것은 연이은 서하, 송, 몽고와의 전쟁 및 거란인의 반란에 기인한 것이었는데 장기간 전쟁을 해 온 西夏가 화친을 요구해 오자 마지막 권위회복을 위한 방편으로 재정한 조항이었으므로 얼마나 실천에 옮겨졌는지는 미지수이다. 그러나 적어도 고려와 금 간에 사신왕래가 빈번하였던 12세기의 금의 국제적 권위는 전성을 이루고 있었고 또

---

84) 『金史』卷38, 志 19, 禮 11, 賓儀, 新定夏使儀注. "凡賜衣 使副各三對 人從衣各二對 使副幣帛百四十段 舊又賜貂裘二 無則使者代以銀三錠 副代以帛六十定 後削之 惟生餼 則代以綾羅三什九定 帛六十二定 布四定 金帶三 金鍍銀束帶 三 金鍍銀門裝鞍轡三 金鍍銀渾裹書匣 間金塗銀裝釘黑油 詔匣及包書 詔匣複各一 朝辭 賜人從銀二百三十五兩 絹二百三十五定"
85) 山邊知行, 『日本の染織』卷2, 中央公論社, 1980年, p.238.

경제적으로도 풍부한 歲幣와 물자가 넉넉해 있었던 시기였으므로 위의 新定夏使儀注에 설정한 回賜禮物보다는 더 많은 물품이 고려의 사신들에게 回賜되었다고 보아도 무리는 없을 것이다.

그리고 사신무역으로는 이상과 같이 입조한 사신들이 공식적인 행사를 통하여 국가로부터 물품을 授受한 경우뿐 아니라, 일종의 상인무역도 가능하였다. 앞서 서하의 상인들에 대하여 "使臣의 요구가 있으면 2日場을 하게 했다."라는 금측의 기록[86]과 이미 다른 나라 사신들과 달리 사헌무역을 하였던 고려 사신이었던 만큼 入見儀 行事 외에 별도로 客館을 시장으로 삼아 商人으로서의 부대무역을 했을 가능성은 충분하다.

이러한 상행위를 통해 주로 고려인들이 무역했을 물품의 대종은 金絲(織金線)이나 위그르 등 서역의 외국상인이 가져온 毛氈, 兜羅綿, 錦織, 注絲, 熟綾의 비단실과 비단, 毛 및 烏金銀器 등의 高級器皿이라고 보여진다.[87]

그런데 이들 사신이 금에 가기 위해서는 管下의 軍人들로부터 銀 한 근씩을 걷는 것이 일반화되었으나[88] 원래는 自費 負擔이었다고 생각된다. 그런데 무신집권기 이후 이러한 양상은 더욱 심해져 郡縣民들로부터 거둬 여비를 마련하는 등[89] 민폐가 심해져 갔으며, 여비 즉 교역밑천은 일정한 액수가 정해져 있었으나 使行을 통한 무역차를 노리고 자

---

86) 『金史』 卷38, 禮志 11, 賓儀 新定夏使儀注. "夏使至 或許貿易於市二日."
87) 실제 南宋 高宗 建炎3年(1129 : 高麗 仁宗7年)부터 15년 동안 금에 피류되어 있으면서 金人의 모습을 서술한 洪皓는 당시 금의 상경에는 위그르 상인이 가져와 거래한 물품으로 瑟瑟과 朱玉 등의 보석류와 兜羅綿을 비롯하여 毛氈과 같은 모직류, 注絲·熟綾·斜褐 등 견직류, 암모니아 등의 약품과 향료 등이 있었다고 하였듯이 과거 거란의 上京의 모습과 마찬가지로 金代의 上京도 여전히 국제시장으로서의 그 기능을 충분히 다하고 있어 이들 물품에 대한 고려 사신들의 購買 가능성은 충분하다(洪皓, 『松漠紀聞』, 回鶻).
88) 『高麗史』 卷99, 列傳 12, 李公升.
89) 『高麗史節要』 卷13 明宗21年 10月.

신의 하인들을 從人에 끼워 넣기 위하여 파견될 正使나 副使에게 많은 銀을 뇌물로 주기도 하였다.90)

이처럼 금나라에 파견되는 使行은 使臣과 수행원 모두에게 막대한 이익이 보장되었던 것이 사실인 듯한데 더구나 국제적 교환가치가 큰 銀을 지불하고 後利를 남겨올 수 있는 물품이라는 것은 "귀천을 막론하고 異國의 물건을 다투어 工商賤隷가 모두 紗羅綾緞을 입었다."라는 기록에서 당시 비단에 대한 수요가 높았던 것으로 보아 고급 견직물이나 향신료나 사치품 등이 그 대상이 될 수 있을 것이다.

3. 麗金 民間貿易

이미 국초부터 개방적인 대외 무역 정책을 추진하여 온 고려는 西北으로는 거란 및 女眞에,91) 西南海路는 송, 東南海路는 일본 商人의 내왕을 허용하였다.

송나라 상인 葉德寵 등 87人에게는 娛賓館에서, 黃拯 등 105人에게는 迎賓館에서, 黃助 등 48人에게는 淸河館에서, 탐라국 首領 高漢 등 150人에게는 朝宗館에서 각각 음식을 대접하였다.92)

이미 문종9년(1055)에는 240여 명에 이르는 대규모 송나라 상인들을 오빈관・영빈관・청하관 등에 분산해 머물게 하고 響應을 베풀었다. 이처럼 고려는 국가적 차원에서 문물의 수입에 적극적이었다. 그리고 이러한 商人 우대정책은 거란이나 금의 경우에도 예외가 아니었다. 거란

---

90) 『高麗史』 卷128, 列傳 41, 鄭仲夫 附 宋有仁. "舊例 宰相奉使如金 其兼從有定額 要市利者 賂使銀數斤 然後得行 內侍郎中崔貞 爲生日回謝使 有仁囑一奴令帶去 時貞以貨得者 已萬數 不能補 奴悴主勢遂行 金人檢還之 貞還坐免."
91) 『續文獻通考』 卷25, 市榷考・市舶互市.
92) 『高麗史』 卷7 文宗9年 2月 戊申, 世家 7.

사신의 숙소는 迎恩館과 仁恩館(예명칭 仙賓館)이 있으며 金人에 대하여는 迎仙館과 靈恩館의 객관을 두어 접대하였다.[93] 그런데 이 객관이 설치된 것은 인종 즉위년 당시 상황이므로 아직 금과의 수교 이전의 일이다. 따라서 고려에서 여진인을 위해 영선관과 영은관을 지은 것은 정치적 목적으로 입조한 金使를 위한 것이기 보다는 이미 이전부터 왕래한 상인의 성격을 띤 女眞人의 客館이었다.

이처럼 비록 국가의 간섭과 관리를 받기는 하였으나 고려는 入國한 외국 상인들을 위하여 숙소를 지어 지정 특허시장으로 활용케 하였다. 그리고 외국 상인무역은 청주·충주 등의 객관 설치에서 보여지듯이, 수도 개경에서만 이뤄진 것이 아니라 교통의 요지에서도 있었다. 마찬가지로 대륙 상인들과의 무역을 위하여 국경선 근처에 榷場을 설치하였는데, 당시 각장 수입은 국가 경비에 상당한 도움을 줄 정도로 이익이 되는 것이었다.[94] 그러나 고려는 거란에게는 각장무역을 열지 않았다.

> 告奏使로 尙書右丞 韓瑩을 보냈는데, 이는 그때 遼가 鴨綠江에 장차 榷場을 세우려고 하여 이의 폐지를 요청하기 위해 파견된 것이었다.[95]

이처럼 고려는 거란의 각장설치 움직임에 대하여 고주사를 파견하면서까지 반대하였다. 따라서 麗遼間에는 榷場貿易이 없었다고 볼 수 있겠다. 그러나 고려의 이러한 요구에도 불구하고 거란은 압록강에 각장 설치를 포기하지 않았으며 고려 역시 선종5년(1088) 中樞院使 李顔을 藏經燒香使로 위장을 하여 龜州로 보내 만일의 사태에 대비케 하는 등, 양측 모두 각장무역에 대한 상반된 견해를 갖고 그들의 뜻을 관철시키

---

93) 『高麗圖經』 卷27, 館舍 客館.
94) 『金史』 卷50, 志 31, 食貨 5, 榷場. "榷場 與敵國互市之所也 皆設場官 嚴厲禁 廣屋宇 以通以國之貨 歲之所獲 亦大有助於經用焉."
95) 『高麗史』 卷10 宣宗3年 5月 丙子, 世家 10.

려 하였다. 그러나 고려의 집요한 저지로 결국 거란 멸망 때까지 두 나라 사이에는 각장무역이 행해지지 않았다.

그런데 고려가 契丹과의 각장무역을 거부한 것에 대하여 인접한 국가, 그것도 정치적으로 외교 관계를 맺고 있는 처지임에도 각장무역이 성립되지 않은 것에 대하여 이해할 수 없는 정책이라고 비난하는 견해도 있으나,[96] 고려가 이렇게 각장설치를 반대한 것은 충분한 이유가 있었기 때문이라고 보여진다. 왜냐하면, 수교 초 고려는 거란이 압록강 방면 江東 6州를 할양해 준 것에 대한 감사의 뜻으로 거란에 많은 進奉使를 파견하는 한편, 保州地域에 榷場을 설치하며[97] 거란과의 우호를 꾀하려 했었다. 그러나 거란은 고려의 이러한 厚意를 배반하고 40萬 大軍을 이끌고 고려에 침입하여 큰 타격을 주었던 나라였다는 경험에서, 거란의 속성을 간파한 고려로서는 국가의 咽喉인 이 鴨綠江 方面에 대한 긴장을 풀 수가 없었던 것은 당연한 처사라 보인다.[98]

따라서 여·요 간의 각장무역은 적어도 고려 성종 때 거란의 1차 和議 後, 압록강 방면 保州 및 定州振武軍 지역에 각장을 개설하기도 하였으나 그 후 재차 거란의 침입을 체험한 고려로서는 섣불리 국경선을 개방할 처지가 아니었음으로 수차례에 걸친 거란의 끈질긴 요구에도 불구하고 각장무역을 허용하지 않게 되었다고 보여진다.[99] 이에 비하여 여·금 간의 각장무역은 연원이 오래인 것 같다.

---

96) 李丙燾, 『韓國史』 中世篇, 震檀學會, 1961年, pp.358~360.
97) 『遼史』 卷14, 聖宗 本紀 統和23年 丙戌. "復置榷場於振武軍" 및 卷60, 食貨志 下. "23年 振武軍及保州 竝置榷場."
98) 더구나 각장을 이유삼아 거란인들이 자주 왕래함으로써 압록강 지역을 농토화한다면 이 지역에 대한 고려의 영토는 실질적으로 축소될 가능성이 높기 때문에도 이를 사전에 봉쇄하기 위해 각장 설치를 반대하였을 가능성이 높다. 이에 대하여는 앞으로의 연구과제로 남겨놓는다.
99) 그런데 『文獻備考』 卷164, 市榷考 2에 "高麗文宗16年 設遼國賣買院 於宣義南."이라고 하였듯이 거란과의 각장무역은 이미 폐쇄되었으나 대신 고려는 使臣 附帶貿易과 고려에 입국한 거란 상인들을 위하여 매매원을 설치하기도 하였다.

고종11년 東眞國의 萬奴가 使臣을 보내왔는데, 그 한 통의 편지에
는 '본국은 靑州에, 貴國은 定州에 각각 榷場을 설치하여 이전대로 매
매하자'고 하였다.100)

고종11년(1224) 東眞國의 蒲鮮萬奴는 고려와의 국교수립을 위하여
사신을 보내면서 아울러 과거 고려가 금나라와 각장무역을 하였듯이 靑
州(지금의 北靑), 고려는 定州(지금의 定平)에 각각 각장을 설치해 互市
를 하자는 것이었다. 이것으로써 萬奴의 東眞國 이전에 고려는 이 지역
에서 금과 각장무역을 한 사실을 알 수 있다. 실제로 이미 東海에 면해
있는 元興府 사람들이 배를 타고 나가 오랫동안 무역을 하다 귀국했다
는 사실이 노랫말로 남아 있다.101) 그런데 이 지역은 바로 동북여진과
의 인접지역이었던 만큼 이는 여진과 무역을 한 증거가 된다.

물론 금과 고려와의 각장무역도 遼의 그것과 마찬가지로 간단없이
행해진 것은 아니었다. 고종3년(1216) 윤7월 北界兵馬使가 금의 東京總
管府의 移牒을 전하였는데 주요 내용의 하나가 義州 및 靜州지역에 있
어서의 榷場貿易의 復開에 관한 것이었다.

金이 再牒하여 米穀 팔기를 빌거늘 국가는 변방 관리로 하여금 거
절하고 받아들이지 말라 하였다. 이에 金人은 兵亂과 물자 고갈로 因
하여 다투어 珍寶를 가지고 義州, 靜州의 官外에 納款하여 米穀을 賣
買하였는데 銀 1錠에 쌀 45石을 바꾸게 되니, 상인들은 다투어 그 厚
利를 노려 국가에서 비록 嚴刑을 하고 物貨를 몰수하여도 오히려 탐욕
과 부정을 꺼리지 않고 몰래 숨어서 매매하는 것이 끊이지 않았다.102)

---

100) 『高麗史』 卷22 高宗11年 正月 戊申, 世家 22. "東眞國遣賚牒二道來…. 其一日本
國於靑州 貴國於定平 各置榷場 依前買賣."
101) 『高麗史』 卷71, 志 25, 樂 2, 元興. "元興鎭 東北面和寧府屬邑 濱于大海 邑人船
商而遷 其妻悅而歌之."
102) 『高麗史』 卷22 高宗3年 閏7月 丙戌, 世家 22.

金 宣宗 興定2年(1218 : 고려 고종5년) 4월 宣撫使 萬奴의 반란으로 遼東地方의 물자가 고갈되자 여진인들은 그들이 소유한 珍物을 가지고 고려의 쌀과 바꾸어 갔다는 것을 알 수 있다. 그런데 당시의 거래기준은 銀 1錠에 45石으로 고려 측에 이익이 되는 거래였다. 이러한 비정상적인 거래에 대하여 고려 정부는 단속하였지만 많은 이익을 주는 것이었기 때문에 단속의 위험을 무릅쓰고 많은 사람들은 밀무역을 하였다.

이로써 고려와 금은 義州 및 靜州에서 일찍부터 각장무역을 하였으나 고종 초 금정국의 불안과 거래가격의 불공정성으로 고려 당국은 호시를 금하였다는 것을 알 수 있다. 그러나 식량이 절대 부족한 금에서는 이러한 고려의 互市 閉鎖에 불만을 품고 지역민을 인질로 잡아가기도 하였다. 2년 후 금측의 강력한 요구로 여·금 간의 각장은 다시 열리게 되었으나103) 각장무역은 밀무역의 장소로 변할 가능성이 항시 내재해 있었다.

여·금 간에 호시의 장소로 택한 保州와 靜州는 이미 과거 거란이 고려와의 각장설치 지점으로 이용되었던 곳이기도 하다.

> 여진이 遼를 침략하여 동쪽 변방의 모든 城이 항복하였으나 오직 來遠·抱州 두 城이 굳게 지켜 항복을 하지 않았다. (그러나 이들은) 양식이 떨어지자 財物로써 우리에게 값을 감하여 穀食의 무역을 청하였으나 邊吏가 매매를 금지하니 黃元이 상소하여 '남의 재앙을 다행으로 여김은 仁이 아니요, 이웃을 성내게 함은 義가 아니니 청컨대 두 성에 곡식을 팔고 겸하여 무역하기를 허락하소서'하였으나 회보하지 않았다.104)

---

103) 『金史』 卷15 宣宗 興定2年 4月 癸丑, 本紀 15. "完顔蘭素 請宣諭高麗 復開互市 從之."
104) 그런데 김황원은 과거 京山府에 2년간 재직하면서 선정을 베풀어 이름이 널리 알려졌지만 상납한 銀의 품질이 기준에 못 미쳤다 하여 파직된 경험이 있는 사람이다(『高麗史』 卷97, 列傳 10, 金黃元 및 『文獻備考』 卷164 睿宗11年, 市糴考 2, 互市).

특히 遼金戰爭이 한창이던 예종11년(1116), 여진의 侵攻을 받은 거란의 來遠, 保州 2城의 將帥는 城 안의 식량이 떨어지자 고려에 米穀을 팔 것을 요구하였으나 고려 측의 반대로 互市가 금지되어 그들은 곤경에 처하게 되었다. 결국 翰林學士 金黃元의 상소에도 불구하고 互市는 개설되지 않았다. 대신 고려는 兵馬錄事 邵億을 보내 쌀 1,000석을 보냈기도 하였으나 호시를 금한 것에 대한 불만으로 거란 장수는 보내 준 쌀을 받아들이지 않았다.[105)]

뿐만 아니라 이에 앞서 숙종6년(1101) 定州 역리 今男이 官庫의 鐵甲 4벌을 훔쳐 東女眞人에게 몰래 팔다가 발각되어 처형된 적이 있듯이[106)] 비록 거란과의 호시는 고려 정부 측의 철저한 반대로 열리지 않았으나 이미 의주나 정주 등은 지리적 위치로 보아 兩人民의 접촉이 빈번할 수밖에 없었던 지역이므로 자연히 밀무역을 통한 상거래가 지속되었던 것으로 보인다.

그런데 이러한 접경지대를 통한 밀무역은 일반 상인들 뿐 아니라 고려 왕실조차 이용하였다. 무신정권기인 명종15년(1185) 궁중에서 쓸 絹絲가 떨어지자 명종은 신임 西北面兵馬使 李知命에게 "義州는 비록 양국간의 互市를 금하는 곳이나 경은 龍州庫에 있는 紵布를 내어다 契丹絲를 바꾸어 진상하라."며 밀매를 부탁하였다.[107)] 물론 왕명을 받든 이지명은 龍州倉庫의 紵布를 팔아 契丹絲 500束을 밀매하여 바쳤다.[108)]

---

105) 丸龜金作,「高麗と契丹·女眞との貿易關係」,『歷史學研究』5-26, 1935년, p.69.
106)『高麗史』卷11 肅宗6年 6月 辛丑, 世家 6. "定州長今男 盜官庫鐵甲四部, 賣與東女眞事覺伏誅."
107)『高麗史』卷20 明宗15年 正月 辛丑, 世家 20.
108) 이때 고려에 들여온 契丹絲에 대해서는 두 가지 견해가 상반되고 있다. 李龍範은 거란인이 綾羅와 錦罽 등의 비단을 제직하는 기술이 우수하다고 거란 고유의 비단실로 보았고(李龍範,「麗丹貿易考」,『韓蒙文化史研究』, 同和出版公社, 1989년, pp.258~259), 金在滿은 거란 帝國 당시 거란에는 많은 위구르인 등의 서역상인들이 들어와 다양한 종류의 비단을 소개했으므로 여기서 말하는 거란사는 거란인이 짠 綾羅가 아니라 毛가 섞인 것으로 서역 수입품이라고 보았다 (金在滿,「契丹絲考-東西 間接交易과 直接交易의 形態-」上·下,『歷史敎育』

그러나 이때는 이미 거란 멸망 후 60년이나 지났는데도 고려 서북면 방위의 전초기지인 龍州에 당시 교역에 화폐가치를 가졌던 紵布庫를 두었다는 것에서 이러한 밀무역 행위는 드문 일로 보이지 않는다. 더구나 국가의 재정과 무역을 맡은 大府寺에 丹絲가 고갈되자 國禁을 어기고 서북병마사로 하여금 구입케 한 것은 우발적인 것이 아니라 고려 정부의 관행이었다고 생각된다.109)

특히 契丹絲의 구입장소가 여·요 간의 최초로 각장이 개설되었던 保州이며, 선종 때 변방의 군인들로 하여금 使行에 따라가 互市貿易의 이익을 취할 수 있도록 해달라는 平章事 邵台輔의 상소에도 언급되었듯이110) 거란 멸망 전에도 이미 용주 등과 같이 압록강 입구에는 여러 창고가 설치되어 있어 각장무역의 단절로 입게 된 공백을 메우기 위한 교역 대상의 物資가 저장되어 있었다고 하겠다.

그리고 당시 고려인들의 絹絲 즉 그것이 거란산이든, 서역의 수입품이든 간에 국왕조차 밀무역을 통해서라도 비단을 입수해야 했을 정도로 당시 고려인의 비단에 대한 수요는 급증한 것을 알 수 있다. 이외에 互市를 통하여 거래된 물품에 대하여는 다음의 사료를 보자.

> 권세 있는 집안들이 앞을 다투어 互市를 일삼으며 초피, 잣, 인삼, 꿀, 황랍, 쌀, 콩 등을 거두어 들이지 않는 것이 없습니다.111)

이는 고려 후기 권문세족들이 각장무역을 통하여 많은 이익을 남기고자 초피, 잣, 인삼, 꿀, 황랍, 쌀, 콩 등을 사들여 백성들에게 억매함

7·8, 1963~1964年).
109) 李龍範, 앞의 책, 1989年, p.247.
110) 『高麗史』 卷95, 列傳 8, 邵台輔. "奏北路邊城將士 多自南州縣充入 故丁田在遠 貲産貧乏 脫有兵事竝爲先鋒 自今令入遼使臣 揀壯健者爲兼從 因使偵察疆域事歲 且有互市之利 人必競勸 從之."
111) 『高麗史』 卷118, 列傳 31, 趙浚.

으로써 그 고충을 이기지 못한 민들이 유랑을 하게 되었다는 趙浚의 상소문의 일부분이다. 그런데 여기서 호시를 통해 사들인 상품은 이미 금 측의 토산물로 꼽히는 것이며, 또 12세기 초 거란인들도 "先是州有榷場 女眞以北珠·人參·生金 松實·白附子·蜜蠟·麻布之類爲市." 라 하듯, 여진과의 호시를 통해 입수하였던 물품들이라는 사실에서112) 각장무역을 통하여 고려와 금의 상인들 간에 교역된 상품의 종류와 별 차이가 없을 것 같다.

이상의 여러 정황으로 보아 고려는 금나라와 압록강 방면으로는 義州와 靜州에, 遼東에 있어서는 定平과 靑州(北靑)에서 각장무역을 하였으나, 12세기 초 遼金交替期나, 13세기 초 金元交替期와 같이 북 변방에 변화가 생길 경우에는 국가의 안전을 위하여 이 각장무역을 폐쇄하기도 하였다고 보여진다. 그러나 각장무역이 주는 경제적 이익이 국가재정으로나 상인 개인들에게나 대단히 컸던 만큼 위험 부담을 안고서도 밀무역은 지속되었다. 그리고 호시 또는 밀무역을 통하여 고려의 쌀과 紵布가, 금측의 絲·錦·초피, 잣, 인삼, 황납, 꿀 등이 거래되었으며 특히 변방의 정권교체기에는 주로 우리 측의 식량이 높은 가격으로 그들의 銀과 교환되었다는 사실 등도 확인되었다.

그런데 당시 고려인의 경제적 이윤에 대한 추구는 이에 그치지 않고 송상인을 통한 무역차에도 관심을 집중하여 호시를 지속하였다. 즉 고려는 남송과의 정치적 교류가 끊긴 이후에도 송상인을 통한 물품 교류를 계속하였다. 송 孝宗 隆興 元年(1163년 : 고려 의종17년) 叔姪의 盟約 이후 송 상인의 활동이 뜸해지긴 하였으나 여·송 간에는 정치적 단절 이후에도 민간을 통한 문호는 개방되었다. 그 결과 南宋 때 내왕한 宋商의 수는 총 30회에 걸쳐 약 1,864명에 달하였다.113)

---

112) 葉隆禮, 『契丹國志』 卷10 天慶4年, 天祚帝 紀上.
113) 남송시기 입국한 상인의 내왕 수를 『高麗史』의 기록을 통해 조사해 보면, 인종조 4회, 의종조 19회, 무신집권기 5회, 고려말 2회 등이었다. 한편 고려 상인이

그 가운데 상인 徐德榮, 陳誠, 林大有 같은 이는 3회 이상 고려에 왔으며 이들 송 상인은 한 번 올 때마다 100명에 가까운 상인들을 데려온 高麗傳擔 大商으로 볼 수 있다.114) 물론 이들은 고려에 도착하면 고려의 監檢御史에 의해 밀수품의 소지 여부를 확인 받은 다음,115) 일정량을 고려 국왕에게 예물로 바치고 이에 대한 回賜物이 뒤따르는 조공무역의 형식을 크게 벗어나지는 않았다. 그러나 적어도 통관 절차만 끝나면 약 1년 정도 머물면서 자유스럽게 상거래를 할 수 있었다.

특히 都綱 徐德彦은 고려 商人의 딸과 결혼을 하였던 기록도 있고 보면,116) 고려에도 이들과 교역을 지속할 수 있었던 巨商의 존재를 추정

송에 입국한 횟수에 대하여는 잘 파악되고 있지 못하나, "宋兩浙路市舶司言 … 高麗買人販到銅錢 乞收稅出賣 詔付鑄錯司."라는 기록처럼 송은 고려 상인에 의해 그들의 銅錢이 해외로 유출되는 것을 금하고 있었다(『建炎以來繫年要錄』卷 263, 紹興19年 8月 戊午).

114) 이들 상인이 고려에 입항한 사례를 『高麗史』世家 기록을 통해 살펴보면, 宋 都綱 徐德榮은 의종3년 7월 병오, 의종5년 7월 을축, 의종16년 6월 경인, 의종17년 7월 을사에 입국한 사실이 보이며, 都綱 陳誠은 의종 元年 5월 경오, 의종2년 8월, 의종3년 8월 경신, 의종5년 8월 임신, 都綱 林大有는 의종2년 8월, 의종3년 8월 정사, 의종5년 8월 계유 등 주로 6~8월의 남동계절풍을 이용해 왔다.

115) 監檢御史 安琬은 國禁을 위반한 宋商을 발견하고 처벌하였으나, 이들이 崔忠獻에 호소하여 오히려 安琬이 파면당하였다(『高麗史』卷21 熙宗元年 8月條, 世家 21 참조). 그런데 외국상인의 입국에 대하여 일본의 경우는 太帝府使, 通事들이 송의 兩浙路市使가 발급해 준 出國公證과 선원명단 및 물품명을 조사한 뒤 하자가 없을 경우에 한하여 교역을 허용시켰다는 절차가 있었듯이 고려 監檢御史의 역할도 이와 같았을 것이다(王儀, 앞의 책, 1980년, pp.66~67 참조).

116) 무신집권 초 재상에 오른 송유인은 鄭仲夫의 사위로 그는 원래 상인의 딸과 결혼하였으나 자신의 출세를 위해 처갓집 재산을 뇌물로 바쳐 관직을 사고 나중엔 本妻를 쫓아내고 정중부의 딸과 再婚한 자이다. 그런데 송유인의 본처도 처음에는 宋商 徐德彦과 결혼한 경력이 있다. 그들이 헤어지게 된 이유에 대하여 알 수는 없으나 본문에서 설명하였듯이 의종17년 宋·金 講和 이후 宋商들의 고려 왕래가 뜸해졌듯 서덕언 역시 이전에 자주 고려를 왕래하였으나 의종17년 이후 송에 대한 금의 간섭으로 왕래가 자유스럽지 못하게 되므로 돌아가 오지 않아 자연스럽게 헤어지게 될 것 같다. 그런데 이 서덕언이라는 자는 고려에 잦은 출입을 했던 都綱 徐德榮과 이름이 비슷하여 동일 인물 아니면 형제로 보는 견해가 있다(安永根, 「鄭仲夫政權과 宋有仁」, 『建大史學』 7, 1989년, pp.1~23 참조). 한편 송유인의 본처에 대하여 『高麗史』에 "(송유인의 本)妻는 본시 賤한 者

해 볼 수 있겠다. 또 宋商 陳文廣의 경우는 고려 太府侍와 內侍院의 침탈로 綾羅·絲絹 6,000필을 빼앗겨 빈손으로 귀국하게 되었다고 호소할 정도로 이들이 가져온 상품의 규모는 대단한 것이었다.117) 이때 고려의 太府寺와 內侍院이 물건 값도 치르지 않고 송 상인의 물건을 뺏은 것은 분명 불법적인 태도였다. 그러나 이미 송에서도 외국 商船이 정박하면 우선 市舶司 관리가 밀수품의 여부를 확인할 뿐 아니라 일종의 통과세로서 물품의 일정분을 취하는 '抽分'과 질 좋은 상품을 정가 이하의 헐값에 사들이는 官市 즉 '博買'를 거친 후에 일반 상거래를 허용하였기 때문에118) 고려의 공공경비와 왕실의 재정을 관리하고 있는 이들에게도 외국 상인으로부터 통과세를 받거나 도매가격으로 물건을 살 권한이 부여되어 있었다고 보여진다.

한편 송상인과의 호시를 통해 고려에 입수된 물품을 보면 위의 사료에도 나타나듯이 綾羅絹絲 외에도 太平御覽과 같은 書籍類뿐 아니라 香藥, 珍寶, 犀角, 象牙, 孔雀, 鸚鵡, 異花 등 동남아시아의 産物이 宋商에 의해 고려에 수입되었다. 그리고 수입품의 대가로 고려는 金, 銀의 幣物과 廣布, 錦衣類, 人蔘, 鍮銅器119) 등을 주었다. 이때 고려가 준 회사품은 대체로 금과의 조공무역을 통한 교역품과 별 차이가 없는 듯하나 특히 金·銀·銅과 같은 국제 화폐가치가 있는 물품의 유출이 주목된다. 이에 반해 송 상인들을 통하여 고려에 들여온 물품은 주로 금나라를 통해 입수할 수 없는 書册도 있으나 대개가 일상생활에 절실히 필요한 생필품이 아니라 일종의 호기심을 자극하는 사치품이나 奇花·異

　　로 재물이 巨萬이라 白金 40斤을 宦者에게 주어 3品을 구하였다."라는 기록과 같이 그 여자의 신분은 천하다고 했으나 국제 무역을 통해 상당한 재산을 축적한 富商의 딸임엔 분명한 것 같다(『高麗史』卷128, 列傳 41, 鄭仲夫 附 宋有仁).
117) 『高麗史』卷25 元宗元年 10月 甲寅, 世家 25.
118) 『宋史』卷186, 志 139, 食貨 8, 互市舶法.
119) 『高麗史』卷18 毅宗18年 3月 壬寅, 世家 18. "高麗遣趙冬曦 朴光通如宋 獻鍮銅器."

物 등이 대종을 이루고 있어 당시 고려 귀족들 생활의 단면을 보여주고 있다.

그런데 물론 송 상인의 고려 왕래는 그 연원이 오래된 것은 사실이나 南宋 商人은 정치적 임무를 수행하는 경우가 많았다. 이는 남송에 있어 고려의 위치는 정치적·경제적으로 중요했다는 것을 의미한다. 이미 인종6년(1128) 綱首 蔡世章이 高宗의 卽位詔書를 전하였고, 10년 후에는 宋商 吳迪이 明州의 牒을 가지고와 徽宗 및 그 妃의 사망 소식을 전하기도 하였다. 이 밖에도 남송 상인들은 고려에 와서 금나라에 대한 정보를 입수하여 송 조정의 對金政策에 도움을 주기도 하였다.[120]

이처럼 송은 금과의 대치상황에서 경제력이 위축된 것을 만회하는 한편, 금에 대한 정보획득과 고려의 정치적 협조를 요구할 목적으로 송 상인을 지속적으로 파견하였고, 고려는 금을 통해 얻을 수 없는 書籍이나 남방의 진기한 물품과 綾羅絹絲에 대한 수요를 충족시키기 위하여 송상인의 來往을 허용하였으니 그 결과 전문 상인들에 의한 대규모 무역 활동이 활발하게 되었다.

4. 맺음말

지금까지 麗金間의 朝貢貿易을 통한 경제 교류의 내용과 그 성격에 대하여 살펴보았다. 물론 두 나라 사이의 경제교류의 규모나 양상은 그 기록조차 빈약하므로 접근하는 데 다소 한계가 있었다. 이러한 사료의 한계 때문에 麗金間의 外交儀典의 기준이 되었던 高麗의 契丹에 대한

---

[120] 宋臣 葉夢得이 商人 柳悅 黃師舜을 이용해 금의 정세를 탐지하여, 右朝奉郞提擧 兩浙路市舶司 曾懷獻은 고려 상인들로부터 金軍이 水戰에 약하다는 사실을 알고 對金戰 계획수립에 활용하였다고 한다(姜吉仲, 「南宋과 高麗의 政治外交와 貿易關係에 대한 考察」, 『慶熙史學』 16·17, 1991年).

朝貢貿易의 양상과 또 金나라가 外國使臣을 접대하는 儀典에 있어서 高麗와 비슷한 位置에 있었던 西夏에 대한 朝貢貿易의 사례에서, 또는 초기 고려와 蒙古 사이의 무역에 대한 기록을 빌어 麗金間의 경제 교류 양상을 추정할 수밖에 없었다.

그 방법으로는 일반적인 中世 韓中관계에서 볼 수 있는 기본적인 朝貢貿易의 형태인 협의의 朝貢貿易과 使臣貿易 및 民間貿易의 諸形態를 기준으로 그 양상을 살펴보았다. 그리고 麗金關係에 있어서 경제교류 측면에 대한 기록이 별로 없는 이유를, 당시 금나라는 이미 송이나 거란 및 서역인 등의 선진문화 국민들을 포용하고 있는 다양한 물품을 소유하고 있었던 나라였다는 것과 또 고려에 대하여 宥和政策을 견지해 온 관계였던 만큼 고려에 대하여 막대한 물질의 조공품을 요구하지 않았기 때문이라고 보았다. 각 장의 내용을 아래와 같이 요약함으로써 맺음말에 대신하고자 한다.

麗金 朝貢貿易品은 麗宋의 경우처럼 교류의 규모가 대단한 것은 아니었다. 조공무역의 경로를 통하여 고려의 金器, 銀器나 銅器 등 금속 공예품과 細紵布, 細紬布, 廣平布, 錦子, 龍團墨, 靑磁紙, 法酒, 染料, 人蔘 등을 주로 수출하였으며, 금으로부터는 金, 銀, 金 도금 장신구, 絹絲와 綾羅緋緞, 그리고 馬와 羊 등이 수입되었다. 특히 금나라는 많은 金을 보유하고 있었는데, 이때는 이러한 풍부한 금 매장량을 바탕으로 이전부터 制織 기술이 뛰어난 西域人, 契丹人 등의 기술이 한층 더 발전하여 織金線이라는 독특한 비단을 개발한 시기였다. 더구나 이때는 당시 세계 추세와 마찬가지로 고려 지배층 역시 비단에 대한 수요가 높아갔던 시기였으므로 고려인들은 조공무역이든 민간무역이든 또는 밀무역의 방법을 통하여 眞絲·契丹絲 등으로 불리는 비단을 적극적으로 수입했다는 사실도 확인할 수 있었다.

使臣貿易은 『金史』에 기록될 정도로 宋이나 西夏의 使臣들보다 적극성을 띠며 그 이익을 추구하였다. 이들 사신들의 旅行經費는 원래 개인이 부담하는 것이나 武臣執權期 전후로 하여 휘하의 軍人들이나 郡縣民으로부터 銀을 거두어 여행 경비를 조달하게 하였으며 점차 正副使의 사신뿐 아니라 從者들까지도 무역의 後利를 노려 많은 여비를 가져감으로써 민폐를 일으키기도 하였다.

이미 建國 以前 여진과의 交隣貿易에도 확인되었듯이 고려는 거란에 대하여는 철저히 榷場貿易을 폐쇄하였으나, 금에 대하여는 압록강의 保州와 靜州 및 동북지역 北靑과 定州 등의 지역에서 榷場貿易을 허용하였다. 특히 이 경로들을 통하여 금나라의 銀과 絹絲가 고려에 수입되고 대신 고려의 쌀이나 綿布가 높은 가격으로 수출되었다.

이상의 사실로 볼 때, 麗金貿易은 조공무역의 규모에 있어서는 송이나 거란의 경우에 못 미치고 또 儒學이나 佛敎 經典 등의 문화교류가 단절된 모습을 보여주고 있었으나, 고려의 金, 銀이 유출되었던 對宋貿易의 양상과 달리 금나라의 金, 銀이 고려로 수입되는 등 사신무역이든, 민간무역이든 모두 고려 측이 利益이 되는 무역이었음을 살펴볼 수 있었다.

한편, 비록 송과의 정치적 관계는 의종16년(1126) 宋金間의 和議로 중단되긴 하였으나 여전히 등거리 외교를 추진해 왔던 고려였기에 고려 전기와 마찬가지로 양측의 민간교류는 활발히 전개되고 특히 국제무역을 통한 富商의 활동이 두드러질 수 있었다. 그러나 이러한 긍정적 측면에도 불구하고 宋商人을 통한 수입품의 대부분이 생활필수품이 아니라 綾羅緋緞이나 奇貨·異物·寶石의 사치품과 향신료 등 嗜好品이 수입되고 고려의 金, 銀이 유출되는 현상이 심화되는 문제점도 나타났다.

요컨대 조공무역을 통한 고려와 금의 경제교류의 특징은, 국가의 公貿易(협의의 朝貢貿易)은 비록 그 규모에 있어서는 여·송 간에 대한 것에 비교해 보면 다소 축소되었다 할지라도 그 기본 성격은 이전의 시기와 큰 차이가 없다는 데 있다. 그러나 고려의 對金貿易의 양상을 송과 거란에 대한 무역의 모습과 비교해 본다면, 여·송 간에는 조공무역과 상인무역이 활발히 전개되었다고 볼 수 있으며, 고려와 거란과의 관계에 있어서는 고려의 집요한 榷場貿易 반대로 국가의 공적인 朝貢貿易을 통한 교류가 활발하였다. 그런데 12세기 금과의 무역에 있어서는 국가 간의 공식적인 조공무역보다는 공식적인 기회를 통하든, 개인적인 附帶貿易을 통하든 간에 使行을 통한 使臣貿易이 매우 적극성을 띠었으며, 아울러 民間貿易에 있어서도 그것이 국가의 허가를 필한 榷場貿易이든 국가의 허가를 받지 않은 密貿易이든 상인들의 무역 또한 활발히 진행되었다. 따라서 麗金通交時 對外 貿易의 주체는 점차 國家(정부)에서 個人(상인·귀족)으로 그 양상이 변해가고 있었다고 할 수 있겠다.

(『大同文化研究』 31, 1996)

17세기 일본과의 교역·교역품에 관한 연구
-밀무역을 중심으로-

金 東 哲

1. 머리말
2. 輸出入品
    1) 수출품
    2) 수입품
3. 倭債(路浮稅) 문제
4. 密貿易 통제책
    1) '各房散入' 금지책
    2) 密貿易 規制 約條
    3) 商賈定額制의 실시
5. 맺음말

金東哲

1955년 부산에서 태어나 부산대학교 대학원 사학과에서 박사학위를 받았고, 현재 부산대학교 사학과에 재직하고 있다.

저서로 『조선후기 공인연구』(한국연구원, 1993) 등이 있고, 논문으로는 「조선 후기 왜관 개시무역과 동래상인」(『民族文化』 21, 1998) 외 다수가 있다.

17세기 일본과의 교역·교역품에 관한 연구
― 밀무역을 중심으로 ―

1. 머리말

　17세기 조선과 일본의 무역은 경영 주체가 국가나 국가기관인 공무역, 정부가 지정한 상인들이 일본 대마번 상인들과 거래하는 사무역, 潛商들의 불법적 무역인 밀무역의 세 유형으로 나눌 수 있다. 사무역은 주로 일본 측 사료에 따라 규정된 개념으로, 조선에서는 이를 '開市'라고 하였다. 따라서 開市貿易은 밀무역, 공무역과는 성격을 달리한다. 그런데 기존의 연구에서는 이를 명확하게 구분하지 않고, 개시무역을 민간상인의 사무역과 구분하거나, 잠상의 밀무역을 사무역으로 파악하기도 하였다. 이러한 견해는 개시무역을 사무역으로 보면서, 공무역·밀무역과 구분하는 견해와는 상당한 차이를 보인다.
　무역의 범주나 개념에 대한 명확한 구분이 없이 공무역, 개시무역, 사무역, 밀무역 등의 용어를 쓰는 것은 오해를 일으킬 소지가 있다. 개념이 모호하게 된 가장 큰 원인은 개시를 일본 측 사료에서는 사무역으로 본다는 데 있었다. 따라서 이 글에서는 사무역과 개시무역과의 혼동을 피하기 위해 사무역 대신 '개시무역'이란 명칭을 사용하였다.

밀무역은 공권력의 통제와 감독하에 있는 무역제도에서 벗어난 상거래 현상이다. 밀무역은 공권력이 규정한 상인, 물품, 수량, 장소, 무역세 등 여러 규정을 어기면서 이루어진 상거래 행위이다. 대일 밀무역은 東萊 倭館에서 합법적인 무역에 편승하거나, 아니면 독자적으로 이루어지는 것이 일반적이었다. 그 밖에도 통신사행, 문위행[역관사행] 등에 편승하여 발생하였으며, 일본 측의 경우는 밀수선[拔船]을 타고 와서 밀무역을 하기도 하였다.

밀무역은 국가의 상업세 수입의 누수, 치안 등과도 직결되는 문제였다. 밀무역에서는 일본인에 대한 조선인의 채무인 倭債, 즉 路浮稅가 빈번하게 발생하여, 양국의 중요한 현안 문제로 등장하였다. 17세기에 실시된 밀무역 통제에 대한 기본방침은 사형이란 극형주의에 의한 통제와 개시무역의 강화였다. 통제책의 기본골격은 각방 산입과 왜채[노부세]의 금지였다. 개시무역 강화의 기본골격은 개시무역을 담당하는 동래상인의 수를 제한하는 상고정액제였다.

밀무역은 무역형태의 성격상 대규모 밀수사건을 제외하고는, 그 규모나 성격을 파악하기가 쉽지 않다. 그리고 양국 간의 밀무역에 대한 규제방침에 따라 밀무역의 성격이 다를 수도 있다. 이 글에서는 밀무역 품목, 왜채[노부세] 등 채무관계, 밀무역 통제책 등을 중심으로 17세기 밀무역의 실상을 살펴보려고 한다.

2. 輸出入品

대일 公貿易에서 수입품은 銅, 鑞, 丹木(蘇木), 黑角(水牛角), 胡椒, 明礬 등이 중심이었다. 그중에서도 특히 동, 납, 단목, 흑각이 이른바 공무역의 4定品이었다. 반면 수출품은 목면, 쌀이 중심이었다.[1] 조일

---

[1] 공무역 품목에 대해서는 田代和生, 『近世日朝通交貿易史の研究』, 創文社, 1981

무역은 공무역도 활발하게 전개되었지만, 개시무역이 보다 중심이었다. 대일 개시무역에서 수출품은 중국산 생사·견직물과 조선산 인삼, 수입품은 은과 동이 주종을 이루었다.2) 수입된 은은 중국산 생사나 견직물을 수입하기 위하여 대부분 중국으로 수출되었다. 동이나 납은 대포를 비롯한 무기의 제조나 화폐주조에 많이 사용되었다.

대일 개시무역 수출품 가운데 미곡이 포함되어 있지 않는 것은 주목되는 점이다.3) 밀무역 수출입품은 이들 공무역, 개시무역 물품과 밀접한 관련을 가진다고 생각한다. 인삼과 미곡의 수출, 무기와 硫黃의 수입 문제에 한정하여 밀무역 수출품, 수입품을 살펴보려고 한다.

1) 수출품

(1) 人蔘

인삼이 주요 수출품으로 등장하게 된 것은 17세기 중엽 이후 일본의 수요 급증이 중요한 계기가 되었다. 일본의 수요 급증은 寬文 년간(1661~1672)부터 이루어진 醫藥思想의 보급과 밀접한 관련을 가졌다. 의약사상의 보급에는 朝鮮醫學書의 영향이 적지 않았다.4)

朝鮮藥材에 대한 관심은 17세기 전반에도 나타나고 있었다. 인조16년(1638)의 한 기록에 의하면, 조선약재가 있어도 일본 의사는 상세히 몰라 치병에 도움이 되지 않았으므로, 조선의 名醫에게 藥性을 묻고 약

年, pp.63~66, p.352 및 ルイス・ジェイムス, 「近世朝鮮人の日本觀－倭館における公貿易・接待の費用を例示として－」, 『年報 朝鮮學』 2號, 九州大 朝鮮學研究會, 1992年, pp.2~4 참조.
2) 사품목에 대한 구체적인 내용에 대해서는 田代和生, 위의 책, pp.262~266 참조.
3) 鄭成一, 『朝鮮後期 對日貿易의 展開過程과 그 性格에 관한 硏究－1790년대~1870년대를 중심으로－』, 전남대 경제학과 박사학위논문, 1991年, p.80.
4) 吳星, 「朝鮮後期 人蔘貿易의 展開와 蔘商의 活動」, 『世宗史學』 1, 1992年, pp.28~30 ; 今村鞆, 『人蔘史』 卷3, 조선총독부 전매국, 1938年, pp.250~251.

재의 實과 根을 얻기를 원한다고 하였다.5) 인삼 등 조선약재의 효용성에 대해 관심을 가지고 이를 구입하면서, 약재 처방을 위한 체계적인 의학 서적이 필요하게 되었다. 현종3년(1662)에는 『東醫寶鑑』과 『醫林撮要』의 구입을 요청한 일이 있었는데, 일본이 조선에 의학서의 구입을 요청한 것은 대체로 이 시기부터였다.6) 『변례집요』求貿條에 나타나 있는 17세기의 조선의학서 요청 실태를 정리해 보면 다음과 같다.7)

현종3년(1662)   3월 : 『東醫寶鑑』, 『醫林撮要』
현종11년(1670) 6월 : 『醫學入門』
숙종2년(1676)   2월 : 『東醫寶鑑』, 『醫林撮要』, 『醫學正傳』, 『和劑局方』
숙종7년(1681) 12월 : 『東醫寶鑑』
숙종16년(1690) 11월 : 『東醫寶鑑』
숙종18년(1692) 9월 : 『東醫寶鑑』

『東醫寶鑑』을 비롯하여 『醫學入門』, 『醫林撮要』, 『醫學正傳』, 『和劑局方』 등 다양한 의학서의 구입을 요청하였다. 일본에 네덜란드 의학이 보급되기 전까지는 『東醫寶鑑』, 『醫方類聚』, 『治腫撑南』 등 조선의학서가 일본의사들의 必携의 서적이었다.8)

일본의 조선의학서 구입 요청은 18세기 들어와서도 계속되었다. 한 예를 들면, 幕府의 探藥使로서 활약한 바 있는 丹羽正伯이 영조11년(1735, 享保20年) 對馬藩에 조선의학서를 의뢰한 바 있었다. 그가 주문한 책은 『衛生方鑑』, 『鄕藥集成』, 『醫方類聚』, 『醫林撮要』, 『諺解痘瘡集要』, 『諺解救急方』, 『諺解胎産集』, 『新纂辟瘟方』의 8책이었다. 주문

---

5) 『邊例集要』 卷12, 求貿, 戊寅(1638, 仁祖16年) 3月(國編 刊行本 下, p.207).
6) 吳星, 앞의 논문, p.31.
7) 『邊例集要』 卷12, 求貿(下─pp.221~239)를 참조하여 정리하였다.
8) 李進熙, 『日本文化と朝鮮』, NHKブックス 359, 1980年, 同 國譯本 『韓國과 日本文化』, 을유문화사, 1982年, p.188.

한 책은 모두 15~17세기 초에 걸쳐 조선 고유의 의학이 융성했던 시기에 편찬된 것이었다. 특히 8책 중 4책(『諺解痘瘡集要』, 『諺解救急方』, 『諺解胎産集』, 『新纂辟瘟方』)이 『동의보감』의 편자 許浚의 책이라는 점이 주목된다.9)

이와 같은 조선의학서의 수입은 인삼 등 약재의 수입과 밀접한 관련을 가지고 있었다. 공무역, 개시무역을 통해서 수출되는 인삼의 양은 제한되어 있었다. 개시무역의 경우 被執蔘은 1/10의 세금을 내야만 했다. 그러므로 상인들의 입장에서는 탈세가 용이하고 수출량에 구애받지 않아 이익이 많았던 밀무역 쪽을 택하지 않을 수 없었다.

인조13년(1635)의 한 기록에 의하면, 이전에는 京外의 인삼상인이 대부분 호조에 소속되어 있었으나, 근래에는 경외 각 아문에서 行狀을 사사로이 발급받아 무역을 하므로 지금은 호조에 소속된 상인이 6명뿐이라고 하였다.10) 이와 같은 삼상들의 밀무역 증가로 인해, 호조가 수세의 기준으로 삼았던 '行狀板'이 쓸모없게 된 것이 오래되었다고 할 정도였다.11)

인삼 밀무역은 일본의 인삼 수요가 늘어났던 17세기 후반에는 더욱 심하였다. 숙종13년(1687)에는 잠상 宋尙周가 通事 李尙龍・白之望 등과 공모하여 왜관에서 인삼 42근을 潛賣하려다가 발각된 적이 있었다.12) 인삼 밀무역은 상인들과 역관과의 결탁에 의해 더욱 구조적으로 전개되어 나갔다. 그래서 당시 잠상은 역관인 훈도와 별차의 親黨이 아

---

9) 田代和生, 「享保改革期の朝鮮藥材調査」, 『東アジアの本草と博物學の世界』, 山田慶兒 編, 思文閣出版, 1995年.
10) 『承政院日記』第48冊 仁祖13年 6月 13日(3-p.167) ; 車守正, 「朝鮮後期 人蔘貿易의 展開過程-18世紀 初 蔘商의 成長과 그 영향을 中心으로-」, 『北岳史論』창간호, 1989年, p.143 ; 丁善榮, 「17世紀 前半의 潛商貿易」, 국민대 국사학과 석사학위논문, 1992年, pp.60~61.
11) 『承政院日記』第89冊 仁祖22年 8月 12日(5-p.255).
12) 『邊例集要』卷14, 「潛商路浮稅幷錄」丁卯(1687, 肅宗13年) 5月(下-pp.280~281) ; 吳星, 『朝鮮後期 商人硏究』, 일조각, 1989年, p.42.

닌 자가 없다고 할 정도였다.13)

왜관의 개시무역에서는 인삼 10근을 피집하면 1근을 수세하는 1/10세가 실시되었다. 또 피집삼은 대체로 600근 미만이며, 최고치에 달했던 숙종43년(1717)에도 700근 정도였다.14) 이와 같이 피집삼의 경우는 수출량이 제한되어 있었다. 일본의 인삼 수요가 늘어나면서 밀무역이 개시무역의 피집삼보다는 가격 면에서 유리하고 또 1/10세도 면할 수 있었으므로, 밀무역이 보다 확대되었던 것이다.15)

인삼 밀무역은 18세기 이후 더욱 조직적이고 대규모로 전개되어 나갔다. 이러한 양상은 다음 사료에서 잘 볼 수 있다.

> 京外駔儈之類 紛然作黨 遂專蔘利 松都富商數三人爲一牌 旅客主人 爲一牌 京中閑雜藥契數三人爲一牌 倭學譯官數三人爲一牌 此輩皆有徒 黨 採蔘時 則粧送各處貿得之後 自其處 直送萊府 私相買賣 而四牌之中 倭譯實爲大凹主 專一國之利16)

송도의 부상, 旅客主人, 서울의 藥契, 倭學譯官 등이 각각 一牌를 만들어 도당을 두어서, 인삼 산지에서 직접 매입한 후에 동래왜관으로 직송하여 밀무역을 한다는 것이다. 특히 이들 중에서도 역관들이 밀무역의 중심을 이루고 있다는 것이다. 이러한 인삼의 밀무역은 이들 조직이 독자적으로 한 것이라기보다 상호 연계되어 행해졌다고 보아진다. 이처럼 인삼 밀무역은 18세기 이후에는 잠상 간의 연계가 구축되어 더욱 조직적이고 대규모로 전개되어 나갔다.17)

---

13) 『邊例集要』 卷14, 「潛商路浮稅幷錄」, 庚子(1720, 肅宗46年) 1月(下－p.292) ; 吳星, 위의 책, pp.42~43.
14) 金柄夏, 「17, 8世紀의 銀蔘問題－對日 人蔘貿易을 中心으로－」, 『慶熙大 政經論集』 9, 1972年, pp.97~105.
15) 『備邊司謄錄』 第124冊 英祖28年 6月 10日, '江蔘變通節目'(12－pp.282~284) ; 吳星, 앞의 책, pp.30~31.
16) 『承政院日記』 第793冊 英祖11年 1月 4日(44－p.267).

(2) 米穀

對馬島는 경지면적이 절대적으로 부족하였다. 따라서 소비되는 쌀은 대부분 대조선 공무역 輸入米, 관할 田代領收納米와 肥前國 松浦郡, 筑前國 怡土郡의 수납미였다. 肥前國 松浦郡, 筑前國 怡土郡의 쌀은 모두 大坂으로 수송되었으므로, 田代米와 朝鮮米가 대마번 쌀의 양대 支柱였다.18) 공무역에 의해 일본으로 쌀이 처음 수출된 것은 효종2년(1651)이었다. 公作米는 처음에는 12,000석이었으나, 현종1년(1660) 이후에는 16,000석으로 늘어났다. 그러나 和水의 폐단을 비롯하여 수령이나 역관, 運米監官, 이서층, 군관층 등의 상호 유착에 의한 다양한 형태의 포흠이 이루어지고 있었다.19) 그러므로 공작미 수출은 규정대로 되지 않았다. 당시 개시무역을 통한 쌀의 매매는 엄격히 규제되어 있었다.20)

그러므로 대마번은 부족한 쌀을 구하기 위해서는 밀무역에 의존할 수밖에 없었다. 숙종1년(1675)의 한 기록에 의하면, 공무역으로 수출되는 쌀 외에 동래지역에서 私商들이 매매하는 쌀의 양이 수만 석을 넘는다고 하였다. 쌀의 밀무역에는 상인들 뿐만 아니라 수령들까지도 가담하고 있었다.21)

쌀 밀무역에 관한 구체적인 몇 사례를 살펴보면 다음과 같다. 숙종7년(1681)에는 동래부 상인 趙必萬이 米豆 17석을 싣고 왜관에 출입하여

---

17) 吳星, 앞의 논문, pp.38~39.
18) 鶴田啓, 「天保期의 對馬藩財政と日朝貿易」, 『論集きんせい』8號, 동경대 근세사연구회, 1983年, pp.73~74 ; 田代和生, 「近世後期日朝貿易史研究序論-『御出入積寫』の分析を通じて」, 『三田學會雜誌』卷79 3號, 慶應大三田學會, 1986年, p.281.
19) 田代和生, 「對馬藩の朝鮮米輸入と'倭館枡'-宗家記錄『斛一件覺書』からみた朝鮮米の計量法-」, 『朝鮮學報』第124輯, 1987年 ; 졸고, 「17·18世紀 對日公貿易에서의 公作米 문제」, 『항도부산』10號, 1993年.
20) 鄭成一, 앞의 학위논문, p.65.
21) 『비변사등록』第31冊 肅宗1年 7月 28日(3-pp.179~180).

은화를 사오다 적발되어 효시되었다.22) 숙종14년(1688)에는 부산에 거주하는 사람들이 수십 석의 쌀을 왜관에서 潛賣하다가 체포되었다.23) 조필만의 경우는 그가 상인으로서 쌀과 콩을 팔고 대신 銀을 샀다는 점이 주목된다. 그런데 당시 대마번으로서는 쌀의 구입이 절실하였으므로, 은을 미리 건네주고 쌀을 구입하려고 하였다. 이러한 밀무역 과정에서 발생한 중요한 문제가 왜채, 즉 노부세 문제이다.

대마도에서는 노부세를 '爲登銀(登せ銀)'이라고 불렀다. 그러므로 노부세란 일본어 'のぼせ'의 조선한자음 표기인 것이다. 노부세는 일본인이 밀무역의 납입을 전제로 하여, 혹은 그것을 촉진하는 목적으로 조선측의 밀무역자에게 주는 융자이다. 즉 노부세는 밀무역을 위한 자본의 대부이다.24) 조선 측 상인은 노부세를 미리 받고 밀무역품을 수출하였던 것이다. 이러한 대표적인 사례가 다음의 동래부 사람 孫琦 등의 쌀 밀수출 사건이다.

숙종18년(1692)에는 부산 草梁에 거주하는 孫琦·金從日·秋善奉·金哲石·朴正信 등이 일본인 잠상 太兵衛 등으로부터 노부세를 받고 쌀 50석을 사서 왜관에서 잠매를 하려다 발각되어, 관련된 자가 모두 구속되었다. 그런데 孫琦·金從日·秋善奉의 공초에 의하면, 色吏 裵得吉, 왜관 守門軍官 趙仁萬·安有貞, 小通事 金乭金·朴成俊·崔貴同 등 6명이 孫琦로부터 뇌물을 받고 이를 도와주었다고 한다. 또한 박정신의 공초에 의하면, 소통사 李益成·金哲石·金海云(雲)이 자신들 4명에게 노부세를 급출했다고 하였다.25) 孫琦 등 4명의 신분은 구체적으로 알 수

---

22) 『肅宗實錄』 卷12 肅宗7年 7月 庚午(38-p.543) ; 『邊例集要』 卷14, 「潛商路浮稅幷錄」 辛酉(1681, 肅宗7年) 7·8月(下-pp.279~280).
23) 『邊例集要』 券14, 「潛商路浮稅幷錄」 戊辰(1688, 肅宗14年) 11月(下-p.281).
24) 長正統, 「路浮稅考-肅宗朝癸亥條約의 一考察-」, 『朝鮮學報』 第58輯, 1971年, pp.10~12.
25) 『邊例集要』 卷14, 「潛商路浮稅幷錄」 壬申(1692, 肅宗18年) 6·7·9·11月, 癸酉(1693, 肅宗19年) 4月(下-pp.283~285) ; 『倭人作拏謄錄』(奎12962) 壬申(1692, 肅宗18年) 7月 8日, 7月 13日, 10月 6日.

가 없다. 밀무역 등에 종사한 동래 거주 상인이라고 보아진다. 이들이 노부세를 미리 받고 쌀을 밀수출하는 것이 색리, 수문군관, 소통사 등과의 상호 결탁에 의해 이루어졌으며, 특히 노부세를 받는 과정에 소통사들이 적극 개입되어 있는 것이 주목된다.

　동래부의 향리, 군관이나 역관들은 상인과의 유착 관계 속에서 밀무역에 종사하기도 하였지만, 자신들이 직접 하는 경우도 있었다. 숙종9년(1683)에는 동래부의 五日色吏 崔廷恒과 等牌 權海順 등이 일본의 수표를 위조하여 쌀 100여 석을 私用하다 발각되었다. 私用한 내용은 구체적으로 알 수 없으나, 일본인들에게 잠매한 것이라고 보여진다. 최정항은 五日雜物을 담당하는 五日庫의 색리이고, 권해순은 쌀의 計量을 맡고 있는 등패였다. 그러므로 이들이 포흠을 통해 잠매하는 것은 다른 사람들보다도 더욱 용이하였을 것이다. 최정항의 代色吏 余自信도 前前의 五日色吏였을 당시, 일본인에게 쌀 300석을 주어 공공연히 사용한 적이 있었다. 余自信의 경우도 일본인 近兵衛 등에게 쌀을 잠매한 것으로 보인다.26)

　숙종28년(1702)에는 동래부 사람 崔今善이 쌀 198석을 발매하려고 배에 싣고 왜관에 갔는데, 都將 千鶯立이 115석으로 줄여서 속여 보고하고 잠상을 하려다 체포되었다.27) 공무역으로 공작미를 수출하는 것 이외에는 쌀의 매매는 원칙적으로 허용되지 않았다. 공작미 외에는 朝市에서만 소량의 쌀 매매를 허용하였다. 그럼에도 사상들이 쌀을 싣고 왜관에 들어가는 것이 계속 증가하였다. 그 중요한 이유의 하나는 동래

　　"孫琦·金從日·秋善奉·朴正信等四人 潛通倭館 貸出路浮稅 貿米載船 私自販賣 於倭人處." 이 사건의 전말에 대해서는 長正統, 위의 논문에서 상세히 분석된 바 있다.
26) 『邊例集要』卷14, 「雜犯」癸亥(1683, 肅宗9年) 8月(下-pp.316~317) ; 卷16, 「譯官 收稅官并錄」癸亥(1683, 肅宗9年) 11月(下-p.463).
27) 『邊例集要』卷14, 「潛商路浮稅并錄」壬午(1702, 肅宗28年) 6·7·11月(下-pp.287~288).

부가 收稅하기 위해 이를 묵인하고 있었기 때문이었다. 이와 함께 영호남의 營邑들도 軍器修補를 빌미로 쌀을 싣고 와서 팔고 은을 사가는 일이 잦아, 거래량은 걸핏하면 수백 석에 이를 정도였다. 동래부에서도 사상과 결탁하여 밀무역을 하는 자들이 많았다. 이러한 대표적인 사례가 위의 都將 千鶿立의 경우였다. 이처럼 동래부가 수세를 위해 밀무역을 묵인함으로써, 여러 가지 폐단을 야기하게 되자 정부는 마침내 동래부의 수세 규정을 영구히 혁파하도록 하였다.28)

이와 같은 아문 등 권력기관들의 미곡 밀무역은 다음 사례에서도 잘 볼 수 있다. 숙종6년(1680)에는 守禦廳 軍官 韓時翊이 왜관에서 쌀 4,000여 석을 팔려고 하였다. 그 이유는 숙종5년(1679)에 수어청에서 白絲를 수입한 후 왜관 공목 171同 수표를 일본인에게 받아낸 다음 이를 작미하여 팔아먹기 위한 것이었다. 또한 前訓導 朴再興도 어영청 公事로써 2000석의 쌀을 장차 발매하려고 하였다. 그러나 경아문이 수표를 받아낸 후 작미하여 왜관에 발매하는 것은 일찍이 없었던 일이므로, 일체 금단하도록 하였다.29)

이처럼 각 아문들이 중심이 되어 백사 등 중국에서 수입해 온 상품들을 왜관에 전매하여 아문의 재정수입을 늘이려고 하였다. 이로 인해 일본인들이 물건을 사가고 값을 지불하지 못한 것이 백만여 냥이나 되는 경우도 있었다.30)

각 아문들의 무역 행위가 늘어나게 되자 숙종17년(1691)의 「동래상고 정액절목」에서는 이를 금하는 규정이 마련되었다. 즉 동래상고 이외의 모리배가 각 아문에 부탁하여 별장의 차첩을 받아 왜관에 출입하는 폐단이 심하므로, 각 아문에서는 차인을 정하여 동래부로 보내지 못하도록 하였다.31)

---

28) 『邊例集要』 卷9, 「朝市」 壬午(1702, 肅宗28年) 7月(下-pp.48~49).
29) 『邊例集要』 卷9, 「開市」 庚申(1680, 肅宗6年) 6月(下-pp.6~7).
30) 『肅宗實錄』 卷6 肅宗3年 8月 丁卯(38-p.366).

쌀의 밀수출은 동래왜관에서 이루어지는 것만은 아니었다. 역관들이 통신사행이나 문위행으로 일본에 갈 때 많은 양의 쌀을 밀매하였다. 그리고 역관뿐만 아니라 수령들도 여기에 편승하여 밀매를 하였다. 숙종 29년(1703)의 문위행 때도 渡海譯官들이 배에 실은 미곡이 500여 석이나 되며, 동래부나 주변지역의 閫帥, 邊將, 幕裨輩들이 실은 것도 많았다.[32]

위에서 살펴본 것처럼 상인들은 물론 동래부의 향리나 군관들도 밀무역에 종사하고 있었다. 특히 역관들이 상인들과 유착되어 밀무역의 주도적인 역할을 하고 있었다. 또한 수어청·어영청, 동래부 등 서울과 지방의 아문들도 각자의 재정수입을 위해 밀무역에 종사하고 있었다. 특히 대일무역의 현장에 있었던 동래부는 가장 유리한 조건을 가지고 있었다. 동래부 수령을 비롯한 이서층, 군관층들이 역관들과 유착되어 밀무역에 종사하였던 것이다.[33]

왜관의 현장에서 밀무역의 금지를 직접 관장하고 있던 동래부가 오히려 밀무역에 종사하고 있었으므로, 밀무역의 근절은 용이하게 이루어질 수 없었다. 동래부로서는 자체의 재정수입을 위해서는 밀무역에 종사하거나 아니면 이를 묵인할 수밖에 없었다. 동래왜관의 상업세 수입은 호조와 동래부가 양분하고 있었다. 그러다 점차 호조가 상업세 수입을 독점하게 되자, 이러한 양상은 더욱 심하게 되었다.

인삼무역의 경우에도 동래부가 이를 주관하여 왔는데, 호조가 직접 수세를 하게 됨에 따라, 동래부가 간섭을 못하게 되니 자연히 규찰이 해이해진다고 하였다.[34] 동래왜관의 현장에서 개시무역을 관장하던 동

---

[31] 吳星, 앞의 책, p.54.
[32] 『備邊司謄錄』第53册 肅宗29年 3月 27日(5-p.146).
[33] 공무역의 경우 공작미를 수출하는 과정에서 이들이 手票를 받은 후 공작미를 逋欠하고 作米作錢하여 상업활동을 하는 양상에 대해서는 졸고, 「17·18世紀 對日 公貿易에서의 公作米 문제」 참조.
[34] 『備邊司謄錄』第96册 英祖10年 8月 6日(9-pp.853~854) ; 吳星, 앞의 책, p.54.

래부는 재정 수입을 위해 밀무역의 금지를 엄중히 하였는데, 호조에서 수세하면서부터 동래부가 失利하게 되어 밀무역 금지를 도외시하게 되었다는 것이다. 따라서 밀무역의 폐단을 막기 위하여 영조11년(1735)에는 동래부에 다시 수출 인삼에 대한 수세권을 주도록 하는 조치가 취해지게 되었다.35)

2) 수입품

(1) 硫黃

유황은 염초와 함께 화약 제조의 필수적인 원료이다. 17세기 중엽 이후 청에 대한 북벌정책이 추진되고 군비확충이 강화되어 가면서, 화약 제조량도 늘어갔다. 그러나 국내의 염초 제조기술은 낮고, 유황광산도 거의 개발되어 있지 않았다. 유황은 일본으로부터 수입하는 것에 크게 의존하고 있었다.36)

유황은 공무역이나 개시무역의 수입품은 아니었다. 유황은 주로 밀무역에 의해 수입되고 있었다. 그러나 유황 밀무역은 다른 무역품과는 양상이 다른 특징을 보여주고 있다. 즉, 유황은 중요한 군수품이므로, 유황 밀무역은 대개 정부나 軍門의 지시나 묵인하에 이루어지고 있었다. 이와 같은 유황 밀무역의 몇 사례를 보면 다음과 같다.

현종6년(1665)에 경상감사는 유황 밀무역선 한 척이 龍草島에 들어와서 皮奉事와 林主簿를 찾는다는 보고를 받았다. 일본인이 찾는 피봉사와 임주부는 상인 皮起門과 林之竹이었다. 이들은 전부터 일본인과 유황 밀무역을 하고 있었다. 정부가 동래부사와 통제사에게 명령하여

---

35) 『英祖實錄』卷40 英祖11年 1月 乙亥(42-p.464).
36) 柳承宙,「17世紀 私貿易에 관한 一考察－朝·淸·日間의 焰硝·硫黃貿易을 中心으로－」,『弘大論叢』Ⅹ, 1979年, pp.111~112.

이들로 하여금 몰래 교역하게 하였던 것이다.37)

현종4년(1663)에 훈련대장 李浣은 서울에 거주하는 富商 李應祥에게 유황의 밀수를 권하였다. 이응상은 林茂盛을 동래에 보내어 부산진군관 朴命天과 함께 밀수를 주선하게 하였다. 그 결과 그해 가을에 일본인이 유황 13,600여 근을 배에 싣고 야음을 틈타 加德島에 왔었다. 구입한 유황은 훈련도감에 9,700여 근, 어영청에 2,000여 근이 각각 보내졌다.38)

유황 밀무역은 이처럼 정부나 군문의 지시를 받고 상인들이 하는 경우도 있었지만, 또한 使行을 통해서도 이루어지고 있었다. 역관 洪喜男(1652년 문위행), 金謹行(1651년 문위행) 등은 문위행 때 조정의 지시를 받고 대마도주를 타일러 石硫黃 15,000근에 대한 값을 결정하였다. 그런데 이들이 배에 싣고 나올 무렵에 10,000근을 留置당하여 5,000근만 가지고 왔다. 이들은 그 외에도 일본 장검 40자루와 중검 60자루도 사가지고 왔었다.39)

현종4년(1663)에는 訓局提調인 좌의정 元斗杓가 문위당상관 김근행에게 封爵의 상을 약속하면서 유황 밀수의 길을 열도록 권유하였다. 김근행의 노력으로 이듬해인 현종5년(1664) 2월에는 유황 20,000근과 장검 200자루가 가덕도에 출하되어 부상 이응상의 奴僕인 武善이 사갔다.40)

정부의 묵인하에 유황 밀무역이 증대하자, 상인들은 이를 빌미로 다른 물건까지도 밀무역하였다. 그리하여 상인들의 밀무역이 날로 번성

---

37) 『顯宗實錄』 卷10 顯宗6年 7月 癸巳(36-p.472) ; 姜萬吉, 『朝鮮後期 商業資本의 發達』, 고려대출판부, 1973年, pp.161~162.
38) 『備邊司謄錄』 第24册 顯宗5年 3月 4日(2-p.830) ; 柳承宙, 앞의 논문, p.127.
39) 『備邊司謄錄』 第18册 孝宗7年 3月 26日(2-p.480) ; 柳承宙, 위의 논문, pp.126~127 ; 洪性德, 「朝鮮後期 問慰行에 대하여」, 『한국학보』 59, 1990年, pp.154~155.
40) 『顯宗實錄』 卷8 顯宗5年 2月 壬戌, 3月 乙丑(36-p.401) ; 姜萬吉, 앞의 책, p.161 ; 柳承宙, 위의 논문, pp.127~128.

하여 갔다. 그래서 마침내 1664년 윤6월에 호조판서 鄭致和에 의해 밀무역을 금해야 한다는 주장이 제기되었다.41)

밀무역으로 수입된 유황은 대개 화약 제조를 위해 각 군문에 보내졌다. 앞에서 언급한 홍희남 등의 주선에 의해 수입한 5,000근 중 4,000근은 강화부에, 나머지 1,000근은 훈련도감과 수어청에 절반씩 지급되었다.42) 1660년에 나머지 10,000근이 구입되었을 때에는 훈련도감에 1,500근, 어영청·수어청·총융청에 각 1,000근, 군기시에 500근, 강화부에 3,000근이 지급되었다. 나머지 2,000근은 따로 군기시에 남겨두어 후일에 대비하도록 하였다.43)

밀무역으로 수입된 유황이 군문들 중에서도 특히 강화부에 상당한 양이 보내지고 있음이 주목된다. 1664년 당시 江華府 및 예하 8개 堡의 軍器 보유 현황을 보면 대략 다음과 같다.44)

> 江華府 : 角弓·木弓 합 517張, 長箭 4,530部, 片箭 7,377部, 鳥銃 674柄, 鉛丸 872,400, 震天雷 140坐, 大碗口·大砲·中砲 합 65坐, 小碗口 30坐, 虎蹲砲 37坐, 火藥 26,892斤, 石硫黃 7,572斤, 焰硝 7,116斤, 鐵甲 52.
>
> 月串·濟物·龍津·草芝·廣城·史閣·昇天·寅火堡 : 黑角弓 1,350張, 交子弓 450張, 木弓 150張, 長箭 2,100部, 片箭 900部, 大鳥銃 584柄, 小鳥銃 2,150柄, 大砲 179坐, 震天雷 63坐, 南蠻大砲 12坐, 佛狼機 244坐, 火藥 16,200斤 등(군수물자 생략).

강화부와 예하의 8개 堡에서는 佛狼機砲나 虎蹲砲 등 대형 화기를45)

---

41) 『備邊司謄錄』 第24册 顯宗5年 閏6月 4日(2-p.845) ; 『顯宗實錄』 卷10 顯宗6年 7月 癸丑(36-p.473) ; 柳承宙, 위의 논문, pp.129~130.
42) 『備邊司謄錄』 第18册 孝宗7年 5月 24日(2-p.492).
43) 『備邊司謄錄』 第20册 顯宗1年 5月 9日(2-p.615).
44) 『顯宗改修實錄』 卷11 顯宗5年 6月 癸丑(37-pp.386~387) ; 이용태, 『우리 나라 중세과학기술사』, 과학백과사전종합출판사, 1990年, p.211.

비롯해 각종 화기를 상당수 보유하고 있었다. 그리고 강화부에만 화약 26,892근, 석유황 7,572근, 염초 7,116근을 비축하고 있었다. 특히 佛狼機砲는 당시 최고 수준의 화기였다. 강화부에서는 이들 각종 화기에 필요한 유황을 요구하였으며, 대부분의 유황은 밀무역 수입을 통해 충당되고 있었다.46)

화기의 발달과 함께 국내의 유황 생산도 점차 증대되고 있었다. 현종 2년(1661)경 수어청에서 전라도 珍山 유황광산을 亂後 최초로 개발하였다. 이후 각 곳에서 유황광산이 속속 개발되었다. 현종10년(1669)에 이르면 유황은 곳곳에서 산출되어 부족함이 없다고 할 만큼 생산되었다. 1664년 정치화에 의해 유황 밀무역 금지론이 나오게 된 것은 밀무역의 폐단을 막기 위한 조치였지만, 실제로는 이와 같은 유황 생산의 증대에 따른 결과였다고 할 수 있다.47)

(2) 武器

무기 밀수입 문제는 일본 측의 무기 밀수출 사건을 중심으로 살펴보려고 한다. 대조선 무역에서의 이윤이 늘어남에 따라, 대마도에서도 밀무역이 대규모로 발생하였다. 효종7년(1656, 明曆2年)에는 梅野長左衛門을 비롯한 町人이 御法度物을 운반했다는 이유로, 切腹과 籠者의 처형을 받았다. 또 朝鮮裁判役이었던 佐護武右衛門도 같은 해에 大鐵砲를 밀수했다는 이유로 사형당하였다.48)

대마도 밀무역의 경우, 대체로 대마번의 관료들만이 공모하여 행하는 것과 다른 번의 상업자본가들이 가세하여 행하는 두 가지 형태가 있

---

45) 佛狼機砲나 虎蹲砲에 대해서는 宇田川武久,『東アジア兵器交流史の研究』, 吉川弘文館, 1993年 참조.
46)『顯宗實錄』卷8 顯宗5年 3月 乙丑(35-p.401).
47) 柳承宙, 앞의 논문, p.130 참조.
48) 森山恒雄,「對馬藩」,『長崎縣史』藩政篇, 吉川弘文館, 1973年, p.935.

다. 明曆년간(1655~1657)의 밀무역은 전자의 유형에 속하기 때문에 규모가 작았다. 이에 반해 寬文년간(1661~1672)에 들어오면 人蔘·白絲 수입의 이윤이 커지고, 또 한편 조선에서 대량의 군수품을 필요로 했기 때문에, 세력 있는 대자본가들이 중심이 되는 밀무역 형태로 바뀌었다.49) 江戶시대에는 밀무역을 '拔荷', '拔荷物', 밀무역선을 '拔船'이라고 하였다. 이 시기 拔船의 대표적인 사례의 하나가 博多의 豪商 伊藤小左衛門의 대조선 무기 밀무역사건이다. 이 사건의 전말을 정리해 보면 대략 다음과 같다.50)

현종7년(1666, 寬文6년) 여름, 이 사건 주범의 한 사람인 柳川의 正行村平左衛門(江口伊右衛門의 下人)이란 자가 江口伊右衛門이 조선과 밀무역을 기도하고 있다는 것을 밀고하였다. 이에 현종8년(1667, 寬文7년) 3월 柳川 沖端町의 喜左衛門 외 9명이 체포되면서 사건의 전모가 밝혀졌다. 이 밀수사건에 관련되어 조사받은 자는 94명이었다. 이 가운데 유죄 처분을 받은 자가 87명(연좌는 제외)이나 되는 대규모 사건이었다.

이 사건의 실행자는 對馬町人 扇格左衛門과 大久保甚右衛門이지만, 그 배경에는 長崎의 町年寄나 藏本의 町人, 博多 굴지의 豪商 伊藤小左衛門 등이 자본주로서 존재하고 있었다. 이들은 鎧 50領, 槍 100本, 鐵砲藥 200斤, 脇差 10箱, 長刀並刀 등을 밀수출하고, 그 대가로 인삼을 매입하여 판매하였다.

이 사건은 미수까지 포함하면 현종3~7년(1662~1666, 寬文2~6년)에 걸쳐 7회나 실시되었던 것이다. 이 사건은 對馬, 長崎, 博多, 福岡, 柳川, 大坂 등 여러 지역 사람이 관련되어 있었으나, 핵심은 어디까지

---

49) 위와 같음.
50) 田代和生,「日朝交流と倭館」,『情報と交通』, 日本の近世 6, 中央公論社, 1992年 ; 荒野泰典,「小左衛門と金右衛門－地域と海禁をめぐる斷章－」,『海から見た日本文化』, 海と列島文化 第10卷, 小學館, 1992年을 중심으로 정리하였다.

나 대마도 사람이었다. 핵심 인물들은 원래 대마번의 대조선무역에 관계가 깊은 士分인 자이거나, 新·古六十人(특권상인)에 속하는 자들이었다. 이들의 활동범위는 대마도나 조선뿐만 아니라 長崎, 博多, 大坂 등 광범위한 지역에 미치고 있었다.

막부는 현종8년(1667) 8월 대마번이 조선정부에 대하여 사건 내통자를 적발하여 엄벌에 처할 것을 강력히 요구하도록 명하였다. 그러나 조선 측의 입장에서는 내통자를 적극적으로 적발하려는 자세를 보이지 않았다.

이 사건은 주범 이하 90여 명이나 관련된, 조선 후기 조일 밀무역상에서 가장 규모가 큰 사건의 하나였다. 이 사건은 대마번의 관리체제는 물론 사건의 처리를 둘러싸고 양국 간의 외교 문제로까지 확산되었다. 대마번은 이 사건을 계기로 증서에만 의존하던 종전의 방법을 고쳐, 동래왜관이나 대마도의 요소에 番所를 설치하고, 감독인을 두어 밀무역에 대한 검문을 강화하였다.

현종12년(1671, 寬文11年)에는 왜관의 館守에게 19개 조로 된 倭館壁書가 전달되어, 渡航船과 通交者의 감독을 엄격히 하고 또한 왜관 내의 여러 일들에 대한 규율을 준수할 것을 명하였다. 왜관벽서는 1667년의 무기 밀무역사건을 계기로 전달된 것이므로, 그 내용에는 ㉠ 일본무기의 수출금지, ㉡ 조선인과의 은밀한 서장교환 금지 등, 금수품이나 선박의 단속 등을 언급한 것이 많았다. 이 벽서는 역대 관수의 교대기 때 신임관수에게 반드시 전달되었고, 또 검역소가 정비되고 밀무역에 대한 감독이 강화되었기 때문에, 이후 대마번에서는 1667년 밀무역사건과 같은 대규모 사건이 발생하기 어려웠다.

3. 倭債(路浮稅) 문제

노부세, 즉 왜채는 동래왜관의 개시대청에서 정상적인 개시 업무를 하는 과정에서 생기는 채무가 아니었다. 그것은 상인들이 各房에 散入하여 일본인과 불법적인 거래를 하는 과정에서 생기는 부채를 의미하는 것이었다. 왜채는 일본인이 조선상인에게 주는 밀무역을 위한 자본 대부로서, 밀무역을 위한 필수 수단이었다.[51] 노부세의 대부 액수가 많아지고, 미상환 액수가 늘어날수록 대마번의 재정은 악화되었다. 대마번은 徵債差倭를 파견하여 부채의 상환을 독촉하였다. 왜채 상환을 둘러싼 갈등은 당시의 중요한 현안 문제였다. 왜채 문제에 임하는 동래부나 조정의 공식적이고 대외적인 입장은, 이것은 당사자인 상인들 개개인의 문제이고, 관이나 국가가 개입할 문제는 아니라는 것이었다.[52]

이러한 입장은 부채인 장부를 작성하는 문제에서 잘 볼 수 있다. 조선상인 중 누가 어느 정도의 부채를 지고 있는지를 정확하게 파악하기 위해서는, 빌려준 일본인에게 물어서 장부를 작성하고 이를 근거로 징채할 수밖에 없었다. 그러나 일단 장부를 작성하고 나면 정확한 내용을 일본인에게 숨기기가 어려워, 조선 측의 입장이 더욱 난처할 수가 있다는 것이다. 그래서 孝宗이나 조정 대신들은 그럴 바에는 부채인의 장부를 작성하지 말고 동래부사가 조사한 후 보고하도록 하였다.[53]

그런데 대마번으로서는 부채를 상환하지 않으면 번의 재정이 어렵게

---

[51] 長正統, 앞의 논문, pp.5~6, 10~12.
[52] 『徵債謄錄』(奎 12695), 辛卯(1651, 孝宗2年) 5月 5日. "徵債一款段 乃是自中私相受授之事 元非公家所知." 이러한 입장은 『徵債謄錄』의 전면에 잘 나타나 있다. 『徵債謄錄』은 仁祖15年(1637)부터 顯宗13年(1672) 사이에 동래부와 대마도주가 파견한 징채차왜와 왜관을 통해서 부채를 진 자들에 대한 징채 문제를 두고 오간 문답내용을 주로 수록한 것이다. 『徵債謄錄』에 대해서는 『奎章閣韓國本圖書解題』史部 2, 서울대 도서관, 1982年, pp.216~217 참조.
[53] 『備邊司謄錄』第15冊 孝宗3年 3月 4日(2-p.266) ; 『承政院日記』第123冊, 孝宗3年 3月 3日(6-pp.962~963).

되고, 또 막부가 이를 알면 문제가 더욱 어렵게 된다는 이유로, 왜채의 상환을 계속 독촉하였다.54) 조선 측 입장도 기본적으로는 국가가 관여할 문제는 아니지만, 오랫동안 갚지 않으면 일본 측에 구실을 제공하여 폐단이 국가에 미치게 되므로 채무자에게 상환을 독촉하지 않을 수 없었다.55) 왜채를 단속하지 않으면 갚으면서 또 한편으로는 대출하여 왜채의 폐단이 그치지 않을 것이므로, 밀무역 방지를 위한 事目을 만들어 왜채의 폐단을 줄이려고 하였다.56)

17세기 중반 당시 왜채의 총 미상환 액수는 대략 10여만 냥 정도였다. 일본 측의 상환독촉에도 불구하고, 상환 액수는 전체의 2~3할 정도에 불과했다. 독촉을 위해 액수가 많은 10여 명의 명단이 조선 측에 전달되었다.57) 왜채의 내용을 좀 더 구체적으로 보기 위해, 몇 개인의 실례를 들면 다음과 같다.

효종3년(1652) 동래부 부채인 韓仁祥, 朴信, 金雲, 金起男, 文義龍, 梁義信, 金汝禮, 尹信元과 仁祥의 옛 상전인 尹檐 등의 왜채 실태를 조사하였다. 조사 결과 문의룡과 양의신은 모두 갚은 것으로 판명되었다. 나머지 사람들의 내용을 보면 다음과 같다.

인명	원액	상환액	미상환액
朴信	銀 3,797兩	3,025	770
韓仁祥	6,577	4,300	2,276
金雲·金起男	3,867	2,887	980

이들의 왜채 내역 중, 한인상의 경우 2,276냥 가운데 350냥은 개성

---

54) 『徵債謄錄』 辛卯(1651, 孝宗2年) 5月 5日.
55) 『徵債謄錄』 辛卯(1651, 孝宗2年) 9月 15日.
56) 『備邊司謄錄』 第15册 孝宗3年 6月 5日(2-p.283) ; 『承政院日記』 第124册, 孝宗3年 6月 3日(7-pp.1~2).
57) 『徵債謄錄』 辛卯(1651, 孝宗2年) 6月 9日.

사람 韓承吉, 金信立 등이 갚아야 할 것인데 아직 갚지 않은 것이었다. 김운과 김기남의 경우도 미상환액 980냥은 서울사람 林春得이 갚아야 할 것이었다.58)

이들 왜채 채무자들의 성격은 구체적으로 알 수 없다. 부채의 원금이 은 약 4,000~7,000냥 정도로 상당한 규모였음을 볼 수 있다. 그리고 이들은 개성이나 서울 사람들과 상호 연계되어 채무관계를 맺고 있었다. 이들 외에도 잠상 林金의 경우는 安應星과 결탁하여 수년 동안 밀무역을 하였는데, 그가 貸出한 부채는 은 1만여 냥에 달했다.59) 부채는 상인들만 지고 있는 것은 아니었다. 동래부의 관리들이나 倭學譯官들도 지고 있었다.60)

숙종24년(1698) 5월에는 통사 金繼崔가 동래 읍내에 거주하는 韓貴碩, 仇重卿, 朴再章 등과 共謀하여 인삼을 밀무역하기 위한 자금으로 은을 몰래 받았다가 체포되었다. 이들과 인삼을 잠상한 일본인 飯束喜兵衛, 白水與兵衛는 모두 梟首되었다.61) 그런데 이때 은 2,000냥을 잠상했던 崔淡沙里, 金乭伊 등은 도망갔었다. 그 후 최담사리 등은 이름을 바꾸고 통신사행이나 문위행 때에 따라가 잠상을 하였다고 한다. 그러다가 숙종44년(1718) 8월의 문위행 때 함께 들어가려고 禁輸品을 다량 비축하여 잠상할 계획을 세우다 체포되었다.62) 최담사리의 경우 1698년 이후 20년 동안이나 밀무역을 계속해 왔던 것이 주목된다.

---

58) 『備邊司謄錄』第15冊 孝宗3年 7月 12日(2-pp.292~293) ; 『承政院日記』第124冊, 孝宗3年 7月 11日(7-p.27).
59) 『承政院日記』第1冊 仁祖1年 5月 23日(1-p.38).
60) 『備邊司謄錄』第15冊 孝宗3年 5月 13日(6-p.988). "非但商賈輩多數受出 其處任事 譯官等 亦皆身犯 厥數甚多 極爲痛惡 此輩之罪 比商賈尤重."
61) 『邊例集要』卷14, 「潛商路浮稅幷錄」 庚寅(1698, 肅宗24年) 5月, 7月(下-pp.285~286) ; 『肅宗實錄』卷32 肅宗24年 6月 丙寅(39-p3496) ; 森克己, 「近世に於ける對鮮密貿易と對馬藩」, 『史淵』第54輯, 1950年, p.65.
62) 『邊例集要』卷14, 「潛商路浮稅幷錄」 戊戌(1718, 肅宗44年) 8月(下-pp.290~291).

전술한 바와 같이, 숙종18년(1692)에는 부산 초량에 거주하는 孫琦·金從日·秋善奉·金哲石·朴正信 등이 일본인 잠상 太兵衛 등에게서 노부세를 받고 쌀 50석을 사 일본인에게 몰래 팔다가 체포되었다. 당시 색리 裵得吉, 왜관의 守門軍官 趙仁萬·安有貞, 소통사 金㐫金·朴成俊·崔貴同 등 6인이 손기로부터 뇌물을 받고 이를 도와주었다. 이 노부세 문제로 주범인 손기·김종일·추선봉 등은 효수되고, 그 밖의 관련자도 각각 처분을 받았다.63)

노부세 문제는 노부세의 징수를 독촉하는 과정에서 살인사건으로까지 발전하는 경우가 있었다. 그 대표적인 것이 현종4년(1663)에 발생한 소통사 金達의 피살사건이다. 사건의 전말을 개관하면 다음과 같다. 1663년 2월 동래부사 李星徵 때 일본인 利兵衛란 사람이 金龍甲에게 징채한다는 명분으로 부산에 왔다가, 김용갑과 서로 다투었다. 이에 소통사 김달이 일본인에게 함부로 온 죄를 힐책하면서 빨리 왜관으로 들어가라고 하였다. 그러자 일본인이 칼을 빼어 김달의 머리를 베어 죽였다. 이 사건은 외교 문제로 비화되었다. 조선 측에서는 장본인을 즉시 효수하도록 관수왜에게 말했으나, 일본 측에서는 끝내 죽이려 하지 않았다. 이에 동래부에서는 書契를 만들어 동래부 군관으로 하여금 대마도로 들여보내고, 또 문위역관 金謹行으로 하여금 이 사실을 대마도주에게 고하여, 마침내 범인이 관문 밖에서 효수되었다.64)

---

63) 『邊例集要』卷14, 「潛商路浮稅幷錄」 壬申(1692, 肅宗18年) 6·7·9·11月, 癸酉(1693, 肅宗19年) 4月(下－pp.283~285) ; 『倭人作拏謄錄』(奎12962) 壬申(1692, 肅宗18年) 7月 8日, 7月 13日, 10月 6日. "孫琦·金從日·秋善奉·朴正信等四人 潛通倭館 貸出路浮稅 貿米載船 私自販賣於倭人處." 이 사건의 전말에 대해서는 長正統, 앞의 논문에서 상세히 분석된 바 있다.

64) 『邊例集要』卷6, 「書契路引幷錄」 癸卯(1663, 顯宗4年) 2月(上－p.326) ; 『承政院日記』第178冊 顯宗4年 3月 5日(9－p.885) ; 『備邊司謄錄』第23冊, 顯宗4年 3月 5日(2－p.780) ; 『增正交隣志』卷4, 「禁條」 顯宗4年(影印本, p.181) ; 『徵債謄錄』 癸卯(1663, 顯宗4年) 3月 5日.
한편 『邊例集要』卷14, 「雜犯」 癸卯(1663, 顯宗4年) 2·3月條(下－pp.311~312)에는 부채인 이름이 朴龍甲으로 기재되어 있다. 또 『備邊司謄錄』第43冊, 肅宗

이러한 피살사건은 일본인에게도 있었다. 사건의 전말을 개관하면 다음과 같다. 현종13년(1672) 3월 일본인 1명이 부채를 받으러 수일 전에 부산에 나갔는데, 끝내 왜관으로 돌아오지 않아 조사해 보니 부산선창에서 빠져 죽어 있었다는 것이다. 이를 조사해 보니 머리와 목 밑에 칼자국이 낭자하였는데, 이것은 부채인 소통사 金於夫同이 죽인 것으로 판명되었다. 이 살인사건에는 김어부동 외에도 부채인 崔卜守, 金奉生 등이 가담되어 있었고, 또한 金米山(金於夫同의 형), 崔김史(처), 崔戎先(처남), 崔鳳鶴(장인), 全宋古致 등 김어부동의 형과 처가 식구 등 다수인이 연루되어 있었다. 이 살해사건의 결과 김어부동은 사형당하고, 또 다른 부채인 최복수·김봉생은 정배되고, 나머지 사람들도 죄상에 따라 처벌을 받았다.65)

상인들은 노부세, 즉 왜채를 빌려서 인삼이나 쌀 등 주요 물품을 밀수출하였다. 노부세를 받고 행해지는 밀무역은 이를 감독하는 책임을 맡고 있던 역관이나 관리들과의 결탁에 의해 오히려 더욱 용이하게 전개되었다. 조정에서는 왜채에 대한 단속과 벌칙의 강화를 밀무역을 막는 가장 유효한 수단으로 여겼으며, 또한 노부세 문제는 그 상환의 독촉 과정에서 살인사건까지 일으켜 외교 문제로까지 확대되었다. 그러므로 조정의 입장에서도 이에 대한 대책으로 왜채 금지를 강화하여 갔다.66)

  15年 3月 7日條(4-pp.190~191)에는 소통사 김달이 일본인과 잠상 매매하다가 즉시 갚지 않아, 일본인이 기한이 차서 대마도로 돌아갈 때 부채를 독촉하는 과정에서 다투다가 사건이 발생했다고 하였다.
65) 『徵債謄錄』 壬子(1672, 顯宗13年) 6月 15日 ; 『邊例集要』 卷14, 「雜犯」 壬子(1672, 顯宗13年) 3月·4月(下-pp.314~315).
66) 長正統, 앞의 논문, p.13.

4. 密貿易 통제책

1) '各房散入' 금지책

임진왜란 이전의 개시무역은 매달 3일, 13일, 23일 월 3회 열렸다. 임진왜란 이후에 개시의 개최를 둘러싸고 논의가 계속되다가, 광해군 2년(1610)에 최종적으로 개최 의향이 결정되었다. 이에 그해 9월 비변사에서는 3일에 한 번, 월 10회에 걸쳐 '개시'를 개최하는 방안이 건의되었다. 그러나 동래부사 趙存性이 임란 전에는 월 3회였으므로 월 10회의 개시는 횟수가 너무 많다고 주장하자, 월 6회(3, 8, 13, 18, 23, 28일)로 조정되었다. 그래서 광해군2년(1610)부터 월 6회의 개시가 정착되었다. 개시무역에는 호조나 각 도 감사의 行狀을 가진 京外의 상인만이 참가할 수 있었다. 행장이 없는 자는 잠상으로 간주되었다.[67]

개시무역을 할 때에는 동래왜관의 개시대청에서 거래를 하였다. 사무역이 개시대청에서 이루어졌으므로, 조선에서는 이 무역을 '開市' 또는 '大廳開市'라고 하였던 것이다. 이때에는 訓導·別差와 호조의 收稅算員, 동래부의 開市監官 등이 代官倭와 함께 대청의 동서에 줄지어 앉은 후, 뜰 가운데에 두 나라의 물건을 놓고서 교역을 허락하는데, 또한 각각 문서를 만들어 점검하였다.[68] 이와 같이 개시대청에서 개시무역을 하게 하면서 무역을 통제한 것은 밀무역, 특히 이윤이 많았던 무기류나 인삼의 밀무역을 방지하기 위한 것이 가장 주된 목적이었다.[69]

---

[67] 『光海君日記』 卷33 光海君 2年 9月 辛亥(31-p.565); 『增正交隣志』 卷4, 「開市」, p.187; 『通文館志』 卷5, 「開市」(影印本 p.32); 『蓬萊故事』(『朝鮮學報』 第57·58輯에 영인 수록, 第57輯-pp.137~138); 田代和生, 앞의 책, pp.67~69; 鄭成一, 앞의 학위논문, pp.69~70.

[68] 『孝宗實錄』 卷9 孝宗3年 9月 辛卯(35-p.573); 『徵債謄錄』 壬辰(1652, 孝宗3年) 11月 28日; 『邊例集要』 卷9, 「開市」 壬辰(1652, 孝宗3年) 9月(下-pp.2~3); 『增正交隣志』 卷4, 「約條」 肅宗4年(p.175), 「開市」(p.187).

개시대청에서 개시무역을 하던 관례는 인조15년(1637)을 기점으로 크게 무너지게 되었다. 1637년 이후에는 상고배가 각방에 산입하여 몰래 거래하는 경향이 늘어났고, 이것이 왜채를 증가시키는 중요한 요인이 되었다.[70] 특히 이러한 풍조가 늘어나게 된 것은 역관이 농간을 부리고 상인이 몰래 사주함에 따라 생긴 것이라고 하였다.[71]

그러면 왜 1637년경을 전후하여 대청개시의 규정이 무너지고 각방에 산입하여 몰래 매매하는 관례가 생겨났을까. 이에 대해서는 1637년경부터 대청개시법이 무너졌다는 것만 지적할 뿐, 그 이유를 구체적으로 밝히고 있지 않아 분명하지는 않다. 그러나 17세기 조일무역상에서 중요한 전환점이 된 '兼帶制'의 실시와 밀접한 관련이 있다고 생각한다.

겸대제란 渡航하는 使船의 접대비를 절감하기 위하여 생각해 낸 새로운 사선 도항양식 및 무역방법이다. 己酉約條로 재조정되었던 歲遣船 20척(特送船 포함)을 하나씩 접대하는 번거로움을 피하고 접대부담을 덜기 위해, 특송선은 3척 가운데 제1선만 따로 접대하고 나머지 제2~3선 두 척은 제1선에 겸대시키고, 세견선도 제1~4선만 따로 접대하고 나머지 제5~17선의 13척은 제4선에 겸대시키는 방법이다.[72]

겸대제는 인조13년(1635) 조선 측의 요청에 따라 실시되고 교섭이 이루어져, 인조15년(1637) 5월부터 실시되게 되었다. 겸대제 실시에 따라 조일무역 — 특히 진상과 공무역 — 은 새로운 방법으로 하게 되었다.

---

69) 森山恒雄, 앞의 논문, p.871.
70) 『孝宗實錄』 卷9 孝宗3年 9月 辛卯(35-p.573);『邊例集要』 卷9, 「開市」 壬辰 (1652, 孝宗3年) 9月(下-pp.2~3);『徵債謄錄』 壬辰(1652) 11月 28日, "丁丑 (1637, 仁祖15年 : 필자주)以後 此法(大廳開市 : 필자주)寢廢 商賈輩 散入各房 暗中受授 奸巧百出 致有負債之弊.";『備邊司謄錄』第15冊 孝宗3年 9月 30日(2 -p.306). "大廳開市之規 自丁丑 遂廢云."; 姜萬吉, 앞의 책, p.161. 단, 강만길은 왜관개시가 동래부의 대청에서 열리고, 1637년 이후 이 관례가 무너져서, 상인들이 동래부의 각 방으로 흩어져 몰래 거래하는 것으로 파악하고 있다.
71) 『孝宗實錄』 卷10 孝宗4年 1月 乙亥(35-p.608).
72) 鄭成一, 앞의 학위논문, p.63.

진상과 공무역 물품은 모두 왜관의 代官 앞으로 수송되며, 목면과 쌀은 역관인 훈도·별차가 발급하는 수표를 받아 연 1회의 교체기에 회계·결제를 행하는 방법이 실시되었다. 겸대제 실시에 따라 외교실무와 무역업무가 명확히 분리되게 되었다.[73] 진상·공무역의 번잡함에서 벗어남으로써 대관의 업무는 이윤이 좋은 개시무역 쪽으로 돌릴 수 있게 되었다.[74] 이처럼 겸대제 실시로 大廳開市에서의 개시무역이 더욱 발달하게 됨에 따라, 각방에 산입하여 음성적으로 거래하는 것이 늘어나면서 대청개시의 규정이 점차 붕괴되었다고 생각한다.

한편, 무역결제가 1년 단위로 이루어짐에 따라 외상거래를 할 수 있게 되어, 무역경영을 전보다 훨씬 지속적으로 확대할 수 있는 중요한 기반을 마련하였다. 그러나 동시에 채무누적의 가능성도 그만큼 커지게 되었다.[75]

대청개시가 무너지고 각방에 산입하여 음성적으로 거래하는 경향이 늘어나는 것은 왜채를 증가시켜 양국 간에 여러 가지 폐단을 야기시켰다. 각방 산입의 증가는, 동래부나 호조의 입장으로서는 개시무역의 거래량을 정확하게 파악하지 못하게 함으로써, 상업세 수입의 감소를 초래하였다. 동래부로서는 대책을 강구하지 않을 수 없었다. 그래서 개시에 대한 사목을 만들어 밀무역을 규제하고 상업세 수입을 증가시키려고 하였다.[76] 1650년대에 와서는 各房散入의 폐단을 개선하려는 노력이 본격적으로 이루어지게 되었다.

효종3년(1652) 동래부사 尹文擧 때 대청에서 개시하는 옛 관례를 준수하여 상고가 각방에 산입하는 것은 '潛商律'로써 논할 것을 주장하였

---

73) 田代和生, 앞의 책, pp.147~149.
74) 田代和生, 「朝鮮後期 韓·日間의 經濟交流」, 『韓·日關係 學術會議 發表要旨』 (1991年 5月 17·18日, 세종문화회관 대회의실), 韓國史學會, 1991年, pp.99~101.
75) 鄭成一, 앞의 학위논문, p.65.
76) 『仁祖實錄』 卷42 仁祖19年 12月 癸卯(35-p.125), "釜山開市事目 至嚴且重 潛商之禁 不但爲收稅而已."; 丁善榮, 앞의 학위논문, pp.58~59 참조.

다.77) 동년 12월 동래부사 任義伯 때에 대청에서 개시를 하되 교역 후에 원하는 바에 따라 잠시 상고와 代官으로 하여금 '中大廳에 들어가서 計數하게 하는 방안이 강구되었다. 이것은 대청개시의 규정은 그대로 두면서 각방에 산입하는 것을 막으려는 절충안이었다.78) 이에 따라 효종4년(1653) 2월에는 중대청에 들어가 계수할 수 있도록 한 '開市節目'이 만들어졌다. 이 개시절목의 규정에 의해 밀무역을 방지하는 동시에 대청개시의 문제점을 개선하려고 하였다. 절목의 내용은 다음과 같다.79)

> 1. 大廳開市 외에 혹 미진한 것이 있으면 다시 '중대청'에 들어가서 논정한다. 중대청에서 나온 후 각방에 산입하는 자는 잠상률로써 논한다.
> 1. 商賈 매매 외는 給債할 수 없다.
> 1. 輕重의 저울을 사용할 수 없다.
> 1. 거짓으로 은을 만들 수 없다.
> 1. 軍器 雜物을 팔 수 없다.

이 개시절목에 기초하여 왜관의 관수나 대관 등과 협의하여, 개시의 규정이나 상행위의 기준 등을 규정한 약조가 만들어지게 되었다. 그것이 바로 1653년 4월에 약정된 '禁散入各房約條'와 '倭人書納約條'이다. 이 약조는 통상에 관한 양국 간의 최초의 약조라고 할 수 있다. 전자는 왜관에 출입하는 조선인 관리·상인을, 후자는 대마 측이 대관 등 왜관에서 머무는 자를 대상으로 만든 약조이다. 이 약조는 조선 측이 대마번의 협의를 얻어서 성립된 것이 아니고, 왜관 주재자 사이의 여러 규

---

77) 『孝宗實錄』 卷9 孝宗3年 9月 辛卯(35-p.573); 『邊例集要』 卷9,「開市」壬辰 (1652, 孝宗3年) 11月(下-pp.3~4).
78) 『邊例集要』 卷9,「開市」壬辰(1652, 孝宗3年) 12月(下-p.4); 『孝宗實錄』 卷10, 孝宗4年 1月 乙亥(35-p.608).
79) 『邊例集要』 卷9,「開市」壬辰(1652, 孝宗3年) 12月(下-p.4).

정에 지나지 않았다. 그러나 이러한 약조를 통하여 개시무역에 대한 규정을 강화하였던 것이다.80) 각방 산입의 금지를 규정한 최초의 약조인 '禁散入各房約條'의 규정을 보면 다음과 같다.81)

> 1. 大廳開市 외에 혹시 計數와 論價에 미진한 것이 있으면 商賈에게 다시 '中大廳에 들어가 사정을 다 논정하되, 논정이 끝나면 즉시 물러나와야 하며 종전처럼 임의로 각방에 흩어져 들어가는 자는 潛商으로 논죄한다.
> 1. 종전에 빚을 지고 있는 자를 비록 모조리 법으로 다스리기는 어렵지만 癸巳(1653, 효종4년) 정월부터 몰래 왜인에게 빚을 내어 쓴 자는 그 액수의 다소를 막론하고 極律로 논죄한다. (이하 생략)

이 약조의 기본 요지는 대청개시 후 각방의 산입과 왜관의 무단출입을 엄중히 단속하고, 또 일본인에게 채무를 진 자와 국내 사정을 누설한 자를 엄벌하는 등 왜관 내의 감시를 강화하여 밀무역을 방지하고, 개시무역을 강화하려는 것이었다.82)

두모포왜관의 건물구조는 중앙에 宴享廳이 있고, 그 좌우에 각각 서관과 동관이 있었다. 그리고 동관에는 館守倭家·裁判倭家·開市大廳의 3大廳이, 서관에는 東大廳·中大廳·西大廳의 3대청이 있었다.83) 이 약조에서도 앞의 '개시절목'과 마찬가지로, 각방에 산입하는 것은 금

---

80) 長正統, 앞의 논문, p.13 ; 田代和生, 앞의 책, pp.229~230.
81) 『邊例集要』卷5, 「禁條」癸巳(1653, 孝宗4年) 2月(上-pp.277~279) ; 『增正交隣志』卷4, 「約條」孝宗4年, pp.173~174 ; 『通文館志』卷5, 「約條」, p.83 ; 李源鈞, 「朝鮮後期의 釜山倭館에 대하여」, 『釜山水産大 人文·社會科學論文集』第48輯, 1992年, pp.165~166 ; 鄭成一, 앞의 학위논문, pp.68~69.
82) 李源鈞, 위의 논문 p.166.
83) 『邊例集要』卷11, 「館宇」辛亥(1611, 光海君3年) 3月(下-p.117). 단, 이 동관·서관의 3대청은 두모포왜관이 아니고 초량왜관의 구조이다. 두모포왜관의 구조는 확실히 알 수 없으나, 동관·서관의 기본구조는 초량왜관과 마찬가지였다고 생각되어 두모포왜관 구조에 적용하여 서술하였다.

하면서도 대청개시 후 계수와 논가에 미진한 것이 있으면 '중대청'에 들어가 논정하는 것까지는 허용하고 있음이 주목된다.[84] 그리고 계사(1653, 효종4년) 정월부터 몰래 일본인에게 빚을 내어 쓴 자는 액수를 막론하고 極律로 논죄한다고 하여, 노부세에 대한 강력한 규제 조항을 규정해 놓고 있었다.[85] 그러나 이를 단속해야 할 역관들의 농간에 의해 규정이 잘 지켜지지 않았다. 규제 약조를 만드는 것보다는 오히려 역관들에 대한 단속과 통제를 강화하는 것이 최상의 방책이라고 여겨지기도 하였다.[86] 1653년의 '禁散入各房約條'와 같은 강력한 규제책이 마련되었음에도 불구하고, 각방 산입은 근절되지 않았다. 따라서 이를 규제하는 규정이 다시 강화되지 않을 수 없었다. 그 대표적인 것이 바로 숙종9년(1683)의 '癸亥約條'이다.

---

[84] 鄭成一은 "조선후기에 사무역이 재개된 이래 1653년까지는 사무역 장소를 왜관 안으로 한정했을 뿐이지 구체적으로 大廳으로 지정하지는 않았던 게 아닌가 생각한다. 그러던 것이 1653년부터는 잠상의 폐해를 막기 위하여 왜관 출입을 더욱 철저히 통제하고 더 나아가 사무역 장소도 대청으로 국한시켜 사무역에 대한 통제를 더욱 강화하고 있었다. 이 점이 바로 사무역 제도의 정비인 동시에 잠상의 출현이 더욱 보편화되었음을 뜻하는 것으로 당시 사무역의 발전을 반증하는 것이라 생각한다."라고 하였다(앞의 학위논문 p.69).
그러나 1653년부터 대청에 국한시키는 것은 아니었다. 이미 살펴본 것처럼 사무역은 원래 개시대청에서 이루어졌다. 이 약조는 각방 산입이 늘어나면서 대청개시의 관례가 무너지자, 다시 대청개시로 환원시키는 동시에 대청개시 후에 미진한 것이 있으면 '중대청'에 들어가 논정하는 것을 허용한다는 규정이다.

[85] 왜채의 적용 시점에 대해서는 사료에 따라 약간의 차이를 보이고 있다. 『邊例集要』卷5, 「禁條」癸巳(1653, 孝宗4年) 2月(上-pp.277~279)에서는 癸巳(1653, 孝宗4年) 正月 ; 『增正交隣志』卷4, 「約條」孝宗4年, pp.173~174 ; 『通文館志』卷5, 「約條」, p.83에는 壬辰(1652, 孝宗3年)부터라 하여, 노부세를 빌려 쓴 자를 극형에 처하는 시점의 한도에 1년의 차이를 보이고 있다. 長正統은『增正交隣志』에 의거하여 1652년 시점을 따르고 있다(앞의 논문, pp.13~14). 그러나 '禁散入各房約條'가 1653년에 약정된 것이므로, 약정된 시기를 시점으로 잡는 것이 타당하다고 보아, 본 고에서는『邊例集要』에 의거하여 1653년으로 잡았다.

[86] 『孝宗實錄』卷10 孝宗4年 1月 乙亥(35-p.608).

2) 密貿易 規制 約條

17세기에 들어와 밀무역이 성행하여 인조15년(1637)을 전후해 개시무역 때 개시대청에서 거래하는 규정이 무너지게 되었다. 이로 인해 각 방에 산입하여 음성적으로 거래하는 경향이 늘어났고, 이것이 노부세를 증가시키는 중요한 원인이 되었다. 이러한 밀무역의 폐단을 바로 잡고 개시무역을 정상화하기 위하여 만든 것이 효종4년(1653)의 '開市節目'이다. 이 절목에 기초하여 개시의 규정이나 상행위의 기준 등을 규정한 최초의 통상에 관한 약조가 만들어졌다. 그것이 1653년 4월에 약정된 '禁散入各房約條', '倭人書納約條'이다.

그런데 1653년의 두 약조 등의 제정에 의해 밀무역에 대한 규제가 강화되어 가던 17세기 후반에 왜관에 있어서 중요한 변화가 일어났다. 그 것은 두모포왜관을 이전하는 문제였다. 밀무역은 대마번으로서는 대단히 성가신 문제였다. 인삼의 경우 밀무역업자들이 고가로 매입하기 때문에, 공정가로는 구입이 불가능하였다. 따라서 대마번은 잠상을 방지하고, 또한 대마번의 무역을 보다 발전시키려는 목적에서, 거리가 멀고 수심이 얕아서 선박의 정박이 불편한 두모포왜관을 이전하려는 계획을 세웠다.

입지조건이 나쁜 두모포왜관을 초량으로 이전하는 요구는 인조18년(1640, 寬永17年)에 처음 있었다. 그러다가 1659년부터 적극적인 이전요구운동을 전개하였다. 이전 요구를 위한 使者는 1659·1661·1668·1669·1671·1672년, 모두 8차에 걸쳐 파견되었다. 특히 앞에서 살펴본 현종8년(1667, 寬文7年)의 博多 豪商 伊藤小左衛門의 무기밀무역사건 이후 사자의 파견이 빈번한 점이 주목된다. 따라서 이러한 대마번의 移館 요구는 대마번 내에서의 조선통항로의 정비와 통제 강화에 연이어 일어난 것이었다.[87]

두모포왜관의 이전 문제는 여러 차례의 논의가 있은 끝에, 현종14년 (1673)에 이르러 마침내 허가되었다. 이관 장소는 초량으로 결정되었다. 초량왜관은 숙종1년(1675)에 건설이 시작되어 숙종4년(1678) 4월에 준공을 보게 되었다.[88] 따라서 1678년부터는 새로운 초량왜관 시기를 맞이하게 되었다. 1678년 왜관이 두모포에서 초량으로 옮겨짐에 따라, 이에 맞게 왜관 체제를 정비하지 않으면 안 되었다.

숙종3년(1677) 12월 동래부사 李馥은 이 문제에 대해서 다음과 같이 건의하였다. 즉, 초량으로 이전한 후에는 왜관 일이 다시 시작되므로 약조를 엄하게 하지 않으면, 전의 관례를 답습하여 폐단이 더욱 많아질 것이다. 그러므로 廟堂에서 절목을 마련한 후, 首譯을 따로 대마도에 파견하여 島主와 더불어 충분히 검토한 후에 영구히 준수하도록 할 것을 상계하였다. 이에 대해 조정에서는 이복으로 하여금 다시 의논하게 하였다.[89] 이에 동래부사와 왜관의 관수가 의논한 결과 절목을 마련하여 숙종4년(1678) 보고하게 되었다.[90] 동래부사 이복이 이관할 당시 처음 마련한 절목의 내용을 보면 다음과 같다.

> 1조 : 왜인의 출입은 한계를 엄정히 해야 한다.
> 2조 : 경계의 한계를 정한 후에 범법자의 죄를 다스리는 등의 일은 定界의 조목과 같은 조목으로 하고 별도의 조목을 만들지 않는다.
> 3조 : 잠상을 적발하면 주고 받은 자는 같이 처벌한다.
> 4조 : 개시 때는 대청에 앉아서 하고 각 방에 들어가지 않는다.

---

[87] 荒野泰典, 앞의 논문, pp.423~427 참조 ; 森山恒雄, 앞의 논문, pp.936~939.
[88] 森山恒雄, 앞의 논문, p.936 ; 金容旭, 「釜山倭館考」, 『韓日文化』 第1輯 卷2, 부산대 한일문화연구소, 1962 ; 金鍾旭, 「移館考－釜山 豆毛浦倭館에서 草梁倭館까지」 上 · 下, 『國會圖書館報』 卷11 1 · 2號, 1974 ; 李源鈞, 앞의 논문.
[89] 『邊例集要』 卷5, 「約條」 丁巳(1677, 肅宗3年) 12월(上－pp.270~271) 및 「禁條」 戊午(1678, 肅宗4年) 8월(上－pp.279~280).
[90] 위와 같음.

5조 : 어류와 야채는 문밖에서 매매한다.
6조 : 送使를 수행하는 왜인은 品에 따라 數를 정한다.
7조 : 5일 잡물을 入給할 때에 색리나 고자를 구타하는 일이 없도록
한다.91)

이 일곱 조항은 1조 : 왜관 밖 경계의 한계 설정, 2조 : 한계 월경자의 처벌, 3조 : 잠상노부세의 금지, 4조 : 개시 시 각방 산입의 금지, 5조 : 수문 밖은 朝市 이외 외출 금지, 6조 : 送使 진상 숙배의 규정, 7조 : 五日雜物 入給時의 규율 등을 규정한 것이었다.92) 이 일곱 조항은 원래는 渡海 때에 맞추어 결정을 하도록 하였다. 그러다가 일곱 조항 중 제2조, 제3조를 제외한 다섯 조항이 동래부사와 왜관의 관수왜 사이에서 논의되었던 것 같다. 1678년 초량왜관으로의 이전과 함께 새로운 초량왜관 체제에 맞게 마련된 규정인 이 5~7개 조항이 이른바 숙종4년 (1678, 戊午)의 '戊午節目'이다.93)

1678년 절목에서는 먼저 초량왜관 경계의 한계를 엄중히 할 것을 규정하고 있다. 종래의 두모포왜관에서는 佐自川(佐川)으로 경계를 삼고 있었다. 그러나 이전된 초량왜관은 지형의 여건상 특정한 지역으로 경계를 정할 수가 없었다. 따라서 별도로 경계의 한계를 설정하지 않을 수 없었다. 1678년 절목에 의해 규정된 초량왜관의 경계는 다음과 같다. 앞쪽은 항구를 넘어서 絶影島에 왕래할 수 없다. 서쪽은 宴享廳을 넘을 수 없다. 동쪽은 客舍를 넘을 수 없다. 만약 이 한계를 벗어난 자는 체포하여 왜관의 관수에게 넘긴 후, 즉시 대마도로 보내어 법에 따라 처벌하도록 하였다.94) 초량왜관 경계의 한계는 이듬해 숙종5년

---

91) 『備邊司謄錄』 第34册 肅宗4年 9月 5日(3-p.371) ; 『肅宗實錄』 卷7, 肅宗4年 9月 癸卯(38-pp.392~393).
92) 田代和生, 앞의 책, p.230.
93) 『邊例集要』 卷9, 「開市」 丙辰(1676, 肅宗2年) 7月 細註(下-pp.5~6).
94) 『肅宗實錄』 卷7 肅宗4年 9月 癸卯(38-pp.392~393) ; 『備邊司謄錄』 第34册 肅宗4年 9月 5日(3-p.371) ; 『邊例集要』 卷5, 「禁條」 戊午(1678, 肅宗4年) 8月(上

(1679) 동래부사 李瑞雨 때 다음과 같이 확정되었다. 즉 동은 松峴(왜관과의 거리 300보 정도), 서는 西山(80보), 서남은 초량의 민가(100보), 남은 해변(100보)으로 정하고, 이 안에서만 출입이 허용되었다.[95]

1678년 무오절목의 이들 조항은 그 후 다시 검토가 가해지고, 또 숙종8년(1682, 天和2年) 德川將軍 綱吉의 襲職을 축하하기 위해 파견된 통신사(정사 尹趾完) 일행에 의해 대마번 당국자와 직접 협의하여 쌍방 모두 양해한 위에서 숙종9년(1683) 8월 5개 조 조문이 약정되었다. 이것이 1683년 癸亥約條이다.[96] 1682년 11월 동래부사 南益熏이 상계한 약조 4조문을 보면, 다음의 약조제찰비 5조항 중 1~4조항이 일치하고 있다.[97] 그러므로 1683년 8월의 계해약조의 기본 골격은 이미 이때 마련되어 있었다.

계해약조를 체결하면서 쌍방이 이를 준수할 것을 합의하고 또 내용을 적은 石碑를 왜관의 정계에 세워서 약조의 전문을 주지시키려고 하였다. 이 석비가 현재 남아 있는 約條制札碑이다. 약조제찰비의 전문 내용은 다음과 같다.[98]

1. 대소사를 막론하고 금표한 定界 밖으로 뛰쳐나와 침범한 자는 사형에 처한다(禁標定界之外 毋論大小事 闌出越犯者 論以一罪事).
1. 노부세는 현장에서 잡은 후에는 준 자와 받은 자는 같이 사형에 처한다(路浮稅 現捉之後 與者受者 同施一罪事).
1. 개시 때 각방에 잠입하여 비밀리에 서로 매매하는 자는 피차 사

-pp.279~280);『增正交隣志』卷4,「約條」肅宗4年, p.175.
[95]『增正交隣志』卷4,「約條」肅宗5年, p.176 ; 金容旭, 앞의 논문, p.108.
[96] 田代和生, 앞의 책, p.230.
[97]『肅宗實錄』卷13 肅宗8年 11月 庚戌(38-p.609).
[98] 長正統, 앞의 논문, p.3 ; 田代和生, 앞의 책, pp.230~231 ; 李源鈞, 앞의 논문, p.166. 약조제찰비는 '부산광역시 기념물 제17호'로 현재 부산시 남구 대연동 부산박물관 뜰에 있다. 이 비는 부산 龍頭山 공원에 있던 것을 1978년에 현 장소로 옮겨 왔다. 본 고의 원문 사료는 비문을 인용하였다.

형에 처한다(開市時 潛入各房 密相買賣者 彼此各施一罪事).
1. 5일 잡물을 들여보낼 때 색리・고자・소통사 등을 일본인들이 일체 끌어내어 구타하지 말도록 한다(五日雜物入給之時 色吏庫子 小通事等 和人切勿扶曳毆打事).
1. 피차의 범죄인은 모두 왜관 밖에서 형을 집행한다(彼此犯罪之人 俱於館門外施刑事).

왜관 거주자가 관 밖에 나갈 용무가 있으면 館守에게 보고한 후 훈도・별차에게 通行札을 가지고 가 보여야 왕래할 수가 있다(在舘諸人 若辦諸用 告事舘司 直持通札 以於訓導別差處 可爲往來者也).

각 조의 제찰을 써서 왜관 중에 세워 이로써 준수할 규정으로 삼는다(各條制札 書立舘中 以此爲明鑑者也).

계해년(1683) 8월 일(癸亥 八月 日)

숙종9년(1683) 8월에 체결된 계해약조는 광해군1년(1609)의 기유약조와 함께 조선 후기의 조일관계를 규정하는 양대 支柱였다. 계해약조는 앞에서 살펴본 효종4년(1653)의 '禁散入各房約條'・'倭人書納約條' 및 그 이후 여러 약조로써 시험하였던 왜관 통제의 경험 중에서 가장 중요하고 본질적인 조치를 종합한 것이었다.[99] 계해약조는 그중에서도 특히 '禁散入各房約條'의 각방산입 금지 및 노부세 금지와, 1678년 무오절목의 새로운 초량왜관의 경계 강화와 5일 잡물 입급 때의 색리・고자・소통사에 대한 구타금지[100] 규정이 그 기본 골격을 이루었다.[101]

---

99) 長正統, 앞의 논문, pp.2~4.
100) 李源鈞, 앞의 논문, p.166에서는 약조제찰비의 제4조 규정을 "5일마다 잡물을 넣어 줄 때 색리・고자・소통사 등이 和人(일본인)들을 일체 끌어내어 구타하지 말 것."이라 하여 조선인 색리・고자・소통사 등의 일본인에 대한 구타 금지규정으로 해석하고 있다. 이러한 해석은 부산시 간행 『釜山의 文化財』, 1977年, p.231;『釜山市史』卷4, 1991年, p.809; 孫承喆, 『倭人作拏謄錄』을 통하여 본 倭館, 『港都釜山』10號, 1993年, p.91에서도 마찬가지이다. 부산박물관 소재 '약조제찰비'의 설명 표지판에도 같은 식으로 소개되어 있다(1994년 8월 31일 현장 답사). 그러나 이 규정은 전술한 1678년의 무오절목 제7조의 "잡물을 입급할 때에 색리나 고자를 구타하는 일이 없도록 한다(五日雜物入給時 色吏庫子 毋

이 약조의 체결에 의해 대마번 측은 조약의 내용을 준수할 뿐만 아니라 이러한 사태가 일어나지 않도록 하기 위하여, 通交貿易者의 통제와 館內의 단속, 특히 개시무역에 대한 통제를 더욱 강화하게 되었다. 그래서 약조 체결에 임박하여 1683년 4월 역대 館守에 대한 '倭館壁書'를 새로 26개 조문으로 개정하여 전달하였다. 내용은 주로 왜관거류자가 규율을 준수할 것을 환기시키는 것이었다. 또한 대마번은 계해약조가 체결된 직후인 1683년 9월, 처음으로 개시무역을 전적으로 담당하는 元方役을 설치하여 개시무역 통제를 강화하였다.[102]

한편 1678년에는 동래상고의 정액제가 처음 실시되게 되었다. 1678년 초량왜관으로 이전되면서, 밀무역을 방지하고 새로운 왜관체제의 효율적인 운영을 위해, 개시무역을 담당하는 상인의 수를 정액화하였던 것이다. 그러나 1678년의 무오절목에는 상고정액제규정이 명시되어 있지 않다. 상고정액제는 숙종17년(1691)의 東萊商賈定額節目에서 상

得毆打)."라는 규정을 토대로 하면서 대상에 소통사를 더 추가시키고, 구타의 주체인 和人(일본인)을 명시한 것이라고 생각한다. 특히 전술한 노부세 징수 과정에서 발생하여 중요한 현안 문제로 되었던 顯宗4年(1663)의 소통사 金達의 피살사건과 같은 행위가 이러한 규정을 명시하게 한 중요한 요인이 되었다고 생각한다. 그러므로 이 규정은 일본인의 조선인 색리·고자·소통사에 대한 구타 금지 규정으로 해석하여야 할 것이다. 이러한 해석은 무오절목의 7조목을 5조목으로 줄인 규정에 보면 잘 나타나 있다. 즉 제5조에 보면, 5일 잡물을 입급할 때는 관례에 따라 동래부에서 색리·고직배를 정하여 보낼 숫자를 헤아려 지급하는데, 만약 조그만 불만이 있으면 함부로 화내고 행패를 부리며 구타하므로, 옷이 찢어지고 다치기까지 한다. 이는 양국의 誠信에 의한 도리가 아니므로, 금후에는 절대로 나쁜 관습을 따르지 않으며, 비록 여의치 않은 일이 있더라도 조용히 본부(동래부)에 연락하여 좋게 처리하도록 한다고 규정하고 있다[『邊例集要』 卷 5, 「禁條」 戊午(1678, 肅宗4年) 8月(上-p.280)]. 필자와 같은 해석은 金容旭, 앞의 논문, p.109 및 田代和生, 「鎖國時代の日本町-朝鮮半島の倭館」, 『しにか』 12月號, 1993年, p.46에서 이루어진 바가 있다.

101) 長正統은 계해약조가 孝宗4年(1653)의 '禁散入各房約條' 및 '倭人書納約條'와 이하의 여러 약조로써 시험하였던 왜관 통제의 경험 중에서 가장 중요하고 본질적인 조치를 종합한 것이라고 하면서도(앞의 논문, pp.2~4), 1678년의 무오절목 규정에 대해서는 주목하지 않고 있다.

102) 田代和生, 앞의 책, pp.229~231.

세히 규정되었다.

1653년의 '禁散入各房約條'가 두모포왜관 시기의 밀무역 규제를 규정한 가장 기본적인 규정이라면, 1678년의 무오절목, 1683년의 계해약조, 1691년의 동래상고정액절목은 초량왜관 시기, 그중에서도 특히 17세기 초량왜관 시기의 밀무역에 대한 규제와 개시무역 등 왜관의 운영체계를 규정한 기본적인 규정이었다.

3) 商賈定額制의 실시

개시무역은 조선인 무역상인과 대마도인 사이에 이루어진 사적 거래로서, 특수한 경우를 제외하고는 거래 품목이나 수량에 제한이 없는 이윤추구를 위한 무역이었다.[103] 광해군2년(1610) 월 6회의 개시가 책정되면서 상인에 대해서도 일정한 규정이 이루어졌다. 전술한 것처럼 京外 상인 중 호조나 각 도 감사의 行狀을 가진 상인만 개시무역에 종사할 수 있고, 행장이 없는 자는 잠상으로 간주되었다.[104]

그러나 이 당시 상인의 정액 수가 있었는지 여부는 구체적으로 알 수가 없다. 17세기 이후로 조일무역이 점차 발달되어 갔지만 무역에 참가할 수 있는 범위는 한정되어 있었으므로, 상인들로서는 편법에 의해 개시무역에 참가할 수밖에 없었다. 상인들은 권력기관과 결탁하여 무역에 참가하는 길을 넓혀 갔다. 전술한 것처럼 인조13년(1635)의 한 기록에 의하면, 인삼상인이 경외 각 아문에서 行狀을 사사로이 받아내어 무역을 함으로써, 호조에 소속된 자는 6명뿐이라고 하였다. 호조의 입장에서는 재정수입을 강화하는 방안을 강구하지 않을 수 없었으므로, 호

---

103) 田代和生, 앞의 책, pp.66~67.
104) 『光海君日記』卷33 光海君2年 9月 辛亥(31-p.565) ; 『增正交隣志』卷4, 「開市」 p.187 ; 『通文館志』卷5, 「開市」(影印本, p.32) ; 『蓬萊故事』(『朝鮮學報』第57, 58輯에 영인 수록, 第57輯-pp.137~138) ; 田代和生, 앞의 책, pp.67~69 ; 鄭成一, 앞의 학위논문, pp.69~70.

조의 행장을 가지지 않은 자는 비록 上司의 행장이나 勢家의 간청이 있
더라도 모두 잠상으로 규정하도록 하였다.105)

밀무역을 방지하고 노부세, 즉 왜채의 증가를 막기 위한 방안으로 개
시무역 체계를 더욱 강화시키는 방안이 모색되었다. 개시무역을 담당
하는 동래상인의 수를 제한함으로써, 밀무역과 그에 따른 노부세의 폐
단을 막으려고 하였던 것이다.106)

상고정액제는 숙종17년(1691)에 제정된 동래상고정액절목에 의해 체
계화되었다. 그러나 상고정액제는 이때 처음 실시된 것은 아니다. 이미
1678년에 처음 실시되었다. 동래상고정액절목에서는 "왜관 상고는 무오
년(1678, 숙종4년)의 예에 따라 그 액수를 정한다(倭館商賈 依戊午年例
定其額數)."라고 전제하면서, 대일무역에 종사하는 상인의 수가 늘어나
종전의 20명으로는 부족하므로 30명으로 정액을 증가한다고 하였다.

1691년 상고정액제 실시의 기준이 된 무오년(1678)의 예를 『邊例集
要』1678년 윤3월조 기사에서 보면 다음과 같다. 즉, 근래 상고가
70~80명에 이르고 私賤馬主輩까지 포함되어 濫雜한 폐단이 생기므로
이를 바로 잡기 위해 동래부가 '商賈中有根着稍識事理者'로서 정액을 정
하여 호조에 보고하고, 호조에서 差帖하여 허락한 자만 왜관에 출입하
도록 하였다.107) 이 기사에는 1678년에 상고가 몇 명으로 정액되었는
지가 분명하지 않다. 그런데 1678년에 정액된 인원수는 20명이었다.
그것은 『邊例集要』1680년 7월조의 다음 기사를 통해서 알 수 있다.

정액상고 20명만 왜관 출입을 허락하고 나머지는 출입을 할 수가 없
다. 같은 京商으로 원래는 우열의 차이가 없으므로, 20명에 구애되지

---

105) 『承政院日記』第48冊 仁祖13年 6月 13日(3-p.167) ; 車守正, 앞의 논문, p.143
; 丁善榮, 앞의 학위논문, pp.60~61.
106) 『備邊司謄錄』第45冊 肅宗17年 7月 16日, '東萊商賈定額節目'(4-pp.395~396)
및 10月 17日(4-p.420) ; 長正統, 앞의 논문, pp.6~7 ; 鄭成一, 앞의 학위논
문, p.72.
107) 『邊例集要』卷9, 「開市」戊午(1678, 肅宗4年) 閏3月(下-p.6).

말고 나머지 경상도 허가하되, 그 수가 너무 많아 분잡한 폐단이 없지 않으니 개시 때에 수를 나누어 번갈아 출입하는 것이 어떨까라고 동래부사가 상계하였다. 이에 대해 왜관 출입 상고가 20명으로 정해져 있어서 나머지 경상을 일체 금지하는 것은 공평하지 못하고 폐단이 있으니, 금후에는 20명 정액을 폐지하고 경상 중 개시무역에 참가하기를 원하는 자는 출입을 허용하되, 개시 때마다 수를 나누어 번갈아 출입하게 하여 폐단이 생기지 않도록 하라고 하였다.[108]

1680년 당시의 20명 정액은 1678년 '商賈中有根着稍識事理者'를 뽑아 상고정액제를 실시했을 때의 정액 수라고 보아진다. 그러나 같은 경상이면서 정액 내에 포함되지 않은 상인의 불만이 크므로 1680년에 20명 정액제를 폐지하되, 폐지 후 수가 너무 많으면 분잡한 폐단이 많으므로 개시 때 그 수를 나누어 번갈아 출입하도록 하였던 것이다. 1678년은 왜관을 종전의 豆毛浦에서 草梁으로 옮긴 해이다. 그래서 전술한 것처럼 이해에 무오절목을 만드는 등 새로운 초량왜관의 실정에 맞게 왜관의 제반 규정을 정비하였다. 초량왜관 시기가 시작되면서 처음으로 상고정액제를 실시하여 개시무역 체계를 정비하고 밀무역을 방지하려고 하였다. 그러므로 동래상고 정액제는 1678년에 처음 실시되었으며, 이때 정해진 인원수는 20명이었다.[109]

상고정액제 폐지 후 수가 늘어나 분잡한 폐단을 막기 위해 상인 수를

---

[108] 『邊例集要』 卷9, 「開市」 庚申(1680, 肅宗6年) 7月(下-p.7).
[109] 田代和生, 앞의 책, p.229 ; 鄭成一, 앞의 학위논문, p.73에서는 『邊例集要』 庚申年(1680) 7月條에 근거하여, 1680년에 20명으로 제한하는 동래상고 정액제가 처음 실시되었다고 하였다. 또한 吳星, 앞의 책, p.28, 앞의 논문, p.36 ; 金柄夏, 앞의 논문, p.102에서도 1680년에 20명으로 제한하였다고 하였다. 그러나 『邊例集要』의 庚申年 7月條의 요지는 1680년에 20명으로 정액한다는 내용이 아니다. 오히려 종래 20명으로 정액한 것이 폐단이 있으므로, 20명 정액제를 폐지한다는 내용이다(졸고, 「朝鮮後期 水牛角貿易과 弓角契貢人」, 『한국문화연구』 4, 1991年, pp.66~67 ; 『朝鮮後期 貢人研究』, 한국연구원, 1993年, pp.34~35 참조).

나누어 번갈아 출입하도록 대비책을 강구하고 있는 것으로 보아, 1680년 20명 상고정액제가 폐지되었다 하더라도 상고의 수가 무한정 늘어나지는 않았을 것이다. 상고의 수는 그 후 점차 늘어나 1691년에는 43명이 되었다. 이처럼 상고 수가 늘어나게 된 중요한 요인의 하나는 역관이나 각 권력기관들이 노비들을 자신들의 差人으로 삼아서 상고로 만들어 개시무역에 종사하게 했기 때문이었다. 즉, 역관이나 아문의 差人 노비가 상고와 함께 牌를 받고 왜관에 출입하면서 무역에 종사한 것이 20명의 정액 규정을 무너뜨리고 노부세와 잠상 등 밀무역을 증대시키는 중요한 요인이 되었다.[110]

그래서 1691년에 동래상고정액절목을 마련하여, 다시 30명 정액제를 실시하게 되었던 것이다. 1678년 처음 정액제가 실시될 때와 마찬가지로, 1691년 당시에도 선발 기준이 된 사람은 京外富實者로서 '商賈中有根着稍識事理者'였다.[111] 이들 30명의 상고에게는 왜관 출입을 허용하는 허가증과 같은 勿禁牌가 지급되었다. 이 물금패에는 상고들 각자의 自號가 새겨져 있었다. 그리고 또한 전면에는 왜관의 館直이 상고의 출입을 금하지 말라는 뜻의 '館直勿禁'이란 글자가, 후면에는 이를 증명하는 동래부사의 수결인 '使'가 새겨져 있었다.[112]

그러므로 이 물금패를 가진 상고만이 왜관에 출입하면서 개시무역을 독점하였던 것이다. 이들 동래상고들은 물금패를 받았다고 하여 受牌商賈라고도 일컬었다.[113] 따라서 개시무역을 담당하는 수패상고들은 전형적인 관허특권상인들이었다. 숙종25년(1699) 8월에는 新銀의 吹鍊

---

110) 『邊例集要』 卷9, 「開市」 辛未(1691, 肅宗17年) 閏7月(下-pp.12~13). "所謂商賈 則猶是中人 身自受牌出入 而至於代奴受牌 則乃是譯官及各衙門差人之類."
111) 『備邊司謄錄』 第45冊 肅宗17年 7月 16日, 東萊商賈定額節目(4-pp.395~396).
112) 『增正交隣志』 卷3, 「勿禁牌式」, p.152 및 卷4, 「開市」, p.187 ; 『通文館志』 卷5, 「開市」, p.82 ; 金容旭, 앞의 논문, p.111 참조.
113) 졸고, 「19세기 牛皮貿易과 東萊商人」, 『韓國文化研究』 6, 1993年, pp.423~425 참조.

문제와 관련하여 首商賈 3명이 동래부의 조사를 받고 상고안에서 삭제되었다.114) 이로 미루어 보아 수패상고들은 자신들의 이름이 기재되어 있는 상고안에 등록이 되어 있었음을 알 수 있다. 상고안은 동래부에서 개시무역을 허가해 준 상인들의 명단이었다.115) 이처럼 상고들은 犯法을 하였을 경우에는 수패상고로서의 자격과 권한을 박탈당하면서, 상고안에서 삭제되기도 하였다.

동래상고정액절목에서 "商賈定額 蓋出於防禁路浮稅潛商之弊"라고 한 것처럼, 상고정액제를 실시하는 가장 중요한 목적은 개시무역 체계를 강화하여 노부세와 잠상 등 밀무역의 폐단을 막고 상업세 수입을 향상하기 위한 것이었다. 동 절목에서는 또한 상고 30명을 5명 1조로 나누어서 그중 우수한 자를 行首로 삼고, 이들 각 조의 行首에게 노부세, 잠상 행위를 감독하는 책임을 지웠다. 그러면서 행수와 일반 상고로 하여금 서로 밀무역 행위를 감시하도록 하였다. 그리고 수패상고들은 그들의 조직체인 都中을 형성하고 있었다. 도중에 가입된 이들 동래상고를 都中商賈라고 하였다.116)

1691년 동래상고정액절목에서 상고 30명을 5명 1조로 나누고 각 조에 행수를 두어 밀무역을 감시하는 책임을 지게 한 것은 당시 향촌통치 안정책으로 실시하였던 五家作統制와 외형적 모습이 유사한 점에서 주목된다. 조선 후기 오가작통제의 틀은 숙종1년(1675) 9월의 '備邊司五家作統事目'과 숙종3년(1677) 11월의 '寬恤事目'에서 비롯되었다. 오가

---

114) 『邊例集要』卷9, 「開市」己卯(1699, 肅宗25年) 8月(下-pp.15~16).
115) 19세기 후반의 상고안이지만, 동래부 상고안에 대해서는 졸고, 「『東萊府商賈案』을 통해서 본 19세기 후반의 東萊商人-『東萊武任先生案』과의 비교」, 『한일관계사연구』 창간호, 1993年 참조.
116) 도중 및 도중상고에 대해서는 19세기의 내용이지만, 田代和生, 「幕末期日朝私貿易과 倭館貿易商人-輸入品目의 取引을中心に-」, 速水融 外 編, 『德川社會からの展望-發展・構造・國際關係-』, 同文舘, 1989年 및 졸고, 「19세기 牛皮貿易과 東萊商人」・「『東萊府商賈案』을 통해서 본 19세기 후반의 東萊商人-『東萊武任先生案』과의 비교」 참조.

작통사목은 모두 21개 조로 구성되어 있었다. 이 중 治盜·流民 및 이주민 대책이 3개 조 들어있다. 이 사목은 國家再造와 향촌안정을 위한 효종~현종년간의 제반 논의를 수렴한 것이었다.117) 오가작통제의 원리는 동래상고 내부에만 적용된 것은 아니었다. 숙종35년(1709)에는 왜관의 일본인이 몰래 나와 潛接했는데도, 그 이웃인이 즉시 발각하지 못하면 그 統內의 4집도 모두 조사 추궁하는 것을 정식 규정으로 삼도록 하였다.118) 이러한 왜관 일본인의 越境에 대한 엄격한 규제는 밀무역에 대한 금지책만은 아니었다. 특히 당시 외교 문제로까지 비화되었던 왜관 일본인과 조선 여인 사이의 交奸事件의 대비책으로도 강화되었다.119)

1691년 상고정액제의 실시에 따라, 정액 내의 수패상고인 額內 商賈들의 개시무역 독점권은 더욱 강화되어 갔다. 이들은 왜관 문 밖에 집을 짓고 처자식과 함께 살면서 다른 무역상인들은 왜관에 발도 못들여 놓게 하였다.120) 이들의 개시무역 독점권은 전술한 것처럼 서울 육의전의 禁亂廛權과 같이 인식될 정도였다.121) 또 이들은 일본인들과 친하게 지내면서 국내의 여러 사정을 유출시키는 폐단을 일으키기도 하였다. 무역독점권의 강화로 인해 이들 특권상인들의 권력은 훈도·별차를 능가할 정도였다. 이처럼 상고정액제로 인한 개시무역 독점권의 강화로

---

117) 吳永敎, 『朝鮮後期 鄕村支配政策의 轉換-17世紀 國家再造와 관련하여』, 연세대 사학과 박사학위논문, 1993年, pp.187~191, 201~206 참조.
118) 『邊例集要』卷5, 「禁條」己丑(1709, 肅宗35年) 10月(上－pp.282~283) ; 『增正交隣志』卷4, 「約條」肅宗35年(pp.178~179) ; 『肅宗實錄』卷48, 肅宗36年 3月 甲午(40－pp.348~349).
119) 왜관 교간사건에 대해서는 孫承喆, 앞의 논문 참조. 肅宗16年(1690)부터 肅宗18年(1692) 사이에 왜관을 중심으로 발생한 作弊를 기록한 『倭人作拏謄錄』(奎 12962)이 ㉠ 우리나라 여인의 潛奸事件, ㉡ 동래상고정액절목, ㉢ 노부세 잠상의 금지의 세 부분으로 구성되어 있다는 것은 왜관 일본인에 대한 定界 월경의 통제책에 대한 성격을 잘 보여주고 있다고 하겠다. 『倭人作拏謄錄』에 대해서는 『奎章閣韓國本圖書解題』史部 2, 서울대 도서관, 1982年, p.189 참조.
120) 『備邊司謄錄』第52冊 肅宗28年 9月 17日(5－p.74).
121) 졸고, 「19세기 牛皮貿易과 東萊商人」·『東萊府商賈案』을 통해서 본 19세기 후반의 東萊商人－『東萊武任先生案』과의 비교」 참조.

모순이 야기되자, 상고정액제 실시 약 10여 년 후인 숙종28년(1702)에 상고정액제를 폐지하자는 주장이 호조판서 金昌集에 의해 제기되었다. 김창집의 주장에 조정 대신들도 동감하고 있었다. 그러나 정액 수만 폐지하고 상고들의 독점권이나 정보 유출을 막는 구체적인 방안이 모색되지 않으면, 상고정액제 폐지 자체는 별 소용이 없다는 인식이 강하였다. 그래서 절목을 만들어 방안을 모색한 후 정액을 혁파하도록 하였다.[122]

이처럼 상고정액제에 의한 개시무역의 독점권에 대한 규제가 강화되고 또 한편으로는 18세기 이후 개시무역이 점차 쇠퇴해 가면서, 상고정액제는 변하여 갔다. 그래서 1691년에 30명이었던 정액이 그 후 20명 → 15명 → 10명으로 점차 줄어들게 되었다.[123] 대마번의 조선어 통역관인 小田幾五郎이 저술한 『草梁話集』(1796)에서도 동래상고의 都中은 전에는 다수이고 서울이나 개성 사람도 있었으나, 근래에는 사무역의 저하에 따라 겨우 4~5인 정도이고 '東萊內之役'을 담당하는 사람도 가담하고 있다고 하였다.[124] 이러한 지적은 개시무역의 쇠퇴에 따라 都中을 구성한 동래상고의 범주나 성격이 점차 시기적으로 변하여 간 것을 잘 보여주고 있다고 하겠다.[125]

5. 맺음말

지금까지 밀무역 통제책의 핵심 내용이라 할 수 있는 각방 산입의 금지, 왜채의 금지, 상고정액제의 실시 등을 검토하여 17세기 밀무역을 비롯한 조일무역의 실태와 성격을 살펴보았다.

---

[122] 『備邊司謄錄』第52冊 肅宗28年 9月 17日(5-p.74); 『通文館志』卷5, 「開市條」(p.82)에는 戊子年(1708, 肅宗34年)에 그 정액을 다시 혁파하였다고 하였다.
[123] 『增正交隣志』권4, 「開市」, p.187.
[124] 田代和生, 「幕末期日朝私貿易と倭館貿易商人-輸入品目の取引を中心に-」, pp.316~317.
[125] 졸고, 「19세기 牛皮貿易과 東萊商人」, pp.424~427.

밀무역은 조선 측 사료에는 흔히 潛商, 私商, 潛賣 등으로 표현된다. 그러므로 밀무역을 잠상무역으로 표현하는 경향도 있다. 밀무역을 담당한 상인의 주체에서 본다면 잠상이나 잠상무역으로 표현해도 무방하다고 생각된다. 그러나 밀무역의 성격은 공무역, 개시무역과 관련된 조일무역 전체의 틀 속에서 보다 분명해진다고 생각한다. 앞으로 무역범주로서의 밀무역의 용어나 개념의 정립이 요망된다.

밀무역은 상인이나 역관들에 의해 주도되고 있었다. 또한 수어청, 어영청, 동래부 등 권력아문들도 재정수입을 위해 밀무역을 하였다. 동래왜관을 관장하는 동래부는 가장 유리한 위치에 있었다. 동래부 수령, 이서층, 군관층 등이 역관, 상인들과 유착하여 밀무역에 종사하였다. 동래왜관의 상업세 수입은 호조와 동래부가 양분하고 있었다. 그러나 호조가 점차 이를 독점하자, 동래부는 재정수입을 위해 밀무역에 종사하거나 묵인할 수밖에 없었다. 밀무역 상인은 공무역이나 개시무역과의 관련 여부, 권력기관과의 유착 여부에 따라, 자본 면이나 무역품목에 상당한 차이가 있었을 것이다. 밀무역 상인 내의 차별성에 대한 연구가 이루어져야 할 것이다.

밀무역은 공무역이나 개시무역의 변화와 밀접한 관련을 가지면서 전개되었다. 개시무역은 중국산 비단과 일본산 은의 중개무역, 조선산 인삼과 일본산 은의 교역이라는 두 축으로 전개되었다. 따라서 17~19세기의 밀무역은 개시무역 변화양상, 개시무역을 담당했던 무역상인의 변화양상과 연동되면서 전개되었다. 따라서 17~19세기의 개시무역, 18~19세기 밀무역과 비교 검토를 한다면 17세기 밀무역의 실상과 성격이 보다 분명해질 것이다. 특히 宗家文書 등 일본 측 사료를 토대로 한 연구가 이루어져야, 한국 측 사료를 토대로 한 편향적인 연구의 보완이 이루어질 것이다.

(『國史館論叢』 61, 1995)

阿片戰爭 이전 廣東의 대외무역과 廣東 사회경제의 변화

朴 基 水

1. 머리말
2. 아편전쟁 이전 廣東의 대외무역
   1) 아편전쟁 이전 淸朝의 대외무역 정책
   2) 아편전쟁 이전 廣東의 對外貿易의 발전
3. 대외무역이 廣東 社會經濟에 미친 영향
   1) 商業的 農業의 확산과 발전
   2) 手工業의 성장과 발전
   3) 商業의 繁榮
4. 대외무역과 관련된 廣東商人
   1) 貿易商人
   2) 洋行商人
   3) 專門品目 商人
5. 맺음말

朴基水

1954년 서울에서 태어나 성균관대학교 대학원 사학과에서 박사학위를 받았고, 경기대학교 사학과 전임강사를 거쳐 현재 성균관대학교 사학과 교수로 재직하고 있다. 저서로 『中國歷代 都市構造와 社會變化』(공저, 2003), 『近代中國的城市與鄉村』(공저, 中文, 2006), 『명청시대 사회경제사』(공저, 2007) 등이 있고, 역서로 『마카오의 역사와 경제』(공역, 1999), 『기후의 반역-기후를 통해 본 중국의 흥망사』(공역, 2005), 『사료로 읽는 중국 고대 사회경제사』(共譯註, 2005) 등이 있으며, 논문으로는 「淸代珠江三角洲的商品生產和墟市之發展」(中文, 2002), 「淸代佛山鎭的城市發展和手工業,商業行會」(中文, 2006), 「한국과 중국의 자본주의맹아론」(2007) 외 다수가 있다.

阿片戰爭 이전 廣東의 대외무역과
廣東 사회경제의 변화

1. 머리말

　明淸時期에 나타난 대표적 社會經濟的 變化 중의 하나가 商品經濟와 貨幣經濟의 발전이다. 상품경제의 발전은 기본적으로 중국 내부의 농업생산력의 발전과 수공업의 발달이라는 내적 요인에 기인하지만, 이러한 기본적 요인 이외에 외국으로부터의 상품유입이나 외국에서의 상품수요에 의하여 상품경제의 발전이 자극받기도 한다. 여기서는 廣東이라는 중국의 한 지역의 상품경제가 발전하게 된 배경으로서 광동의 특수성 즉 광동에는 阿片戰爭 이전 淸代에 유일한 합법적 대외무역항이 존재했다는 점에 착안하고자 한다.

　종래 아편전쟁 이전 청조는 대외무역에 대하여 海禁政策으로 일관하여 청대에는 대외무역이 억제되고 발전하지 않았다는 견해가 지배적이었다.[1) 중국에서 학자들은 이를 閉關政策이라 불러왔다. 과연 아편전

---
1) 汪敬虞,「論淸代的禁海閉關」,『中國社會經濟史研究』, 1983-2; 万靑芝,「也談淸代的閉關政策」, 複印報刊資料 K3『中國近代史』, 1984-2; 戴逸,「閉關政策的歷史敎訓」과 胡思庸,「淸朝的閉關政策和蒙昧主義」는 모두 寧靖 編,『鴉片戰爭史論文專集(續編)』, 北京 : 人民出版社, 1984年에 수록. 丁三伏,「試論淸朝閉

쟁 이전 청대에는 그러한 정책으로 대외무역이 발전할 수 없었던 것일까? 필자는 이에 당시의 관세액을 통하여 무역량을 추정함으로써 그 액수가 결코 적지 않았다는 사실과 광동의 무역상인이 동남아나 일본으로 가서 자유롭게 무역에 종사하였다는 사실을 통하여 청조의 소위 폐관정책을 재검토하려 한다.

한편 광동의 대외무역의 일정한 발전은 광동의 사회경제에 상당한 변화를 초래하였다. 수출을 위해서 차를 재배하고, 뽕나무를 심어서 양잠업을 진행시켰으며, 사탕수수와 과수를 재배하는 등 상업적 농업을 확산·발전시켰다. 아울러 주요 수출 상품이었던 차엽, 생사와 비단, 면포, 鐵鍋(철제 솥), 설탕 등을 제조하기 위한 차엽가공업, 제사업과 견직업, 면방직업, 철기주조업, 제당업 등의 수공업을 발달시키기도 하였고 이러한 수출입상품을 유통시키는 과정에서 상업이 번영하였으며 상당한 상인집단을 형성하기도 하였다. 이러한 상업적 농업, 수공업과 상업의 발전은 역으로 대외무역이 발전하였음을 반증하는 것이기도 하였다. 특히 광동에는 대외무역과 관련하여 몇 가지 새로운 유형의 상인집단이 형성되었다. 동남아나 일본과의 무역에 종사한 무역상인,[2] 청조의 특허를 받아 서양상인과 교역을 진행한 洋行商人(즉 廣東13行, 行商), 수출상품인 차엽·생사·설탕 등의 전문적 품목을 취급한 상인들이 그들인바 이들의 존재는 역으로 광동에서의 대외무역의 성황을 반영하는 것이었다. 이처럼 광동에서는 대외무역이 사회경제에 미친 영향이 다대하였다.

본 고는 이러한 문제의식을 가지고 광동의 대외무역을 검토하고자한다. 전근대시기 광동의 대외무역사에서 최고의 번영을 구가한 시기

    關政策'的雙重性」, 『重慶社會科學』, 2002-6 등을 들 수 있고 이에 대한 연구경향으로는 夏泉, 「淸朝閉關政策硏究述評」, 『淸史硏究』, 2002-4를 참조.
[2] 사료상에서는 '海商'으로 종종 표현된다. 여기서 '海商'이란 용어를 피한 까닭은 선박을 이용하여 중국의 연안에서 상품유통에 종사하는 상인도 海商으로 볼 수 있기 때문이다.

는 廣州가 중국의 유일한 합법적 대외무역 항구가 되었던 阿片戰爭 이전의 淸代였다. 따라서 본 고에서는 연구 대상 시기를 아편전쟁 이전의 청대로 국한하였다. 본 고의 연구 목표를 달성하기 위해 우선 2장에서는 아편전쟁 이전 淸朝가 어떤 대외무역 정책을 취하였으며 그것이 광동의 대외무역에 어떠한 영향을 미쳤고, 그 결과 청대 광동의 대외무역이 어떻게 전개되었는지 살펴보려 한다. 서양과의 무역만이 아니라 일본, 동남아와의 무역도 연구 범위에 넣고자 한다. 광동지역의 대외무역에서 이들 지역과의 무역도 상당한 비중을 차지하고 있었기 때문이다. 이어서 3장에서는 이러한 광동의 대외무역이 廣東의 社會經濟에 어떠한 影響을 미쳤는가를 살피고자 한다. 외국으로의 수출상품을 공급하기 위한 商業的 農業 및 手工業의 전개와 발전 상황을 살펴보고 이어서 광동지역의 商業 繁榮의 실상을 개괄하고자 한다. 이러한 상업 번영의 뒤에는 그러한 번영과 변화를 추동시킨 商人階層이 존재하였다. 그러한 상인의 면모를 묘사하는 것이 4장의 목표이다. 그러나 대외무역에 의한 광동상인의 형성과 발전이라는 점을 중시하여 모든 상인을 다루는 것이 아니라 대외무역과 관련되거나 대외무역에 의해 영향받아 형성·발전된 상인만을 고찰대상으로 삼았다. 이를 통해 대외무역에 의해 형성·발전된 광동상인의 고유한 특징이 드러나리라 기대한다. 역으로 이러한 상인의 형성과 발전은 광동의 대외무역의 발전상을 증거하는 것이기도 하다.

2. 아편전쟁 이전 廣東의 대외무역

1) 아편전쟁 이전 淸朝의 대외무역 정책

淸初 兩廣總督 겸 廣東巡撫 佟養甲이 외국과의 통상이 국가를 부유

하게 하고 광동의 군수물자 조달[軍餉]을 충실케 한다는 취지의 상소를 하자 順治4年(1647) 그의 요구가 승인되어 廣東商人이 마카오에 가서 포르투갈 상인과 무역하는 것이 허가되었다.[3] 그러나 광동지역에서 명조 부흥세력인 南明政權과 농민봉기군이 연합하여 反淸活動을 계속하였으므로 순치12년(1655) 청 정부는 海禁을 실행하여 마카오에서 광주에 이르는 陸路貿易을 정지시켰다.[4] 아울러 福建, 浙江 등의 해안에서 反淸活動을 하고 있던 鄭成功 세력에 대한 주민의 호응과 지원을 단절시키기 위해 여러 차례 海禁令(1656·1662·1665·1675년)과 遷界令[5] (1660·1662·1678년)을 내렸다.

이러한 海禁政策은 해외무역의 발전을 심각하게 저해하였고 정부의 재정수입에도 막대한 영향을 주었을 뿐만 아니라 연해 주민의 생산과 생활에 커다란 고통과 피해를 주었다. 이 때문에 東南 沿海 지역의 지방관료들은 강력하게 해금을 반대하고 무역을 허가할 것을 주장하였다. 예컨대 兩廣總督 李棲鳳, 平南王 尙可喜, 廣東巡撫 王來任 등이 부단히 천계령의 취소를 요구하자,[6] 청 정부는 康熙8年(1669) 광동에서 일부 천계령을 취소하였고, 광동의 대외무역을 완전히 중단시키지는 않았다. 또한 강희15년(1676) 江蘇·福建·廣東의 총독과 순무들은 황제에게 海禁의 실시로 인한 경제의 쇠퇴·재정의 곤란·백성의 실업 그리고 鑄銅의 고갈 상황을 부단히 상소하였고, 오직 무역의 허용이 이러한 사

---

[3] 黃啓臣, 「淸代前期廣東的對外貿易」, 『中國經濟史研究』 第4期, 1988年, p.73.
[4] 포르투갈 상인 Manuel de Saldanha, Bento Pereyra de Faria 등이 두 차례에 걸쳐 북경에 가서 요구하였기에(黃啓臣, 「淸代前期澳門對外貿易的衰微」, 『廣西社會科學』 第2期, 1988年, p.76 참조) 康熙18年 12月(1680.1) 康熙帝는 廣州-마카오 육로무역을 허가하였다(彭澤益, 「淸代廣東洋行制度的起源」, 『歷史研究』 1957年 第1期, 1957年, p.10 참조).
[5] 천계령은 해안으로부터 산동성은 40리, 복건성은 30리, 광동성은 50리에 이르는 지역의 주민을 내륙으로 이주시키는 정책이었다.
[6] 劉志偉·戴和, 「明淸時期廣東士宦開海思想的歷史發展」, 『學術研究』 第3期, 1986年, p.73.

회경제 문제를 해결할 수 있다고 주장하였다.

마침 康熙22년(1683) 청은 鄭成功의 孫子 鄭克塽의 항복을 받아 대만을 통일하고 아울러 三藩의 亂을 평정하여 해금을 폐지할 수 있는 여건을 조성하였다. 무역의 허용을 주장하는 관료의 요구에 호응하여 康熙帝는 무역의 허용 주장에 찬성하였다.[7] 이에 강희23년(1684)에는 정식으로 海禁을 해제하였다. 그리하여 1685년 江南(江蘇)의 松江, 浙江의 寧波, 福建의 泉州, 廣東의 廣州[8]를 대외무역의 항구로 선포했으며, 그곳에 각각 江海關·浙海關·閩海關·粤海關 등의 4개 海關을 설치하여 대외무역을 관장하게 하였다.

乾隆20年(1755) 이래 영국상인 James Flint 등이 절강의 寧波·定海 등지에서 교역을 기도하는 사건을 일으키자[9] 청 정부는 건륭22년(1757) 江海關·浙海關·閩海關의 무역을 철폐한다고 선포하고, 외국 선박은 단지 廣東에서만 무역하도록 허락하였다. 이로써 중국의 해외무역은 주로 廣州 해안에서 진행되는 廣州貿易體制가 성립되었다.

종래 청의 對外貿易이 廣州 한 항구로 제한되었다는 점, 그것도 자유롭게 서양상인이 중국상인과 교섭하는 것이 아니라 廣東13行이라 불리는 특권상인 洋行商人과의 교역만 가능하였다는 점, 수출할 수 있는

---

7) 『聖祖實錄』卷116 康熙23年 秋7月 癸亥條 第5冊, 北京 : 中華書局, 1985年, p.212. 康熙帝가 開海貿易의 주장을 지지한 것에 대해서는 鄭誠一, 『阿片戰爭前 淸英關係』, 慶北大學校大學院 박사학위논문, 1994年, pp.12~16 참조.

8) 彭澤益, 「淸初四榷關地點和貿易量的考察」, 『社會科學戰線』第3期, 1984年, pp.128~129. 종래 夏燮의 『中西紀事』에 의거하여 4海關의 위치를 廣東의 澳門, 福建의 漳州, 浙江의 寧波, 江南의 雲臺山으로 보았으나 彭澤益은 王士禎의 『北歸志』에 의거하고 道光 『廈門志』 등을 이용하여 이처럼 밝혔다. 海關의 소재지를 보다 구체화시키면 江海關은 康熙24年 松江府 華亭縣 漴闕에 위치하였으나 康熙26年 松江府 上海縣 寶帶門 內로 옮겼고, 閩海關은 泉州府 同安縣 廈門에 설치하였으며, 粵海關(大關)은 廣東省城(廣州) 外城 五仙門 內에 위치하였는데 월해관 감독은 가끔 廣州府 香山縣 澳門에도 출장 나가기도 하였다고 한다.

9) James Flint 등의 행적과 대외무역 교섭 상황에 대해서는 鄭誠一, 앞의 논문, pp.32~74 ; 陳東林·李丹慧, 「乾隆限令廣州一口通商政策及英商洪任輝事件述論」, 『歷史檔案』第1期, 1987年 참조.

상품의 종류와 수량이 제한되었다는 점, 廣州에서의 서양인의 활동에 여러 제약이 있었다는 점 등을 들어 청의 대외무역을 閉關政策으로 규정하는 것이 일반적이었다.10) 청의 대외무역은 많은 제한과 한계로 대외교역의 내용이나 교역상품 액수가 보잘 것 없고 그것이 중국 사회경제에 미친 영향도 대단하지 않다는 견해가 일반적이었다.

그러나 청대 대외무역 정책의 폐쇄성에도 불구하고 중국상인과 외국상인이 지속적으로 교역의 확대를 위해 노력한 결과 중국의 대외무역은 일정한 발전을 보았다고 생각된다. 이런 점에서 黃啓臣의 견해는 매우 시사적이다. 그에 의하면 廣州가 유일한 통상 항구는 아니었고, 청 정부도 완전히 閉關鎖國 정책을 실행한 것은 아니었다. 그 논거는 첫째, 청 정부가 규정한 대외무역은 광주에서 진행되고 있었는데, 이것도 일종의 개방이며 단지 전면적으로 전국의 항구를 개방한 것이 아닐 뿐이다. 모든 무역항구를 閉關하거나 외국과의 무역을 완전히 단절한 것이 아니라면 이를 閉關鎖國이라 할 수 없다. 둘째, 당시 소위 "단지 廣東에서만 무역을 허가한다."라는 것은 주로 歐美 各國에 대해서 말한 것이다. 南洋地域에 온 유럽 식민지 국가의 상선은 여전히 閩·浙·江海關에서 무역을 할 수 있었다. 셋째, 중국상인은 소위 "단지 廣東에서만 무역을 허가한다."라는 제한을 받지 않아 四海關에서 무역을 할 수 있었다. 그리하여 건륭22년(1757) 이후 福建·浙江·江蘇 연해 항구에서 해상무역을 하는 상선은 여전히 많았다. 건륭22년 이후 주로 廣州에 무역이 집중된 것을 閉關鎖國 정책을 실행했다고 보는 시각은 새로이 검토되어야 한다. 덧붙여 黃啓臣은 청 정부는 해관을 설치하여 엄격히 해외무역을 관리하는 정책을 실행한 것 뿐11)이라고 한다.

---

10) 대표적 논문으로는 戴逸, 「閉關政策的歷史敎訓」, 『人民日報』 1979.3.13 ; 胡思庸, 「淸朝的閉關政策和蒙昧主義」, 『吉林師大學報』 第2期, 1979年 등이 있다. 모두 寧靖 編, 『鴉片戰爭史論文專集(續編)』, 北京 : 人民出版社, 1984年에 수록.
11) 黃啓臣, 「淸代前期海上貿易的發展」, 『歷史硏究』 第4期, 1986年.

黃啓臣의 견해는 청대 대외무역 정책을 고찰할 때 경청해야 할 내용이지만, 마치 광주 이외에 다른 지역에서도 광주와 똑같이 대외무역이 진행된 것이라는 잘못된 인식을 심어줄 우려가 있다. 실제 朝鮮이나 日本과의 대외교역을 제외하고는 동남아나 서양과의 교역은 지리적 여건상 다른 지역보다 廣州가 유리하였고, 寧波나 廈門 등의 浙江·福建 연해지역은 서양 상인이 교역하기에는 교역환경이 불편하여[12] 1757년 이전 이미 광주가 대외무역의 중심지로 부상하고 있었다. 이 점은 1757년 이전 중국에 온 서양 선박의 대부분이 광주에서 교역을 했다는 것과[13] 1755년 四海關에서 징수한 관세액 중 월해관의 관세가 차지하는 비중이 가장 높았던 것[14]을 통해서도 충분히 짐작할 수 있다. 게다가 광주는 합법적으로 유일한 대외무역의 항구가 되었던 것이다. 따라서 1757년 이후 廣州가 중국의 대외무역 중심지였음은 부정하기 어렵다.

2) 아편전쟁 이전 廣東의 對外貿易의 발전

廣東은 해안선이 약 4,300km에 달하여 중국 전해안선의 23.8%에 이를 정도로 길고 굴곡이 심한 편이어서 선박이 정박하기에 좋은 항구

---

[12] 寧波나 廈門의 淸朝 관리의 수탈·規禮 요구가 지나쳐 서양 상인의 무역에 곤란을 초래하였고, 寧波나 廈門 상인의 자본이 부족하여 서양인이 필요로 하는 상품을 적시에 공급할 능력이 없었다. 게다가 寧波商人의 行幫이나 특수한 위세를 갖춘 皇商·官商의 존재로 상품가격을 신축적으로 조절하지 못하고 오히려 廣州에 비해 1~3할 비쌌다. 張德昌, 「淸代鴉片戰爭前之中西沿海通商」, 『淸華學報』 卷10 第1期(中華文化復興運動推行委員會 主編, 『中國近代現代史論集』 第1編, 「鴉片戰爭與英法聯軍」, 臺灣商務印書館, 1986年에 재수록), pp.62~63.

[13] 彭澤益, 앞의 논문, 1984年, p.130에 의하면 영국의 동인도회사 선박의 경우 海禁이 풀린 1685년에서 1757년까지 중국에 모두 189척이 왔는데 이 중 광주에 도착한 것은 156척으로 전체의 82.5%라 한다.

[14] 江海關稅 : 77,509兩, 浙海關稅 : 87,654兩, 閩海關稅 : 314,418兩, 粤海關稅 : 515,188兩. 郭蘊靜, 『淸代商業史』, 瀋陽 : 遼寧人民出版社, 1994年, p.329. 이를 계산하면 粤海關에서 징수한 관세는 전체의 약 52%에 달한다.

가 비교적 많다. 외국 상인에게는 粵海關이 위치한 광주만 개방되었지만, 중국상인에게는 연안무역이나 동남아, 일본과의 무역에 종사할 수 있는 많은 항구가 열려 있었다. 『粵海關志』에 의하면 粵海關에 속한 항구로는 廣州省城大關, 澳門總口, 庵埠總口, 梅菉總口, 烏坎總口, 海安總口, 海口總口의 7개 總口와 49개 小口가 있었다고 한다.15)

아울러 동남아 여러 나라와는 중국의 어느 지역보다 광주가 지리적으로 가깝고 예전부터 지속적으로 무역관계가 있었기 때문에 淸代에도 중국과 동남아의 무역관계는 비교적 발전하였다. 중국상인은 일찍부터 태국, 필리핀군도, 술루제도, 셀레베스군도, 말래카 군도, 싱가포르, 보르네오섬, 자바, 수마트라, 말레이시아, 월남, 캄보디아16) 등의 나라나 지역에 가서 교역하였고 그곳의 상인도 간혹 광동에 와서 교역하였다. 중국과 동남아의 무역이 전개되는 과정에서 자연히 중국과 서양 여러 나라가 교역할 수 있는 기회도 생겨났다. 동방 진출의 선두에 섰던 포르투갈 상인이 이미 明代 중국에 진출하였으며, 스페인은 동남아에 있는 그들 식민지에서 중국상인과 교역할 수 있었다. 명말 이래 네덜란드, 영국, 프랑스, 덴마크, 스웨덴, 이탈리아, 프러시아, 미국상인 등도 중국에 와서 교역하기 시작하였다. 한편 광동에서는 전통적인 일본과의 무역도 진행되었다.

1757년 江, 浙, 閩의 세 해관을 폐쇄하고 粵海關에서만 대외무역을 승인한 淸廷의 조치는 광동의 대외무역을 발전시키는 하나의 계기가 되었다. 이에 따라 중국의 대외무역은 주로 광동에서 집중적으로 전개되

---

15) 梁廷枏 等纂, 『粵海關志』 卷10, 「稅則三」(沈雲龍 主編, 近代中國史料叢刊續編 第19輯, 文海出版社), pp.735~741에는 7개 總口, 49개 小口의 명단이 실려 있다.
16) B. P. P., "First Report from the Select Committee of the Commons on the affairs of the East India Company", *China Trade*, 1830, pp.629~632, Evidence by J. Crawfurd, Esq. 이 자료는 姚賢鎬 編, 『中國近代對外貿易史資料(1840~1895)』第1册, 中華書局, 1962年, p.59에 번역·수록되어 있다. 이하 이 자료는 『貿易史資料』라고 약칭한다.

어 중국 각 성의 수출상품은 광동으로 집중되었고, 외국에서 수입된 상품도 광동을 통하여 전국으로 흘러들어갔다.

이처럼 광동에는 대외무역을 진행할 만한 항구가 많았고 서구, 동남아, 일본 등 여러 나라와 교역을 하였을 뿐만 아니라 1757년에는 광주가 유일한 합법적 대외무역항구가 되었기 때문에 광동의 대외무역은 매우 활성화되었다. 이외에도 광동의 대외무역을 활성화시킨 조건은 청조가 몇 차례에 걸쳐 減稅와 免稅 조처17)를 통하여 외국 상인을 우대하였고, 광주무역체제가 서양 상인에게 교역상 불편을 준 점을 부인할 수 없지만 한편으로 몇 가지 점에 있어 편리를 주었다는 점이다. 즉 광주에는 재력이 있고 해외무역의 경험이 많은 行商들이 존재하고 있어서 서양 상인은 대규모 상품을 안정적으로 공급받을 수 있었다. 아울러 중국 관리와의 교섭을 행상이 대신해 주었기 때문에 문제 해결이 손쉽게 되기도 하였다.18)

이에 따라 청대 광동의 대외무역은 일정한 발전을 보였으니 그 정황은 〈표 1〉19)과 같다. 이 표에서는 『粤海關志』에 제시된 관세 징수 통계 자료를 모태로 하여 무역총액을 추정해 보았고 아울러 무역액의 증가상황을 지수로 표시하였다. 우선 무역총액에 대해서는 관세율을 2%로 하

---

17) 예컨대 1684년 서양선박에 대해 2할의 세를 감면하였고, 1685년 여기에 다시 2할의 세를 감면하였으며 1699년 영국선박에 대해서는 원래 정해진 세의 75%를 징수하였다. 특히 米穀輸入 상선에 대해서는 여러 차례 면세하였고 미곡을 수입한 중국인에 대해서는 紳士의 지위나 관료의 虛銜(실제 직무가 없는 이름뿐인 직함)을 부여하였다. 鄧開頌, 「淸代前期政府對廣州海外貿易的若干特殊政策及其影響」, 陳柏堅 主編, 『廣州外貿兩千年』, 廣州文化出版社, 1989년, pp.279~280 참조.
18) 게다가 중국의 현지 사정이나 중국의 관례·풍습을 잘 모르고 언어소통에도 장벽이 있는 외국 상인에게 行商은 매우 요긴한 존재였음에 틀림없다. 鄭誠一, 앞의 논문, pp.19~31.
19) 1729년에서 1757년까지의 관세는 彭澤益, 「淸初四權關地點及貿易量的考察」, 『社會科學戰線』 第3期, 1984년, p.131을 참조. 1729년에서 1757년까지의 무역액은 1729~1731, 1734~1735, 1741, 1744, 1749~1757년까지의 16년간의 추정무역량의 합산이므로 10년 단위로 평균하여 표에 추가시켰다. 1758년 이후는 『粤海關志』卷10, 「稅則三」, pp.703~734에서 계산.

〈표 1〉 1729~1837년 粵海關關稅徵收額 및 무역추정액

年代	關稅(兩)	貿易總額(兩) a	貿易總額(兩) b	指數	指數
1729~1757	5,768,587	288,429,350	96,143,117		
위 시기 10년 평균	3,605,367	180,268,340	60,089,447	79	100
1758~1767	4,560,913	228,045,650	76,015,217	100	127
1768~1777	5,655,717	282,785,850	94,261,950	124	157
1778~1787	8,155,030	407,751,500	135,917,167	179	226
1788~1797	10,256,823	512,841,150	173,947,050	225	284
1798~1807	14,663,878	733,193,900	244,397,967	322	407
1808~1817	14,678,906	733,945,300	244,648,433	322	407
1818~1827	14,858,759	742,937,950	247,645,983	326	412
1828~1837	15,436,779	771,838,950	257,279,650	338	428
合計	94,035,392	4,701,769,600	1,567,256,533		

여 총액을 추산한 경우(무역총액 a)와 관세율을 6%로 하여 무역총액을 추정(무역총액 b)한 두 가지 경우를 제시하였다. 첫째, 彭澤益은 관세율을 2%로 보는데 그 근거를 설명하면, 아편전쟁 후 청조는 영국과의 새로운 稅則의 상담을 준비하기 위하여 兩廣總督과 廣東巡撫로 하여금 粵海關이 징세한 상황을 전면적으로 조사하게 하였다. 이에 따르면 월해관이 이전에 각종의 상품에 대하여 징세한 稅則은 일정치 않았으나 화물의 輕重에 따라 징수한 관세는 평균하여 화물가격의 1~2% 수준이었다고 한다.[20] 관세가 1%라면 무역총액은 관세액의 100배가 되고 관세를 2%라 추정하면 무역액은 관세의 50배가 된다. 여기서는 무역량을 과대하게 추정하지 않는다는 입장에서 세율을 화물가격의 2%로 계산하여 무역량을 추정하였다.[21] 이에 따르면 19세기 前半 무역총액은 매년

---

[20] 彭澤益, 앞의 논문, 1984年, p.133.
[21] 黃啓臣, 「淸代前期廣東的對外貿易」, 『中國經濟史硏究』 第4期, 1988年, p.78에 서도 彭澤益의 논거에 따라 관세율을 2%(표에 대한 설명에서 黃啓臣은 5%의 세율이라 하였는데 이는 2%의 오기이다)로 보아 무역총액을 추정하고 있다. 그런

평균 7,000여 만 냥을 상회한다. 둘째, 陳尙勝은 이러한 추정이 당시 청조가 대외개방정책을 채택하였음을 입증하기 위해 무역총액을 과다하게 추정한 것으로 판단한다. 그는 수출화물세가 규정[分頭] 외에 추가징수[加徵]를 포함하면 6%라 한다. 수입화물세는 품목마다 다른데 예컨대 면화의 경우 12%에서 25.2%로 변화가 많다.22) 그런데 관리의 부패로 관세액 자체가 축소 보고되었을 가능성이 있으며, 밀무역의 경우 관세가 없으므로 이런 사정을 감안하여 관세율을 6%로 보아 무역총액을 계산한 것이 무역총액 b이다. 이에 따르면 19세기 전반의 무역총액은 매년 평균 2,500만 냥 내외이다.

그런데 후술하듯이 당시 광주항에서 중국은 일본, 동남아, 서양과 대외무역을 진행시키고 있었다. 뒤에 보이는 〈표 3〉과 〈표 4〉에서는 광주에서 서양과 진행한 수출입 무역에서의 주요 상품액을 제시하고 있는데 이를 합산하면 중국과 서양 사이에는 1817~1833년 사이 매년 銀 4,563만 원 내지 5,128만 원 가량(수출입된 白銀을 제외하면 3,534만 원 내지 4,413만 원)의 교역이 이루어지고 있었음을 알 수 있다. 이를 銀兩으로 환산하면(은 1원 = 은 약 0.72냥) 은 3,285만 냥 내지 3,692만 냥(백은 제외 시 2,544만 냥 내지 3,177만 냥)이 된다. 중국과 일본 사이의 정확한 교역량을 알 수 없지만, 19세기 중국과 동남아 사이의 무역에 종사한 무역선의 총 톤수가 서양과 중국 사이의 무역선의 총 톤수보다 많았다23)는 사실로부터 중국과 동남아 사이에 상당한 교역이 이루어졌음을 알 수 있다. 그 양은 실제 중국과 서양 사이의 교역량과

    데 관세액의 합계가 필자가 계산한 것과 차이가 있어 무역총액도 당연히 차이가 있을 것으로 짐작할 수 있다.

22) 陳尙勝, 「淸前期海外貿易與閉關問題」, 『閉關與開放 : 中國封建晚期對外關係硏究』, 濟南 : 山東人民出版社, 1993年.

23) 후술하듯이 1820년 전후 동남아에 가서 무역을 한 중국 범선은 매년 도합 295척 85,200톤에 달한다. 이에 비해 중국과 서양 간 무역의 경우, 톤수를 알 수 있는 연도 중에서는 1806~1807년이 최고인데 그해의 영국 동인도회사와 散商 그리고 미국, 덴마크의 선박은 119척 66,821톤이다.

유사하거나 그 이상일 가능성이 있다. 19세기 前半 중국의 대외무역총액(백은을 제외한 순수상품 무역량의 경우)이 매년 7,000만 냥을 상회할 것이라고 추정하는 것은 실제보다 약간 많은 수치일 가능성이 있다. 그러나 관세율을 6%로 볼 경우의 무역액 추정치 2,500만 냥은 지나치게 축소된 숫자라 생각된다. 게다가 중국 해관 관리의 부패로 인하여 관세를 착복하는 경우도 적지 않았을 것이다. 그 양을 정확히 알기는 불가능하지만 이런 요인을 감안한다면 실제 관세액은 보고된 관세액보다 많을 것이다. 이는 실제 교역량이 착복된 관세액에 비례하여 그만큼 더 많았음을 암시한다. 또한 밀무역의 경우는 관세를 납부하지 않으므로 이를 염두에 둔다면 실제 교역액은 더욱 많았을 것이라고 생각된다. 그렇게 본다면 19세기 전반 매년 무역량이 7,000만 냥을 상회했다고 추정하는 것은 무리가 아니라고 여겨진다.

  무역총액 a는 관세율을 2%로 고정하여 추정하였으므로 실제 연도별·품목별 관세율의 차이에 따른 무역량의 차이가 있을 수 있으므로 이 추정치가 정확한 무역액을 보여주지는 못할 것이다. 그렇지만 이것은 적어도 대체적인 교역의 추세를 보여 주는 통계라 할 수 있다. 이를 통하여 1757년 廣州로 중국의 대외무역 항구가 일원화된 이후 40여년 만에 무역액이 세 배로 증가할 정도로 중국의 대외무역이 급증하였음을 알 수 있다. 그러나 1800년대로 접어들면서 무역액의 증가가 완만해졌음을 볼 수 있는데 이는 아마도 아편 밀수의 증가가 정상적인 무역의 증가를 제약한 때문이라 생각된다. 하여간 아편전쟁 전까지 3.4배 정도로 대외무역량이 증가하였는데 이는 청대 광동지역 무역의 발전상을 보여주는 좋은 증거라 할 수 있다. 한편 1757년 이전의 4해관이 병존하던 시기를 기준으로 살펴보면 4.3배로 대외무역액이 증가하고 있다.

  다음에는 일본, 동남아, 서양 각국이 중국과 행한 무역을 논해 보고자 한다.

(1) 廣東과 日本 사이의 貿易

중국은 동전[制錢]의 원료로 銅이 필요하였으므로 雲南省과 일본에서 각기 200萬 斤을 조달한다는 원칙을 세워 일본에서 동을 구매해 오는 것을 적극 권장하였다.[24] 그러나 일본과의 지리적 위치상 江蘇·浙江 지방 상인이 주로 이를 담당하였다. 처음 일본의 德川幕府는 渡日한 淸國 상선의 무역액이나 入港 商船數에 제한을 가하지 않았다. 그러나 金·銀·銅의 유출[25]이 심각해지자 일정한 제한을 가하기 시작하였다. 1685년 청 상인은 일본에서 은 6,000貫(1관은 100냥) 이상 수입할 수 없었고, 1688년 일본에 오는 중국선박은 70척(廣東船籍 선박은 10척)으로 제한되었다.[26] 1697년에는 그 허용량이 조금 늘어나 선박은 80척, 무역액은 은 13,000관이 되었으나 1715년에 선박은 30척, 무역액은 은 6,000관으로 다시 줄어들었다(正德新商法). 일본 측의 제한에도 불구하고 밀무역이 성행하여 금·은·동의 유출이 심각하였기 때문이었다. 그런데 이 30척 중 광동선적의 선박은 2척에 불과하였고 매 척당은 191관의 화물을 교역할 수 있었다.[27] 1717년 다시 그 제한이 40척으로 늘어났지만 그 후 1790년 10척으로 제한되기까지 매년 30척과 10척 사이로 來航 선박이 제한되었으므로 광동 상인의 선박도 매년 1~3척 정도였을 것이다.

이상으로 볼 때 일본과 청의 무역 전성기는 1685년 이전으로 많을 때는 184척[28]의 중국선박이 일본에 來航하였다. 1685년 이후에는 무역선

---

24) 『欽定大淸會典事例』 卷215, 「戶部」·「錢法」·「辦銅二」(臺灣中文書局 影印), p.1 앞뒤, p.7948.
25) 1648~1708년간 일본에서 중국으로 유출된 金은 239만 7,600餘 兩, 銀은 37만 4,220貫目(1貫은 100兩 즉 3,742만 2,000兩), 銅은 1억 1,449만 8,700여 斤이나 되었다. 木宮泰彦 著, 陳捷 譯, 『中日交通史』 下(『貿易史資料』 第1冊, p.76).
26) 木宮泰彦 著, 陳捷 譯, 『中日交通史』 下(『貿易史資料』 第1冊, p.77).
27) 위의 책, pp.78~79.
28) 黃遵憲, 『日本國志』 卷6(『貿易史資料』 第1冊, p.81).

박 수나 무역량이 감소되었고 18세기에는 규모가 더욱 줄어들었다. 게다가 일본과의 교역은 강소, 절강, 복건이 중심이었으므로 廣東은 부차적인 지위에 머물렀을 뿐이었다.

광동과 일본의 주요 교역 상품의 종류는 잘 알려진 편이다. 먼저 광동에서 일본에 수출된 상품의 종류는 白絲·黃絲·錦·金緞·二彩·五絲·七絲·八絲·天鵝絨(빌로도)·閃緞29)·鎖服·柳條30)·綾子·31)·縐綢32)·紗綾(견직물의 일종)·天蠶絲·絹紬·紀(비단의 일종)·綿·紬·綢·漆器·土燒物(陶器)·銅器·錫器·亞鉛·針·眼鏡·龍眼·荔枝·沈香33)·烏木(흑단)·攀枝花(木棉일종으로 베개 속에 넣음)·玳瑁34)·檳榔子·龍腦(용뇌향)·麝香·眞珠·英石(藥物)·眼茄35)·山歸來36)·漆·椰子·波羅蜜(파인애플)·蚺蛇(이무기)·水銀·鍋(솥)·端硯37)·車渠38)·花梨木39)·藤·翡翠·鸚鵡·五色雀·碧鷄孔雀·藥材·蠟藥 등이다.40) 즉 여러 종류의 생사와 견직물, 금속제품, 과일, 약재, 향,

---

29) 날줄이 적고 씨줄이 많게 짜는 직조법인 繻子織의 일종. 선명하고 광택이 있으며 날실과 씨실의 색이 달라 보는 각도에 따라 색이 다르게 보이는 비단이다.
30) 버드나무 가지 같은 줄무늬가 난 비단.
31) 무늬가 있는 얇은 비단, 고운 생사로 짠 윤이 나는 고급 무늬의 비단이다.
32) 바탕이 오글쪼글한 견직물.
33) 광동성에서 나는 香木으로 물보다 무거워 가라앉기 때문에 沈香이라 한다.
34) 열대 아열대의 바다에 사는 바다거북을 대모라 하고 그 등과 배의 껍질을 대모갑 또는 대모라 한다.
35) 나무 열매의 색깔과 형태가 가지와 비슷하고 눈병이 걸렸을 때 그것으로 눈을 닦는다.
36) 약초의 일종으로 한국에서는 나도물통이, 며래, 산귀래라 하고, 중국에서는 土茯苓, 草薢라고 한다. 며래의 뿌리로 요통이나 풍습의 약재로 쓴다.
37) 광동의 端溪에서는 端石이 산출되는데 그것으로 만든 최고급 벼루이다.
38) 어패류 중 가장 큰 종류의 조개. 패각의 길이가 1m, 폭 50cm 높이 65cm로 깊숙하게 다섯 고랑이 지고 가장자리는 물결모양을 이룸. 따뜻한 바다의 바위에 붙어사는데 살은 맛이 좋다.
39) 樺榴라고도 하는데 紫檀의 목재를 말한다. 붉은 빛을 띠고 결이 고우며 몹시 단단하여 건축, 가구, 미술품 등의 고급재료로 많이 쓰인다.
40) 西川如見, 『華夷通商考』; 木宮泰彦 著, 陳捷 譯, 『中日交通史』下(『貿易史資料』 第1冊, p.86).

동식물, 보석, 토산물 등이 수출되었다. 각각의 상품이 얼마씩 일본에 수출되었는지는 모르나 종류로 보아서 생사와 견직물이 주종이었던 것으로 추정된다.

반면 일본에서 중국으로 수입된 것은 銅을 필두로 은, 금, 그리고 海蔘·鮑魚(전복)·魚翅(상어지느러미)·昆布(다시마)·건어물·海菜(해초) 등의 해산물, 漆器, 米穀, 樟腦 등의 약재41)였다. 그중 銅의 수입은 1663년에서 1708년까지 46년간 1억 1,449만 8,700근(연평균 249만 근), 1766년에서 1842년까지 77년간 1억 4,280만 8,140근(연평균 185만 근)에 달하였고,42) 은은 1648년에서 1708년까지 61년간 3,742만 2,000냥(연평균 61만 냥), 金은 같은 기간 239만 7,600餘 냥(연평균 3만 9,000냥)43)에 달하였다. 그중 광동에서 수입한 액수는 정확히 알 수 없으나 앞에 든 선박의 비례로 보아 전체의 1/7 내지 1/15에 달하였을 것이다.

(2) 廣東과 東南亞 사이의 貿易

청조가 방범을 이유로 南洋貿易을 금지시킨 강희56년(1717)44)부터 금지령이 풀린 雍正5年(1727)45)까지의 10년간을 제외하고 광동과 南洋 사이의 貿易은 상당한 발전을 보였다.

개괄적인 상황을 알 수 있는 자료는 대체로 19세기의 내용이다. 田汝康의 연구에 따르면 1821년 전후 중국과 泰國 사이의 무역에 종사한 선

---

41) 木宮泰彦 著, 陳捷 譯, 『中日交通史』 下(『貿易史資料』 第1冊, p.88)과 John Phipps, *Practical Treatise on the China and Eastern Trade*, p.62(『貿易史資料』 第1冊, p.89).
42) 黃遵憲, 『日本國志』 卷9(『貿易史資料』 第1冊, p.84).
43) 木宮泰彦 著, 陳捷 譯, 『中日交通史』 下(『貿易史資料』 第1冊, p.76).
44) 『皇朝文獻通考』 卷33, 「市糴二」, 康熙56年條(臺灣 : 新興書局 影印), 考5157.
45) 『世宗實錄』 卷58 雍正5年 6月 丁未條(中華書局影印本, 第7冊), p.892.

박은 82척(톤수 : 약 39,000여 톤)이었다. 1821년 전후 중국의 범선이 베트남의 사이공(지금의 호치민)에 간 것은 매년 30척(약 6,500톤), 福發에 16척(약 3,000톤), 위에(順化)에 12척(약 2,500톤), 통킹만에 38척(약 5,000여 톤), 기타 항구에 20척(2,300여 톤)으로 베트남에 간 선박은 매년 116척으로 약 2만여 톤이었다. 베트남에 가서 무역한 중국의 범선은 대체로 廣東의 海南島 부근의 선박이었다.[46] 또한 1800년부터 1820년까지의 시기에 말레이시아와 인도네시아에 가서 무역을 진행한 중국 범선도 적지 않았다. 보르네오(말레이시아령)에 매년 10척(5,600톤), 자바에 7척(5,300톤), 마카사(Macassar : 인도네시아)에 3척(2,000톤), 암보이나(Amboyna : 인도네시아)에 1척(500톤), 말래카에 1척(1,000톤), 링가(Ligga : 인도네시아)군도 및 그 부근 도서에 3척(2,100톤), 트렌가누(Trenganu : 말레이시아)에 1척(800톤), 카렌텐(Kalenten)에 1척(800톤), 모두 매년 27척으로 18,100톤이었다. 1820년 전후 동남아에 가서 무역을 한 중국 범선은 매년 도합 295척으로 85,200톤에 달한다.[47] 이들 범선이 모두 광동선적은 아니겠지만 광동선적이 대부분을 차지하였을 것으로 생각되므로 광동과 동남아의 무역이 상당한 정도로 활발하였음을 알 수 있다.

당시 1805년에서 1820년까지 영국의 동인도회사가 廣州로 항행시킨 선박 수나 톤수와 비교하면 廣東과 東南亞 무역의 정도와 규모를 알 수 있다. 그 기간 중 광주에 내항한 영국 동인도회사의 선박 수가 최고를 기록한 해는 1816년인데 29척에 29,572톤이고, 최저는 1807년으로 14척에 16,073톤이다.[48] 중국과 동남아 사이의 무역 규모는 톤수에 대해

---

[46] 田汝康,「十七世紀至十九世紀中葉中國帆船在東南亞洲航運和商業上的地位」,『歷史研究』第8期, 1956年, p.15.
[47] 田汝康, 위의 논문, p.16.
[48] H. B. Morse, *The Chronicles of the East India Company Trading to China, 1635~1834*, Vol. Ⅲ Oxford, 1926~1929, 부록「East India Company's Ships at Canton, 1805~1820」.

서 말한다면 당시 영국 동인도회사의 대중국무역 규모의 최저 2.9배에서 최고 5.3배라는 수준을 보이고 있는 것이다.[49]

　1830년의 자료는 廣東의 廣州·潮州·南康·惠州·徐聞·江門·昌西·海南, 福建의 廈門·靑城, 浙江의 寧波 및 江蘇의 上海·蘇州에서 동남아 각국으로 출항한 선박 수를 제시하고 있다. 泰國 89척, 安南 20척, 통킹 20척, 필리핀군도 13척, 보르네오 13척, 수마트라 10척, 캄보디아 9척, 싱가포르 8척, 자바 7척, 말레이시아 半島東岸 6척, 술루군도 4척, 셀레베스군도 2척, 來阿 1척, 도합 202척이다.[50] 물론 이들 선박이 모두 광동에서 출발한 것은 아니지만 지리적 편리성이나 광동의 대외무역상의 지위로 볼 때 광동선박이 중심이었을 것이다. 그리고 이 숫자에 포함되지 않은 소규모 범선이 廣東의 海南島에서 통킹, 安南, 캄보디아, 태국 및 싱가포르로 가서 교역하였는데 그중 매년 태국에 간 것은 약 50척, 안남에 간 것은 약 43척에 달하였다. 이들 선박의 총 톤수는 해남도에서 출발한 소규모 범선 1만 톤을 포함하면 대략 7만 톤 내지 8만 톤으로 추정된다.[51]

　동남아 지역과 중국의 교역상품을 보면 중국에서는 중국의 토산품과 제조품을 이들 지역에 수출하였고 동남아 지역에서는 중국에서 金, 錫,

---

[49] 물론 영국의 散商(동인도회사 이외의 자유상인)이나 미국, 프랑스 등 서양의 대중국무역을 포함시키면 비교의 내용이 달라진다. 1816년의 영국 동인도회사와 散商이 대중국무역에 종사한 선박은 67척(H. B. Morse, 위의 자료, Vol.Ⅲ, p.243. 톤수는 알 수 없음), 톤수를 알 수 있는 연도 중에서는 1806~1807년이 최고인데 그해의 영국 동인도회사와 散商 그리고 미국, 덴마크의 선박은 119척 66,821톤이고(H. B. Morse, Vol.Ⅲ, p.27), 1807년 영국 동인도회사와 散商 그리고 미국의 선박은 81척 48,528톤이다(H. B. Morse, Vol.Ⅲ, p.55). 그래도 중국과 동남아의 무역량이 더 많았음을 알 수 있다. 하나 더 고려해야 할 사항은 중국과 동남아 교역은 한편으로 중국과 서양의 간접교역의 성격을 띠고 있다는 점이다. 후술하다시피 싱가포르와의 교역에서 중국에 수입되는 상품은 서양·인도의 면화, 면포, 아편이 주종이었다.

[50] B. P. P., 앞의 책, Evidence by J.Crawfurd, Esq, pp.629~632(『貿易史資料』 第1冊, p.59).

[51] B. P. P., 앞의 책(『貿易史資料』 第1冊, p.61).

烏木, 燕窩, 海蔘, 胡椒, 洋菜(한천, 우무) 등을 수입하였는데, 광주와 海峽植民地(말래카 해협의 싱가포르, 인도네시아, 말레이시아 등) 사이에 무역총액은 600萬 元에 달하였다고 한다.52)

泰國과는 淸初부터 朝貢貿易에 의한 교류가 있었다. 조공 사절단은 廣東을 거쳐 北京으로 향하였는데, 조공사절의 수행원 중 廣東에서 교역하기를 희망하는 자가 있으면 총독이나 순무의 감독하에 교역할 수 있었다.53) 광동에서의 교역은 虎跳門(향산현 서남 海口)에서 진행되었는데 멀리서 온 사절단에 은혜를 베푼다는 의미에서 면세조치하기도 하였다.54) 특히 미곡 수입에 대해서는 면세 혜택이 있었다. 강희61년 (1722) 당시 福建이나 廣東에 미곡이 부족하였으므로 광동, 복건, 절강 (의 寧波)에서 각기 米穀 10만 석씩 도합 30만 석을 태국에서 수입하는 것에 대해 청조는 면세의 혜택을 주었다. 이후 雍正年間(1723~1735)에는 미곡수입에 대해 면세하는 것을 상례로 하였다. 건륭8년(1743)에는 태국 상인이 미곡 1만 석 이상을 수입하면 여타 화물의 세금을 5할 감하였고, 5,000석 이상을 수입하면 3할을 감하였다.55) 미곡 이외에도 태국에서 중국(廣東의 海南·廣州·汕頭, 福建의 廈門, 浙江의 寧波, 江蘇의 上海)으로 수입하는 상품에는 백은과 蔗糖, 蘇木,56) 海蔘, 燕窩, 상어지느러미, 藤黃, 靛靑(염색의 원료), 棉花, 象牙 등이 있었다.57)

싱가포르는 동서교통의 요지로 많은 동서양의 상품이 집결되고 교역

---

52) R. M. Martin, *China, Political, Commercial and Social*, Vol. Ⅱ, p.137(『貿易史資料』 第1冊, p.63). 田汝康은 1820년 전후 중국과 동남아의 수출입 무역총액을 대략 스페인 은화 692만 원으로 추정하고 있다(앞의 논문, p.17).
53) 『皇朝政典類纂』 卷117, p.7(『貿易史資料』 第1冊, p.46).
54) 『皇朝文獻通考』 卷26 康熙47年條, 「征榷一」, 考5079.
55) 『欽定大淸會典事例』 卷510, 「禮部」·「朝貢」·「市易」, p.20앞뒤, p.11855.
56) 다목, 소방목이라고도 하는데 상록 교목이다. 동인도 원산으로 난지에 재배한다. 활 만드는 데 쓰고 속의 붉은 부분은 홍색 물감, 약재로 쓰며 뿌리는 황색 물감으로 쓴다.
57) Charles Gützlaff, *The Journal of Two Voyages Along the Coast of China, in 1831 and 1832*(『貿易史資料』 第1冊, pp.51~52).

되는 곳이었다. 따라서 廣東商人이나 福建商人의 선박도 이곳에 무역하러 가는 일이 많았다. 옹정7년(1729) 이후 광동 상인은 매해 겨울과 봄 사이에 茶葉, 瓷器, 色紙 등을 싱가포르에 수출할 수 있었다. 건륭29년(1764) 兩廣商人 등은 土絲 및 二蠶湖絲를 싱가포르에 수출하기 위해서 허가를 받았다.58) 1820년대 10년간 중국선박이 싱가포르에 가지고 간 상품의 가격은 매년 대략 20만 원에서 30만 원에 달하였고 반면 이곳에서 구입해오는 영국제 상품은 매년 5,000원에서 7,000원에 불과하였다. 1830~1831년 사이에 싱가포르에 온 중국선박은 모두 18척인데 적재한 화물의 가치가 21만 8,927銀元에 달하였다. 그런데 18척의 선박 중 광동지방에서 온 것이 14척이라 하므로 그 대부분이 광동에서 수출된 것임을 알 수 있다. 광동에서 수출된 상품은 土布, 生絲, 陶器 등이 비교적 많은 부분을 점하고 그 외 벽돌, 기와, 花崗岩石板, 종이우산, 紙錢, 粉條(당면), 말린 과일, 線香, 煙草, 羽緞,59) 緞子,60) 樟腦, 糖菓 그리고 茶葉이 있었다.61) 특히 싱가포르 및 부근 도서에 정착한 화교가 늘어남에 따라 화교의 소비를 위한 중국 차엽의 수입도 늘어났다. 1830~1831년에 16,793원이었던 차엽 수입액이 1833~1834년에는 95,874원으로 급증하였던 것이다.62) 반면 싱가포르에서 廣東으로 수입된 상품으로는 燕窩, 玳瑁, 沙藤,63) 打火石(부싯돌, 라이터돌), 水牛皮, 상어지느러미, 海蔘, 유럽 羽緞, 모직물, 粗嗶嘰,64) 印花布(날염

---

58) 『皇朝文獻通考』 卷297, 「四裔五」, 考7464.
59) 거죽에 고운 털이 돋게 짠 비단.
60) 광택이 있고 두꺼우며 무늬가 있는 緞子 조직의 견직물.
61) John Phipps, *Practical Treatise on the China and Eastern Trade*, pp.281~283(『貿易史資料』 第1册, pp.66~69). 1829년 싱가포르에 온 중국선박은 모두 8척인데 그중 5척이 廣州에서 온 것으로 3~6만 원에 상당하는 상품을 적재하고 있었다. 1829~1830년 사이에 중국에서 온 선박은 모두 9척으로 그중 광동에서 출발한 것이 3척이고 각 선박당 2~4만 원에 상당하는 화물을 적재하였다 하므로 廣東에서 온 상품액은 6~12만 원에 달한 셈이다.
62) John Phipps, 위의 책, pp.278~279(『貿易史資料』 第1册, pp.71~72).
63) 야생 등나무의 일종으로 지팡이를 만드는 데 이용한다.

포), 竹布,65) 벵골피륙, 海菜, 錫, 胡椒, 檳榔膏,66) 阿片, 檀香(檀香木의 목재), 烏木, 樟腦 등이 있었다.67)

아편전쟁 직전 중국과 싱가포르의 교역량은 상당한 증가를 보였다. 1839~1841년 사이 싱가포르에 온 중국선박의 숫자는 150~250척에 달하였고 그 액수도 1839~1840년에 110만 9,264원, 1840~1841년에 214만 9,604원에 달하였다. 반면 싱가포르에서 중국으로 운반해 간 상품액도 폭증하여 1839~1840년에 149만 9,139원, 1840~1841년에는 289만 2,872원에 달하였다.68) 이 기간 중국에서의 수출품은 1820년대와 마찬가지로 茶葉, 生絲, 土布, 陶器, 樟腦 등이 주종이었다. 중국에 수입된 것은 주로 原綿, 棉布, 阿片이 중심으로 삼자의 합계가 200만 원에 달하였다.69)

(3) 廣東과 西洋 사이의 貿易

1685년 해금령을 풀기 이전 서양과 중국의 무역은 주로 마카오를 통하여 이루어졌다. 앞에서도 서술하였듯이 1647년 마카오와 광주 사이의 육로무역이 허가된 이후 1655년부터 1679년 사이를 제외하면 서양상인은 마카오를 통하여 중국과 교역할 수 있었던 것이다. 그러나 아무래도 청과 반청세력이 전쟁을 벌이고 있었던 상황이었으므로 활발한 교

---

64) 嗶嘰는 beige 베이지. 베이지는 原毛로 짠 모직물이다. 粗嗶嘰는 거친 베이지.
65) 린네르 천. 린네르는 아마의 섬유로 짠 얇은 직물의 총칭.
66) 빈랑의 열매를 달여 조려서 만든 약. 피부 또는 점막 표면에 작용하여 국소의 충혈, 분비물제거, 조직을 건조·긴축시키는 수렴제로 쓰인다. 消炎, 지혈, 진통, 방부의 작용이 있다.
67) John Phipps, 위의 책, pp.281~283(『貿易史資料』 第1冊, pp.67~68).
68) R. M. Martin, China, Political, Commercial and Social Vol. Ⅱ, p.139(『貿易史資料』, 第1冊, pp.69~70).
69) G. F. Davidson, Trade and Travel in the Far East, pp.53~65(『貿易史資料』 第1冊, p.70).

역이 이루어지기는 어려웠다.

1685년 四海關이 개설되어 서양과의 무역이 허용되자 많은 서양의 상인과 선박이 중국에 왔다. 1685년에서 1757년까지 72년간 구미 각국에서 중국으로 와서 무역한 선박은 312척에 달한다.[70] 이 중 黃埔港을 통해 廣州로 입항한 선박이 279척, 마카오에 도착한 것이 1척으로 광동지역에서 서양과 무역을 한 경우는 합하여 전체의 90%를 점한다. 그중 영국 선박이 가장 많아 198척으로 63%를 차지한다. 이외에 네덜란드, 덴마크, 스웨덴, 프러시아 等의 선박이 113척으로 37%를 점하였다.

1757년 광주 한 항구로 대외무역이 제한되자 廣州에 와서 무역하는 서양선박이 대폭적으로 늘어났다. 『粵海關志』의 기록[71]에 따라 〈표 2〉를 작성하였다.

〈표 2〉 1750~1838年 粵海關 도착 외국무역상선 통계

年代	외국상선 수	지수	年代	외국상선 수	지수
1750~1759	194	100	1800~1809	785	405
1760~1769	204	100.5	1810~1819	807	416
1770~1779	304	156	1820~1829	876	451
1780~1789	504	259	1830~1838	1,201	619
1790~1799	515	266	合計	5,390	

〈표 2〉를 보면 건륭15년(1750)에서 道光18年(1838)까지 89년간 粵海關에 도착하여 무역한 외국 선박은 모두 5,390척에 달하며 이를 평균하

---

[70] H. B. Morse, *The Chronicles of the East India Company Trading to China, 1635~1834*, Vol.Ⅰ, Oxford, 1926~1929, 부록 「Table of English Ships Which Traded to China for the East India Companies, from 1635 to 1753」; 梁廷枏 等纂, 『粵海關志』卷24, 「市舶」・「歷年夷船來數附」, 乾隆14年~乾隆22年, pp.1783~1785.
[71] 梁廷枏 等纂, 위의 책, 乾隆14年~道光18年. pp.1783~1796.

면 매년 60.6척이 된다. 이를 국적별로 통계를 내면 영국상선이 2,951척으로 가장 많아 전체의 56%를 차지한다. 미국이 그다음으로 1,190척으로 22%를 점하며 네덜란드가 123척, 덴마크가 81척, 프랑스 72척, 스웨덴 55척, 스페인 26척, 프러시아 16척, 이탈리아 6척, 기타 국가 15척이다.72) 옹정10년(1732)에서 도광12년(1832)까지 100년간 광주무역에 참가한 외국선박의 숫자는 11척에서 113척으로 10.3배, 톤수는 5,490톤에서 95,139톤으로 17.3배 증가하였고 그중 영국 상선의 숫자는 6척에서 90척으로 15배, 톤수는 3,250톤에서 59,439톤으로 18.3배 증가하였다.73) 영국 상선의 증가율이 평균증가율을 상회하고 있다.

중국에서 외국으로 수출되는 상품은 일단 廣州에 집결된 후 洋行商人(行商)을 통하여 수출되었다. 전국 각 성에서 모여 드는 상품의 종류는 1833년경 50여 종74)에 달하였는데 그중에서도 茶葉, 生絲, 絹織物, 土布, 銅, 糖 등이 중심이었다. 〈표 3〉75)에서는 그러한 주요한 상품의 수출액의 변화를 정리해 보았다. 기간은 1817년부터 1833년까지이다.

廣東 제1위의 수출품은 茶葉이다. 전체 상품 수출액의 50%를 넘고 갈수록 그 비중이 높아져 1830년대 초에는 66%로까지 늘어났다. 주요 수입국은 영국, 프랑스, 네덜란드, 포르투갈, 스페인 등이다. 영국은 1689년 처음으로 중국(廈門)에서 차를 수입하기 시작하여76) 이후 매년

---

72) 粵海關志에는 국적별 분류가 되어 있지 않으므로 H. B. Morse의 자료를 이용하였다. 다만 합계가 4,535척으로 粵海關志 숫자와 차이가 있다. H. B. Morse, *The Chronicles of the East India Company Trading to China*, 1635~1834, Vol. II, III, IV에는 각 장은 1년 단위로 서술되어 있고 각 장의 뒷 부분, 또는 앞 부분에 매년 각국에서 廣州에 온 선박수를 통계 내고 있다. 여기서는 黃啓臣, 앞의 논문, 1988년의 계산을 일단 이용하였다.
73) H. B. Morse, 위의 책, Vol. I, p.212, Vol. IV, p.325.
74) *Chinese Repository*, Vol. II -November, 1833-No 7., Description of the city of Canton, Canton : printed for the Proprietors, 1834, pp.289~294에는 중국 각성에서 광주로 집산되는 상품의 종류를 省別로 나열하고 있다.
75) H. B. Morse, 앞의 책, Vol. III, Vol. IV(『貿易史資料』 第1册, pp.254~255에서 작성).

수입량이 증가하였다. 그 증가상황을 魏源(1794~1857)은 다음과 같이 잘 지적하고 있다.

康熙2年(1663)이 되어 영국(英吉利) 상인은 네덜란드에게서 100斤을 구매하였다. 차를 마시고 이를 달게 여기니 영국인으로 차를 마시는 자가 매년 늘어났다. 康熙49年(1710)에 14만 근에 이르렀고, 擁正2年(1724)에 28만 근에 이르렀으며, 乾隆24年(1759)에 229만 근에 이르렀다. 37年(1772)에는 547만 근, 50년(1785)에는 드디어 1,300만 근이 되었다. 嘉慶18年(1813)에 2,128만 근, 道光2年(1822)에 2,376만 근, 10년 후에는 3,000여 만 근이 되었다. 영국의 동인도회사가 해산된 후 상인들은 각각 스스로 운반하니 차를 판매하는 것이 더욱 늘어났다. 道光17年(1837) 광동에서 茶葉 30여 萬石을 수출하여 그 가격을 계산하면 모두 1,400여 萬元이었다. 또한 미국(彌利堅國)은 道光17年에 차를 구입한 가격이 369萬兩(차 12여 만석)이고 네덜란드가 매년 차 280만 근 정도를 필요로 하였고, 프랑스는 23만 근 정도를 필요로 하였다. 이외에 서양 각국이 대략 200만 근을 구매하였다.77)

여러 나라 중에서도 영국이 가장 차를 많이 수입한 나라78)인데, 茶는 1718년 영국 동인도회사가 중국에서 수입하는 상품 중 생사와 견직물을 능가하여 제1위가 되었다. 특히 1784년 歸正法(Commutation Act)을 실시하여 종래 차가격의 약 120%에 달하던 茶稅를 일거에 12.5%로 인하함으로써 1785년 이후 영국의 차수입이 급격히 늘어났음은 주지하는 바이다.79) 19세기 광동에서 수출하는 상품 중에 차가 가장 중요한 상품

---

76) H. B. Morse, 앞의 책, Vol. I, p.9.
77) 魏源, 『海國圖志』 卷2, 「籌海編三 : 議戰」, p.22앞뒤.
78) 嚴中平 等 編, 『中國近代經濟史統計資料選輯』, 北京 : 科學出版社, 1955年, p.16의 〈표 14〉에 의하면 1800년부터 1833년까지 廣州에서 수출된 茶葉의 양은 2,053,514擔인데 그중 영국 선박에 의한 수출은 1,634,269擔으로 전체의 79.6%에 달한다.
79) 田中正俊, 『中國近代經濟史研究序說』, 東京 : 東京大學出版會, 1973年, pp.123~

〈표 3〉 1817~1833年 廣州主要輸出商品額(年平均額, 單位 : 銀元)

年度 品目	1817~1819		1820~1824		1825~1829		1830~1833	
	액수(銀元)	비중	액수(銀元)	비중	액수(銀元)	비중	액수(銀元)	비중
茶葉	9,087,867	49.95	11,655,271	59.83	12,180,069	63.96	11,673,557	65.67
生絲	1,050,138	5.77	1,498,330	7.69	1,885,318	9.90	2,404,514	13.53
綢緞	1,545,010	8.49	2,440,860	12.53	1,964,373	10.32	1,483,547	8.35
土布	1,156,198	6.35	923,570	4.74	833,129	4.38	250,538	1.41
白銅	572,686	3.15	133,127	0.68	780		4,800	0.03
糖			450,816	2.31	697,992	3.67	518,935	2.92
其他	1,764,074	9.70	1,560,482	8.01	1,476,910	7.76	1,439,228	8.10
商品合計	18,195,008	100	19,480,056	100	19,042,572	100	17,775,843	100
白銀輸出	4,156,716		1,554,403		5,182,644		5,626,416	
輸出總額	22,351,724		21,034,459		24,225,216		23,402,259	

이 되었음은 〈표 3〉에서도 잘 알 수 있다.[80]

生絲와 견직물(綢緞)은 광동 제2위의 수출상품이다. 〈표 3〉에서 보 듯이 양자를 합하면 14.2%에서 21.9%로 대체로 20% 내외를 기록하고 있다. 표에서 제시된 기간 중 생사는 증가세를 보임에 비해 견직물은 감소세를 보여주고 있다. 그런데 江浙地方의 생사와 견직물만 수출된 것은 아니었다. 광동지역에서 생산된 생사와 견직물도 수출되고 있었 다. 광동지역이 새로운 생사와 견직물 생산지가 되었던 것이다. 1829년 영국 상인이 광주에서 수입한 生絲는 59만 9,000근인데 그중 南京絲가

---

125. 영국동인도회사가 중국에서 수입한 茶의 액수가 1780~1784년 연평균 약 113만 銀兩에서 1785~1789년 연평균 약 366만 銀兩으로 3.2배 급증하였다. 嚴中平 等編, 『中國近代經濟史統計資料選輯』, p.14의 〈표 12〉 참조.

80) 楊仁飛, 「淸前期廣州的中英茶葉貿易」, 陳柏堅 主編, 『廣州外貿兩千年』, 廣州 : 廣州文化出版社, 1989년 참조. 楊仁飛의 논문은 광주에서 中英간에 진행된 茶葉 貿易을 3단계로 나누어 그 발전상황을 약술하고 있다.

37만 4,600근, 廣東絲가 22만 4,400근이었고, 1830년 영국 상인이 광주에서 수입한 생사는 66만 6,800근이고 그중 남경사가 29만 8,800근을 차지하였고 광동사가 36만 8,000근이었다.[81] 이 자료를 통해 1830년을 전후한 시기에 광동사가 수출 생사의 37.5% 내지 55.2%를 점하고 있었음을 알 수 있다.

  土布 또한 광동에서 수출되는 중요 상품의 하나였다. 이 토포는 보통 南京布(Nankeen)라는 이름으로 수출되었는데, 강소의 松江만이 아니라 광주와 중국 기타 각지에서도 남경포를 직조하였다. 그것은 질과 색깔에서 영국 면포보다 나았으며 가격도 100匹에 60원, 90원 등 차이가 있었다.[82] 주로 영국·미국·프랑스·덴마크·네덜란드·스웨덴·스페인 등의 국가에 수출되었다. 건륭6년(1741) 광주에서 수출된 면포는 1만 5,699필, 건륭59년(1794)에는 59만 8,000필로 증가하였다.[83] 嘉慶元年(1796)에는 82만 200필, 가경3년(1798)에는 212만 5,000필[84]에 달하였으며, 가경24년(1819)에는 335만 9,000필로 최고의 수출액을 기록하였는데 가치액은 170만여 원에 달하였다.[85] 1820년대 이후 토포의 수출액은 뚜렷한 감소세를 보여주고 있다. 이는 1820년대 이후 서양 면직물의 수입이 증가되는 상황과 맞물리는 것이라 하겠다. 1786년에서 1833년까지의 47년간 광동에서 수출된 중국 면포의 총량은 4,027만 4,164필에 달하였는데 그중 56.6%인 2,277만 6,943필이 미국선박에

---

[81] H. B. Morse, 앞의 책, Vol. Ⅳ, p.185, 223.
[82] *Chinese Repository*, Vol. Ⅱ-February, 1833-No 10. Articles of Import and Export of Canton, 1834, p.465. 외국어 기재의 南京布는 통상적으로 中國土布의 일종을 가리킨다. 그 명칭은 南京이란 단어에서 나왔는데 최초에 남경 일대 지방의 일종의 紫花(강남지방에서 생산되는 면화)로 짠 토포에서 이름을 얻었다. 彭澤益, 「鴉片戰爭前廣州新興的輕紡工業」, 『歷史研究』, 1983-3, pp.109~116 참조.
[83] H. B. Morse, 앞의 책, Vol. Ⅰ, p.282(1741년 자료) ; Vol. Ⅱ, p.256(1794년 자료).
[84] H. B. Morse, 앞의 책, Vol. Ⅱ, p.278(1796년 자료) ; Vol. Ⅱ, p.311(1798년 자료).
[85] H. B. Morse, 앞의 책, Vol. Ⅲ, p.347, 366.

의해 주로 남북아메리카로 수출되었고, 37.7%인 1,516만 9,553필이 영국선박에 의해 수출되었다.[86]

이와 동시에 외국의 상품도 서양 상인에 의해 끊임없이 廣東으로 수입되었다. 수입상품은 약 115개 품목으로 그중 모직물, 면화, 아편, 백은 등이 주종이었다.

〈표 4〉[87]를 보면 모직물 수입의 정체, 면화 수입의 증가와 감소, 면직물 수입의 증가, 아편 수입의 급격한 증가, 백은 수입의 격감을 알 수 있다. 18세기 초 서양 공업제품의 대명사인 모직물은 중국인에게는 별로 소비되지 않았다. 廣州지방이 모직물을 입기에 무더운 지방이었고 값이 상대적으로 비쌌기 때문이다. 영국 동인도회사는 광주의 行商에게서 차를 구입하는 대신 행상이 일정수량의 모직물을 구매할 것을 요구하였다. 차의 대금을 50% 미리 제공하는 대가였던 것이다.[88] 행상으

〈표 4〉 1817~1833年 廣州主要輸入商品額(年平均額, 單位 : 銀元)

年度品目	1817~1819		1820~1824		1825~1829		1830~1833	
	액수(銀元)	비중	액수(銀元)	비중	액수(銀元)	비중	액수(銀元)	비중
모직물	2,789,103	12	3,320,346	13.1	3,272,257	12.1	2,737,770	10.2
면화	6,649,097	28.6	4,129,245	16.3	5,989,899	22.1	5,700,609	21.2
아편	4,561,146	19.6	8,494,950	33.5	11,964,319	44.2	13,552,929	50.3
백은	6,153,667	26.4	5,807,133	23	2,377,443	8.7	596,736	2.2
면직물			101,857	0.4	428,330	1.6	843,436	3.1
수입 총액	23,288,838	100	25,347,207	100	27,065,809	100	26,942,187	100

---

[86] H. D. Fong, *Cotton Industry and Trade in China*, Tientsin, 1932, Vol. Ⅰ, pp.272~274(方顯廷, 「支那の綿業」, 有澤廣巳 編, 『支那工業論』, 東京 : 改造社, 1936年, pp.355~357).

[87] H. B. Morse, 앞의 책, Vol. Ⅲ, Vol. Ⅳ(『貿易史資料』 第1册, pp.256~257에서 작성). 수입 총액에는 표에 보이는 품목 이외에도 금속, 모피, 주석, 후추, 기타 품목이 합산되어 있음.

[88] 田中正俊, 앞의 책, pp.130~132. 영국의 산업자본가들은 상업자본인 동인도회사에게 차의 수입을 양해하는 대신 모직물 판매를 요구하였다.

로서는 어쩔 수 없이 동인도회사 측이 강요하는 모직물을 양도받기는 하였지만 판로가 보장되지 않아 할인가격으로 팔기도 하였다. 1830년대 영국의 주요 공업제품이 면직물로 바뀌면서 면직물의 중국 수입량은 차츰 늘어가고 반면에 모직물의 수입량은 〈표 4〉에서 보듯이 줄어든다.

면화의 수입은 廣東 일원의 수공업적 면방직업의 발전에 따른 原綿의 수요에 의한 것이었다. 앞에서 살펴본 광동 수출 토포 즉 남경포는 바로 이렇게 서양에서 수입된 면화를 원료로 하여 생산된 것이었다. 따라서 중국토포의 생산과 수출이 진행되는 만큼 면화의 수입도 증가되었다. 남경포 수출이 정점에 달한 1819년경 면화 수입도 절정을 이루었다. 그러나 영국 면사의 수입이 1830년대 이후 크게 증가함으로써[89] 광동일대의 紡紗業(土紗)이 타격을 받았고[90] 그 결과 면화의 수요가 줄어들어 〈표 4〉에서 보듯이 면화 수입의 감소를 초래하였다. 아울러 영국 기계제 면포의 수입도 1820년대 중엽 이후 증가하기 시작해 1830년대에는 놀랄 만큼 증가하여[91] 〈표 3〉에서 보듯 남경포의 수출이 1820년대 중엽 이후 감소하고 이에 따라 1830년부터 중국은 면제품 輸出入上의 적자를 기록하기 시작한다.[92]

19세기 이전 구미 각국에서 광동에 수입된 상품의 대종은 은이었다.

---

[89] 1829년 영국 기계제 면사수입량은 50만 파운드(지수 100)에 불과하였지만 1831년 95.5만 파운드(지수 191), 1835년 234.4만 파운드(지수 469), 1838년 373.5만 파운드(지수 747)로 크게 증가하였다. 彭澤益 編, 『中國近代手工業史資料(1840~1949)』卷1, 北京 : 中華書局, 1962年, p.248의 표 〈英國機製棉紗布輸華數量〉 참조.

[90] 졸고, 「西洋資本主義 工業製品의 流入」, 『淸 道光年間 廣西民衆蜂起의 硏究』, 成均館大學校 史學科 大學院 博士學位論文, 1991年, p.20.

[91] 영국 측에 의한 면포의 광동수입은 1829년에는 91만 야드(지수 100)였는데 1834년에 570만 야드(지수 626), 1838년에 2,306만 야드(지수 2534)로 무려 25배 이상 늘어나고 있다. 彭澤益 編, 『中國近代手工業史資料』, p.248의 표 참조.

[92] 1821년 중국의 면제품 輸出入上 최고의 흑자(1,124,595달러)를 올렸으나 이후 계속 흑자가 감소하여 1829년에는 30,089달러로 축소되고 1830년 급기야 83,548달러 적자로 돌아선다. 1832년에는 그 적자폭이 932,531달러로 확대되었다. 田中正俊, 앞의 책, p.123의 〈표 5〉 참조.

모스(H. B. Morse)의 연구에 의하면 강희39년(1700)에서 도광10년 (1830)까지의 130년간 광주에 순수입된 백은은 4억 은원에 달하는데 이는 중국에 유입된 백은의 80%에 해당한다.[93] 이는 중국과 영국 등 서양과의 무역에서 중국이 出超를 이루었기 때문이었다. 즉 영국 등은 茶葉이나 생사, 견직물을 사기 위하여 은을 가져와야 했다. 이에 영국 이 入超라는 상황을 만회하기 위해 중국에 아편을 밀수하기 시작한 것 은 주지의 사실이다. 아편의 수입이 급격히 늘어나자 종래 중국과 영국 의 무역수지상에서 출초를 보이던 중국은 〈표 5〉[94]처럼 입초를 보이게 되었다. 이제는 역으로 은이 중국으로부터 영국 등 서양으로 유출되기 시작한 것이다. 은의 유출로 중국은 銀貴錢賤 현상을 맞게 되었고 이를 해결하기 위해 아편의 단속을 강행하다가 결국은 아편전쟁을 초래하게 되었던 사실은 재론할 필요가 없을 것이다.

〈표 5〉 中英貿易槪況(1818~1831) 단위 : 銀元

연도	中國對英輸入額	그중 아편액	中國對英輸出	入超(-)出超(+)
1818	13,048,022	1,358,000	13,160,477	+122,455
1820	17,738,070	6,486,000	14,111,693	-3,626,379
1827	20,363,600	11,243,496	12,041,406	-8,323,194
1831	23,456,293	11,618,716	13,445,637	-10,010,656

---

93) 王業鍵, 「全漢昇在中國經濟史硏究上의 重要貢獻」, 中國人民大學淸史硏究室 編, 『淸史硏究集』第5輯, 光明日報出版社, 1986年, p.258.
94) 鮑正鵠, 『鴉片戰爭』, 上海 : 新知識出版社, 1954年, p.39에서 작성.

3. 대외무역이 廣東 社會經濟에 미친 영향

1) 商業的 農業의 확산과 발전

앞 장에서 보았듯이 광동의 대외 수출품 중에는 차엽, 생사, 糖, 과일 등의 농업 생산물 및 가공품이 포함되어 있다. 이러한 생산물의 수출이 신장됨에 따라 중국 各省에서 광동으로 이러한 생산물이 운송되었지만 일부 생산물은 광동에서 직접 생산되거나 기존에 광동에서 재배되던 작물은 그 재배 면적이 훨씬 늘어나게 되었다. 장거리 운송에 따른 불편과 비용을 줄일 수도 있고 그러한 농업 작물의 생산이 높은 이윤을 보장하기 때문이었다.

차엽은 주로 복건의 紅茶, 절강의 龍井茶, 안휘의 綠茶95)가 광주로 운반되어 수출되었으나 차의 수출이 늘어나면서 광동에서 재배된 차도 수출되었다. 이에 따라 광동에서도 차의 재배가 활발해지기 시작하였다. 광동에서 차가 재배되기 시작한 것은 명 중기(재배지역 順德縣)이지만 재배면적이 늘어난 것은 청대 이후였다. 청 강희년간 광주 교외 珠江南岸의 河南에서도 차의 재배가 시작되었다. 차 상인은 珠江을 건너 城에 하남의 차를 팔았는데 이를 河南茶라 불렀다. 광주 부근 新會縣 西樵山일대의 사람은 대개 차를 재배하였고, 7~8개 촌락의 차 재배농은 "모두 茶로서 衣食을 해결하였다." 이외에 新安縣 杯渡山의 '蒙山茶, 樂昌縣의 '毛茶', 潮陽縣의 '鳳山茶', 龍川縣의 '皐蘆茶', 長樂縣의 '石茗', 瓊州의 '靈茶' 등은 모두 성 안팎에서 명성을 떨쳤다.96)

---

95) *Chinese Repository*, Vol. Ⅱ-November, 1833-No 7., Description of the city of Canton, 1834, pp.289~294.

96) 屈大均, 『廣東新語』 卷14, 「食語 : 茶」, 中華書局, 1985年, pp.384~385. 廣東 番禺縣出身인 屈大均(1630~1696)의 『廣東新語』에는 潘耒의 康熙39年(1700) 序가 있다. 屈大均이 吳三桂의 반란에 참가하였다가 의견이 맞지 않아 고향에 돌아온 후(李華, 「屈大均和他的『廣東新語』」, 『清史硏究』 第1期, 1992年, p.28) 다

건륭(1736~1795)·가경(1796~1820)·도광(1821~1850) 시기에 광동농촌의 차재배면적은 청초의 수준을 크게 넘어섰다. 예컨대 건륭년간에 이르러 鶴山縣 古勞지역의 麗水·冷水 등지에서, "산과 언덕 사이에는 모두 차를 재배했다."97) 도광년간에 鶴山縣의 차 재배지역은 확대되어 "가까이는 海口에서 附城에 이르기까지 토착민, 객가를 막론하고 많은 사람들이 차 재배를 업으로 삼았다."98) 河源縣은 청초에 차 재배 기록이 없었으나, 건륭 때에 차의 재배가 매우 활발하여 河源縣에서 생산한 明前, 霜茶, 仙茶, 一支槍茶는 많이 얻을 수 없는 명품이었다.99)

광동에서 수출되는 생사와 견직물은 浙江産 絲織品(二蠶湖絲), 江蘇産의 絹織物, 그리고 광동에서 생산되는 生絲였다.100) 청조는 건륭24년(1759) 생사의 해외유출로 국내 가격이 등귀한다고 보아 일시 생사의 수출을 금지101)하였지만, 1762년 생사가격 등귀가 물가 일반의 등귀에 의한 것이라는 인식하에 수출금지령을 풀어 영국 등 서양으로 頭蠶湖絲나 견직물(綢綾緞疋)을 제외하고 土絲 5,000근, 이잠호사 3,000근의 수출을 허가하였다.102) 특히 일본에서 銅을 매년 200만 근 가량 구입해 와야 하였으므로 건륭29년(1764) 절강에서 일본으로 출항하여 구리

시 정치적 사건에 관여하지 않고 1680~1690년대 저술활동에 종사하였으므로 『廣東新語』도 이 시기 저작으로 보인다. 한편 范端昻, 『粤中見聞』 卷25, 「物部五」, 廣東高等教育出版社, 1988年, pp.287~288에도 유사한 내용이 보인다. 順治年間에서 乾隆年間에 걸쳐 오랫동안(1650년 전후~1740년 전후) 생존하였던 范端昻이 『粤中見聞』을 저술한 것은 范德玉의 雍正8年(1730) 서문이 있는 것으로 보아 1730년 이전이라 생각된다.

97) 徐香祖 等, 『鶴山縣志』 道光6年刊本 卷2下, 「物産」, p.4앞. 본 내용은 舊志에서 인용한 것이라 하므로 『鶴山縣志』 乾隆刊本에 원래 기재된 것이다.
98) 徐香祖 等, 『鶴山縣志』 道光6年刊本 卷2下, 「物産」, p.4앞.
99) 李華, 「明淸時代廣東農村經濟作物的發展」, 『淸史硏究集』 第3輯, 成都 : 四川人民出版社, 1984年, p.144.
100) *Chinese Repository*, Vol.Ⅱ-November, 1833-No 7., pp.289~294.
101) 『高宗實錄』 卷591, 乾隆24年 閏6月 癸卯條, 第16冊, p.571. 『高宗實錄』 卷603, 乾隆24年 12月 丁酉條, 第16冊, p.771에는 견직물 수출을 금지하는 내용이 서술되어 있다.
102) 『高宗實錄』 卷660, 乾隆27年 5月 甲辰條, 第17冊, p.391.

를 구매하는 상선은 1척당 紬緞 3,960斤(33卷 : 1卷 = 120근)을 적재할 수 있었고, 광동의 外洋선박에는 매 1척당 粗絲 2,000근을 적재하는 것이 허가되었으며, 廣東本港의 상선은 1척당 토사와 二蠶絲 1,600근을 적재할 수 있었는데, 紬緞을 적재할 경우 8할로 扣算할 수 있었다.103) 남양지방에 대해서도 광동의 상선은 매 1척당 토사 1,000근, 이잠호사 600근을 적재할 수 있었고, 주단을 적재할 경우 8할로 扣算할 수 있었다.104) 광동 外洋商船이 적재할 수 있는 생사의 양은 다른 성의 선박보다 더 많아 합산하면 1만 근에 달하였다.105)

위에서 말하는 土絲는 광동에서 생산되는 생사를 말하는 것이다.106) 수출되는 생사 중 광동에서 생산되는 생사(廣東絲)의 수량은 앞서 보았듯이 1830년을 전후한 시기에 수출 생사의 37.5% 내지 55.2%를 점하고 있었다. 이를 통해 볼 때 대외 수출용 생사의 공급을 위해 광동에서 양잠업과 제사업이 발전하였음을 알 수 있다. 생사와 견직물 생산을 위한 상업적 농업 즉 뽕나무 재배와 양잠업이 광동에서 발전하게 된 것이다.

광동에서 뽕나무를 재배한 것에 관한 기록은 이미 명 중기 이전에 보인다. 明 正統年間(1436~1449) 廣州府 順德縣 龍山鄕에 뽕나무가 들에 널렸다는 기사가 보이고 명 嘉靖年間(1522~1566) 광주부 各縣에서는 뽕나무를 널리 심고 집집마다 누에를 길렀다고 한다.107) 淸初 이래 광동의 뽕나무 재배는 매우 보편화되어, 그 면적과 범위가 명대를 훨씬 초과하였다. 광주부 南海縣의 九江鄕, 順德縣의 龍江鄕 등은 모두 뽕나무 재배의 중심이었다. 도광년간 남해현에는 뽕잎을 전업적으로 매매

---

103) 『欽定大淸會典事例』 卷239,「戶部」·「關稅」·「禁令一」, pp.28뒤~29앞, pp.8270~8271. 8할로 扣算한다는 것은 土絲 2,000근 대신 紬緞을 적재할 경우 8할로 1,600근을 적재하고 토사를 공제한다는 의미이다.
104) 『皇朝文獻通考』 卷33 乾隆29年條,「市糴二」, 考5166.
105) 『皇朝文獻通考』 卷33 乾隆29年條,「市糴二」, 考5166~5167.
106) 田中正俊, 앞의 책, p.119.
107) 李華,「明淸時代廣東農村經濟作物的發展」, p.136.

하는 桑市가 10개나 설치108)된 것을 보아도 이러한 뽕나무 재배의 성황을 짐작할 수 있다. 뽕나무의 재배는 그 목적이 뽕잎을 팔거나 혹은 누에를 길러 실을 뽑고 비단을 짜서 판매하는 데 있었다. 강희년간(1662~1722)에 이미 광동농촌의 양잠은 1년에 7번 수확하고, 윤달이 있으면 8번 수확하는 수준에 이르렀다.109)

아편전쟁 이전 뽕나무 재배의 근거지인 광주부 각현은 광주·佛山의 견직업의 발전과 견직물·생사의 수출로 인해 공급이 수요를 따라가지 못하는 상황이었다. 이 때문에 뽕나무 재배가 확대되고, 양잠이 발전하였다. 예를 들면 가경년간 이후 광주부 남해현 구강향은 뽕나무를 들에 가득 재배하여 빈 땅이 없었고110) 경내에 논이 없어 외부에서 쌀을 사들여야 하였다.111) 순덕현의 용산향은 "누에 키우는 일이 흥성해서 무릇 8번을 거두었다. 즉 3, 4, 5, 6, 7, 8, 9, 10월 사이 매월 양잠을 하였다. … 매년 뽕잎을 헤아려 양잠을 하였는데, 누에가 많고 뽕잎이 적은 경우는 돈을 주고 뽕잎 시장(桑市)에서 뽕잎을 구매하였다. 다른 마을의 뽕잎도 모두 뽕잎 시장에 모였다."112) 건륭년간 鶴山縣에서도 양잠업이 발달하고 도광시기에는 "모두 양잠으로 업을 삼아, 거의 뽕나무가 없는 곳이 없고, 양잠하지 않는 사람이 없었다."113)

---

108) 潘尙楫 等, 『南海縣志』 道光15年 刊本 卷13, 「建置略五」·「墟市」, p.26앞.
109) 『廣東新語』 卷25, 「蟲語」, 中華書局本, pp.587~588.
110) 潘尙楫 等, 『南海縣志』 道光15年 刊本 卷8, 「物産」, p.28뒤에는 "九江鄕多桑, 墻下幾無隙地."라 한다.
111) 『嘉慶九江鄕志』 卷4, 「物産」(李華, 「明淸時代廣東農村經濟作物的發展」, p.143에서 재인용) 嘉慶 이후 주민은 桑基魚塘에 치중하다보니 나무나 채소를 심는 농부는 거의 없었다. 거의 모든 토지가 基塘으로 바뀌었고 벼를 생산하지 않았다. 道光年間에 九江鄕에서만 인구 20만으로 하루에 곡식 2천 석이 소요되었다. 그 필요한 미곡은 거의 모두 외부에서 수입해 왔다. 1년에 필요한 식량의 양은 무려 70~80만 석에 달하였다고 한다. 高王凌, 「傳統模式的突破-淸代廣東農業的崛起」, 『淸史硏究』, 1993-3, p.106.
112) 溫汝能 纂, 『龍山鄕志』 嘉慶10年 刊本 卷4, 「食貨志」·「田塘」, p.7앞(『中國地方志集成 : 鄕鎭志專輯』 31, 南京 : 江蘇古籍出版社, 1992年), p.65.
113) 徐香祖 等, 『鶴山縣志』 道光6年 刊本 卷2下, 「物産」, p.5앞.

양잠업의 발전과 밀접한 농법이 주강델타지역에서 개발되었으니 바로 桑基魚塘이란 농업경영방식이다.114) 明初에 낮은 곳을 파서 연못을 만들어 양어를 하고 연못 둑에 과일나무를 심는 果基魚塘 방식이 개발되었으나 萬曆年間(1573~1619) 이후 양잠업이 발전함에 따라 상기어당의 방식으로 바뀌기 시작하였다. 이는 과기어당 방식에서 과일나무 대신 뽕나무를 심는 것이다. 뽕나무로 누에를 치고 양잠의 부산물인 누에똥이나 번데기를 물고기의 사료로 삼으며 연못에 쌓인 진흙을 퍼올려 뽕나무에 거름을 주는 효율 높은 다각적 농업경영방식이었다. 청대 들어서서 상기어당 방식은 널리 시행되어 강희 말기 남해, 순덕, 高鶴 등지에 전업적인 상기어당 지구가 형성되었다. 건륭·가경년간에는 이러한 경향이 더욱 성행하여 논을 연못으로 바꾸고 벼 재배를 포기하고 뽕나무를 심는 현상이 출현하였다.115) 서로는 高明·鶴山의 강변지대에서, 동으로는 남해·순덕의 남부지역까지, 그리고 남으로는 新會와 香山의 북부 일대가 상기어당을 시행한 지역이었다. 그 면적은 위성촬영에 의해 조사한 바에 의하면 1,172㎢에 달하여 주강삼각주 면적의 10%, 총경지면적의 22%에 달한다고 한다.116) 이는 상업적 농업에 의한 농업경영방식 변화의 좋은 사례 중 하나이다.

이외에도 수출상품의 공급을 위해 발전된 상업적 농업의 작물로는 사탕수수, 과일나무 등이 있다. 먼저 사탕수수의 재배상황을 보면, 강희년간 광주부의 番禺·東莞·增城縣, 肇慶府의 陽春縣 등은 넓은 면적에 사탕수수를 재배해, "사탕수수밭 면적이 논과 거의 같았다."라고 할

---

114) 梁光商, 「珠江三角洲桑基魚塘生態系統分析」, 『農史研究』 7, 1988年 ; 楊曉棠, 「明淸時期珠江三角洲桑基漁塘的發展」, 『農史研究』 7, 1988年 ; 葉顯恩 等, 「明淸珠江三角洲農業商業化與墟市的發展」, 『廣東社會科學』, 1984-2(複印報刊資料, K24, 『明淸史』, 1985-2) 참조.
115) 溫汝能 纂, 『龍山鄕志』 嘉慶10年 刊本 卷4, 「食貨志」·「田塘」, p.6앞뒤(江蘇古籍出版社 影印本, p.65).
116) 高王凌, 「傳統模式的突破-淸代廣東農業的崛起」, 『淸史研究』, 1993-3, p.107.

정도였다. 사탕수수를 재배하는 밭은 "산등성이와 언덕에 연접해서, 한 번 보면 사탕수수가 총생한 것이 마치 갈대와 같았다."117) 강희말년에 서 옹정초년에 걸쳐 潮州府의 揭陽縣에서도 사탕수수 재배가 추진되었다. 건륭년간 이후 광동의 사탕수수 재배는 더욱 확대되었다. 조주부의 大埔·澄海縣, 廉州府 欽州·合浦, 羅定州 등지도 건륭년간 이후 새롭게 사탕수수 재배지역으로 부상하였다.118) 그 외에 광주부 南海·新寧·花縣, 惠州府 博羅縣, 嘉應州, 雷州府 徐聞縣 등에서도 재배되었다.119)

광동지역은 기온이 높고 강우량이 풍부한 아열대 지역이어서 여러 종류의 과일이 재배될 수 있었다. 광동에서 재배되는 과일로는 荔枝, 龍眼, 올리브, 바나나, 파인애플, 빈랑, 감귤, 모과, 석류, 수박, 망과, 감람, 야자 등이 있었는데 그중에서도 여지와 용안이 대표적이었다. 광동 북부 산지를 제외하고 기타 각지에서 여지와 용안을 재배하였는데 특히 珠江三角洲 지구에서 구릉·비탈만이 아니라 제방 뚝, 연못의 뚝에도 재배하였고 심지어는 논에 벼대신 과일을 심었다.120) 순덕현의 陳村은 대표적 과일생산지로 주민은 용안 재배를 생업으로 삼았는데 약 수십만 그루의 용안이 있었다. 여지나 감귤, 등자 등도 약 3할을 차지하였다.121) 그 외 東莞縣, 增城縣, 番禺縣, 南海縣, 新會縣, 香山縣, 花縣 등지에서 넓은 면적에 여지와 용안을 심었다.122) 이처럼 광동에 과일

---

117) 『廣東新語』卷27, 「草語 : 蔗」, p.689.
118) 李華, 「明淸時代廣東農村經濟作物的發展」, pp.144~145.
119) 陳學文, 「明淸時期閩粤臺地區的蔗糖業」, 『明淸社會經濟史研究』, 臺北 : 稻禾出版社, 1991年, pp.67~68. 한편 洗劍民·潭棣華는 청대 사탕수수 재배지역을 珠江三角洲 지역, 韓江三角洲 지역, 광동서부 徐聞 지역, 海南島 지역으로 나누어 설명하고 있다(「明淸時期廣東的製糖業」, 『廣東社會科學』第4期, 1994年, p.92).
120) 黃國强, 「明淸時期廣東經濟的迅速發展」, 湯明檖·黃啓臣 主編, 『紀念梁方仲敎授學術討論會論集』, 廣州 : 中山大學出版社, 1990年, pp.257~258.
121) 『廣東新語』卷2, 「地語·陳村」, 中華書局本, p.44.
122) 李華, 「屈大均和他的廣東新語」, pp.29~31.

재배가 성행한 것은 명 중엽 이래 조세의 은납화가 경제작물인 과일의 재배를 촉진하였고, 해외무역이 발전하는 가운데 외국의 수요가 많은 과일이 더욱 많이 재배되었던 상황에서, 광동이 과일재배에 유리한 자연 조건을 갖추고 있었기 때문이었다.123)

2) 手工業의 성장과 발전

광동에서 외국으로 수출된 수공업 제품 또는 농산물 가공품으로는 생사, 견직물, 차엽, 土布(南京布), 설탕, 도자기, 鐵鍋 등이 있다. 이러한 제품의 수출량이 늘어나면서 다른 지방의 수공업 생산물이 광동에 집산되어 수출되는 양이 늘어나기도 하였지만 운수나 보관의 편의상 광동에서 생산되는 수공업 제품의 양도 늘어났다. 어떤 제품은 광동에 집산되어 가공된 후 해외에 수출되기도 하였고, 철과나 설탕 등은 주로 광동의 생산물이 수출되었다. 이에 따라 광동의 수공업과 농산물 가공업도 괄목할 만한 발전을 보였다.

생사나 견직물의 상당한 정도가 강절지방의 산물이지만 광동에서 생산된 것도 상당수 수출되고 있었음을 앞에서 살펴 본 바 있다. 특히 광주에서 생산된 線紗와 牛郎綢, 五絲, 八絲, 雲緞, 光緞 등 여러 종류의 생사와 견직물은 모두 광동성 밖으로 팔리고 북경이나 '東洋'(일본), '西洋'(南洋)에서도 귀하게 여겨졌다. 屈大鈞의 「廣州竹枝詞」에 이르기를 "洋船爭出是官商, 十字門開向二洋, 五絲八絲廣緞好, 銀錢堆滿十三行." 124)라 하였다. 이것은 강희년간 광주의 생사나 견직물이 해외에 상품으로 수출되어 廣東13行이 많은 수입을 올리고 있었음을 보여준다. 이 시

---
123) 陳學文, 「明淸時期閩粤地區的果品業商品生産」, 『中國古代史論叢』, 1981-2, pp.71~72.
124) 『廣東新語』 卷15, 「貨語 : 紗緞」, p.427. 東洋은 日本을 가리킨다. 西洋은 中國 南海 以西 및 그 연해지방이다. 즉 베트남, 버마, 말레이시아 등 남양군도이다. 明代 鄭和가 원정한 인도양 유역도 西洋이라 불렀다.

기 광주의 생사와 견직물은 이미 중국과 외국에서 명성이 자자했다.

광동의 제사업은 주로 광주와 불산에서 진행되고 있었다. 광주의 제사업과 견직물업은 강희·옹정년간에 전개되고 있었는데, 직공이 3~4만 인이 있었고 생산된 생사와 비단은 품질이 대단히 뛰어나서 金陵(南京)이나 蘇州, 杭州의 것도 이에 미치지 못할 정도라는 평이 있었다.[125] 공장주인이나 노동자는 각기 자신의 조직을 만들어 東家行(주인 조직), 西家行(노동자 조직)이라 하였다. 불산에는 청초에 생사를 만드는 수공업자의 조직인 18行의 絲行이 있었는데 도광년간에 18행의 하나인 帽綾行에는 機房主가 202家, 織工이 1,109명이나 있었다.[126]

광주부 순덕현은 양잠지대로 유명하였고 따라서 생사의 생산도 활발하였다.[127] 예컨대 가경년간 순덕현의 龍山鄕에서 "켜낸 생사는 대개 스스로 짜지 않고, 가게에서 교환했다." 이에 따라 전문적인 絲墟(생사시장)가 서서, "매월 1, 4, 7일을 장 서는 날로 삼아", 한 달에 9번의 장날이 있었는데 "每 期 생사값은 번번이 萬으로 헤아렸다. 이런 까닭에 土絲의 이익은 倍가 되었다."[128] 이외에도 "程鄕(嘉應州)의 견직물은 嶺南에서 귀하게 여겨졌고",[129] 鶴山縣 坡山과 順德縣 龍江의 생사와 견직물은 품질이 좋다는 호평을 받았다. 南海에서도 生絲(土絲縐紗 : 强撚絲를 씨실로 짠 오글쪼글한 직물)를 생산하였으나 광동인이 입지 않고 주로 외국 상인에게 팔았다.[130]

---

125) 黃國强,「明淸時期廣東經濟的迅速發展」, p.259.
126) 廣東省社會科學院歷史硏究所中國古代史硏究室, 廣東省佛山市博物館 編,『明淸佛山碑刻文獻經濟資料』, 廣東人民出版社, 1987年, pp.139~140. "道光9年鼎建帽綾行助工金碑記."
127) 이미 明代 순덕현의 龍江, 龍山에서만 생사 4,100여 근을 생산하였고 淸 康熙年間 이후 생사 생산이 더욱 활발해졌다. 程耀明,「淸末順德機器繅絲業的産生, 發展及其影響」, 廣東歷史學會 編,『明淸廣東社會經濟形態硏究』, 廣東人民出版社, 1985年, pp.251~252.
128)『龍山鄕志』嘉慶10年 刊本 卷4,「食貨志」·「田塘」, p.7앞, p.65.
129)『廣東新語』卷15,「貨語 : 繭布」, p.426.
130) 潘尙楫 等,『南海縣志』道光15年 刊本 卷8, p.24뒤.

차엽은 주로 복건·안휘·절강의 차가 수출되고 있었는데 역시 광동산의 차엽도 수출되고 있었다. 다른 지방의 차엽이라 하더라도 광동으로 운반·가공하여 수출하는 경우가 많았다. 복건의 武夷山에서는 武夷茶의 原葉을 광동으로 옮기고 광동에서 紅茶(Bohea)를 만드는 것이 일반적이었다.131) 당시 광주에서 차를 가공하고 제조하는 製茶工場은 주로 茶行이 경영하였다. 茶行은 차엽을 구매한 후 노동자를 고용하여 차엽을 가공하고 정제하였다. 광주 교외 도처에서 차엽 가공이 번성하였는데 茶行이 가장 많은 곳은 주강 對岸 河南이었다. 외국인의 기록에 의하면, "이들 茶行은 모두 宏大하고 널찍한 2층 樓閣의 건물에 위치하였다. 아래층에는 차엽이나 제작도구가 쌓여 있고, 위층에는 100명 이상의 부녀나 아동이 가득하였다. 그들은 차를 고르거나 차를 분류하는 각종 작업을 하고 있었다."132) 차를 가공하는 구체적 과정(炒茶의 공정)도 기술되고 있다. "차를 제조하는 광동의 공장은 외국인에게 Pack House라고 알려진 커다란 건물로 차를 제조하는 데 필요한 모든 도구가 구비되어 있다. … 두 개의 솥이 하나의 화로로 가열되도록 마주보고 걸려 있고 그 솥 속에 차를 한 번에 2~3근 정도 넣고 일꾼이 맨손으로 뜨거워서 견딜 수 없을 때까지 휘젓는다."133)

　이런 기록들은 그 당시 광주 하남에서 차를 가공·제조하는 수공업적 공장이 발달하고 있었음을 보여준다. 공장에는 많은 남녀와 童工이 고용되었으며 생산도구도 일정한 규모를 갖추고 있었다. 아울러 공장 내에서는 차엽의 생산공정상 분업이 행해지고 있었는데 위에 설명한 選別·炒茶 공정 이외에도 차를 着色하는 공정, 茉莉·蘭·梅 등을 넣어

---

131) 波多野善大, 『中國近代工業史の研究』, 京都 : 東洋史研究會, 1961年, 2章 中國輸出茶の生産構造, p.106.
132) Robert Fortune, *A Residence Among the Chinese*, London, 1857, p.197(彭澤益 編, 『中國近代手工業史資料』卷1, pp.485~486).
133) Chinese Repository, Vol.Ⅷ, -July, 1839-No 3., Description of the Tea Plant, p.141.

茶香을 배게 하는 공정, 차를 포장하는 공정134) 등으로 나뉘어 시행되고 있었다.135)

광주에서 생산된 토포가 남경포(南京木棉)란 이름으로 외국에 수출되었는데, 이는 광주·불산에서 면방직업이 발전하였기에 가능한 것이었다. 불산의 면방직업에 대한 다음 1833년의 기록은 면방직업의 규모와 정도를 잘 보여준다.

> 여기에 고용된 노동자와 완성된 작업 수량은 아주 볼만하다. 매년 1만 7,000명의 남자, 여자, 아동이 織造 작업에 종사한다. 그들의 직기는 아주 간단하다. 그러나 생산되어 나오는 물품은 일반적으로 아주 정치하다. 각종 포필을 직조하는 일에 종사하는 노동자는 모두 약 5만 인이고 생산물 수요가 폭주하는 시기에 노동자는 대량으로 증가한다. 노동자들은 각각 대략 2,500家(shops)의 직포공장에서 일을 한다. 평상시 한 공장마다(in each shop) 평균 20명의 노동자가 있다.136)

한 공장마다 평균 20명의 노동자가 있다는 이상의 설명을 보면 직포과정137)은 매뉴팩처적 상태에 도달해 있다는 인상을 준다. 그것도 2,500家에 달한다니 대단한 숫자의 수공업 공장들인 셈이다. 이러한 면방직업의 발전은 어떻게 가능하였을까? 광동의 토질은 赤土여서 면

---

134) 波多野善大, 앞의 책, pp.114~116.
135) 洗劍民, 「淸代前期廣東手工業的發展及其特點」, 『廣東社會科學』, 1993-4, p.71에 의하면 광주 하남 이외에도 東莞, 英德, 增城, 南海, 鶴山, 博羅, 河源, 樂昌, 潮陽, 肇慶, 韶州, 新安, 瓊州, 長樂 등지에서 차엽 가공이 진행되고 있었다.
136) *Chinese Repository*, Vol.Ⅱ-November, 1833-No 7., pp.305~306.
137) 반면 紡紗過程은 달랐다. 당시(1821) 廣州일대에서 면포를 짜는 직포공장의 주인은 棉布 원료인 棉紗를 공급받기 위하여 (공장 외부의) 紡戶에게 면화 2근을 제공하고 면사 1근을 거두어들이는 관계를 맺고 있었다. Michael Greenberg, *British Trade and the Opening of China, 1800~1842*, Cambridge, 1951, p.100(康成 譯, 『鴉片戰爭前中英通商史』, 北京 : 商務印書館, 1961年, p.91).

화 재배가 신통치 않았고 이 점이 광동의 면방직업 발전의 장애였다. 옹정년간 이후 광동의 광주부·조주부에서 사탕수수를 재배하고 설탕을 생산하였기 때문에 그 설탕을 강절지방·천진에 판매하는 대신 그곳에서 면화를 구입해 옴으로써 광동에서도 약간의 면방직업이 일어나기 시작하였다.138) 그러나 면방직업 발전에는 여러 한계가 있었다. 즉 강절지방에서 원료를 구매해 옴으로써 유통비용이 추가되어 비교적 높은 생산비가 들었고, 광동 면방직업의 수지는 면화나 설탕의 시장가격의 변동에 영향을 받기 쉬웠다.139)

 그러나 앞의 〈표 4〉에서 보았듯이 1817~1819년 사이 면화의 수입액은 모든 수입상품 중 가장 큰 비중을 점하였고 연평균 수입액은 약 665만 원에 달하였다. 이렇듯 대량 수입된 면화의 소비지는 어느 지역이었을까? 인도 면화는 주로 광동성내에서 소비되었는데, 봄베이에서 수입된 면화는 전부 兩廣에서 팔렸으며, 벵골 면화는 일부가 兩廣에서 대부분이 복건에서 사용되었다.140) 대량의 인도면화 수입품 중 광동에서 소비되는 부문은 주로 불산지구에서 발전한 면방직업에 원료로 제공되었다. 이렇듯 토포의 수출이 늘어나자 토포를 제조하기 위한 광주·불산지구의 면방직업이 발전되었던 것이다.

 불산지구의 면방직업이 발전함에 따라 면포 염색업도 흥기하게 되었다. 他省에서 광동에 공급되는 토포는 대부분 江西 吉安府로부터 왔다. 贛江을 거치고 梅嶺의 舊驛道를 지나며 광동의 北江을 따라 三水를 거쳐 광주부근의 불산에 이른다. 他省에서 생산된 토포는 불산에서 생산

---

138) 예컨대 조주부 潮陽縣 상인은 嘉慶年間 절강의 嘉興府, 강소의 松江·蘇州府에 설탕을 판매하고 면화를 구입해 왔는데, 이를 원료로 부녀자들은 면사를 뽑아 면포를 짰다. 唐文藻 等,『嘉慶潮陽縣志』卷11, p.28(彭澤益 編,『中國近代手工業史資料』卷1, p.233) ; 周恒重 等,『潮陽縣志』光緒10年 刊本 卷12,「物産」, p.7앞,「甘蔗條」, p.27앞,「棉布條」(臺北 : 成文出版社 影印本), p.156, 166.
139) 山本進,「淸代廣東の商品生産と廣西米流通」,『東洋學報』71-3·4, 1990年, pp.135~149.
140) 彭澤益,「鴉片戰爭前廣州新興的輕紡工業」, p.113.

된 토포와 더불어 모두 불산에서 염색되었는데 광동인이 가장 좋아하는 靑布로서 이것이 바로 長靑布이다. 이러한 장청포는 싱가포르 및 광동인이 퍼져 나간 해외 각지로 수출되었다.141)

　설탕은 앞 장에서 본 것처럼 서양이나 남양(싱가포르)으로 수출되었다. 1829년에는 148만 냥에 달하는 설탕이 서양 상인에게 팔려나갔다.142) 이에 따라 사탕수수 재배가 활발해졌고 설탕을 제조하는 수공업 또한 번성하였다. 강희년간에는 광동에서 사탕수수를 재배하여 설탕을 생산하는 이익이 풍부해 광동인은 糖房을 열어 치부한 자가 많았다. 광주부의 番禺·東莞·增城縣에서 4할의 설탕을 생산하고, 肇慶府의 陽春縣에서 6할의 설탕을 생산하였다.143) 이들 지역에서는 사탕수수를 수확한 후 겨울부터 다음해 淸明(양력 4월 4일~4월 5일) 사이에 사탕수수를 짜서 설탕을 제조하였다. 上農은 1인당 一寮의 제당공장을 경영하였고, 중농은 5家, 하농은 8家 또는 10家가 모여 一寮를 운영하였다. 중농·하농은 5家 내지 10家가 제당공장을 열었기 때문에 대개의 경우 노동자를 고용하지 않았을 것이다. 따라서 농민 겸 가내 수공업자라고 할 수 있다. 반면 上農은 부유한 사탕수수 농가로 그가 설치한 제당공장에서는 노동자를 고용해야만 하였으므로 자본주의 맹아 성질을 띤 수공업 공장이라는 견해도 제기되었다.144) 설탕은 제조 결과 색에 따라 黑片糖, 黃片糖, 赤沙糖, 白沙糖, 潢尾 등의 종류가 있었는데 가장 흰 것을 "洋糖"이라 하여 "東洋(일본)과 西洋(남양)에 팔았고", "다음으로 흰 것을 천하 각성에 팔았다."145) 한편 설탕을 가공하여 만든 제품에는

---

141) *Report of the Mission to China of the Blackburn Chamber of Commerce 1896~1897*, p.134(彭澤益 編, 『中國近代手工業史資料』 卷2, p.245).
142) H. B. Morse, 앞의 자료(『貿易史資料』 第1冊, p.255).
143) 『廣東新語』 卷27, 「草語:蔗」, p.689. 한편 『粤中見聞』 卷25, 「物部五:蔗」, p.286에도 같은 내용이 보인다.
144) 許滌新·吳承明 主編, 『中國資本主義發展史』 第1卷, 『中國資本主義的萌芽』, 北京:人民出版社, 1985年, pp.357~362.
145) 『廣東新語』 卷27, 「草語:蔗」, pp.689~690.

여러 가지가 있었다. 옥과 같이 견고하고 투명한 冰糖, 길고 영롱하게 만든 糖通, 불어서 속이 비게 만든 吹糖, 속이 차있는 糖粒·糖瓜, 탑이 나 사람·새·짐승을 본떠 만든 響糖, 부뚜막 제사에 쓰이는 糖磚, 손님 접대에 쓰는 糖果, 그 외 芝麻糖·牛皮糖·秀糖·葱糖·烏糖 등이 있었 다.146)

옹정년간 조주부에서도 사탕수수 재배가 시작되었고 설탕제조가 이 루어졌다. 揭陽縣에서는 사탕수수 농가가 사탕수수액을 졸여 烏糖을 만들면 상인이 이를 구매하고 재가공하여 砂糖·白糖을 만든 뒤 선박으 로 吳越에 판매하였는데 이익이 매우 많았다.147) 조주부에서는 건륭년 간 이후 사탕수수 재배가 더욱 성행하여 大埔, 澄海 등지에서 상인은 사탕수수를 수집해 설탕을 제조하였다. 이러한 사탕수수 재배와 설탕 제조는 廉州府 등지로도 확대되어 나갔다.148)

도자기는 중국의 저명한 수공예품으로 일찍부터 서양에 수출되었다. 물론 景德鎭에서 생산된 도자기가 수출품의 주종이었지만, '廣彩'라 해 서 광주에서 가공되어 수출되는 도자기도 있었다. 건륭·가경년간 이래 외국인은 화려한 자기를 선호하였으므로 중국상인은 이를 감안하여 경 덕진에서 구운 白磁를 광주로 운반하여 주강 南岸의 하남에 공장을 설 치하고 서양화법을 모방해 채색 자기를 만들어 수출하였다.149) 따라서 河南彩·廣彩라는 명칭이 생겨났다.

경덕진의 도자기 이외에 광동성에서 생산되는 도자기도 적지 않았 다. 광동에서는 당송시기에 도자기의 생산이 행해졌고 특히 명 중엽 이

---

146) 『粤中見聞』 卷25, 「物部五 : 蔗」, p.286.
147) 陳樹芝 纂修, 『揭陽縣志』雍正9年 刊本 卷4, 「物産」, p.50뒤(『日本藏中國罕見 地方志叢刊』, 書目文獻出版社, 1991년), p.369.
148) 상기 광주부, 조주부, 염주부 지역 이외에도 광주부의 남해·순덕·신회, 雷州 府의 徐聞·雷州·海安, 惠州, 瓊州, 肇慶, 羅定, 韶州府의 英德, 連州의 陽山 등지에서 제당업이 전개되었다. 冼劍民, 「淸代前期廣東手工業的發展及其特點」, p.71.
149) 劉子芬, 『竹林陶說 : 廣窯附廣彩』(彭澤益, 앞의 논문, p.109에서 재인용).

후 도자기 생산이 발달하였다. 명청시기 광동에서 도자기를 생산한 흔적인 도요지는 全省 59개 현 800개소에 달한다. 광동성 내의 도자기 생산은 이처럼 광범하게 진행되었지만 그중에서도 주요산지는 石灣, 大埔, 潮州, 饒平이었다.150) 특히 남해현 石灣은 광동 도자기업의 중심으로 가장 명성이 높았다. 석만의 도자기업은 주강삼각주 지역의 경제발전 특히 제당업의 발전과 일정한 관계가 있었다. 설탕제조 과정에서 필요한 용기나 도구가 도자기였기 때문이었다.151) 석만에서 생산된 빛깔과 광택이 현란하고 아름다운 多彩瓷는 천하에 으뜸이라는 명성을 얻었다. 뿐만 아니라 兩廣地方에서 널리 팔리고 멀리 해외로까지 팔렸다.152) 그 수출은 경덕진에 다음가는 전국 제2위였다. 석만의 도자기업의 발전에 따라 석만의 도공의 숫자도 크게 늘어났다. 가경년간의 林紹光 『擬公禁石灣挖沙印磚說略』에 의하면 "석만은 육칠천 戶인데 陶業을 하는 자가 5, 6할"이라 하므로 석만 인구는 약 3만 5,000명, 도자기업에 종사하는 자는 약 2만 전후라 추산된다. 외지에서 온 雜工을 포함하면 3만 명은 되었으리라 보여진다.153) 따라서 石灣에만 도요지 82개소의 존재가 확인되고 있고 陶磁器業 行會도 조직되어 청말에는 약 30行이 존재하였다. 아울러 수공업 공장주의 조직인 東家會와 陶業 노동자의 조직인 西家會도 조직되었다.154)

불산은 수로교통의 편리함이나 冶鐵 원료나 연료 공급의 원활함에 힘입어 광동 冶鐵業의 중심으로 부상하였다.155) 명 중엽 이후로는 광동

---

150) 冼劍民, 「淸代前期廣東手工業的發展及其特點」, p.74.
151) 冼劍民, 「明淸時期石灣製陶業」, 明淸廣東省社會經濟硏究會 編, 『14世紀以來廣東社會經濟的發展』, 廣東高等敎育出版社, 1992年, p.230.
152) 『廣東新語』 卷16, 「器語・錫鐵器」, p.458. "故石灣之陶遍二廣, 旁及海外之國. 諺曰, 石灣缶岡瓦, 勝於天下." 또한 『粤中見聞』 卷23, 「物部三 : 瓦缸」, p.264.
153) 冼劍民, 「明淸時期石灣製陶業」, p.231.
154) 冼劍民, 「明淸時期石灣製陶業」, pp.231~232.
155) 졸고, 「淸代 佛山의 手工業・商業 발전과 市鎭의 擴大」, 『東洋史學硏究』 第69輯, 2000年.

각지에서 생산되는 철광은 모두 불산으로 운반되어 가공되었다. 따라서 불산의 야철업은 명 후반에서 청 옹정·건륭에 이르는 시기에 그 전성기를 맞이하였다. 불산에서 생산되는 철기의 종류가 다양해졌고 생산기술도 제고되었다. 鐵鍋는 불산의 가장 유명하고 주요한 생산물로 크기에 따라 큰 것은 糖圍·深七·深六·牛一·牛二 등의 제품이 있었고, 작은 것은 牛三·牛四·牛五[156] 등의 제품이 생산되었다. 鐵線도 大纜·二纜·上綉·中綉·花絲 등의 종류가 있었고 그 외 鐵犁, 鐵釘, 鐵鎖, 鐵灶, 鐵鏈, 鐵錨, 鐵畵, 鍾鼎, 土針, 煎盆鑊과 각종 軍器와 鑄砲 등이 생산되었다.[157] 생산량도 신속하게 증가하여 옹정년간에 철강의 생산량이 年産 약 3만 4,000톤에 달하였다고 추정되는데 이는 산업혁명 전(1720)의 영국의 철강 생산량 1만 7,350톤의 약 두 배에 달하는 수준이었다.[158] 이에 따라 야철업에 종사한 수공업주(爐主 즉 爐戶)와 노동자도 대량으로 증가하였다. 정확한 추계는 어려우나 대체로 불산 야철업 전체의 노동자의 수는 약 2~3만 명으로 계산된다.[159]

이러한 불산 야철업의 발전은 고립적인 현상은 아니고 당시 주강삼각주 경제의 발전 및 광동이나 전국의 경제발전, 아울러 대외무역의 융성과 밀접한 관련을 가진 것으로 보여진다. 앞에서 보았듯이 주강삼각주 일대 및 광동에는 제당업·제사업이 발전하였는데 설탕을 졸이기 위한 솥(糖圍)이 필요하였고, 누에고치에서 생사를 켜는 과정에서도 고치를 삼는 솥이 필요하였으며, 뽕나무 재배에도 철제 도구(뽕잎을 자르는 가위 桑剪, 뽕나무가지를 자르는 톱 桑鉅, 뽕나무가지를 잡아당기는 갈

---

156) 『廣東新語』 卷15, 「貨語·鐵」, p.409.
157) 羅一星, 「明淸時期佛山冶鐵業硏究」, 廣東歷史學會 編, 『明淸廣東社會經濟形態硏究』, 廣東人民出版社, 1985年, p.82.
158) 黃國强, 「明淸時期廣東經濟的迅速發展」, p.259. 한편 羅一星은 廣東의 鐵爐가 50~60座를 밑돌지 않는다는 雍正12년(1734) 鄂彌達의 상주문에 의거하여 每座 90만 근의 철을 생산한다고 보아 60座의 鐵爐에서 5,400만 근의 철강을 생산하였다고 추정하였다. 羅一星, 「明淸時期佛山冶鐵業硏究」, p.84, 87 참조.
159) 羅一星, 「明淸時期佛山冶鐵業硏究」, p.81.

고리 桑鉤, 뽕잎을 긁어모으는 갈퀴 刮桑耙 등)가 필요하였다. 쇠솥(鐵鍋)은 일반 가정에서도 취사도구로 필수적인 것이었으므로 수요는 막대하였다. 아울러 광동지방의 조선업이나 제염업에서도 쇠못(鐵釘)·쇠사슬(鐵鏈)·철제 닻(鐵錨)·철사(鐵線) 및 소금을 굽는 솥(煎盆鑊) 등의 철제 제품이나 도구가 필요하였다. 그러나 무엇보다도 국내외 무역 발전과 관계가 깊었다. 불산의 철제품이 팔리는 지역은 강소·절강·호남·호북·강서·복건 등 8개 성이었다.160) 각지의 객상은 수십만의 자본을 가지고 철기를 구하러 불산에 왔다. 광동의 상인은 철기, 설탕 등 여러 가지 상품을 강서·강소·절강·호남북에 판매하였을 뿐 아니라 남으로 마카오에 가서 교역하였고 그 물품을 紅毛(서양: 네덜란드), 일본, 유구, 태국, 필리핀 등지에 팔았다.161) 옹정년간 철과가 거의 모든 외국선박(夷船)에 의해 每船당 적게는 100連에서 200~300連, 많게는 500連에서 1,000連까지 팔려 나갔다. 1連이 큰 鐵鍋 2개, 작은 鐵鍋 4, 5, 6개로 대략 20근이라 하니 최고 한 척의 서양선박이 2만 근의 철과를 구입해 간 셈이다.162)

3) 商業의 繁榮

청대 광동이 대외무역의 중심지가 됨으로써 광동은 중국이 수출입하는 상품을 유통시키는 거점이 되었다. 즉 중국 각지에서 생산되어 외국으로 수출할 상품들은 우선 광주에 집결된 후 수출되었고, 그리고 광동으로 수입된 서양상품, 동남아국가의 상품, 일본 상품 등의 외국 상품은 광주로부터 전국 각지로 퍼져 나갔다. 〈표 6〉163)은 1830년경 전국

---

160) 羅一星,「明淸時期佛山冶鐵業硏究」, pp.84~87.
161) 『廣東新語』卷14,「食語·穀」, pp.371~372.
162) 『雍正硃批諭旨』第52冊, p.4, 雍正9年 10月 25日「廣東布政使楊永斌奏摺」(彭澤益 編, 『中國近代手工業史資料』, p.252).

〈표 6〉 1830년경 전국各省과 광동 사이에 유통된 수출입 상품의 종류

지역	廣東省會로 운반하는 상품	廣東에서 가져오는 상품
廣東內地	絲, 米, 魚, 鹽, 과일, 채소, 각종 목재, 소량의 은, 鐵, 珍珠, 肉桂(계피), 檳榔	거의 모든 (외국, 중국 기타 지방상품) 수입상품 소량 반출, 광동 全省에 팔려나감. 아편
福建	紅茶, 樟腦, 糖, 靛靑, 煙草, 紙, 漆器, 상등 夏布, 몇 가지 광산물	각종 毛棉布匹, 酒, 시계, 아편
浙江	최상등 絲織品, 종이, 부채, 붓, 대추, 金華火腿, 술, 비싼 상등 茶葉(龍井茶)	아편
安徽, 江蘇	綠茶, 絹織物	아편
山東	과일, 채소, 약재, 술, 가죽제품	粗布, 아편
直隸	人蔘, 건포도, 대추, 가죽제품, 사슴고기, 술, 약재, 煙草	각종 布匹, 시계, 기타 외국에서 수입한 잡화, 아편
山西	가죽제품, 술, 소주, 麝香	각종 布匹, 구주의 가죽제품, 시계, 중국서적, 아편
陝西	현금 무역, 黃銅, 철, 보석, 약재	棉毛布匹, 서적, 술, 아편
甘肅	금, 수은, 사향, 연초	소량의 유럽 상품, 아편
四川	금, 黃銅, 철, 석, 사향, 각종 약재	유럽의 布匹, 漆器, 眼鏡, 아편
雲南	황동, 석, 보석, 사향, 빈랑, 禽鳥, 孔雀翎	견직물, 毛棉布匹, 각종 식품, 연초, 서적, 아편
廣西	대량의 미곡, 계수나무 껍질, 철, 납, 부채, 각종 목재	여러 종류의 토산물, 거의 모든 종류의 외국상품, 아편
貴州	금, 수은, 철, 납, 연초, 향료, 약재	洋貨, 아편
湖南, 湖北	대량의 大黃, 사향, 연초, 벌꿀, 苧蔴, 다양한 鳴禽	각종 토산물, 양화, 아편
江西	粗布, 苧蔴, 瓷器, 약재	모직물, 線裝本 서적, 아편
河南	大黃, 사향, 杏仁, 벌꿀, 靛靑	모직물, 소수의 其他洋貨, 아편

각성과 광동(즉 광주) 사이에 유통된 상품의 종류를 도표로 정리해 본 것이다.

---

163) *Chinese Repository*, Vol. Ⅱ –November, 1833–No. 7., pp.289~294.

50여 종의 생산물이 복건, 절강, 강소, 안휘, 산동, 귀주, 운남, 직예, 산서, 섬서, 호남, 호북, 강서, 하남, 광서, 감숙, 사천 그리고 광동 각지에서 광주로 운송되었다. 이들 50여 종이 모두 수출되는 것은 아니겠지만 대체로 수출을 위한 유통상품이라 보아도 무방할 것이다. 이 중에서 이미 살펴보았듯이 수출상품의 대종을 이루는 차엽, 생사, 견직물, 토포, 설탕, 도자기, 철과 등의 유통량이 많았을 것이다.

　　대외 수출상품에서의 지위로 보아 복건과 절강, 안휘의 차엽이 대량으로 광동에 운송되었다. 복건의 武彝(武夷)茶와 안휘의 松蘿茶 등은 종래 육로로 운송하였으나 陸路運搬이 운송비를 많이 소모(100근당 3兩 9錢 2分)하므로 동인도회사는 1811년경 훨씬 저렴한 해로운송을 기도해 1813년에 76만여 근, 1816년에 672만 근을 운송하였다.164) 이에 대해 청조당국은 가경22년(1817) 兩廣總督 蔣攸銛의 주청에 따라 복건이나 안휘 등의 차가 해로로 운송되는 것을 금지하고 육로로 운송하도록 명령하였다.165) 이처럼 해로운송을 금지한 이유는 청조가 차엽을 통하여 서양(영국)과의 무역을 통제하려고 하였고, 연해에서 발생할지도 모를 밀무역을 미연에 단속하려는 의도가 있었으며, 기존의 운송로를 유지함으로써 청조의 내지관세 수입을 보장받고 차엽운송을 통해 살아가는 중국 운수노동자의 생계를 보장할 수 있었기 때문이었다.166) 참고로 차엽이 광동에 입경한 이후의 운송로를 설명하면 다음과 같다. 수로로 贛江을 따라 강서 南安府 大庾縣에 도착한 차엽은 육로로 梅嶺(大庾嶺)을 넘어 광동 南雄州에 들어간다. 여기서 수로를 이용하여 韶州에

---

164) 『粤海關志』 卷18, 「禁令二」, pp.1267~1269 ; 『欽定大淸會典事例』 卷630, 「兵部」・「綠營處分例」・「海禁二」, p.23앞, p.13378. 또한 波多野善大, 『中國近代工業史の硏究』, 2章 「中國輸出茶の生産構造」, pp.118~120 참조.
165) 『粤海關志』 卷18, 「禁令二」, pp.1267~1270. 嘉慶22年의 주청에 의해 嘉慶24年(1819) 다시 종전대로 內河의 수로와 육로를 통해 광주에 운반하게 되었다. 『仁宗實錄』 卷365, 嘉慶24年 冬12月 丙午條, 第32冊, p.831.
166) 楊仁飛, 앞의 논문, pp.252~253 참조.

이르고 韶州에서 500~600상자를 실을 수 있는 배에 차를 바꾸어 싣고 北江 수로를 이용하여 英德·淸遠·三水를 지나 광주에 도달한다.167)

절강과 강소의 견직물이나 생사도 대량으로 광동에 운송되어 수출된 상품이었다. 강서의 토포나 경덕진의 도자기 등도 주요한 광동으로의 운송 상품이었다. 산동의 과일, 채소, 약재, 술과 가죽제품이 해로로 광주에 운반되었던 것을 제외하고는 대부분 지역의 상품이 육로나 內河의 수로·운하 등을 통하여 광동으로 운송되었던 것 같다. 즉 이들 상품들도 차엽의 경우와 같은 육로를 통하여 광주로 운송되었다고 보여진다. 이러한 상품의 운송과 유통과정은 상인이 주도하였고 이는 광동 내부 상업의 활성화를 의미하는 것이기도 하다.

수입된 상품 중 면화, 아편, 모직물 등이 유통량이 많았는데 면화는 주로 광동·광서·복건 등지로 운반되었고, 모직물은 강서·하남·복건·섬서·운남·사천 등으로 운송되어 갔다. 아편은 가격이 비쌌기 때문에 다른 상품에 비해 운송량(부피와 중량)은 많지 않았다. 광동에 밀수입된 아편은 해로와 육로를 통하여 전국으로 유통되었는데 우선 해로는 조주부 南澳鎭을 거쳐 복건·영파·상해·산동·천진·奉天으로 해안선을 따라 상선으로 운송되거나, 광동의 서부 지역으로 운송되는 노선이 있었다. 육로는 광주에서 호남·호북성으로 가는 노선과 복건성을 경유하여 양자강 하류지역으로 가는 노선이 대종이었다. 또한 광서를 경유하여 귀주·운남으로 운송되었다.168)

다음으로는 대외무역의 번영이 광동성내의 상품유통에 어떤 영향을 미쳤는지 살펴보고자 한다.

〈표 7〉169)은 아편전쟁 이전 광동성내에서 유통된 상품의 양과 가치

---

167) 波多野善大, 앞의 책, pp.118~119.
168) 李學魯, 「19世紀 前半期 中國의 鴉片問題와 淸朝의 對策」, 경북대학교대학원 사학과 박사학위논문, 1997年, pp.116~125 참조.
169) 羅一星, 「淸代前期嶺南市場的商品流通」, 『十四世紀以來廣東社會經濟的發展』, p.185 그리고 pp.193~194에는 〈표 7〉의 숫자 근거를 밝힌 자세한 각주가 달려

〈표 7〉 아편전쟁前 광동시장 주요 商品量値 통계

	商品量	商品値		廣東省 生産量	商品化率 %
		은(만 량)	비중(%)		
食糧	17.8억 斤	1725.898	28.7	138.87억 斤	12.8
棉花	71.3萬 擔	674.3	11.2		
棉布	1931.12만 필	579.14	9.7		52
絲	2.63만 담	391.03	6.5	1.82만 담	144.5
絲織品	1.07만 담	385.2	6.4	0.8만 담	133.8
茶葉	64만 담	1095.7	18.2		
鹽	280만 담	560	9.3	328만 담	85.4
糖	47.8만 담	125.4	2.1	50만 담	95.6
鐵器	132.6만 담	198.46	3.3	130.1만 담	101.9
缸瓦磁器	8만 담	273.6	4.6	7.5만 담	106.7
合計		6008.728			

를 추정한 것이다. 여기서 대상으로 한 상품은 유통된 상품의 가치가 100만 냥 이상인 경우에 한하였다. 한 지역의 상품 유통량의 다과는 그 지역 상품생산과 상품소비의 정도와 수준을 보여준다. 〈표 7〉에서 광동지역의 주요 상품의 유통량 총액이 6,008만 냥에 달하므로 1830년대 광동의 평균 인구수를 2,464만 명[170]으로 할 때 1인당 상품유통량은 약 2냥 4전에 달한다. 이는 전국 1인당 상품유통량 약 1냥[171]을 훨씬 상회한다. 이를 통해 광동이 전국 평균적 지역보다 상품유통이 활발하

있다.
[170] 梁方仲 編著, 『中國歷代戶口田地田賦統計』, 上海人民出版社, 1980年 甲表 82, p.262.
[171] 吳承明, 「論淸代前期我國內市場」, 『歷史硏究』, 1983-1에 의하면 아편전쟁 전 전국의 주요상품(식량, 면화, 면포, 생사, 견직물, 차, 소금 등) 유통량은 3억 8,762만 냥에 달한다. 1830년대 전국인구를 4억 322만 명으로 잡으면(梁方仲, 앞의 책, p.262) 1인당 상품유통량은 銀 9錢 6分이다. 기타 소량의 유통을 보이는 상품의 가치를 포함하여 약 4억여 냥이라 한다 해도 1인당 1냥을 크게 웃돌지는 못한다.

고 상업이 번성하였음을 알 수 있다.

〈표 7〉을 보면 면포나 생사, 견직물, 차엽 등은 광동에서의 생산량을 훨씬 초과한 액수가 유통되고 있다. 외국으로의 수출을 위하여 강서·복건의 면포, 절강·강소의 견직물·생사, 복건·안휘·절강 등의 차가 광동으로 유입되었기 때문이다. 자기와 철기는 광동의 생산물을 약간 상회하는 유통량을 보이고 있는데 이 역시 강서 경덕진의 자기, 섬서·사천·귀주·광서 등지의 철기가 광동으로 들어오고 있었기 때문이다.

면화는 광동에서 거의 생산되지 않는 상품인데 71만여 擔이나 유통되고 있다. 이는 강절지방에서 운송되어 오거나 인도에서 수입되었기 때문이다. 아편전쟁 전에는 주로 인도 면화의 수입이 많았기 때문에 이 같은 대량의 면화 유통량을 보여주었다. 이상의 여러 종류의 상품 유통량을 통해서도 대외무역이 광동의 상품유통에 미친 영향을 확인할 수 있다.

광동에서의 상품 유통량의 증대는 광동사회에 일정한 변화를 초래하였다. 첫째, 광동인에게 부를 축적할 수 있는 기회를 제공하였다. 광동은 청초 이래 "金山珠海, 天子南庫."[172]라고 불렸다. 이처럼 광동의 부유함이 세상에 알려졌다는 것은 그만큼 광동의 경제가 발전하였다는 것을 의미하고 부를 축적한 사람이 많았다는 의미도 될 것이다. 결국 이것은 광동 상업이 번영한 결과라고도 할 수 있다. 그리고 그 부나 상업의 원천은 아무래도 대외무역이었다.[173]

둘째, 많은 상인계층의 형성을 가능케 하였다. 상품의 유통량이 많아지면 이를 전문적으로 구입하여 판매하는 상인계층이 생겨나기 마련이다. 또한 광동은 대외무역이 발전하고 전국 각 지역과의 상품유통도 성

---

172) 『廣東新語』 卷15, 「貨語 : 黷貨」, p.432.
173) 『廣東新語』 卷15, 「貨語 : 黷貨」, p.432의 "金山珠海, 天子南庫." 바로 앞에는 외국의 선박이 꼬리를 물고 이르렀으며, 豪商大賈는 각기 그 토산물로 무역하여 이익을 얻은 것이 셀 수 없다고 쓰여 있다.

황을 이루었다. 따라서 이를 담당하는 상인이 형성되는 것은 당연하다 하겠다. 보통 '廣東商人'이라 불리는 집단이 출현하게 된 것이다. 소위 "광동은 변방의 財賦의 지역으로 四民 중에 상인이 절반을 이룬다."174) 거나 "외국에서 온 서양선박에 기대어 생계를 이루는 자가 대략 수십만 인을 헤아린다."175)라는 기록은 광동의 상업 번성에 따른 상인의 증가 상황이나 대외무역에 따른 상인 집단의 형성을 지적해 준다 하겠다.

4. 대외무역과 관련된 廣東商人

본 장에서는 광동의 대외무역이 발전됨에 따라서 형성된 상인집단의 유형을 셋으로 나누어 고찰하고자 한다. 즉 일본이나 동남아지역을 오가며 무역에 종사한 貿易商人, 서양 상인이 광동에 왔을 때 그들을 대신하여 납세하고 거래한 특권상인인 洋行商人, 그리고 광동이나 각성에서 생산된 차엽·생사·견직물·설탕 등 특정 상품을 수집하고 운반하여 양행상인에게 판매함으로써 수출하게 한 專門品目 상인의 세 유형이다.

1) 貿易商人

무역상인은 광동지방의 경우 이미 명대에 출현하였는데 바다로 나가 일본이나 동남아와의 대외무역을 주로 담당하였으므로 海商이라 불리기도 한다. 명청대 海寇, 海盜라고 표현된 집단은 사실 海商을 가리키는 것176)으로 보아야 할 것이다.

---

174) 彭邦疇,『重修梅州試院記』, 嘉慶20年, 羅一星, 앞의 논문에서 재인용.
175) 「乾隆朝外洋通商案 : 慶復摺」, 乾隆7年2月初3日,『史料旬刊』第22期(故宮博物院文獻館, 1931), 天803.

1684년 해금령을 해제한 이후 40년간 일본에 간 광동 상선은 187척이고, 1736년에 광동에서 바다로 나가 무역에 종사한 상선은 19척, 1740년에는 43척[177]이라 하니 일본이나 동남아에 가서 무역에 종사한 광동상인이 상당수 있었음을 추측할 수 있다. 19세기에 들어서서 동남아무역에 종사하는 광동상인은 급격히 늘어났다. 1830년 광동 등지에서 동남아에 무역하러 간 선박 수가 202척에 달하였고, 광동에 속한 해남도의 상인은 비록 소규모 범선이지만 93척 이상의 배를 이끌고 동남아로 출항하였다.[178] 이상의 사실은 대외무역에 종사하는 광동의 무역상인의 수나 규모가 매우 컸음을 의미한다.

　무역에 종사하는 海商의 경우 나름대로의 특이한 조직을 갖추고 있었다. 광동에서는 선주이면서 화물주인인 자를 板主라 하였는데 그는 직접 바다에 나가 무역에 종사하지 않는다. 그는 타인에게 선장을 맡기기도 하고 선장을 고용하기도 한다. 따라서 선장이 반드시 선박의 주인인 것은 아니다. 板主도 반드시 선장과 고용·피고용의 관계를 맺는 것도 아니다. 그들은 왕왕 합자의 형식을 통하여 양자의 경제관계를 맺었다.[179]

　선박에는 선장 이외에도 여러 종류의 선원이 있었다. 1830년 동남아 무역에 종사한 한 선박에는 90명의 선원과 몇 명의 관리인, 조타수 등이 있었다. 선장은 별도로 봉급이 없고 배에 탄 손님의 배삯을 자신의 몫으로 하였다. 게다가 선장은 선주의 대리인이므로 선주가 얻는 수입의 1할을 얻었다. 引水(導船士)는 임금이 있지만 따로 자신의 화물 50

---

[176] 屠仲律,「禦倭五事疏」(陳子龍 等 編,『皇明經世文編』卷17)에 "雖旣稱倭夷, 其實多編戶之齊民也."라고 하여 倭寇도 사실은 해적이라기보다는 중국의 백성이라 하고 있다.
[177] 黃啓臣 等著,『貨殖華洋的粤商』, 杭州 : 浙江人民出版社, 1997年, pp.59~60.
[178] B. P. P., 앞의 자료, pp.629~632, Evidence by J. Crawfurd, Esq(『貿易史資料』第1冊, p.59, 61).
[179] 黃啓臣, 앞의 책, 1997年, p.60.

擔을 소지할 수 있었다. 操舵手는 15담의 화물을 소지할 수 있었는데 임금은 없었다. 선원은 7담의 화물을 소지할 수 있었고 역시 임금은 없었다.180) 1829년 싱가포르에 운항한 선박의 경우 선주의 화물을 적재한 이외에도 선장의 화물 200담, 總管事의 화물 100담, 선원의 화물 7담을 적재할 수 있었다.181) 이러한 사실을 보면 선주나 화물주인만이 무역을 한 것이 아니라 선장이나 선원, 조타수 등도 무역에 참여하였음을 알 수 있다. 선원들은 선원이면서 동시에 무역상인의 일원이었던 것이다. 건륭년간 광동에만 이러한 조타수가 1만 명 있었다는 기재182)는 그만큼 무역 상인이 많았음을 알려준다.

동남아 무역에 종사한 선박의 규모를 보면 1830년경 중량이 120톤에서 900톤으로 일정치 않았으며 따라서 상품 적재량도 2,000담에서 1만 5,000담에 달하였다.183) 배의 가격도 고가184)였으므로 대상인이 아니면 배와 화물을 모두 소유하기 어려웠다. 따라서 상선에 의한 대외무역은 대상인의 독자적 경영에 의한 것이었다고 볼 수도 있다.185) 그러나 반드시 대상인에 의해서만 대외무역이 이루어진 것은 아니었으니 여러 상인의 합자에 의한 경영도 가능하였던 것이다. 대상인이 독자적 경영을 하는 경우 그들은 흔히 관부와 밀접한 관련을 맺고 있었는데 대부분 신사가문이거나(紳商), 관료가문출신이었다. 屈大均의 지적에 따르면 청 강희년간 광동에 부임하는 관료는 지위의 고하를 막론하고 백성을

---

180) B. P. P., 앞의 자료(『貿易史資料』 第1冊, p.61).
181) John Phipps, 앞의 책, pp.281~283(『貿易史資料』 制1冊, p.69).
182) 「乾隆朝外洋通商案 : 慶復摺」, 乾隆7年 2月 初3日, 『史料旬刊』 第22期(故宮博物院文獻館, 1931年), 天803.
183) B. P. P., 앞의 자료(『貿易史資料』 第1冊, p.60).
184) B. P. P., 앞의 자료(『貿易史資料』 第1冊, p.61)에 의하면 8,000담을 적재할 수 있는 476톤짜리 선박 제조비용이 廈門에서 21,000元, 昌西에서 16,000元이라 한다. 반면 태국은 목재의 가격이 저렴하여 7,400元에 불과하였다.
185) 『聖祖實錄』 卷116, 康熙23年 九月 甲子朔條, 第5冊, p.212에 "且出海貿易, 非貧民所能, 富商大賈, 懋遷有無."라 하였다.

수탈하여 많은 자본을 얻고 그 자본으로 친척이나 수하를 시켜 장사를 하였다. 이를테면 관료상인(官之賈)인 셈이다. 당시 광동에는 민간상인이 전체의 3할이고 관료상인은 7할인데, 관료상인은 자본이 많고 상품을 매점해서 폭리를 취하였다. 아울러 이들은 가까이는 광동의 10郡, 멀리는 동양·서양과 무역하였다[186]고 한다. 이처럼 官之賈(관료상인)는 독자적 경영을 할 수 있는 충분한 자본과 세력을 갖추었다 하겠다.

한편 자본이 충분하지 않은 중소상인들의 경우 여러 상인이 자본을 모아 선박을 구입하거나 세를 내고 화물을 구매하였다. 대체로 한 상인이 중심이 되어 族人이나 친척 또는 친구를 규합하여 범선과 화물을 조달하였다. 만약 참여자 중 자본이 없는 경우에는 승선하여 선원이 되었다. 1828년 南海에서 무역에 종사한 광동상선의 운영을 보면, 참여자들이 공동으로 자금을 조달하여 배를 만들고 화물을 구매하는 이외에 항해경험과 기술이 있는 사람을 고용하였다. 선박마다 豪富者를 추천하여 主로 삼고 공동으로 자본을 모아 화물을 구매하여 무역하였다. 그 외에도 각 상인은 자기 자본으로 구매한 화물을 별도로 배에 실어 교역할 수 있었다. 고용된 선원은 중요한 항해기술을 가진 자들로 이들에게는 임금과 보조금을 주지만 기타 인원에게는 일률적으로 임금을 주지 않는다. 대신 규정에 따라 私的 화물을 휴대하고 그것을 매매하여 얻은 이익을 임금으로 삼았다. 이처럼 선박의 합자자이건 선원이건 모두 주인의 자세로 임하여 어려움 속에서도 일심협력하는 효과가 있었다[187]고 한다.

2) 洋行商人

광주항에서 외국상인과 무역을 담당한 상인으로는 명대에 貢舶貿易

---

186) 『廣東新語』 卷9, 「事語 : 貪吏」, pp.304~305.
187) 黃啓臣, 「明淸廣東商幇」, 『中國社會經濟史研究』, 1992-4, p.34.

과 市舶貿易을 청부 맡은 牙行商人(소위 廣東36行)이 있었고 청대에는 광동13행 상인 즉 洋行商人이 있었으며 아편전쟁 이후에는 買辦商人이 있었다. 말할 필요도 없이 이들은 광동의 대외무역으로 인하여 생겨난 상인 집단이다.

명대 광동의 아행상인은 광주·마카오의 대외무역의 성장과 더불어 발전하였다. 명 전기 牙商은 순수한 매매의 중개인이었다. 명 후기 대외무역에 대한 제한이 완화되자 아상은 외국상품의 수입과 중국상품의 수출을 중개하는 상인이 됨으로써 크게 발전하였다. 즉 관으로부터 牙貼을 발급받아 관의 허가하에 대외무역에 종사함으로써 嘉靖·萬曆年間에는 광동36행으로 발전하게 되었다.

청초 만주족의 중국정복에 공이 많았던 尙可喜는 平南王에 봉해지고 광동 지방에 藩府를 설치할 수 있었다. 1652년에서 1679년까지 약 28년간 藩王 尙可喜, 尙之信 부자는 광동의 대외무역을 통제할 수 있었다. 이 시기 무역의 내용은 주로 조공국이 중국에 조공의 일환으로 행한 貢舶貿易과 1662년 海禁 이후의 藩商의 해상 밀수무역이었다. 평남왕 휘하의 藩商 집단은 외국상인과 교역을 행하였다는 점이나 봉건적 官商의 특징을 구비하였다는 점에서 청대 광동 양행상인의 맹아적 형태를 띠었다고 평가된다.[188] 1685년 4해관이 설립되고 대외무역이 개시되자 급박한 대외무역의 요구에 대응하여 광동당국은 1686년 대외무역을 담당할 洋貨行을 둠으로써 洋行制度가 설립되었다. 이때 양화행을 13행으로 부르기도 하였는데 당시의 습속에 따라 13행으로 부른 것

---

[188] 彭澤益,「淸代廣東洋行制度的起源」,『歷史硏究』, 1957-1, pp.4~9. 한편 梁嘉彬은『粤海關志』卷25,「行商」, p.1797. "國朝設關之初, 番舶入市者僅二十餘柁, 至則勞以牛酒, 令牙行主之, 沿明之智, 命曰十三行."의 구절에 근거하여 明代 牙商은 淸代 廣東13行 商人의 선구자였다고 본다. 즉 四海關을 설치할 때 明代이래의 牙行에게 주지케 하고 명의 慣例를 답습하게 하였으며 이를 13行이라 불렀다는 것이다(『廣東十三行考』, 國立編譯館, 1937年, pp.58~60,『民國叢書』第1編 37, 上海書店 影印). 그러나 彭澤益은 위 논문에서 조목조목 이를 부정하고 있다.

이다.189)

따라서 광동13행이라 해서 반드시 13家로 고정된 것은 아니다. 그간 증감이 있었고 부단히 변화하였다. 옹정5년(1727)에는 40~50家였고, 건륭16년(1751)에는 20家였으며, 건륭22년(1757)에는 26家로 증가하였고, 건륭46년(1781)에는 4家로 감소하였다. 다음해 다시 9家로 증가하였다. 가경5년(1800)에 8家가 있었다. 13家였던 것은 가경18년(1813)과 도광17년(1837)이었다.190)

이들 광동13행 상인 즉 行商은 洋行, 洋商, 洋行商人으로도 불렸다. 청조의 규정에 의하면 외국상인은 자신들이 직접 중국 내의 시장에서 물건을 사고파는 것이 허락되지 않았다. 그들이 시장에서 구입하거나 판매하려는 상품은 반드시 중국의 양행상인(행상)의 손을 거쳐야만 했다.191) 따라서 이 같은 행상은 대외무역을 독점하는 상인이 되었다. 행상은 반드시 관의 허가가 있어야만 존재할 수 있었기 때문에 행상들은 항상 관부와 왕래가 있었다. 어떤 경우는 관측 대표의 신분으로서 외국인과 교섭하였다. 대부분 관직을 금전으로 구매하는 捐納을 통해 관함을 얻었으며, 따라서 官商으로도 불리었다.

---

189) 彭澤益, 「清代廣東洋行制度的起源」, pp.15~24.
190) 彭澤益, 위의 논문, p.21. 1837년 13행의 명단은 다음과 같다. 伍紹榮의 怡和行, 盧繼光의 廣利行, 潘紹光의 同孚行, 謝有仁의 東興行, 梁永禧의 天寶行, 潘文濤의 中和行, 馬佐良의 順泰行, 潘文海의 仁和行, 吳天垣의 同順行, 易元昌의 孚泰行, 羅福泰의 東昌行, 容有光의 安昌行, 嚴啓祥의 興泰行(郭蘊靜, 『清代商業史』, 12章 「對外貿易制度」, pp.350~351).
191) 중국의 주요 무역대상국인 영국의 동인도회사가 중국에서 가장 많이 수입해 간 상품이 차엽이었는데 행상은 그러한 차엽을 안정적으로 공급하기 위하여 茶商이 복건이나 안휘, 절강 등지에서 차를 구매·운반해 오는 것에 만족치 않고 직접 지방의 茶莊의 製茶 매뉴팩처를 자금 先貸에 의하여 지배하거나, 스스로 製茶매뉴팩처를 경영하기도 하였다. 예컨대 복건성 武夷山 지방의 차의 거래 중심지인 星村에는 행상의 대규모 차의 수집처가 있었고, 행상 伍敦元은 무이산 지방에 차밭을 소유하고 있었다. 아울러 행상은 광주 하남에 차를 가공하는 공장을 지어 복건, 안휘 등지에서 운송되어 온 차를 정제하고 있었다. 波多野善大, 앞의 책, pp.124~130.

대외무역의 발전에 적응하기 위하여 또 청조의 의도에 따라서 강희 59년(1720)에는 行會 단체가 조직되었는데, 이를 公行이라고 하였다.[192] 전체적으로 말해서 행상은 세 가지 기능을 가지고 있었다. 첫 번째는 무역을 독점하는 것이었다. 즉 외국상인을 대신하여 상품을 매매하였다. 두 번째는 관세납부를 보증하는 것이었다. 외국상인이 납부해야 할 수출입세(船鈔와 貨稅)는 외국상인이 직접 해관에 납부할 수 없었다. 모두 행상이 보증인이 되어(즉 保商) 이를 납부하게 하였다. 세번째는 외국상인을 통제하는 권한을 가지며, 청 정부의 명령을 외국상인에게 전달하는 것이었다. 외국상인이 중국에 도착한 후의 일체의 행동은 모두 행상이 단속하였다. 만약 외국상인이 일을 저지르거나, 당지 중국인과 결탁하여 문제를 일으키면 행상에게만 그 책임을 물었다. 동시에 중국관청이 외국상인에게 문서를 전달하거나 외국인이 중국정부에 어떤 요구를 할 때에는 외국상인이 청 관청과 직접 접촉하는 것이 허락되지 않았고 행상을 통해야만 하였다. 따라서 행상은 중국 대외무역의 기구일 뿐만 아니라 어떤 의미에서는 청조의 외교사무를 처리하는 대행기구의 기능도 갖고 있었다고 할 수 있다.

청초 광동13행 상인에 충당된 자들은 명대 광주·불산의 상인과 牙行,[193] 徽州商人, 泉州商人[194] 들이었다. 그 후 점차 광동상인이 주류

---

192) 彭澤益,「清代廣東洋行制度的起源」, p.17. 公行(Co-hong)은 洋行商人이 조직한 行會團體 즉 상인 길드이다. 광동의 행상이 공행을 조직한 것은 外文史料에 의하면 康熙59年(1720)이다. 그러나 중문 사료 중에는 이를 증명할 사료가 없다. 공행은 양행상인이 대외무역을 경영하는 商行 기구이다. 이 때문에 洋行 성립이 먼저이고 공행 조직은 나중이다. 공행은 때로 조직되고 때로 해산되었으나 양행은 과거처럼 단독으로 존재하였다. 그러므로 양행과 공행은 차이가 있다.

193) 李士禎,『撫粵政略』卷6(『貿易史資料』第1冊, p.183)에 "爲此示仰省城佛山商民牙行等知悉. 嗣後如有身家股實之人願充洋貨行者, 或呈明地方官承充, 或改換招牌, 各具呈認明給帖."라 하였다. 이로 보아 省城·佛山의 商民과 牙行이 洋貨行에 충당되었다고 생각된다.

194) 裴化行의『天主教十六世紀在華傳教志』에 의하면 광동에서 대외무역의 이익은 原籍이 廣州, 徽州, 泉州인 13家 상인이 독점하였다(葉顯恩,「明清珠江三角洲商

를 이루었다. 梁嘉彬의 연구에 의하면 광동13행 상인에 충당된 자는 新會, 南海, 順德, 番禺, 鶴山, 香山, 廣州出身 상인 등 주로 광동상인이다. 原籍이 복건인 상인도 8명이나 되지만 대부분의 복건상인은 시간이 흐름에 따라 호적을 광동으로 옮기게 되었다. 예컨대 同文行 潘啓는 건륭년간 광주 河南에 定居하였으며 義豊行 蔡昭는 광주 下九鋪에 落籍하였고, 麗泉行 潘長耀는 남해현에 轉籍하였다.195)

앞에서도 제시한 Chinese Repository의 자료는 중국 各省에서 대외수출품을 가지고 온 각 성의 상인이 광주에서 행상을 통하여 외국상인에게 그 지역의 특산물과 토산물을 팔며, 다시 행상을 통해 서양 상인이 수입해 온 물자를 사가지고 돌아가는 정황을 보여준다. 이 과정에서 행상이 많은 이윤을 남겨 부를 축적하였을 것임은 상상하기 어렵지 않다. 예컨대 행상의 한 사람인 怡和行의 伍浩官(즉 伍秉鑒)은 국내 상인이 가져온 대량의 생사를 외국상인에게 중개하였고, 외국상인이 가져온 영국의 화물을 그에게 맡기면 그는 이를 중국상인에게 넘겨 큰 이익을 남겼다. 이러한 상품교역에서 많은 수수료를 챙긴 행상은 거대한 부를 축적하였다. 伍秉鑒의 아들 伍紹榮이 이화행을 관장하던 1834년, 이화행의 재산은 토지, 가옥, 점포, 銀號 및 영미 양국과 교역한 화물 등 모두 2,600만 원에 달하였다.196)

광동13행은 청조의 특권상인인 만큼 그 운명도 청조와 밀접하였다. 아편전쟁에 패한 청조가 영국과 맺은 南京條約(원명 江寧條約)에 의거해 공행의 독점을 폐지197)하게 되자 행상은 곤경에 처하였다. 당시 34행상 중 파산자가 20家였고, 가산이 몰수되거나 변방에 유배되어 군인이 된[充軍] 자도 10家에 달하였다.198)

　　人與商業活動」, 『中國史硏究』, 1987-2, p.42)하는데 이들 상인이 청초에 13행으로 변신한 것으로 생각된다.
195) 梁嘉彬, 『廣東十三行考』, 國立編譯館, 1937년, 2篇 3章 참조.
196) W.C. Hunter, *The Fan-Kwae at Canton*(『貿易史資料』 第1冊, p.191).
197) 王鐵崖 編, 『中外舊約章彙編』 第1冊, 北京 : 三聯書店, 1957·1982年, p.31.

3) 專門品目 商人

　광동의 대외무역 수출품 중 차엽·생사·견직물·설탕 등이 주요 물품임은 이미 살펴본 바 있다. 따라서 이러한 상품을 수집·운반하여 양행상인에게 넘기거나 혹은 동남아·일본과 무역하는 상인[海商]에게 판매하는 상인 집단도 생겨났을 것임을 쉽게 추측할 수 있다. 아울러 서양에서 수입한 면화·면포·아편, 안남이나 태국에서 수입한 미곡 등을 전문적으로 취급하는 상인도 생겨났을 것이다. 이러한 상인 집단은 광주·불산 등 중심적 도시나 시진에 점포를 차려놓고 상품교역을 진행하였다. 건륭년간의 인물인 龍廷槐에 의하면 廣州省城·佛山·石灣의 大鎭에는 洋貨鋪, 布行, 生鐵行, 鐵器行, 綢緞棉花行, 銅行, 錫行, 西貨行, 京果行, 米行, 檳榔行, 金絲行, 果乾行, 藥材行, 糖行199) 등이 설치되어 있었다. 이들 行에서 취급하는 상품인 洋貨, 布, 철기, 주단, 동, 錫, 과일, 미곡, 생사, 약재, 설탕 등이 당시 수출입되는 상품이었으므로 이들 行은 수출입과 일정한 관련을 맺고 있었다고 생각된다. 도광10년(1830)에 간행된 『佛山街里』에 의하면 原頭街에서는 京土布匹(남경과 광동의 직물)을 팔았고, 汾流大街에서는 各色洋布(각종 수입 면포), 官廳脚에서는 布匹, 長興街에서는 繡錦(수놓은 비단), 公正市에서는 糖糕(설탕을 가미한 떡)·土布各襪(광동산 면포로 짠 각종 버선), 淸正堂에서는 白銅(구리, 아연, 니켈의 합금), 板枋街에서는 檳榔·椰子, 靑紗街에서는 夏布(모시), 善門街에서는 米, 福祿里에서는 冬帽·絨領(絨으로 만든 옷깃)·錦被(비단이불)·縫針(바늘), 黃傘大街에서는 響糖200)·鐵線(철사)·鐵釘(쇠못), 高地에서는 土絲, 孔廟에서

---

198) 黃啓臣 등, 「廣東商幇」, 張海鵬·張海瀛 主編, 『中國十大商幇』 5章, p.238.
199) 龍廷槐, 『敬學軒文集』 卷2, 「初與邱滋雀書」, p.10앞(『明淸佛山碑刻文獻經濟資料』, pp.341~342에도 수록).
200) 范端昂, 『粤中見聞』 卷25, 「物部五：蔗」, 廣東高等敎育出版社, 1988年, p.286에 "其凝結成塊, 成團, 堅瑩如玉者曰冰糖, … 鑄成番塔·人物·鳥獸形者, 響糖.

는 花絲[201]·鐵線·縫針, 營前大街에서는 上等茶店, 豆鼓巷에서는 면화·西貨, 直義街에서는 瓷器·沈香, 快子直街에서는 洋刀, 盛世坊에서는 茶·米, 丁渡頭에서는 機布, 線香街에서는 藥材·線香을 팔았다[202]고 한다. 이들 가로에 설치된 점포에서 취급하는 품목이 거의 대부분 수출입상품이므로 여기서도 당시 불산상인들이 대외무역과 일정한 관련을 맺고 있었음을 알 수 있다.

광동상인은 광동에서만이 아니라 전국 각지에 나가 수출할 상품을 수집·구매한다거나 수입상품을 전국 각지에 판매하였다. 주요 품목별로 나누어 고찰하면 다음과 같다.

茶葉이 광주 제1위의 수출상품이었으므로 차엽의 수집·구매·운반·가공에 종사하는 茶商이 적지 않았다. 예컨대 강희년간 番禺縣 상인 張殿銓은 집안이 빈곤하여 상업을 익혔고 이어 廣州城西 十三行街에 隆記茶行을 개업하였다. 안휘 녹차를 취급하였는데 나날이 자본이 증식되어 도광년간에 이르러 茶行內에 경리 등 직원이 100명에 달하였다. 또한 일부 중소상인에게 돈을 빌려주어 차엽의 장사에 종사하게 하였다. 함풍4년(1854)에 여러 상점이 그에게 부채를 졌는데 그 액수가 40여 만에 달하였다.[203] 일부 차상은 차엽 산지에 가서 차엽을 구매하고 그곳에서 바로 가공하여 광주로 가져오기도 하였다. 1840년 광주의 차상은 호남 安化縣에 가서 차엽을 구매하고 그곳에서 가공하여 홍차를 만들었다.[204] 이리하여 호남의 홍차가 대량으로 광주에서 수출될 수

吉凶之禮多用之."라 하므로 響糖은 설탕을 탑이나 인물, 조수의 모양으로 만든 것으로 吉凶의 행사에 사용하였다.
201) 꽃실 또는 중국 수공예품의 하나. 두께가 다른 금, 은 조각이나 굵기가 다른 금실, 은실을 엮거나 맞추어 만든 나선형이나 당초무늬의 세공품.
202) 譚棣華,「從『佛山街里』看明淸時期佛山工商業的發展」,『廣東歷史問題論文集』, 臺北 : 稻花出版社, 1993年, pp.226~233.
203) 梁鼎芬 等,『番禺縣續志』宣統3年 刊本 卷21,「人物」·「張殿銓條」, p.4뒤.
204) 吳覺農,「湖南省茶業視察報告書」,『中國實業』第1卷 第4期, p.720(彭澤益 編, 『中國近代手工業史資料(1840~1949)』第1卷, p.481).

있었다. 앞 장에서 보았던 제다공장을 광주 하남 등지에 세웠던 茶行도 수출용 차엽을 제조하기 위해 차엽 제조업에 투자한 茶商이었다.

생사와 견직물은 광동의 경우 桑基魚塘 농업경영을 통해 주강삼각주에서 주로 생산되었으므로 순덕·남해 등지의 상인이 주로 구입하여 판매하였다. 絲商 중에서는 순덕·남해의 사상이 가장 유명하였다. 그것은 순덕·남해가 유명한 양잠지대이고 일찍부터 생사시장인 絲墟, 絲市가 형성되었기 때문이었다. 가경년간 순덕현 龍山鄕에는 전문적인 생사시장(絲墟)이 설립되어 1, 4, 7일에 장이 서서 한 달에 9번이나 장날이 섰다. "생사값은 번번이 萬으로 헤아려 土絲의 이익은 두 배나 되었다."205) 도광8년(1828)에도 순덕현에는 絲墟가 1개소 추가로 설립되었다.206) 宣統年間(1903~1911)의 경우지만 순덕에는 繭市가 19개소, 絲市가 20개소, 繭綢市·沙綢市 등이 4개소나 있었다.207) 가경·도광년간에는 남해현에도 전문적으로 생사를 교역하는 絲墟·絲市가 생겨났다. 사허로는 가경4년(1799) 신사들에 의해 儒林文社 絲墟가 설치되었고, 도광년간에는 九江絲墟가 생겨났다. 사시는 萬安市 武帝廟 뒤와 石江書院 뒤에 형성되었다.208) 이들 생사의 墟市는 사상이 생사를 수집하는 통로였다. 그들은 그것을 광주나 불산으로 운반하여 수출품으로 공급하였다. 순덕 水藤隔塘의 鄧仲豪, 鄧仲釗 형제는 약관의 나이로 상업에 종사하여 생사의 수매를 업으로 삼았다. 처음에는 義和라는 공장을 개설하여 방직한 후 팔았고, 후에는 광주에서 絲店을 열었다. 鄧仲釗는 고향에서 생사를 수매하였고, 鄧仲豪는 성중에서 점포를 운영하였다. 형제가 노력하여 마침내 10만 냥의 재산을 쌓았다.209) 주강삼각

---

205) 溫汝能 纂, 『龍山鄕志』 嘉慶10年 刊本 卷4, 「食貨志」·「田塘」, p.7앞, p.65.
206) 郭汝誠 等, 『順德縣志』 咸豊6年 刊本 卷5, 「建置略二」·「墟市」, p.31뒤.
207) 葉顯恩, 앞의 논문, p.47.
208) 潘尙楫 等, 『南海縣志』 道光15年 刊本 卷13, 「建置略五」·「墟市」, p.25앞뒤, p.26앞.
209) 『順德水藤隔塘鄧氏家譜』(葉顯恩, 앞의 논문, p.47에서 재인용).

주의 사상은 청말에 광동 상업계의 중추세력이 되었다. 山西票號와 함께 광주 금융계를 좌우한 順德銀號商은 絲商이 발전하여 된 것이다. 일반적으로 근대적 민족자본의 효시라 하는 1872년 기계제 제사공장이 중국 최초로 건립된 지역은 바로 광동성 남해현이고 청일전쟁 이후 기계제 제사공장이 가장 많이 건설된 곳은 순덕현인데 그것은 이 지역이 양잠업 발전지역이고 絲商이 번성하였던 점과 무관하지 않을 것이다.

강희년간 광주부의 사탕수수 재배 지역에서는 상인이 봄에 사탕수수 재배 자본(糖本)을 농민에게 제공하고 겨울에 그 이익(糖利)을 거두었다.210) 이는 고리대적 농민 지배라 하겠다. 상인은 사탕수수 재배 농가에 糖本을 방출한 후 농민이 제조한 설탕을 수매하는 先貸制 상인의 기능과 농민이 제조한 원당을 가공하는 수공업주(糖房)의 기능도 담당하고 있었다. 소위 糖戶라 불리는 이러한 상인(糖商)211)은 농민에게서 수매한 설탕을 가공하여 최상품을 만든 후 일본이나 동남아 그리고 전국 각지에 팔았다.212) 강희말년 이후 조주부 揭陽縣에서도 사탕수수가 재배되었고, 상인은 농민이 짜낸 烏糖을 구매하여 재가공을 거쳐 정제된 설탕(砂糖, 白糖)을 만든 후 선박으로 실어 강절지방에 팔았다.213) 건륭·가경·도광년간에 이르면 사탕수수의 재배와 설탕 제조가 널리 보급되어 성황을 이루었는데 상인들은 농민이 생산한 설탕을 수매·가공하여 다른 지방이나 외국에 팔았다. 사탕수수 재배농민이 설탕제조의 기술과 자본이 없는 경우 상인(包買商)은 설탕제조의 설비를 갖춘 자신의 雇工을 농촌에 보내 설탕제조와 가공을 하도록 하고214) 그 설탕을

---

210) 『廣東新語』 卷14, 「食語 : 糖」, p.389.
211) 陳學文, 「明淸時期閩粤地區的果品業商品生産」, p.75에서는 이러한 糖戶를 包買商으로 평가하고 있다.
212) 『廣東新語』 卷27, 「草語 : 蔗」, pp.689~690.
213) 陳樹芝 纂修, 『揭陽縣志』 雍正9年 刊本 卷4, 「物産」, p.50뒤, p.369.
214) 穆素潔(美), 「商品性農業與變化的限度 : 1644~1834年珠江三角洲的甘蔗種植業」, 葉顯恩 主編, 『淸代區域社會經濟研究』 上, 北京 : 中華書局, 1992年, p.368.

수매하였다. 조주부 澄海縣의 경우 건륭·가경년간 "澄海縣城의 富商巨賈(즉 糖商)는 설탕을 짜는 계절에 많은 자본을 가지고 향촌에 가서 설탕을 사들였다. 더러 어떤 상인은 먼저 糖寮(卽 煮糖廠)에 돈을 빌려주고 기한이 되면 설탕을 받았다. 스스로 상품(설탕)을 유통시키는 자가 있는가 하면 상품을 쌓아두고 물가가 오르기를 기다리는 자도 있었다. 매년 3, 4월에 이르러 남풍이 불면 糖商은 선박을 세내어 사들인 糖包를 싣고 海道를 통하여 소주·천진 등지에 설탕을 판매하였다." 이를 통해 "얻은 이식이 여러 배에 달하여 설탕교역으로 집안을 일으킨 자가 아주 많았다."215) 이처럼 糖商은 중국 국내는 물론 일본이나 동남아 그리고 일부 서양 상인의 설탕 수요에 부응하여 설탕을 수집·운반·판매함으로써 대상인으로 발전할 수 있었던 것이다.

5. 맺음말

아편전쟁 이전 청조의 대외무역 정책은 종래 생각해왔던 海禁政策처럼 대외무역을 억압하고 금지하였던 것만은 아니었다. 중국상인은 당국의 허가하에 일본이나 동남아로 가서 자유롭게 무역에 종사할 수 있었다. 廣州貿易體制가 서양 상인에게 불편한 점도 있었지만 한편으로는 무역에 유리하게 작용한 측면도 있었다. 이에 따라 광동의 대외무역은 상당한 발전을 보여 무역량은 1750년대에서 1830년대까지 80년간 약 3.4배로 증가하였다. 이런 측면에서 보자면 아편전쟁 이전 광동의 대외무역은 종래의 견해처럼 청 정부에 의해 억제되어 발전할 수 없었다고 단정하기는 곤란하다. 오히려 일정한 제약하에서도 나름대로 일본, 동남아, 서양과 대외무역을 발전시켜 왔다고 하겠다.

---

215) 李書吉 等, 『澄海縣志』 嘉慶20年 刊本 卷6, 「風俗」·「生業」, p.8앞뒤(臺北 : 成文出版社 影印本, p.65).

일본의 銅을 구입해야 할 필요가 있었던 청으로서는 생사와 견직물을 일본에 제공하는 대신 연 200만 근의 동을 구입하고자 하였다. 그러나 청초에 활발하였던 일본과의 무역은 幕府當局의 규제로 청 중엽으로 갈수록 퇴조하였다. 동남아와의 무역은 자료의 한계로 19세기의 내용만을 살펴볼 수 있었는데 1820년 전후 동남아로 출항한 중국선박은 무려 295척으로 85,200톤에 달하여 같은 시기 중국과 서양과의 직접 교역량보다 훨씬 많았을 것으로 추정된다. 주로 중국의 생사, 견직물, 토포, 차엽, 도자기 등이 수출되었고 동남아의 토산물이나 해산물, 서양·인도에서 가져온 면포·면화·아편 등이 수입되었다. 태국으로부터는 미곡의 수입이 두드러졌다. 인구과잉지역인 광동이나 복건에서 많은 식량을 필요로 하였기 때문이었다. 서양과 광동 간의 무역은 서양 상인이 광주에 來航하여 무역하는 방식을 취하였는데 1830년대에는 1750년대에 비해 내항한 선박 수가 6.2배로 늘어났을 정도로 상당한 발전을 이룩하였다. 비교적 자료가 자세히 남아있는 1817년부터 1833년까지 서양과 광동의 무역을 보면 중국에서는 줄곧 차엽 수출이 선두를 달렸다. 그 액수는 전체의 6할 전후였다. 그리고 생사와 견직물, 토포, 설탕, 구리 등이 주요 수출품이었다. 서양 상인이 광동에 가져온 상품은 면화가 수위를 차지하다가 1820년 이후 아편이 선두를 차지하더니 이윽고 5할 이상이 되었다. 아편수입의 격증으로 광동에서 은의 유출이 격심해지고 중국은 銀貴錢賤 현상에 고통받게 되었다.

이러한 대외무역은 광동의 사회경제에 일정한 변화와 발전을 초래하였다. 우선 광동에서 외국으로 수출되는 상품인 차엽, 생사, 설탕, 과일 등을 생산하기 위해서 상업적 농업이 발전하였다. 그 대표적 작물이 차, 뽕나무, 사탕수수, 용안, 여지 등이었고 누에치기도 활발히 전개되었다. 또한 생사, 견직물, 면포, 설탕, 도자기, 철과 등과 같은 수공업 제품이 다량 수출됨으로써 이러한 제품을 생산·가공하기 위한 수공업도 일정한 발전을 보았다. 제사업, 견직업, 차엽가공업, 면방직업, 제당업, 도자기업, 야철업 등이 그러하였다.

　광주가 대외무역의 합법적인 유일한 항구였으므로 외국에 수출되는 상품은 일단 광주로 집결되었다. 전국 각지에서 약 50종의 상품이 광주로 모여들었다. 특히 주요 수출품인 절강의 생사와 견직물, 복건·안휘·절강의 차엽, 경덕진의 도자기 등이 그러하였다. 아울러 수입상품도 광주에 하역된 뒤 전국으로 운반되었다. 면화, 아편, 모직물 등이 그러하였다. 이러한 과정에서 자연히 광동의 상품유통이 활발해져서 상업이 번영하게 되었다. 그러한 상황은 광동시장에서 유통된 주요 상품의 양과 가치에서 잘 드러난다. 이러한 광동의 상품유통의 발전은 당연히 상품유통을 담당하는 상인계층의 확대와 집단화를 초래하였다.

　광동의 대외무역이 발전함에 따라 대외무역과 관련해서 세 가지 유형의 상인집단이 형성되었다. 첫째, 일본이나 동남아 지역을 오가며 무역에 종사한 무역상인이 있었다. 배를 타고 바다로 나가므로 海商이라고도 불린 무역상인은 대외무역에서 큰 이익을 얻어 상인자본가로 성장하였다. 대외무역 자체가 많은 자본이 필요하였기 때문에 대자본을 이룰 수 없었던 중소상인은 여러 사람이 합자하여 대외무역을 진행하였다. 무역선의 선원도 임금을 받지 않는 대신에 자신이 소지한 화물을 판매함으로써 이익을 올리고 있었던 무역상인의 일원이었다. 둘째, 광주에 온 서양 상인을 대상으로 중개상의 역할을 한 洋行商人이 있었다. 광동13행 또는 行商이라고 불린 이들은 청조의 허가하에 대외무역에 관계하는 특권상인이었고 대외무역 과정에서 막대한 부를 축적하였다. 그러나 그들은 특권상인이었던 만큼 평상시 청조로부터 각종 수탈을 당하였고, 남경조약에 의해 특권이 상실되자 몰락하는 운명을 맞게 되었다. 셋째, 광동이나 중국 각지에서 생산된 상품들을 수집하여 양행상인에게 공급하는 茶商·絲商·糖商 등의 전문품목 상인이 있었다. 차엽이 광주 제1위의 수출품이었던 만큼 광동이나 복건·안휘·호남 등의 차엽을 수집하여 광주로 운반하는 茶商이 발전하였고, 주강삼각주의 생사를 수집하여 판매하는 絲商 또한 형성되었다. 절강 湖州産 생사와 견직물의 수출량이 제한되자 광동지역의 생사와 견직물이 각광을 받게 되었다. 이에 광동의 주강삼각주 지역을 중심으로 양잠업과 제사업이 발전하여 생사와 견직물의 생산이 활발히 전개되었고, 이러한 생사와 견직물을 수집·판매하는 순덕·남해 등지의 絲商이 자본을 축적할 수 있는 기회를 갖게 되었다. 기후적 조건이 사탕수수의 재배에 적합한 광동에서는 이의 재배가 성행하고 이를 짜서 설탕으로 만드는 제당업이 강희년간 이래 발전하였다. 이에 설탕을 수집하여 판매하는 糖商이 출현하였고 그들은 사탕수수 재배농가에 농경자금을 미리 제공하는 방식으로 생산된 설탕을 독점하는 선대제 상인의 성격과 농민이 생산한 원당을 가공하는 수공업자본가의 성격을 띠었다.

아편전쟁 이전 청대 광동의 대외무역은 유일한 합법적 항구가 존재하였던 이유로 해서 다른 지역에서는 볼 수 없는 상당한 발전을 보였다. 이러한 대외무역은 광동 사회경제에 대해 광동 이외의 지역과는 차원을 달리하는 깊은 영향을 미쳤다. 수출의 호황으로 수출상품의 원료작물을 생산하는 상업적 농업을 확산시켰고, 수출상품을 가공·제조하는 여러 수공업의 발전을 가져왔으며, 수출입상품의 集散 중심지였기에 상품유통량의 증대와 상품유통을 담당하는 상인계층의 성장을 초래하였다. 前資本主義 시대이기는 하였지만 광동의 대외무역이 광동의 사회경제에 미친 영향은 결코 무시할 수 없는 수준이었다.

(『명청사연구』 9, 1998)

찾아보기

【ㄱ】

가경 355, 360, 371, 372, 376, 385, 390, 391, 392
각장 139
각장무역 272, 277
감합부(勘合符) 198, 199, 204
강경론 118
江寧條約 387
강희 334, 335, 348, 358, 363, 364, 366, 370, 382, 386, 389, 391
開寶通禮 147, 148
개시대청 309, 310
개시무역(開市貿易) 287, 289, 291, 292, 293, 309, 310, 311, 315, 320, 321, 322, 324, 326, 328
開市節目 312
거란 117
거란국지(契丹國志) 253, 258, 261
거란단교론 125
거란전 129
건륭(乾隆) 335, 348, 355, 360, 364, 371, 382, 385, 391, 392
겐소(玄蘇) 192
겐포(元豊) 190
겐포(玄方) 194
繭市 390
兼帶制 310

경군영업전 129, 130
景宗 212
계해약조(癸亥約條) 188, 314, 318, 319, 320, 321
계호식민론(繼好息民論) 128, 131, 135
계호식민론자(繼好息民論者) 126
高麗國使副見辭儀 150, 163, 164, 165, 166, 167, 168, 172
高麗國進奉使見辭儀 145, 168
고려사(高麗史) 217, 223, 253
高麗史節要 223
古文運動 98
高伯淑 252
高子羅 245
高適 67, 87, 94, 95
고종(高宗) 258, 280
고주사(告奏使) 137, 251, 252
高漢 270
공무역(公貿易) 287, 288, 291
貢舶貿易 383, 384
科擧制度 17
果基魚塘 방식 363
郭滿 227, 228, 240
곽원 124, 125, 126, 132, 133, 134
관료상인(官之賈) 383
官貿易 250
官商 385

寬恤事目　325
廣東13行(광동13행)　335, 365, 385, 386, 387, 394
廣東36行　384
광동상인(廣東商人)　380, 386, 389
光宗　212
廣州貿易體制　392
廣州竹枝詞　365
廣彩　371
광해군　309, 319, 321
交隣貿易　282
榷場貿易　247, 271, 273, 282, 283
九江絲墟　390
歐陽修　19, 146
丘迪　227
仇重卿　306
國信使　256
屈大鈞　365
屈大均　382
궁구문란(弓口門欄)　136
權海順　295
金繼崔　306
金光　179
금국정벌론　135
金謹行　299, 307
金起男　305
禁亂廛權　326
今男　275
金達　307
金㐍金　294, 307
金㐍伊　306

金米山　308
金奉生　308
禁散入各房約條　313, 314, 315, 319, 321
金信立　306
김어부동(金於夫同)　308
金汝禮　305
金龍甲　307
金雲　305
金元冲　258
金仁俊　235
金從日　294, 307
金昌集　327
金哲石　294, 307
金緻　193
金海云　294
金黃元　275
기미정책(羈縻政策)　103, 179, 245
기유약조(己酉約條)　188, 310, 319
김근행　299
김기남　306
김맹　124, 125, 126, 132, 133, 134, 135
김부식　136
김부의　131, 132
김부일　131
金史　252, 281
金山　259
金始　259
김운　306
김원충　121

김인존　131, 136
김충찬　127
김치양　130
김행공　120
김훈　125, 126, 132, 133, 134

【ㄴ】

南京條約　387
南洋貿易　345
南益熏　318
南詔　88, 96
네 개 窓口론　176
노부세(路浮稅)　288, 295, 304, 307, 308, 314, 319, 322, 325
盧令琚　252
路允迪　256
논어신의(論語新義)　131

【ㄷ】

多智　258
多彩瓷　372
다치바나 토시마사(橘智正)　190
黨爭　17
大久保甚右衛門　302
大唐開元禮　143
대마도주 종씨(宗氏)　179, 185, 187, 188
대연림　124, 127
大廳開市　309, 311
대청개시법　310

덕종(德宗)　61, 100, 117, 120, 122, 123, 124, 125, 126, 128, 130, 133, 136
德川幕府　343
도광　352, 360, 361, 362, 385, 388, 390, 391
도요토미 히데요시(豊臣秀吉)　179, 183, 185, 188, 203
도쿠가와 이에야스(德川家康)　178, 180, 185, 187, 188, 189, 190, 196, 198
東家行(주인 조직)　366
東家會　372
동래상고정액절목(東萊商賈定額節目)　296, 320, 322, 324, 325
동의보감(東醫寶鑑)　290, 291
杜牧　32, 80
杜佑　104
杜顗　27
鄧仲釗　390
鄧仲豪　390

【ㄹ】

靈隱館　246
료게이(亮倪)　182
劉向　19

【ㅁ】

마보업　123
萬奴의 반란　274
萬曆　363
명종　275

明集禮　145
茅國科　188, 189
목종(穆宗)　51, 119, 129
묘청난　118, 128
무로마치 막부　177
武臣政權　225
무오절목(戊午節目)　317, 319, 320, 321
武宗　18, 53, 54, 55, 58, 60, 62, 71, 106
文義龍　305
문종(文宗)　27, 58, 59, 60, 62, 71, 106, 117, 128, 136, 137, 138, 139, 216, 234, 253, 261
民間貿易　247, 281, 283
민수　131
밀무역　287, 288, 315, 328
密進使　251

【ㅂ】

朴命天　299
朴成俊　294, 307
박술희　128
朴信　305
朴再章　306
朴再興　296
朴正信　294, 307
方物使　251
裵得吉　294, 307
白居易　90, 92, 93, 99
白敏中　76, 77

白之望　291
蕃國主來朝儀　163, 164, 165
蕃主來朝儀　166
벽소　98
변례집요(邊例集要)　290, 322
邊塞詩　93, 94, 95, 99
보수파　117
服遠　68
附帶貿易　247
佛山街里　388
朋黨　17
備邊庫　56, 57
備邊司　192
빈례(賓禮)　143, 144

【ㅅ】

사대파　117
사명당(惟政)　179, 180
私商　328
絲商　391
謝生日使　251
絲市　390
使臣貿易　232, 265, 281
四店館　234
四海關　351
絲墟　390
私獻貿易　267
謝橫宣使　251
三藩의 亂　335
尙可喜　334, 384
상고정액제　322, 323, 324, 326, 327

찾아보기 401

西家行(노동자 조직)　366
西家會　372
徐兢　236, 256, 260
서눌　120, 121, 124, 125, 126, 134
徐德彦　278
徐德榮　227, 228, 240, 278
徐成　227
徐義　227
徐戩　227, 233
서희　125
石江書院　390
扇格左衛門　302
宣諭使　252
宣祖　192
선종(宣宗)　56, 57, 62, 63, 75, 89, 103, 106, 139, 233, 274
宣統　390
薛元賞　84
葉德寵　227, 270
盛唐　99
성종(成宗)　120, 129, 131, 132, 134, 212, 232
蘇無蓋　245
邵億　275
小田幾五郎　327
昭宗　61
蕭宗明　227, 228, 229
孫琦　294, 307
宋史　168
宋尙周　291
宋刑統　147

鎖國論　175
守在四夷論　48
숙종(肅宗)　61, 135, 275, 291, 292, 293, 294, 295, 296, 306, 307, 316, 318, 319, 320, 322, 324, 325, 326, 327
順德銀號商　391
順宗　61
시마바라 무네야스(島原宗安)　189
시마즈씨(島津氏)　188, 196, 199, 201
時務 28條　232
市舶貿易　384
新樂府　92, 93, 96, 99
神宗　212, 216
新纂辟瘟方　290, 291
悉怛謀　31, 33, 46, 47, 66, 68
沈起　258

【ㅇ】

아편전쟁(阿片戰爭)　331, 333, 342, 350, 362, 377, 379, 392
아행상인(牙行商人)　384
安燾　261
安史의 亂　60, 61, 62
安有貞　294, 307
安應星　306
야나가와 시게오키(柳川調興)　194
야나가와 토시나가(柳川智永)　190
야나가와[柳川氏]　185, 187
야스노리(荒野泰典)　176
楊甫　227

楊嗣復　77
梁義信　305
楊從盛　227
洋行商人　332, 335, 380, 384, 394
洋行制度　384
諺解救急方　290, 291
諺解痘瘡集要　290, 291
諺解胎産集　290, 291
에도막부　175, 176, 177, 179, 183, 203, 204
연려제요책　134
영국 동인도회사　347, 356, 357
迎賓館　234, 270
迎仙館　246, 271
迎恩館　271
靈恩館　271
令狐楳　86
禮閣新編　147, 149
예종(睿宗)　128, 131, 132, 135, 136, 212, 275
五家作統制(오가작통제)　325, 326
烏介可汗　37, 41, 42
伍秉鑒　387
娛賓館　234, 270
伍紹榮　387
吳拭　213
吳迪　280
烏至忠　252
온건론　118
噁沒斯　37, 40, 41, 42, 44, 46, 83
옹정(雍正)　345, 348, 349, 352, 364, 366, 371, 374, 385
왕가도　120, 123, 125, 126, 128, 132, 133, 135, 136
왕동영　119
王來任　334
왕식렴　128
王踐言　84
倭人書納約條　315
왜채(倭債)　288, 304, 305, 308, 310
요시노리(義敎)　204
요시마사(義政)　182
요시모치(義持)　182
요시미츠(義滿)　182, 204
寥悌　227
于哥下　258
牛黨　19, 20, 21, 22, 23, 71
牛李黨爭　19, 23, 24, 25, 26, 27, 28, 49, 73, 75, 97, 99, 101, 102, 104, 107
牛僧孺　19, 25, 26, 27, 28, 29, 30, 31, 33, 34, 35, 36, 37, 38, 39, 43, 44, 45, 46, 47, 48, 49, 50, 51, 52, 53, 58, 59, 74, 75, 76, 77, 78, 80, 81, 82, 83, 84, 85, 86, 89, 90, 91, 92, 97, 98, 99, 100, 101, 102, 104, 105
元斗杓　299
元宗　235
元稹　90, 91, 92, 93, 99
粤海關志　338, 339, 351
韋皐　35, 68, 87, 88

衛生方鑑　290
劉達　213
劉濛　55
劉蕡　82
유선(庾先)　121
유소　125, 126, 133
劉從諫　49, 52
柳仲郢　26
유진(劉稹)　49, 50, 127
陸贄　104
尹文擧　311
尹信元　305
尹櫓　305
擬公禁石灣挖沙印磚說略　372
醫林撮要　290
醫方類聚　290
毅宗　234
義天　228
醫學入門　290
醫學正傳　290
李絳　18, 102
李吉甫　102
이단　126
李黨　19, 20, 21, 22, 23
李德裕　19, 21, 24, 26, 28, 29, 30,
　31, 32, 33, 34, 36, 37, 38, 39, 40,
　41, 42, 43, 44, 45, 46, 47, 48, 49,
　50, 51, 52, 53, 54, 55, 56, 57, 58,
　59, 61, 62, 63, 64, 65, 66, 67, 68,
　70, 71, 72, 74, 75, 78, 79, 80, 82,
　83, 84, 85, 86, 87, 88, 89, 90, 92,
　93, 97, 98, 99, 101, 102, 106
伊藤小左衛門　315
李文通　227
李馥　316
李逢吉　74, 75, 76, 77, 98, 102, 103
利賓館　234
李尙龍　291
李棲鳳　334
李瑞雨　318
李星徵　307
李紳　82
李顔　271
李益　95
이에미츠(家光)　194
이예균　119
李浣　299
李元績　227
李應祥　299
李益成　294
李資謙의 亂　225
李資諒　247
이제현　117, 123, 128, 135
李宗閔　74, 75, 76, 77, 79, 81, 98,
　105
李知命　275
이지백　135
이테이안(以酊庵) 輪番制　188
李侯　252
仁恩館　271
인조　289, 291, 310, 315, 321
인종(仁宗)　128, 132, 136, 251, 252,

146
日本誌　175
林慶　227
林金　306
林寧　227, 228, 240
林大有　227, 278
林茂盛　299
林紹光　372
任義伯　312
林之竹　298
임진왜란　180, 309
林春得　306
入貢貿易　233

【ㅈ】
潛賣　328
岑參　94, 95, 96
잠상(潛商)　291, 294, 309, 325, 328
岑仲勉　101
長慶會盟　36, 102
張邦昌　212
張延賞　57
장연우　127, 129
蔣攸銛　376
張殿銓　389
章宗　254
張喆　224
全宋古致　308
節日使　251
靖康의 變　225
정국운영론　118, 128, 130, 132, 136, 138, 139
鄭克塽　335
鄭覃　21
정묘호란　193
鄭成功　334, 335
定戎　68
鄭應文　252
정종(靖宗)　117, 118, 121, 122, 123, 125, 128, 130, 135, 136, 258
정치화(鄭致和)　300, 301
正統　361
政和五禮新儀　144, 152
조공무역(朝貢貿易)　247, 248, 250, 265, 280, 281, 283
조선통신사　202
趙受　227
趙仁萬　294, 307
趙存性　309
朝宗舘　234, 270
趙浚　277
조필만(趙必萬)　293, 294
宗家文書　328
죠타이(承兌)　189
周官新義　144
周性如　198
周墀　103
中華主義　211
陳諒　227
陳文廣　235, 279
進奉使　251
進奉表　251

진사과(進士科) 18, 21, 57, 98, 101, 105
陳尙勝 341
陳誠 227, 228, 278
陳維績 227
陳儀 227
陳子昻 87

【ㅊ】
蔡世章 280
채충순 124, 127, 129, 130
册封使 212
척준경 131
천리장성 126
千鶯立 295, 296
청연각기(淸讌閣記) 131
淸州館 234
淸河館 234, 270
草梁話集 327
崔貴同 294, 307
崔今善 295
崔寧 67
崔淡沙里 306
崔卜守 308
崔鳳鶴 308
최사위 124, 127, 129, 130
崔召史 308
최승로(崔承老) 135, 232
최연하 121, 123
崔瑀 224, 234
崔惟淸 267

崔戎先 308
崔廷恒 295
최제안 127
최질 125, 126, 132, 133, 134
최충 127, 128, 132
최항 127
秋善奉 294, 307
忠州館 234
츠코이치란(通航一覽) 177
治腫擡南 290

【ㅌ】
太兵衛 294
太常新禮 147
太常因革禮 145, 146, 147, 148, 149, 150, 168, 169
太祖 212
태종(太宗) 64, 66, 85, 98, 249, 252
通信・通商之國론 176
佟養甲 333

【ㅍ】
八關會 224, 226
彭澤益 340
平壤遷都運動 225
폐관정책(閉關政策) 331, 332, 336
皮起門 298

【ㅎ】
하야시 라잔(林羅山) 187
하야시 아키라 177

賀正使　251
韓貴碩　306
韓恂　258
韓承吉　306
韓時翊　296
韓偓　61
韓愈　80, 104, 105
韓仁祥　305
한충　131
할지론　135
함풍　389
해금령　381
海禁政策　331, 334, 392
海槎錄　190
鄕藥集成　290
墟市　390
許浚　291
憲宗　18, 61, 102
현종(顯宗)　117, 119, 121, 122, 123, 124, 125, 126, 127, 129, 130, 132, 134, 136, 138, 215, 290, 298, 299, 301, 302, 303, 307, 308, 315
玄宗　61
혜종　128
胡風　92
혼다 마사즈미(本多正純)　198
洪保　227
홍희남(洪喜男)　299, 300
和劑局方　290
화친론　132
黃啓臣　336, 337

黃文景　227, 228, 229
皇甫湜　80, 105
황보유의(皇甫兪義)　120, 123, 126, 127, 128, 129, 130
黃鵬　227
黃愼　227
黃助　227, 270
황주량　127, 129
黃拯　227, 270
回鶻遺民　83
回鶻遺民問題　37, 43, 45, 47
回答兼刷還使(회답겸쇄환사)　183, 186, 189, 193
會同館　251
회사사(回謝使)　137
會仙館　234
橫宣使　261, 264
효종(孝宗)　277, 293, 304, 305, 311, 312, 314, 315, 319
侯君集　67
徽宗　213, 236, 280
흥요국　117, 118, 124, 127
흥요국의 반란　121
흥종　120
熙宗　235, 250
히데요리[秀賴]　185
히데타다　196
點戛斯　53, 54, 62, 65

【기타】

James Flint　335

저자소개

□ 河元洙

1961년 대구에서 태어나 서울대학교 대학원 사학과에서 박사학위를 받았고, 현재 성균관대학교 사학과 교수로 재직하고 있다.

공저로『講座 中國史』Ⅲ(지식산업사, 1989),『分裂과 統合-中國 中世의 諸相』(지식산업사, 1998) 등이 있고, 공역서로『譯註唐律疏議-各則(下)』(한국법제연구원, 1998),『역주 당육전(상, 중)』(신서원, 2003, 2005),『사료로 읽는 중국 고대 사회경제사』(청어람미디어, 2005) 등이 있으며, 논문으로는「應試者의 입장에서 본 唐代의 科擧-禮部試의 性格에 관한 一試論」(『歷史敎育』96, 2005)와「唐前期 制擧의 實狀-官人選拔制度에서 皇帝權의 限界」(『東洋史學硏究』100, 2007.9.30) 외 다수가 있다.

□ 朴宗基

경북 경주에서 태어나 서울대학교 국사학과에서 문학박사학위를 받았으며, 현재 국민대학교 국사학과 교수로 재직 중이다. 저서로는『고려시대 부곡제연구』(서울대출판부, 1990),『5백년 고려사』(푸른역사, 1999),『지배와 자율의 공간, 고려의 지방사회』(푸른역사, 2002),『안정복, 고려사를 공부하다』(고즈윈, 2006) 등이 있고, 50여 편의 논문이 있다.

□ 金成奎

일본 와세다대학에서 학위 취득 후 미국 하버드대학 엔칭연구소 객원학자와 중국 하북대학 송사연구중심연구원을 거쳤다. 현재는 전북대학교 사학과 교수로 있으면서 '전통중국의 세계질서' 문제에 관심을 갖고 있다.

□ 閔德基

1954년 청주에서 태어나 청주대학교 사범대학 역사교육과를 졸업(1979년)하고 일본 와세다대학에서 문학연구과 일본사 석·박사 과정을 이수, 박사학위를 취득(1990년)하였으며 현재는 청주대학교 인문대학 인문학부 교수로 재직 중이다.

저서로는『前近代東アジアのなかの韓日関係』(일본 와세다대학출판부, 1994),『前近代 동아시아 세계의 韓·日關係』(경인문화사, 2007), 공저로『朝鮮과 琉球』(아르케, 대우학술총서 450, 1999) 등이 있고, 논문으로는「조선후기 對日 通信使行이 기대한 반대급부」(『한일관계사학회』24, 2006) 등이 있다.

□ 朴玉杰

성균관대학교 사학과에서 박사학위를 받았고, 현재 아주대학교 사학과 교수로 재직하고 있다. 저서로『高麗時代의 歸化人 研究』(국학자료원, 1996)이 있고, 논문으로는 「高麗 道領에 관한 再檢討」(한국사학회,『史學研究』58·59합집, 1999), 「武臣亂과 鄭仲夫政權」(백산학회,『白山學報』54, 2000), 「高麗의 歸化人 同化策」(『江原史學』17, 2002) 외 다수가 있다.

□ 朴漢男

성균관대학교 사학과에서 박사학위를 받았고, 현재 국사편찬위원회 자료정보실장 겸 한국외국어대학 국제지역대학원 한국학과 겸임교수로 재직하고 있다. 박사학위논문으로『高麗의 對金外交政策研究』이 있고, 공저로는『崔瀣의 生涯와 文學』(국학자료원, 2003),『韓國史의 國際環境과 民族文化』(한국사연구회편, 경인문화사, 2003) 및『韓中關係史研究論叢』(香港社會科學出版社有限公司, 2004) 등이 있다.

□ 金東哲

1955년 부산에서 태어나 부산대학교 대학원 사학과에서 박사학위를 받았고, 현재 부산대학교 사학과에 재직하고 있다.

저서로『조선후기 공인연구』(한국연구원, 1993) 등이 있고, 논문으로는 「조선 후기 왜관 개시무역과 동래상인」(『民族文化』21, 1998) 외 다수가 있다.

□ 朴基水

1954년 서울에서 태어나 성균관대학교 대학원 사학과에서 박사학위를 받았고, 경기대학교 사학과 전임강사를 거쳐 현재 성균관대학교 사학과 교수로 재직하고 있다.

저서로『中國歷代 都市構造와 社會變化』(공저, 2003),『近代中國的城市與鄉村』(공저, 中文, 2006),『명청시대 사회경제사』(공저, 2007) 등이 있고, 역서로『마카오의 역사와 경제』(공역, 1999),『기후의 반역-기후를 통해 본 중국의 흥망사』(공역, 2005),『사료로 읽는 중국 고대 사회경제사』(共譯註, 2005) 등이 있으며, 논문으로는 「淸代珠江三角洲的商品生産和墟市之發展」(中文, 2002), 「淸代佛山鎭的城市發展和手工業,商業行會」(中文, 2006), 「한국과 중국의 자본주의맹아론」(2007) 외 다수가 있다.